不一样的语文

（一）

（中国台湾）何寄澎 /主编

台湾龙腾文化事业股份有限公司授权

人民东方出版传媒
東方出版社

责任编辑：王怡石
装帧设计：周方亚

图书在版编目（CIP）数据

不一样的语文：全3册／（中国台湾）何寄澎 主编．－北京：东方出版社，2016.4
书名原文：国文
ISBN 978－7－5060－8882－4

Ⅰ.①不… Ⅱ.①何… Ⅲ.①中学语文课－语文教材－研究－台湾省 Ⅳ.①G633.302

中国版本图书馆CIP数据核字（2015）第312356号

不一样的语文（1—3）
BUYIYANG DE YUWEN(1—3)

何寄澎 主编

東方出版社 出版发行
（100706 北京市东城区隆福寺街99号）

北京中科印刷有限公司印刷 新华书店经销

2016年4月第1版 2016年4月北京第1次印刷
开本：787毫米×1092毫米 1/16 印张：29
字数：590千字 印数：0,001－10,000册

ISBN 978－7－5060－8882－4 定价：99.00元（全3册）

邮购地址 100706 北京市东城区隆福寺街99号
人民东方图书销售中心 电话（010）65250042 65289539

编著者简介

何寄澎

“国立台湾大学”中文研究所博士

“国立台湾大学”中文系教授

李隆献

“国立台湾大学”中文研究所博士

“国立台湾大学”中文系教授兼中文系系主任

魏岫明

美国密西根州立大学语言学博士

“国立台湾大学”中文系副教授

陈义芝

“国立高雄师范大学”国文研究所博士

“国立台湾师范大学”国文学系副教授、名作家

简　媜

“国立台湾大学”中国文学系学士

名作家

盖琦纾

“国立台湾大学”中国文学系博士

高雄医学大学通识教育中心副教授

黄士蔚

“国立台湾师范大学”教育系硕士学程结业

丽山高中国文教师

郭志阳

“国立台湾师范大学”国文研究所硕士

景美女中国文教师

王怡芬

“国立成功大学”中国文学研究所硕士

丽山高中国文教师

杨惠椀

“国立成功大学”中国文学研究所硕士

台南二中国文教师

蔡薰谊

“国立台湾大学”中国文学系学士

高雄中学国文教师

编辑大意

一、本教科书系依据台湾2010年教育部门修正发布之“普通高级中学国文科课程纲要”编写。全套六册，分别供普通高级中学三学年六学期使用。

二、本教材编辑目标，旨在提高学生阅读、写作及语文运用之能力，并兼顾文化传承、情意陶冶、人格培养等功能，开阔学生胸襟器度，使学生具有高度之人文关怀与文化素养，做一个高质量的现代公民。

三、本教材范文，包含文学、思想、文化等层面，选文以文辞优美、平易可读、亲切动人，具经典性，并合乎时代潮流之代表作品为主。

四、本教材体例，依次为学习重点、题解、作者、课文与注释、问题与讨论，凡六项目。

五、“学习重点”说明选文动机与标准，并提示学生学习方向及要点。“题解”揭举文章出处、解释题意，并陈述范文相关之背景与知识。“作者”介绍作家生平事迹、文学风格、文学成就，及其在文学史上的地位与影响。“注释”以简明清晰之语体文解释字词意义，若遇典故，则尽量不直接引用原文，改以浅显文字说明。“问题与讨论”，针对范文提出深浅难易不同的问题，引导学生进一步思考、探索、切磋，加强其感受、分析、整合、贯通的能力。

六、书末附录各课“简析”，以深入浅出的文字，分析范文结构、语言技巧、旨意等层面的表现，期能提升学生理解与鉴赏的能力。本附录内容未经审定，仅提供教师教学参考使用。

七、本教材另编有“教师手册”，包含“选文说明”、“教学要旨”、“题解”、“作者”之相关资料、“补充注释”、“文章分析”、“问题与讨论”之参考答案、“语文天地”、“教学活动设计”与“综合参考资料”等，提供教师教学之参考。

八、本教材之编写，容有疏漏不周之处，敬祈教师、先进随时提供改进意见，俾再版时参考修正。

目 录

◆◆ 高中 第一学年(上) ◆◆

◆◆ 高中 第一学年(下) ◆◆

高 中 第 一 学 年（上）

第一课

《世说新语》选

文——刘义庆

学习重点

魏晋六朝小说，分为“志怪”、“志人”两个系统，《世说新语》即志人小说的代表作。阅读该书，不仅可以掌握魏晋士人的多重风貌，也可以欣赏作者精练的笔法、隽永的文字。学习时，可就下列重点加以注意：

一、欣赏《世说新语》的文字艺术、内涵旨趣，以认识魏晋小说的特质。

二、学习《世说新语》的写作技巧，练习以简洁的文字叙述事理、刻画人物。

三、体会故事背后反映的人情事理，并能了解魏晋士人独特的生活态度、时代背景及其生命价值观。

题解

本文选自《世说新语》。《世说新语》，原名《世说》，属笔记小说，乃刘义庆任江州刺史时，召集门下客，广搜资料，共同编撰而成，并非成于刘义庆一人之手。

东汉以来，士人喜好品评人物，至魏晋时代又崇尚清谈，于是记述清谈人物言谈举止之书大兴，《世说新语》便是其中最著名的一本。全书共分为三卷三十六门，起自《德行》，终于《仇隙》，以篇名寄托褒贬之意。书中所记多为东汉至魏晋间名士的言行谈辩、轶闻趣事，反映了当时士大夫的思想、生活、行为以及清谈的风气。全书文字清俊简丽，含意深远，故事机趣横生，韵味隽永，极富文学价值。

本文共选三则，标题皆课本编者所加。第一则选自《夙慧》篇，记叙晋明帝回答其父太阳与长安孰远的问题，既表现其聪慧，又能在机智的问答中表达沉痛的故国之悲。第二则选自《任诞》篇，以王徽之雪夜访戴安道的率性自然，具体呈现出晋代名士的行事风格。第三则选自《惑溺》篇，描写王戎妻子不循常礼，坚持自己对夫婿的称呼，虽然从“惑溺”篇名可知作者表达对此事件不以为然的态度，但文中却以精简的文字刻画了一幅极为真实有趣的人生图像。三则故事篇幅都不长，却都妙语纷陈，言精意远，值得细加品味。

作者

刘义庆　彭城（今江苏铜山）人，生于晋安帝元兴二年（四〇三），卒于宋文帝元嘉二十一年（四四四），年四十二。

刘义庆，南朝宋武帝刘裕之侄，长沙景王刘道怜次子，后过继给临川烈武王刘道规。刘义庆自幼即为刘裕所看重，曾跟随北伐。刘裕称帝（永初元年，四二〇）后，袭封临川王。文帝时，历任丹阳尹、荆州刺史、江州刺史等官，卒谥康王。

刘义庆性情简素恬淡，爱好文学，喜招聚文学之士编撰书籍，编著有《世说新语》《幽明录》《徐州先贤传》等书，以《世说新语》最为有名，也最为流行。

课文

一、长安日远

晋明帝❶年数岁，坐元帝❷膝上。有人从长安❸来，元帝问洛下❹消息，潸然流涕❺。明帝问何以致泣？具以东渡意告之❻。因问明帝："汝意谓长安何如日远❼？"答曰："日远。不闻人从日边来，居然❽可知。"元帝异之。明日集群臣宴会，告以此意，更重问之，乃答曰："日近。"元帝失色，曰："尔何故异昨日之言邪？"答曰："举目见日，不见长安。"

——《夙慧》❾

❶晋明帝：司马绍，字道畿（jī），元帝子，计在位三年。❷元帝：司马睿（ruì），字景文。五胡乱华，洛阳、长安先后失守，司马睿当时为琅琊王，只求退居江南偏安度日，遂于建康（今南京）即帝位，是为元帝，史称东晋。❸长安：今陕西西安。自汉至唐，多建都长安，因以长安为首都通名，此处意指洛阳，故下文云"问洛下消息"。❹洛下：即洛阳，西晋故都。❺潸然流涕：泪水流下的样子。潸然，流泪的样子。潸，音 shān。涕，眼泪。❻具以东渡意告之：详细地将东渡的心情告诉明帝。东渡，指向东渡过长江。西晋永嘉五年（三一一）匈奴攻陷洛阳，俘虏晋怀帝及王室贵族，史称"永嘉之乱"。建兴四年（三一六）匈奴再度围攻长安，次年，司马睿渡江即位，故曰"东渡"。具，详尽。❼汝意谓长安何如日远：你认为长安和太阳相比，哪一个远呢？何如，六朝时盛行的比较问句用法。❽居然：此处即"显然"之意。❾夙慧：早慧，幼年聪慧。夙，早。

表 一

	缘由	结果
日远图	有人从长安来，元帝问洛下消息，因亡国之痛，元帝闻而伤情，问明帝："长安何如日远？"明帝答以：**"日远。不闻人从日边来。"**	明帝的机智妙语，宽慰了父亲思念故国之心。
日近图	元帝宴集群臣时，为显示明帝之聪慧，元帝重问明帝："长安何如日远？"明帝却答以：**"日近。举目见日，不见长安。"**	明帝再次展现机智聪慧，除表达对故都难复的哀痛外，也具有警醒群臣之意。

二、王子猷夜访戴安道

王子猷❶居山阴，夜大雪，眠觉❷，开室，命酌酒❸。四望皎然❹，因起傍徨❺，咏左思《招隐诗》❻。忽忆戴安道❼，时戴在剡❽，即便❾夜乘小船就之❿。经宿⓫方至，造门不前⓬而返。人问其故，王曰："吾本乘兴而行，兴尽而返，何必见戴？"

——《任诞》⓭

❶王子猷：即王徽之，字子猷，晋王羲之子，任性放达，曾担任桓温参军、黄门侍郎等官。后弃官隐居山阴（今浙江绍兴）。❷眠觉（jué）：睡醒。❸命酌（zhuó）酒：吩咐下人备酒。酌酒，斟酒。❹皎然：洁白明亮的样子。❺傍徨：即"彷徨"，徘徊，来回行走。❻左思《招隐诗》：左思，字太冲，晋诗、赋大家。《招隐诗》旨在歌咏隐士的清高生活，诗中有描写雪景的诗句。❼戴安道：戴逵（kuí），字安道，博学多能，擅长音乐、书画与佛像雕刻。不事权贵，终身不仕。❽剡：音 shàn，在今浙江嵊（shèng）县，有剡溪，为曹娥江上游，自山阴沿曹娥江溯流而上即可到达。❾即便：立刻。❿就之：指前往拜访戴逵。就，接近、亲近，此指拜访。⓫经宿：过了一夜。宿，音 xiǔ，计算夜的量词。⓬造门不前：到了门口却不进去见面。造，到。⓭任诞：任意而行，放诞不拘。

三、卿卿我我

王安丰❶妇，常卿安丰❷。安丰曰："妇人卿婿，于礼为不敬❸，后勿复尔❹！"妇曰："亲卿爱卿，是以卿卿❺；我不卿卿，谁当卿卿？"遂恒听之❻。

——《惑溺》❼

❶王安丰：王戎，字濬（jùn）冲，因封安丰县侯，故又称王安丰。长于清谈，为竹林七贤之一。❷常卿安丰：常常以"卿"来称呼王安丰。卿，称呼对方为卿，此作动词用。❸妇人卿婿，于礼为不敬：妻子称夫婿为"卿"，于礼节上是不庄重的行为。"卿"本为官爵，后用为对人的美称，但多用于上对下、尊对卑，然到六朝时又转为狎昵之称。❹后勿复尔：以后不要再这样做了。复，再。尔，如此。❺卿卿：称呼你为卿。第一个"卿"，称呼……为卿之意，此作动词用。第二个"卿"字本为名词，此处借指为代词"你"。下文"我不卿卿，谁当卿卿"用法亦同。❻遂恒听之：于是便一直听任她如此。恒，恒常、一直。听，音 tìng，听任。❼惑溺：迷乱陷溺。

问题与讨论

一、晋明帝答复"太阳与长安谁远"的问话，答案前后不同，为什么？

二、你对王徽之"乘兴而行，兴尽而返"的作风有何想法？说说看自己有没有这种经验？试与同学分享你的想法和经验。

三、指出第三则故事中，每一个"卿"字的用法和意义；并讨论你对如此称呼的看法，是否也觉得王安丰妻子的言行太过大胆，的确是"惑溺"其夫婿？

第二课

师说

文——韩愈

学习重点

韩愈是唐宋古文八大家之首，所作开启唐宋古文新风貌，影响深远。《师说》是韩愈讨论“师道”的名篇，虽有其特定的写作背景，但所论道理却不因时空转变而失去其价值。学习时，可就下列重点加以注意：

一、了解韩愈对“师道”的看法。

二、掌握韩愈论说文的风格与特色。

三、认识韩愈写作此文的时代背景，并与当今社会比较、省思。

题解

本文选自《昌黎先生集》，旨在论述从师问学的必要。“说”是一种解释义理，申述己见的说理文体。

韩愈处在学风浮华，文尚骈俪的中唐，目睹士人着意钻营，不尚师道，遂挺身提倡古文，主张文以载道，不仅力图提振衰敝的文风，更想挽救沉沦的世道。他曾公开招收门徒，这一行动遭到世俗之士的攻击。柳宗元《答韦中立论师道书》：“今之世不闻有师；有，辄哗笑之，以为狂人。独韩愈奋不顾流俗，犯笑侮，收召后学，作《师说》……”由此可见本文的写作背景，以及韩愈对当时耻于从师风气坚决反对的态度。

韩愈对当时不重视从师问学的风气，自有其沉痛的感慨与深远的忧虑，遂藉李蟠请学的机会写作本文，阐明“师道”的真谛，强调从师问学的必要。其论点即在今日依然极富启示意义，值得体认实践。

作者

韩愈　字退之，以昌黎为郡望，故自称昌黎韩愈，后人称韩昌黎。河南河阳（今河南孟县）人。生于唐代宗大历三年（七六八），卒于唐穆宗长庆四年（八二四），年五十七。

韩愈三岁时父母双亡，由兄嫂抚养长大。虽刻苦勤学，早年却不得志，由州县举进士，接连三次皆未及第，二十五岁始中进士（德宗贞元八年，七九二）。历任吏部侍郎（故世称韩吏部）、国子监祭酒、京兆尹。因操行坚贞，直言无忌，曾两度遭到贬谪：一次为关中灾民请命，触怒当政，贬为阳山（今广东阳山）令；一次上表谏止宪宗迎佛骨，贬为潮州（今广东潮安）刺史。死后追赠礼部尚书，谥为文，故世又称韩文公。

韩愈以儒家道统的继承者自居，大力排斥当时盛行的佛、老思想，并倡导古文运动，力图以先秦、两汉语言简洁、风格健朗的散文，取代六朝以后华丽纤弱的骈文。在挚友柳宗元、弟子李翱（áo）、李汉等人的共同努力下，终于创建了唐代古文的新局面、新格调，故苏轼称他“文起八代之衰，道济天下之溺”，明茅坤并将之列为唐宋八大家之首。

韩愈散文，语言精炼，气魄雄浑，变化多端，各体兼擅，备受后人推崇。韩愈之诗，勇于创新，风格奇崛，又以日常题材为诗、以散文句法入诗，影响宋诗深远。门人李汉辑有《昌黎先生集》行世。

课文

古之学者❶必有师。师者，所以❷传道、受业、解惑❸也。人非生而知之者，孰能无惑？惑而不从师，其为惑也终不解矣。

生乎吾前，其闻❹道也，固先乎吾，吾从而师之❺；生乎吾后，其闻道也，亦先乎吾，吾从而师之。吾师道也，夫庸知❻其年之先后生于吾乎？是故无贵、无贱、无长、无少❼，道之所存，师之所存也。

嗟乎！师道之不传也久矣❽！欲人之无惑也难矣！古之圣人，其出❾人也远矣，犹且从师而问焉；今之众人，其下❿圣人也亦远矣，而耻学于师⓫，是故圣益圣，愚益愚。圣人之所以⓬为圣，愚人之所以为愚，其⓭皆出于此乎？

❶学者：求学的人。❷所以：借以、用来……表作用、目的。❸传道、受业、解惑：传承儒道、讲授经典、解除困惑。道，指儒家的修己治国之道。受，通“授”。业，学业，此指经典。惑，指学“道”习“业”时遇到的疑难困惑。❹闻：听闻，此指理解、体会。❺吾从而师之：我跟随他，向他学习。师，学习，动词。❻夫庸知：哪会计较。夫，发语词，无义。庸，岂、哪会，表反诘语气。❼无贵无贱无长无少：不论地位高低，不计年纪大小。无，不论、不管。❽师道之不传也久矣：从师问学的传统断绝已久。❾出：超越、胜过。❿下：低于，此处指不如。⓫耻学于师：以从师问学为耻。⓬所以：何以、为何。⓭其：大概，表推测语气。

爱其子，择师而教之，于其身也则耻师焉⓮，惑矣！彼童子之师，授之书而习其句读[15]者也，非吾所谓传其道、解其惑者也。句读之不知，惑之不解，或师焉，或不焉[16]，小学而大遗[17]，吾未见其明也。

巫医、乐师、百工之人[18]，不耻相师[19]；士大夫之族[20]，曰师、曰弟子云者[21]，则群聚而笑之。问之，则曰："彼与彼年相若也，道相似也。"位卑则足羞[22]，官盛则近谀[23]。呜呼！师道之不复可知矣！巫医、乐师、百工之人，君子不齿[24]，今其智[25]乃反不能及，其可怪也欤！

⑭耻师焉：以从师学习为耻。焉，语尾助词，无义。⑮句读（dòu）：文章的断句。语意已完足称"句"；语意未完足，语气须稍作停顿称"读"。读，音（dòu），也作"逗"。⑯"句读（dòu）之不知"四句：这里使用错综的修辞手法，即"句读之不知，或师焉；惑之不解，或不焉"，意指有些人不懂句读，会从师学习，但遇到疑惑不解，却反而不肯从师学习。或，不定称的指示代名词，此指"有的人"。"或不焉"的"不"，音、义都同"否"。⑰小学而大遗：学习了小的却遗漏了大的。小，指"句读之不知"。大，指"惑之不解"。⑱巫医乐师百工之人：巫医、乐师、百工三者在当时都是地位低下的职业。巫，从事降神求福、驱鬼除邪工作的人，在古代也常为人治病，故连称巫医。乐师，以演奏音乐或教导歌舞为职业的人。百工，各种工匠。⑲不耻相师：不以向他人学习为耻。⑳族：类。㉑云者：词尾助词，有"如此等等"之意。㉒位卑则足羞：向地位低的人学习，就觉得非常可耻。足，非常。㉓官盛则近谀（yú）：向官职大的人学习，就觉得近于谄媚。谀，音（yú），阿谀、奉承。㉔君子不齿：士大夫不屑与之同列。君子，相当于文中的"士大夫"。不齿，羞与为伍，表示轻视。齿，牙齿，引申为并列，此作动词用。㉕智：见解、见识。

圣人无常师[26]：孔子师郯子[27]、苌弘[28]、师襄[29]、老聃[30]。郯子之徒，其贤不及孔子。孔子曰："三人行，则必有我师。"[31]是故弟子不必不如师，师不必贤于弟子。闻道有先后，术业有专攻[32]，如是而已。

李氏子蟠[33]，年十七，好古文[34]，六艺经传[35]，皆通习[36]之。不拘于时[37]，请学于余[38]，余嘉其能行古道[39]，作《师说》以贻[40]之。

㉖圣人无常师：圣人没有固定的老师。圣人，指孔子。㉗郯（tán）子：春秋时郯国的国君。据《左传》记载，郯子访鲁，孔子曾向他请教古代"以鸟名官"的事。子，爵位名。㉘苌（cháng）弘：东周敬王时大夫。据《史记》记载，孔子曾向他请教古乐。㉙师襄：春秋时鲁国乐官，名襄。

据《史记》记载，孔子曾向他学琴。师，乐师。㉚老聃（dān）：即老子，姓李，名耳，字聃，春秋时楚人，曾任周朝的史官。据《史记》记载，孔子曾向他问礼。㉛三人行则必有我师：三人同行，一定有我可以效法或引以为鉴的人。语见《论语·述而》："子曰：'三人行，必有我师焉。择其善者而从之，其不善者而改之。'"㉜术业有专攻：技艺、学业各有专精。攻，研究。㉝李氏子蟠：李蟠，唐德宗贞元十九年（八〇三）进士。㉞古文：唐代称先秦、两汉的散文为"古文"。㉟六艺经传（zhuàn）：六经的经文与传文。六艺，六经，即《诗》、《书》、《礼》、《乐》、《易》、《春秋》。经，圣人的著作。传，音（zhuàn），解释经书的著作。㊱通习：通晓熟习。㊲不拘于时：不受时俗的拘束。时，指当时士大夫耻于从师的风气。㊳请学于余：向我请教。㊴古道：指古人从师问学之道。㊵贻：音 yí，赠送。

问题与讨论

一、韩愈认为老师的职责有哪些？其所说的"传道、受业、解惑之师"与"童子之师"有何不同？

二、本文的遣词造句丰富多变，或运用对比，或错综句式。试由语文技巧的观点，讨论其所达到的效果。

三、现代社会学习管道多元，老师地位也异于古代。韩愈的"师道"观念还适用于现代社会吗？

第 三 课

桃花源记

文——陶渊明

学习重点

陶渊明是中国首屈一指的大诗人，《桃花源记》则是他最脍炙人口的散文作品，文中呈现的美好社会图像，乃是他“理想世界”的具体写照。学习时，可就下列重点加以注意：

一、认识陶渊明自然平淡的风格及其文学地位。

二、了解本文的寓意与象征，并体会桃花源世界的淳朴、美好。

三、尝试思索，并试图建构自己的理想世界。

题解

本文选自《陶渊明集》，文后有诗，一般多视其为《桃花源诗》的序。

魏晋南北朝时期，政治倾轧频仍，社会扰攘不安，民生困苦。陶渊明身处晋宋易代之际，既无法改变污浊的政治，又不愿同流合污，于是透过创作抒发情怀，寄托一己理想。

本文运用小说笔法，以渔夫偶入桃花源展开情节，具体指出时代与渔夫籍贯，加强实有其时、其地、其人的真实感，并在生动的情节中，勾勒出一个自然淳朴、富足安乐、和谐无争的人间净土。文末又透过太守、刘子骥等人追寻桃花源的不同方式与历程，并以“后遂无问津者”象征理想世界的失落，留下悠悠余韵，令人掩卷深思。

作者

陶渊明 字元亮（一说名潜，字渊明），自号五柳先生、羲皇上人。浔阳柴桑（今江西九江）人。生于东晋哀帝兴宁三年（三六五），卒于南朝宋文帝元嘉四年（四二七），年六十三。

陶渊明为东晋名将陶侃曾孙，青年时期曾有济世之志，但直到三十岁左右才因亲老家贫，出任江州祭酒、建威将军参军等官职。晋安帝义熙元年（四〇五）八月为彭泽（今江西湖口）令，在官八十余日，因不愿为五斗米折腰而解冠去职。此后即固穷守节，终其一生过着躬耕田园，饮酒赋诗的生活，其出处进退率性任真，一生淡泊名利，世称靖节先生。

陶渊明诗文兼擅，以素朴的文字、白描的方式、日常生活的题材，展现真挚的情感与悠远的意境，但在华靡文风盛行的六朝时期，并未受到重视；唐、宋以后，其人及其诗文均备受推崇，公认为屈原之后，李白、杜甫以前最重要的诗人。其诗多写田园隐居生活，钟嵘《诗品》誉为“隐逸诗人之宗”，后人则称为“田园诗人之祖”。有《陶渊明集》行世。

课文

晋太元❶中，武陵❷人，捕鱼为业。缘❸溪行，忘路之远近❹，忽逢桃花林。夹岸❺数百步，中无杂树，芳草鲜美，落英缤纷❻，渔人甚异❼之。复前行，欲穷❽其林。林尽水源❾，便得一山。山有小口，仿佛若有光，便舍船，从口入。

初极狭，才通人❿，复行数十步，豁然⓫开朗。土地平旷⓬，屋舍俨然⓭，有良田、美池、桑竹之属⓮，阡陌交通⓯，鸡犬相闻。其中往来种作，男女衣着，悉如外人⓰，黄发⓱垂髫⓲，并怡然⓳自乐。见渔人，乃大惊，问所从来，具⓴答之。便要㉑还家，设酒、杀鸡、作食。村中闻有此人，咸来问讯㉒。自云先世避秦时乱，率妻子邑人㉓来此绝境㉔，不复出焉，遂与外人间隔㉕。问今是何世？乃㉖不知有汉，无论㉗魏、晋。此人一一为具言所闻，皆叹惋㉘。余人各复延㉙至其家，皆出酒食。停数日，辞去。此中人㉚语云：“不足㉛为外人道也。”

❶太元：东晋孝武帝年号（三七六——三九六）。❷武陵：晋郡名，在今湖南常德。❸缘：沿着。❹忘路之远近：忘记走了多远的路。❺夹岸：两岸。❻落英缤纷：落花繁多。英，花。缤纷，众多貌。❼异：讶异。❽穷：尽。❾林尽水源：意谓桃花林的尽头，就是溪水的源头。❿才通人：仅容一人通过。才，仅。⓫豁（huò）然：开阔的样子。⓬平旷：平坦宽广。⓭俨（yǎn）然：整齐的样子。⓮属：类。⓯阡陌交通：田间小路交错相通。阡陌，田间小路，南北为阡，东西为陌。⓰悉如外人：完全像桃花源以外的人。下文“遂与外人间隔”、“不足为外人道”，二“外人”意同。悉，全。⓱黄发：老人发色由白转黄，借指老人。⓲垂髫：古代儿童不束发，头发下垂，借指儿童。髫，音 tiáo，古代幼童头发自脑门下垂至额头的一种发式。⓳怡然：安适愉快的样子。⓴具：详细。㉑要：音 yāo，通“邀”，邀请。㉒咸来问讯：都来探问消息。咸，都。㉓妻子邑人：妻子、子女、乡人。邑，乡。㉔绝境：与外界隔绝的地方。㉕间隔：隔离不通音讯。㉖乃：竟然。㉗无论：更不用说。㉘叹惋：感慨叹息。惋，音 wǎn，叹

息。[29]延：邀请。[30]此中人：指桃源中人。[31]不足：不值得，否定的婉转说法。

既出，得其船，便扶向路[32]，处处志[33]之。及郡下[34]，诣[35]太守，说如此[36]。太守即遣人随其往，寻向所志，遂[37]迷不复得路。南阳[38]刘子骥[39]，高尚士[40]也，闻之，欣然规往[41]，未果[42]，寻[43]病终。后遂无问津[44]者。

[32]便扶向路：于是沿着先前的来路。扶，沿着。向，先前。[33]志：记，此处指作记号，动词。[34]郡下：郡中，指武陵郡官署所在地。[35]诣：音 yì，晋见。[36]说如此：述说事情原委。[37]遂：竟然。[38]南阳：晋郡名，在今河南南阳。[39]刘子骥（jì）：名驎（lín）之，为人不慕名利，好游山玩水，隐居不仕。[40]高尚士：本指品德高尚的读书人，此指隐士。[41]规往：计划前往。[42]果：实现。[43]寻：不久。[44]问津：问路，此有访求之意。津，渡口。

问题与讨论

一、本文记叙桃花源的追寻，何以具体载明故事的时间、空间与人物？

二、文末安排太守与刘子骥追寻桃花源而不可得的情节，并说“后遂无问津者”，有何深意？

三、尝试体会文中“桃花源”的寓意与象征，并与自己的理想世界试作比较。

第四课

醉翁亭记

文——欧阳修

学习重点

欧阳修是北宋文坛极重要的大家，《醉翁亭记》则是他广受传诵的散文作品，其中显示了特殊的襟怀与文章风格。学习时，可就下列重点加以注意：

一、认识欧阳修其人及其文学成就。

二、掌握本文别具一格的写作技巧。

三、体会作者“乐其乐”的心境情怀。

题解

本文选自《欧阳文忠公集》。醉翁亭在滁（chú）州（今安徽滁州）西南的琅琊（láng yé）山，为宋僧智僊（xiān）所建，欧阳修命名。

宋仁宗庆历五年（一〇四五），欧阳修遭流言所诬，贬为滁州知州，公务之暇，纵情山水。次年，时值丰年，在徜徉山水的闲适中，见政通人和、百姓安乐，乃欣慰有感，于是写成此文。与一般贬谪之作旨趣迥异的是：文中没有失意的悲哀或愤懑，除了与民同乐的仁者襟怀外，更隐微含蓄地表现他对自己所处时代的自适。

作者

欧阳修 字永叔，号醉翁，晚号六一居士。吉州庐陵（今江西吉安）人。生于宋真宗景德四年（一〇〇七），卒于宋神宗熙宁五年（一〇七二），年六十六。

欧阳修四岁丧父，家境清寒，母亲郑氏用心抚养。仁宗天圣八年（一〇三〇）进士及第。庆历年间，因支持范仲淹、韩琦、富弼（bì）等人推行新政，被指为朋党，贬滁州。仁宗至和元年（一〇五四）奉召回京，任翰林学士。嘉祐二年（一〇五七）主持贡举，拔擢曾巩、苏轼、苏辙等人，开启宋代古文运动的新气象。官至枢密副使、参知政事（副宰相），以太子少师致仕（退休）。死后追赠太子太师，谥文忠。

欧阳修的成就是多方面的，除了政治上的“改革”形象外，经学、史学、文学都备受后人推崇。以经学言，不拘守汉唐注疏，勇立新说。以史学言，与宋祁合撰《新唐书》，又自撰《新五代史》，成一家之言。以文学言，诗、词、赋、骈文、古文均有杰出表现，而以推动宋代古文运动使臻于成功之绩最称卓伟，影响深远，堪称北宋文坛的领袖、宋代古文的宗师。所为文，平易自然、宛转多姿、情韵悠长，后人誉为“六一风神”。有《欧阳文忠公集》行世。

课文

环滁❶皆山也。其西南诸峰，林壑❷尤美。望之蔚然❸而深秀❹者，琅琊❺也。山行六七里，渐闻水声潺潺，而泻出于两峰之间者，让泉❻也。峰回路转，有亭翼然❼临于泉上者，醉翁亭也。作亭者谁？山之僧智僊❽也。名之者谁？太守自谓❾也。太守与客来饮于此，饮少辄（zhé）醉，而年又最高，故自号曰醉翁❿也。醉翁之意不在酒，在乎山水之间也。山水之乐，得之心而寓之酒⓫也。

❶环滁：环绕滁州。❷壑：音 hè，山谷。❸蔚然：草木茂盛的样子。❹深秀：幽深秀丽。❺琅琊（láng yé）：山名，亦作琅邪、瑯琊。东晋元帝司马睿为琅琊王时曾避居此山，故名。❻让泉：山泉名。一作酿泉。❼有亭翼然：醉翁亭檐角翘起，如鸟展翅欲飞的样子。❽智僊：琅琊山琅琊寺住持，与欧阳修结为好友。僊，音 xiān，同“仙”。❾太守自谓：太守以自己的别号“醉翁”称呼亭。太守，古时地方官名。秦置郡守，汉代改为太守，宋代改郡为州，一州之长为知州，欧阳修为滁州知州，自称太守乃沿用旧称。❿自号曰醉翁：庆历六年，欧阳修四十岁，正值盛年而自号醉翁，有调侃自嘲之意。⓫得之心而寓之酒：领会于心，寄托于酒。

若夫⓬日出而林霏开⓭，云归⓮而岩穴暝⓯，晦明变化⓰者，山间之朝暮也。野芳发而幽香⓱，佳木秀而繁阴⓲，风霜高洁⓳，水落而石出⓴者，山间之四时也。朝而往，暮而归，四时之景不同，而乐亦无穷也。

⓬若夫：犹“至于”。通常出现在句首，是用来承接上文引起下文的连接词。⓭林霏开：林中的雾气散开了。霏，音 fēi，雾气。⓮云归：云雾聚拢。归，趋、聚。⓯岩穴暝（míng）：山谷昏暗。⓰晦（huì）明变化：指上文种种光线明暗的变化。⓱野芳发而幽香：野花开放，散发清幽的香气。此句形容春景。芳，花。发，开放。⓲佳木秀而繁阴：林木秀美而树荫浓密。此句形容夏景。佳木，良木、美木。阴，音 yìn，通“荫”。⓳风霜高洁：即“风高霜洁”，风高气爽，霜露洁白。此句形容秋景。⓴水落而石出：水位低落，石头露出。此句形容冬景。

至于负者歌于涂，行者休于树[21]，前者呼，后者应，伛偻[22]提携[23]往来而不绝者，滁人游也。临溪[24]而渔，溪深而鱼肥；酿泉为酒，泉香而酒洌[25]；山肴野蔌[26]，杂然而前陈者，太守宴也。宴酣之乐，非丝非竹[27]，射者中[28]，弈[29]者胜，觥筹交错[30]，起坐而諠哗者，众宾欢也；苍颜白发，颓然[31]乎其间者，太守醉也。

㉑负者歌于涂，行者休于树：背着东西的人在途中边走边唱，行走的人在树下休息。这两句上下互文，意谓不论“负者”或“行者”，皆于途中边走边唱，累了则在树下休息。负者，背东西的人。涂，通“途”，道路。㉒伛偻：音 yǔ lóu，弯腰驼背，此指老年人。㉓提携：搀领牵引，此指孩童。㉔溪：音 xī，山涧。㉕泉香而酒洌：泉水甘美香甜，所酿成的酒，色泽清澄、口味清醇。洌，音 liè，清，此处兼指色、味。㉖山肴野蔌：山中的野味和蔬菜。肴，音 yáo，泛指鱼肉之类的荤菜。蔌，音 sù，蔬菜。㉗宴酣之乐，非丝非竹：宴饮的快乐，不在于音乐的助兴，乃在下文所言众宾喧哗游戏的欢乐。丝竹，代指音乐。丝，指琴、瑟等弦乐器。竹，指箫、笛等管乐器。㉘射者中：投壶的人将筹矢投进了壶中。射，投壶，古代宴饮时的一种游戏，宾主轮流用箭形的筹矢投向长颈壶中，以投中多少决胜负，输者罚酒。㉙弈：音 yì，此处指下棋，当动词用。㉚觥筹交错：酒杯、酒筹交互错杂。形容宴会中殷勤劝酒，宾主尽欢的热闹情景。觥，音 gōng，盛酒器，此指酒杯。筹，音 chóu，酒筹，用来行酒令或饮酒时计算输赢的竹签。㉛颓然：此处形容醉倒的样子。

已而[32]，夕阳在山，人影散乱，太守归而宾客从也。树林阴翳[33]，鸣声上下，游人去而禽鸟乐也。然而禽鸟知山林之乐，而不知人之乐；人知从太守游而乐，而不知太守之乐其乐[34]也。醉能同其乐[35]，醒能述以文者，太守也。太守谓谁[36]？庐陵欧阳修也。

㉜已而：不久。㉝阴翳（yì）：昏暗。㉞乐其乐：意谓太守心中自有所乐。太守之乐固因民之乐而来，但民之乐实因吏治良好、生活富足安定而来，太守对此别有一种外人难以理解的宽慰之乐。上一“乐”字为动词，下一“乐”字为名词。其，指太守；或谓指滁人（含众宾），亦可通。㉟醉能同其乐：醉时能乐滁人（含众宾）之所乐。此处“其”字指滁人。㊱谓谁：是谁？谓，通“为”，是。

问题与讨论

一、前人每谓本文用了二十一个“也”字极为特殊。请问其特殊性何在？又造成了什么效果？

二、本文的“文眼”在一个“乐”字。请问文中的“乐”有哪些层次？作者如何描写它们？

三、文末作者说“太守之乐其乐”。这个“其”字，有人说指“太守”，有人说指“滁人”（含众宾）。请细读全文后提出你的看法。

第 五 课

乐府诗选

一、饮马长城窟行

文—佚　名

学习重点

所谓“乐府”，原是掌管音乐的机关，秦代已设置。到汉武帝时，扩大乐府官署的规模，一方面广泛采集各地民间歌谣，加以整理记录，进而作曲、演奏、歌唱；一方面也积极接触西域异国的音乐，予以吸收、消化、创作新曲。后人把这些合乐可唱的歌辞称作乐府或乐府诗，于是“乐府”又成了诗体的名称了。

乐府诗起于汉代，在中国古典诗史中具有非常重要的地位。从诗句形式的角度而言，它直接促进了五、七言诗的产生；从表现特质的层面来看，它率直的抒情方式与浓厚的写实精神，也对后代作者影响深远。本篇《饮马长城窟行》

是少数流传下来的汉乐府名作，学习时，可就下列重点加以注意：

一、了解本诗的书写层次与结构。

二、体会诗中人物的情感。

三、明白何谓“乐府”、“乐府诗”。

题解

本诗选自《昭明文选》。饮（yìn）马，让马喝水。自先秦以来，各代均修筑长城，用以防备北方胡人，长城下有泉窟，可以饮马。《饮马长城窟行》，乐府曲调名。内容多描写军士行役之艰苦或妇人对远戍者的思念。本诗以妻子自述的口吻，抒写对远在他乡的丈夫的思念，情感真挚宛转、语言质朴自然，结尾尤温暖有情韵，极为动人。

作者

《昭明文选》选录本诗，题为“古辞”，可见梁昭明太子萧统编文选时，已不知作者为谁。稍晚于萧统的徐陵，编《玉台新咏》，亦选载本诗，却题为蔡邕作。蔡邕为东汉末年著名文人，所作诗篇，与本诗风格不类，故后代学者多从《昭明文选》，认为作者已不可考。

课文

青青河畔草，绵绵[1]思远道[2]。
远道不可思，宿昔[3]梦见之。
梦见在我旁，忽觉[4]在他乡；

他乡各异县❺，展转❻不相见。
枯桑知天风，海水知天寒❼。
入门各自媚，谁肯相为言❽！
客从远方来，遗❾我双鲤鱼❿。
呼儿烹鲤鱼⓫，中有尺素书⓬。
长跪⓭读素书，书中竟何如⓮？
上言加餐食⓯，下言长相忆。

❶绵绵：绵密不绝的样子，此处隐含有青草绵延不绝及思念之情缠绵不断两层意思。❷远道：远方，此指在远方的丈夫。❸宿（sù）昔：同“夙昔”，前夜。❹忽觉（jué）：忽然惊醒。觉，醒。❺各异县：分居异地。❻展转：迁移、移动。此指丈夫不断移行异地。❼枯桑知天风，海水知天寒：即使是叶已凋零枯萎的桑树，也能感觉到风吹；即使是不会结冰的海水，也会感到天冷。比喻夫妇久别，虽然口中不说，心里却有深切的孤寂之苦。❽入门各自媚，谁肯相为言：别人回到家都各自有亲爱自己的家人，有谁会来安慰我呢！意谓周遭无人能体察自己的孤寂之苦。媚，爱。相为言，即“为我言”。相，无义，置于动词之上，具有指示兼称代的作用，仅偏指一方，“我”。言，慰问、安慰之意。❾遗：音 wèi，赠送。❿双鲤鱼：书信的代称。古人通信，以两片木板刻成鲤鱼形状，鱼身各凿一孔三槽，寄信时，将信夹于两鱼之中，以绳顺槽痕系牢，并在孔上加封泥。⓫烹鲤鱼：指解开绳子，拿出书信。⓬尺素书：汉代书信用一尺长左右的绢帛来书写，故称“尺素书”。⓭长跪：直身屈膝成直角形的跪礼，有以示庄敬之意。⓮书中竟何如：信的内容究竟写些什么？⓯加餐食：多吃饭菜，引申为保重身体之意。

问题与讨论

一、本诗对女子心情有怎样起伏的描写？而这样的描写是否增加了你的感动？

二、有关“双鲤鱼”，除了本书注释中的说法外，也有人视为真鲤鱼，意即鱼腹中藏有书信。请问这二种说法有何不同趣味？而你个人较接受哪一种呢？

二、长干行

文—李 白

学习重点

汉献帝建安以后，“拟乐府”的作品渐渐多起来。所谓“拟乐府”，就是文人对古乐府的模拟。他们先是沿用古乐府的题材与内容，改创歌辞以入乐；后来，渐渐的只用古乐府的题目，内容、歌辞都改变，甚至也不入乐——至此，乐府诗便成了纯粹书写的“诗”了。

李白是唐代拟乐府最重要、成就最高的诗人。其拟作的范围，包括：汉乐府、南朝吴歌、西曲，以及北朝民歌，本诗是其中极脍炙人口的作品，学习时，可就下列重点加以注意：

一、了解本诗叙写的方式。

二、揣摩本诗与前诗的异同。

三、认识李白诗歌的特色及成就。

题解

本诗选自《李太白诗文集》，原题二首，此为第一首。《长干行》，乐府旧题，宋郭茂倩《乐府诗集》收录于杂曲歌辞类。长干，古金陵里巷名，故址在今南京南秦淮河边。全诗以女子口吻，按时序先后，依次叙写青梅竹马、结为连理、丈夫远行、相思情苦、盼君早归等情节，辞意温婉、情怀真切，兼融抒情与叙事之美，千百年来传诵不衰。

作者

李白 字太白，号青莲居士。籍贯陇西成纪（今甘肃天水），其父迁居绵州昌隆（今四川江油）青莲。生于武周大足元年（七〇一），卒于唐代宗宝应元年（七六二），年六十二。

李白自幼资质聪颖，读书学剑；及长，任侠好义，轻财重施。二十五岁辞亲远游，行迹甚广。天宝元年（七四二）至长安，贺知章见其诗，叹为“谪仙人”，向玄宗推介，诏供奉翰林。因恃才傲物，得罪杨贵妃、高力士等权贵，自知难为朝廷所容，上疏请辞。其后十年，漫游梁、宋（皆在今河南）、齐、鲁（皆在今山东）。天宝十四载安史乱起，入永王李璘幕府。永王争帝位兵败，李白受株连遭流放夜郎（今贵州遵义），中途遇赦得释。晚年依族叔当涂（今安徽当涂）令李阳冰以终。

李白才气纵横，兼儒家济世之襟怀与道家放旷之作风，而以诗名世。善以神奇的想象、夸张的手法、精彩的譬喻，以及清新俊逸的文字，表现情感，无论为深婉曲折、为热烈奔放，莫不动人心弦，洋溢浪漫气息，尤长于绝句及乐府歌行。与杜甫齐名，世称“李杜”，有“诗仙”之称。后人辑有《李太白诗文集》行世。

课文

妾[1]发初覆额，折花门前剧[2]。

郎骑竹马来，绕床弄青梅[3]。
同居长干里，两小无嫌猜[4]。
十四为君妇，羞颜未尝开[5]。
低头向暗壁，千唤不一回[6]。
十五始展眉[7]，愿同尘与灰[8]。
常存抱柱信[9]，岂上望夫台[10]？
十六君远行，瞿塘滟滪堆[11]。
五月不可触，猿声天上哀[12]。
门前迟行迹[13]，一一生绿苔。
苔深不能扫[14]，落叶秋风早。
八月蝴蝶黄[15]，双飞西园草。
感此伤妾心，坐愁[16]红颜[17]老。
早晚下三巴[18]，预将书报家。
相迎不道远，直至长风沙[19]。

❶妾：古代妇女对自己的谦称。❷剧：游戏、玩耍。❸绕床弄青梅：围绕着井栏玩弄青梅。床，井栏。青梅，春天尚未成熟的青色梅子。❹无嫌猜：没有嫌隙猜疑。按，“青梅竹马”、“两小无猜”成语即源出本诗。❺羞颜未尝开：害羞的容颜始终不曾开展。形容极为羞怯。❻回：转头。“低头”二句仍是形容害羞之状。❼展眉：舒展眉宇，形容露出笑脸。❽愿同尘与灰：愿如尘、灰一般合在一起。尘、灰相似，混在一起便无法分开，比喻希望夫妻长相厮守，至死永不分离。❾常存抱柱信：常怀有像尾生那样坚守爱情信约的心。《庄子·盗跖》篇记述尾生与情人约于桥下见面，尾生先到，不料河水暴涨，因不愿失信离去，乃抱桥柱而溺毙。后人以“抱柱”比喻坚守信约。❿岂上望夫台：哪里想到会因分离而登上望夫台呢？望夫台，关于望夫台的传说颇多，大抵都是丈夫远行，妻子思念丈夫常登山眺望之处。⓫瞿（qú）塘滟滪（yàn yù）堆：瞿塘，长江三峡之一，在今重庆奉节东。滟滪堆，是瞿塘峡口的大礁石，每年五月水涨，即淹没水中，行船容易触礁沉没，故下句说“不可触”。⓬猿声天上哀：猿猴哀鸣的声音，好像从天上传来一样。⓭迟行迹：指当年丈夫行前留下的足迹。迟，久，在此有“旧”、“昔”的意思。⓮苔深不能扫：当是女子睹物思人，见丈夫临行留下的足迹，开始时不忍扫，而终致绿苔厚积到无法扫；暗喻女子内心的相思也是不能扫除的。⓯八月蝴蝶黄：八月是淡黄蝶最多的时候。白居易《秋蝶》：“秋花紫蒙蒙，秋蝶黄茸茸。”⓰坐愁：因为相思的愁苦。坐，因为。

⑰红颜：年轻的容颜。⑱早晚下三巴：何时自三巴顺江而下，回到家中？早晚，何时。三巴，巴东、巴郡、巴西的总称，今四川嘉陵江、綦江流域以东大部地区。⑲相迎不道远，直至长风沙：不辞路途遥远，从长干到长风沙迎接。相迎，指迎接你。不道，不说、不顾。长风沙，在今安徽安庆。

问题与讨论

一、本诗运用何种书写方式叙写诗中女子的情感？它因此具有何种效果？

二、并读本课二诗，试述它们的异同。

第六课

《论语》选

学习重点

《论语》为中国古代士人必读之书，影响极为深远，它不仅是中华文化重要的经典，也是东亚，乃至全世界共尊共享的文化财产。本课特精选有关修己、孝道、交友、为政、人生终极价值、知识分子情操六则文字，大体显示儒家思想的重要内涵。学习时，宜就各则要旨注意下列重点：

一、培养自省的习惯，了解孝道的真谛，掌握交友的原则。

二、思考政治的意义，体认为政者的责任。

三、探索生命的价值，明辨自我角色与应有的胸怀、志气。

题解

本文共选六则，标题皆课本编者所加。

第一章选自《学而》，记述曾子日日反省的三件事，从而提示处事宜尽心、待人宜诚信、学习宜勉力的道理。

第二章选自《为政》，透过答子游之问，点出了世间人子常见的一种偏差，启示我们体认：孝道的可贵不仅在物质的满足，更在心意的虔敬。

第三章选自《季氏》，清楚揭示三种益友、三种损友，从而教导我们分辨二者的特质与差异，帮助我们多交益友、远离损友。

第四章选自《颜渊》，记子贡问为政之道，孔子指出执政者的三项基本责任：足食、足兵、民信之，进而分辨三者的轻重，并体会“人民的信任”才是一切执政的基础。

第五章选自《里仁》，“仁”是孔门最重要的德目，求仁、行仁是儒者毕生的职志。对他们而言，“仁”是人生的依归，“仁”也是一切行为的准据。凡人都喜富贵而恶贫贱，但富贵、贫贱的取舍，并非没有它判断的准则，端视其是否合乎“仁”而已。对儒家的“君子”而言，生命中有更崇高的永恒目标——此即对“仁”的追求、固守以及贯彻。

第六章选自《泰伯》，在儒家的观念里，所谓“士”，须将理想（仁）做最彻底的实践，所以曾子在本章中特别强调“弘毅”的重要。研读本章，宜体会“士”的角色、责任，以及因此所必备的“胸怀”与“志气”，同时期许自己做一个真正的“士”。

作者

《论语》，是一部以记载孔子言谈、举止为主的书（间有一些纯为弟子的言谈）。其编撰，部分出自孔子弟子当时的笔录，部分则出自七十子门人，乃至再传门人。其成书确切年代则难以考定。书中包含修身、治学、处世、为政的道理，亦包含种种关乎原则、信念、理想，以及生命价值、生存意义的诠释阐发，是认识孔子思想最重要的经典。汉代已尊为经，宋代朱熹则合《论语》、《孟子》、《大学》、《中庸》为“四书”。自元至清，“四书”成为科举必考的内容。

孔子，名丘，字仲尼，春秋时鲁国昌平陬邑（今山东曲阜）人。生于周灵王二十一年（公元前五五一），卒于周敬王四十一年（公元前四七九），年七十三岁。

孔子先世为宋国贵族，后避难至鲁国。历任鲁国中都宰、司空、大司寇等职，有治绩。五十五岁起周游列国，宣扬其治国理念、推行其仁政主张。六十八岁返回鲁国，致力于教育以及文献保存、文化传承的工作。

孔子思想以仁为中心，注重伦理，讲求修身，而终以治天下为职志。其首开平民教育之风，有教无类，因材施教，后人尊称为“至圣先师”。

课文

一、三省吾身

曾子❶曰：“吾日三省吾身❷：为人谋而不忠❸乎？与朋友交而不信❹乎？传❺不习❻乎？”

——《学而·四》

❶曾子：孔子弟子，名参，字子舆，鲁国南武城（今山东枣庄附近）人，比孔子小四十六岁。性至孝，世称“宗圣”。❷三省（xǐng）吾身：以三件事省察自己。古人常以“三”表示次

数之多或时间之久，则“三”为“虚数”，但此处应为“实数”。❸忠：尽心尽力。❹信：诚信。❺传：音 chuán，指老师传授的学问。❻习：学习，此处兼有习而实践之意。儒家重实践，凡所学必期能有所用。

二、子游问孝

子游❶问孝。子曰：“今之孝者，是谓能养❷。至于犬马，皆能有养❸；不敬，何以别乎？”

——《为政·七》

❶子游：孔子弟子，姓言，名偃（yǎn），字子游，吴国人，比孔子小四十五岁。以文学著称。❷是谓能养：只要能供养饮食即可。是，作“只”字解。养，音 yàng，下对上的衣食照料。❸至于犬马，皆能有养（yǎng）：人们豢（huàn）养犬马，也能供应它们饮食。

三、益者三友

孔子曰：“益者三友，损者三友。友直❶，友谅❷，友多闻❸，益矣。友便辟❹，友善柔❺，友便佞❻，损矣。”

——《季氏·四》

❶直：正直。❷谅：诚信。❸多闻：此指学识广博，有真才实学。❹便辟：习于偏邪不正，意指行为多不正当。便，音 pián，熟习。辟，音 pì，通“僻”，偏邪不正之意。❺善柔：善于取悦迎合。❻便佞：习于巧辩媚说，意指口才便给而无真才实学。佞，音 nìng，谄媚善辩。

四、民无信不立

子贡❶问政❷。子曰：“足食❸，足兵❹，民信之❺矣。”子贡曰：“必不得已而去❻，于斯三者何先？”曰：“去兵。”子贡曰：“必不得已而去，于斯二者何先？”曰：“去食。自古皆有死，民无信不立❼。”

——《颜渊·七》

❶子贡：孔子弟子，姓端木，名赐，字子贡，卫国人，比孔子小三十一岁。善于经商，有口才。❷问政：问为政之道。❸足食：让百姓食物丰足。❹足兵：让国家军备充实。❺民信之：百姓信任政府。❻去：减除。❼民无信不立：若人民不信任政府，则国家无法生存。极言为政者不可失信于民。

五、无终食之闲违仁

子曰：“富与贵，是❶人之所欲也，不以其道❷，得之不处也❸。贫与贱，是人之所恶也，不以其道，得之不去也❹。君子❺去仁，恶乎成名❻？君子无终食之间[7]违[8]仁，造次[9]必于是[10]，颠沛[11]必于是。”

——《里仁·五》

❶是：义同“此”。❷不以其道：不用正当的方法或途径。❸得之不处也：即使获得富贵，也不接受。处，居，此为接受、享用之意。❹得之不去也：即使遭遇贫贱，也不摆脱。去，丢弃、摆脱。❺君子：《论语》中君子一词有二义，一指有德者，一指在位者。此指有德者。❻恶（wù）乎成名：怎么能称得上“君子”呢？恶乎，于何处、从哪里。成名，指得称“君子”之名。❼终食之间：吃完一顿饭的时间，比喻短暂，犹言一时一刻。食，音 shí，饭。❽违：违背。❾造次：仓促匆忙之时。❿于是：意谓与仁同在，以仁为依归。是，此，指“仁”。⓫颠沛：困顿流离。

六、任重道远

曾子曰：“士[1]不可以不弘毅[2]，任[3]重而道[4]远。仁以为己任[5]，不亦重乎？死而后已[6]，不亦远乎？”

——《泰伯·七》

❶士：指读书人、知识分子。❷弘毅：胸怀宽广、志气坚强。弘，弘大；心胸宽广，怀抱天下。毅，坚毅；刚强不屈，坚持到底。❸任：担当的责任。❹道：行走的路程。❺仁以为己任：即“以仁为己任”。❻死而后已：一直要到死了以后责任才停止。已，停止。

问题与讨论

一、你有反省的习惯吗？你常反省哪些事？曾经有什么困惑吗？

二、你平常如何和父母互动？如何表现孝道？本章所述对你有什么启发吗？

三、正直的朋友，会不会有时令你难堪？多闻的朋友会不会有时令你自卑？你是不是比较喜欢结交顺从你、迎合你的朋友？如果有以上的情况，你会如何面对、处理？

四、历史上有无实例可以证明孔子“足食，足兵，民信之矣”的论点？其次，孔子的论点是否具有丰富的现代意义？试加思辨说明。

五、何谓“以其道”、“不以其道”？请加以申说。而对文中坚持仁道的“君子”，你会如何看待？

六、在当前的社会里，你觉得哪些事是“任重而道远”的？有没有“弘毅之士”会一步一步将之完成？

第七课

现代诗选（一）

一、秘魔崖[1]月夜

文——胡　适

学习重点

胡适为五四新文学运动的领导者，其诗具有文学史上的开拓性意义。本诗为胡氏最深婉有情的美丽作品，学习时，可就下列重点加以注意：

一、体会诗中动人的思念之情。

二、欣赏本诗平淡中蕴含多重变化的技巧与美感。

[1] 秘魔崖：北平西山证果寺西北角有石崖洞穴如屋，名秘魔崖。

题解

本诗选自《胡适诗存》，原载《晨报六周年纪念增刊》。根据《胡适日记全编》，一九三三年，胡适曾借住实业家刘厚生在西山的房子，二十二日傍晚，胡适在西山饭店用餐，饭后步行回山，是夜为阴历十五，月色佳绝，颇多诗意，九时三十分写成本诗，题名《秘魔崖月夜》。

诗中所思念的对象应为曹诚英（字佩声，乳名丽娟）女士。曹氏为胡适三嫂之妹，小胡适十一岁，嫁胡冠英，于民国十二年春离婚，在杭州女子师范学校读书，是年六月至十月，胡适住西湖，与曹氏相从甚密，从日记中所载，可知二人曾有一段美好的交往时光。胡适所作与此一情感可能有关的诗尚有《西湖》《暂时的安慰》《小诗》《江城子》《多谢》等。

民国二十年，徐志摩遇难后，胡氏抄此诗寄悼念之情，改题为《依旧月明时》。

作者

胡适 本名嗣穈，后改名适，字适之，安徽绩溪人。生于清德宗光绪十七年（一八九一），卒于一九六二年，年七十二。

胡适四岁丧父，由母亲冯氏教养成人。十五岁入上海中国公学，并参与主编《竞业旬报》，发表《无鬼丛话》等破除迷信之文章。一九一〇年，考取官费留美，赴康乃尔大学农学院就读，旋因兴趣不合，转读文理学院。一九一五年改入纽约哥伦比亚大学哲学部，随杜威习哲学，深受其实验主义之影响。一九一七年结束哥伦比亚大学哲学博士学业。同年返国，任教北京大学，役兼任文学院院长。抗战期间，担任驻美大使。抗战胜利后，任北京大学校长。一九四九年，赴美任普林斯顿大学盖士德东方图书馆馆长，一九五八年返台就任中央研究院院长。一九六二年于中研院院士会议上，因心脏病发逝世。

胡适为中国近代史上极具影响力的人士：在思想上，他引进西方新思想，介绍杜威实验主义，提倡运用科学方法，对中国现代思想、文化及教育之发展，都有莫大贡献；在文学上，他提倡白话，促成新文学革命，影响中国现代文学的发展至深且巨。其新诗有先导之功；其散文，论者以为乃“说理”之典范，著有《新诗尝试集》以及《白话文学史》《中国古代哲学史》《胡适文存》等。

课文

依旧是月圆时，
依旧是空山，静夜，
我独自月下归来，——
这凄凉如何能解！

翠微山[2]上的一阵松涛，
惊破了空山的寂静，
山风吹乱了窗纸上的松痕，
吹不散我心头的人影。

[2]翠微山：山名，北平西山群峰之一，因明代翠微公主葬此而得名，为北平西郊胜景。

二、再别康桥

文—徐志摩

学习重点

徐志摩是中国新诗史上表现抒情美与格律美的杰出诗人。所谓抒情美，是指他以秾丽的文字写浓烈的情感；所谓格律美，乃因他是新诗史上用心建构诗歌格律的新月派的代表人物。本诗不仅为徐志摩最著名的作品，同时堪称上述抒情美与格律美的最佳范例。学习时，可就下列重点加以注意：

一、赏玩徐志摩诗歌之美，并认识新月派的特色。

二、体认徐志摩对康桥特殊的感情，进而领略自然与人心交流互感的境界。

题解

本诗选自《猛虎集》，系徐志摩于民国十七年八月重访康桥后，归国途中船上所写。诗中流露对康桥的无限眷恋，以及因再别而生的无限怅惘。康桥为徐志摩永远的“精神依恋之乡”，康桥唤醒诗人的性灵、提炼诗人的彩笔，让他体会真、善、美的本质。全诗情感真挚、辞采华茂，韵律和谐优美，在严整的形式结构中有无限温婉柔媚的情味，允为徐志摩代表诗作。

作者

徐志摩 名章垿（xù），字槱（yǒu）森，后改字志摩，以字行。浙江海宁人。生于清德宗光绪二十二年（一八九七），卒于一九三一年十一月十九日，搭机经济南附近党家庄，因飞机失事，遇难。年三十六。

徐志摩于一九一七年入北京大学，拜梁启超为师。七年秋，赴美留学，获哥伦比亚大学硕士学位。不久转赴英国，先入伦敦政经学院，后改入剑桥大学。一九二二年冬返国，先后于北京大学、中央大学等校任教，讲授西洋文学。

一九二三年，新月社在北平成立，徐志摩为创始人之一；一九二五年接编《北京晨报》副刊，一九二六年四月，辟《诗镌》专刊，与闻一多、朱湘等人共同致力新诗的格律化；一九三一年，创办并主编《新月诗刊》（季刊），为二十世纪三〇年代初期最重要的新诗刊物，而新诗史上遂亦有“新月派”之名。

徐志摩是新文学史上非常重要的诗人及散文家，无论诗、文，都充满理想与热忱，见证他追求美、善与真的执着，澄明透彻地呈现其生命的内在世界。长久以来，透过作品的音声辞采，感动读者、启发作者，影响深远。著有诗集《翡冷翠的一夜》《猛虎集》，散文集《巴黎的鳞爪》等，后人编有《徐志摩全集》行世。

课文

轻轻的我走了，
正如我轻轻的来；
我轻轻的招手，
作别西天的云彩。

那河畔的金柳，

是夕阳中的新娘；
波光里的艳影[1]，
在我的心头荡漾[2]。

软泥上的青荇[3]，
油油的[4]在水底招摇[5]；
在康河[6]的柔波里，
我甘心做一条水草。

那榆[7]荫下的一潭，
不是清泉，是天上虹，
揉碎在浮藻间，
沉淀着彩虹似的梦。

寻梦？撑一支长篙[8]，
向青草更青处漫溯[9]，
满载一船星辉，
在星辉斑斓[10]里放歌。

但我不能放歌，
悄悄是别离的笙箫[11]；
夏虫也为我沉默，
沉默是今晚的康桥[12]！

悄悄的我走了，
正如我悄悄的来；
我挥一挥衣袖，
不带走一片云彩。

❶艳影：艳丽的倒影。此处藉以形容柳树倒影之美。❷荡漾：原指水流波动，此处指影像在心中浮现。❸青荇（xìng）：水草名，即荇菜。❹油油的：形容光亮润泽的样子。❺招摇：形容水草在水中随波款摆的姿态。❻康河：康河（River Cam），水名。剑桥大学各学院即散布于康河两岸。❼榆：音 yú，落叶乔木，高可达二十多公尺，木质坚密，可制器具。❽篙：音 gāo，撑船用的竹竿。❾漫溯：随意将船往上游撑去。漫，不经心的样子。溯，音 sù，在此诗中为韵脚，读为 shuò，逆流而上。❿斑斓（lán）：原指文采鲜艳，此处形容星辉的灿烂。⓫笙箫：笙、箫皆为管乐器，此处借指音乐。⓬康桥：康桥（Cambridge），现通译作剑桥，在伦敦北方八十公里，康河东岸，为康桥郡首府。以康桥大学（剑桥大学）闻名。

问题与讨论

一、《再别康桥》一诗首尾都强调诗人轻悄地来，轻悄地走。诗人为什么要这么写？它反映了诗人怎样的心情？

二、请对《秘魔崖月夜》与《再别康桥》二诗的作法及因此而形成的不同风味格调加以阐述。

第八课

北投硫穴记

文—郁永河

学习重点

郁永河是少数足迹遍及台湾西部的清代官府幕僚。《北投硫穴记》是他记述采探北投硫磺的日记，文中具体描述了北投附近的地形、自然景致与作者的所见所感，同学可取与今日的情况作比较，以增见闻、以拓思感。学习时，可就下列重点加以注意：

一、大致了解郁永河来台的背景与当时台湾的开发状况。

二、欣赏郁永河对北投地形、景致与硫穴的细腻描写。

三、认识《裨海纪游》的文献与文学价值。

题解

本文选自《裨海纪游》，篇题乃后人所拟。裨海，意即小海，典出《史记·孟子荀卿列传》。《裨海纪游》为清人郁永河的台湾游记，郁永河由福州出发，抵厦门后，海行经澎湖至台南安平，由安平陆路北行至淡水，再由淡水出海，航行回福州，所行均在近海，故称“裨海”纪游。文中所称的“硫穴”，盖即今阳明山硫磺谷。

郁永河在台期间，凡所经历，都以其敏锐的观察、生动的记述，夹叙夹议、条理井然地加以记录。《裨海纪游》可说是了解三百多年前台湾开发状况、自然、人文，以及居民生活习俗的重要文献，兼具历史与文学价值。

作者

郁永河 字沧浪，清浙江仁和（今浙江杭州）人。生卒年不详，最高科名为仁和县生员（秀才）。

郁永河性喜旅游，清圣祖康熙三十年（一六九一）至福建，担任福州知府幕僚。三十五年，福州府火药库失火，硝（xiāo）石、硫磺悉遭焚毁，为了补足被烧毁的硫磺，福州知府决定派人至北投采硫，郁永河欣然受命。翌（yì）年正月底，由福州至厦门，航行抵达台南；四月，又由台南陆行近一个月到达淡水，旋即在北投附近采硫。期间历经风灾、暴雨、酷暑、疠疫，郁永河都不畏险阻，勇于任事，终于完成任务；十月初，由淡水返回福州复命。其后事迹不详。

郁永河擅诗文，其文清新自然，条理明晰，观察敏锐细腻，描摹生动鲜活；其诗富写实精神，尤以歌咏台湾地理、人文特色与平埔族风俗民情的《竹枝词》最为脍炙人口。除《裨海纪游》外，另有《伪郑逸事》《番境补遗》《海上纪略》等著作行世。

课文

余问番人[1]硫土所产，指茅庐后山麓[2]间。明日拉顾君[3]偕往，坐莽葛[4]中，命二番儿操楫[5]。缘溪[6]入，溪尽为内北社[7]，呼社人为导[8]。

转东行半里，入茅棘[9]中。劲茅高丈余，两手排之，侧体而入，炎日薄[10]茅上，暑气蒸郁[11]，觉闷甚。草下一径，逶迤[12]仅容蛇伏。顾君济胜有具[13]，与导人行，辄[14]前；余与从者后，五步之内，已各不相见。虑或相失[15]，各听呼应声为近远。

❶番人：旧时汉族对少数民族的蔑称，此指台湾原住民平埔族中的凯达格兰族。❷麓：音lù，山脚。❸顾君：指顾敷公，陪同郁永河采硫的友人。❹莽葛：平埔族语Banka的音译，独木舟，亦作"蟒甲"、"艋舺"。❺操楫：摇桨划船。楫，音jí，船桨。❻溪：指磺港溪。发源于大屯山，经北投，流入基隆河。❼内北社：内北投社之省称，即北投社，约在今新北投附近。社，原住民的部落。❽导：向导。❾茅棘：茅草、荆棘丛。❿薄：迫近、逼近，此处引申为日光逼照。⓫蒸郁：形容暑气蒸腾闷热。⓬逶迤：音wēi yí，弯曲绵延的样子。⓭济胜有具：有登览胜境的好体力。济，渡水，此指登山涉水。具，才能。⓮辄：常常。⓯虑或相失：担心彼此可能走失。

约行二三里，渡两小溪，皆履而涉[16]。复入深林中，林木蓊翳[17]，大小不可辨名，老藤缠结其上，若虬龙[18]环绕，风过叶落，有大如掌者。又有巨木裂土而出，两叶始糵[19]，已大十围[20]，导人谓楠[21]也。楠之始生，已具全体，岁久则坚，终不加大，盖[22]与竹笋同理[23]。树上禽声万态，耳所创闻[24]，目不得视其状。凉风袭肌，几（jī）忘炎暑。

⓰履而涉：穿着鞋子过河。⓱蓊翳：音wěng yì，草木茂盛，遮蔽天日。蓊，草木茂盛的样子。翳，遮蔽。⓲虬龙：古代传说中一种有角的小龙。虬，音qiú，也作"虯"。⓳糵：音niè，本义为树木砍伐后重新生长的枝条，此指发芽。⓴十围：此形容巨木之粗大。围，计算圆周的量词。一说五寸为围，一说合抱为围。㉑楠：音nán，常绿乔木，建筑与制器良材，但郁永河

所见的楠，并非今日之楠木。㉒盖：推测之词。㉓与竹笋同理：意指与竹笋成长的过程同理，此乃郁永河误解。㉔创闻：首次听到。创，始。

复越峻坂[25]五六，值[26]大溪，溪广四五丈，水潺潺巉石[27]间，与石皆作蓝靛色[28]。导人谓此水源出硫穴下，是沸泉也；余以一指试之，犹热甚。扶杖蹑[29]巉石渡。

更进二三里，林木忽断，始见前山。又陟[30]一小巅[31]，觉履底渐热，视草色萎（wěi）黄无生意；望前山半麓，白气缕缕，如山云乍吐，摇曳青嶂[32]间，导人指曰："是硫穴也。"风至，硫气甚恶[33]。

㉕峻坂：陡峭的山坡。坂，音 bǎn，同"阪"，山坡。㉖值：遇。㉗巉石：险峻的岩石。巉，音 chán，山势险峻的样子。㉘蓝靛色：深蓝色。靛，音 diàn，一种天然的青色（深蓝色）染料。㉙蹑：音 niè，踩、踏。㉚陟：音 zhì，登、爬。㉛巅：山顶。㉜嶂（zhàng）：形如屏障的山峰。㉝恶：音 è，恶臭，指硫磺的气味刺鼻难闻。

更进半里，草木不生，地热如炙。左右两山多巨石，为硫气所触，剥蚀如粉。白气五十余道，皆从地底腾激[34]而出，沸珠喷溅，出地尺许。余揽衣即[35]穴旁视之，闻怒雷震荡地底，而惊涛与沸鼎声间[36]之；地复岌岌[37]欲动，令人心悸[38]。盖周广百亩间，实一大沸镬[39]，余身乃行镬盖上，所赖以不陷者[40]，热气鼓[41]之耳。右旁巨石间，一穴独大，思巨石无陷理[42]，乃即石上俯瞰（kàn）之，穴中毒焰扑人，目不能视，触脑欲裂，急退百步乃止。左旁一溪，声如倒峡[43]，即沸泉所出源也。

㉞腾激：奔腾喷射。激，射。㉟即：靠近。㊱间：音 jiàn，夹杂。㊲岌岌：音 jí jí，危险的样子。㊳心悸：心生恐惧。悸，惊惧。㊴镬：音 huò，古代烹煮食物的大锅。㊵所赖以不陷者：之所以不会崩塌陷落的原因。赖，凭借、依靠。陷，塌陷。㊶鼓：膨胀、凸起，此指充满而撑起。㊷无陷理：没有陷落的道理，意指不可能塌陷。㊸倒（dào）峡：流水倾峡而出，在此形容水声巨大。

还[44]就深林小憩，循旧路返。衣染硫气，累日[45]不散。始悟向之倒峡崩崖，轰耳不辍者，是硫穴沸声也[46]。

[44]还：音 xuán，通“旋”，不久。[45]累日：数日。累，音 lěi，堆积、积聚。[46]“始悟向之倒峡崩崖”三句：才省悟先前听到如流水倾峡而出、山崖崩落、轰隆不绝的，就是硫磺矿穴的沸腾声。向，从前。辍，停止。

问题与讨论

一、文中透过视觉、听觉、触觉、嗅觉，描绘山川、景物与温泉的形貌、声色与温度。试各举一、二例说明其所达到的效果。

二、作者详述探勘硫穴的经历，因此本文也具有导览的性质与趣味。你喜欢这种写作技巧吗?

第九课

训俭示康

文—司马光

学习重点

司马光为宋代重要学者及政治人物，所作多庄谨仁义之言。本文以平实真切的文字训勉子孙，充分表露一个父亲的殷殷规诫之情，成为历代“家训”文章的代表作。篇中所论节俭的美德，至今仍有其时代意义。学习时，可就下列重点加以注意：

一、认识司马光其人及其崇尚俭朴的生活态度。

二、了解本文的家训风格及文中使用的正反对比的说理技巧。

三、思考“俭”的时代意义。

题解

本文选自《传家集》，为司马光训诫其子司马康的一篇家训。司马康，字公休，端谨至孝，敏捷好学，于司马光修《资治通鉴》时，负责检校工作，官至右正言。司马光生性俭朴，见时人竞以华靡为尚，有感而发，乃作本篇，以训示其子崇俭戒奢。文中“由俭入奢易，由奢入俭难”的名言，不但说明处世传家之道，更是千百年来不易的真理。

作者

司马光 字君实，陕州夏县（今山西夏县）涑水乡人。生于宋真宗天禧三年（一〇一九），卒于宋哲宗元祐元年（一〇八六），年六十八。

司马光强调儒家的纲常名分，严守祖宗成法，竭力反对王安石变法，是北宋旧党的领导者。神宗任他为枢密副使，坚辞不就。元丰八年（一〇八五），哲宗即位，高太皇太后听政，召司马光入主国政，于是他废新法，复旧制。但为相仅八月即卒，赠温国公，谥文正。世称涑（sù）水先生。

司马光最大成就在以十九年的时间，编撰《资治通鉴》。此书由司马光领衔主编，原名《通志》，于英宗治平三年（一〇六六）进献，至神宗元丰七年成书。其书上起战国，下讫五代，按年月编排。内容以政治、军事为主，取材渊博，鉴别精审，文字致密，叙述井然，诚为完备而具系统的历史巨作，神宗以“鉴于往事，有资于治道”，赐名《资治通鉴》。

司马光为人诚正笃实，曾云：“吾无过人者，但平生所为，未尝有不可对人言者耳！”在政治上，主张人治，倡导仁政，其理想为省刑罚，薄赋敛，交好邻国，与民休息；在学术上，支持二程的理学，反对王安石的新学。为文说理详密，言辞恳切，有《温国文正司马公文集》行世。

课文

吾本寒家，世以清白相承。吾性不喜华靡[1]，自为乳儿，长者加以金银华美之服，辄[2]羞赧[3]弃去之。二十忝科名[4]，“闻喜宴”独不戴花[5]。同年[6]曰：“君赐不可违也。”乃簪[7]一花。平生衣取蔽寒，食取充腹；亦不敢服垢弊[8]以矫俗干名[9]，但顺吾性而已。

❶华靡（mǐ）：华丽奢侈。❷辄：每每、总是。❸羞赧：因害羞而脸红。赧，音 nǎn，脸红羞愧的样子。❹二十忝科名：二十岁时考中进士。忝，音 tiǎn，辱、有愧于，此处为考中功名的谦词。科名，科举功名。❺“闻喜宴”独不戴花：参加皇帝赐宴，只有自己一人不戴花。闻喜宴，据宋朝制度，皇上于琼林苑赐宴新科进士暨诸科及第的人，称为“闻喜宴”，又称“琼林宴”，凡赴宴者皆赐簪花。❻同年：科举时代同榜考取者，彼此互称“同年”。❼簪：音 zān，戴。本义为发簪，此作动词用。❽服垢弊：穿着又脏又破的衣服。服，穿，作动词用。垢，污秽肮脏。弊，破败。❾矫俗干名：刻意违背世俗常情以求取美名。矫，违。干，求。

众人皆以奢靡为荣，吾心独以俭素为美。人皆嗤[10]吾固陋，吾不以为病[11]。应之曰：孔子称：“与其不逊也，宁固[12]。”又曰：“以约失之者，鲜矣[13]！”又曰：“士志于道，而耻恶衣恶食者，未足与议也[14]。”古人以俭为美德，今人乃以俭相诟病[15]。嘻，异哉！

❿嗤：音 chī，嘲笑。⓫病：缺点。⓬与其不逊也，宁固：语见《论语·述而》：“奢则不逊，俭则固；与其不逊也，宁固。”孔子的意思是说过分奢侈就会傲慢不谦逊，太俭省又不免简陋寒伧；与其傲慢不谦逊，宁可简陋寒伧。逊，谦逊。固，固陋。⓭以约失之者，鲜（xiǎn）矣：因为节制、俭约而造成过失的情形，是很少见的。语见《论语·里仁》。约，节制，指谨言、慎行、不浪费等行为表现。⓮“士志于道”三句：意谓士人立志行道，却以粗劣的衣服、食物为耻辱，这样的人根本不值得与他谈论义理。语见《论语·里仁》。恶，音 è，粗劣的。⓯诟病：责骂批评。诟，骂。病，以……为缺失，引申为批评。

近岁风俗尤为侈靡，走卒类士服[16]，农夫蹑丝履[17]。吾记天圣[18]中，先公[19]

为群牧判官[20]，客至未尝不置酒，或三行[21]、五行，多不过七行。酒酤[22]于市，果止于梨、栗、枣、柿之类；肴止于脯醢[23]、菜羹，器用瓷漆[24]。当时士大夫家皆然，人不相非[25]也。会数而礼勤[26]，物薄而情厚。近日士大夫家，酒非内法[27]，果、肴非远方珍异，食非多品，器皿非满案，不敢会宾友；常数月营聚[28]，然后敢发书[29]。苟或不然，人争非之，以为鄙吝。故不随俗靡者[30]盖鲜矣！嗟（jiē）乎！风俗颓敝如是，居位者虽不能禁，忍助之乎？

⑯“走卒类士服”：仆役的穿着类似士人的服装。走卒，受人差遣的仆役。类，类似。⑰蹑丝履：穿着丝制的鞋子。蹑，音 niè，本义为踩踏，此引申为穿鞋之意。⑱天圣：宋仁宗年号（一〇二三——一〇三一）。⑲先公：先父。司马光之父司马池，字和中，历任州县官，皆有政声。⑳群牧判官：官名。群牧，即群牧司，宋代掌管全国马匹事务的机构。㉑行：音 xíng，宴会时主人向客人依次敬酒一遍为一行。㉒酤：音 gū，买。㉓脯醢：音 fǔ hǎi，此指饮酒时的佐酒食物。脯，干肉。醢，肉酱。㉔瓷漆：瓷器和漆器。㉕人不相非：人们不会互相批评。㉖会数而礼勤：聚会频繁然而礼数殷勤周到。数，音 shuò，多次、频繁。㉗内法：宫廷内部酿酒的秘法，指特殊珍贵的官酒。内，内廷，宫廷。㉘营聚：经营准备，购聚物品。㉙发书：发请帖。书，书信，此指请柬。㉚随俗靡者：随着流俗之风而顺从的人。靡，披靡、顺势倒下。

又闻昔李文靖公[31]为相，治居第[32]于封丘门[33]内，厅事前仅容旋马[34]。或言其太隘（ài），公笑曰：“居第当传子孙，此为宰相厅事诚隘，为太祝、奉礼[35]厅事已宽矣！”参政鲁公[36]为谏官，真宗[37]遣使急召之，得于酒家。既入，问其所来，以实对。上曰：“卿为清望官[38]，奈何饮于酒肆[39]？”对曰：“臣家贫，客至无器皿、肴、果，故就酒家觞之[40]。”上以无隐，益重之。张文节[41]为相，自奉养如为河阳掌书记[42]时，所亲或规之曰：“公今受俸不少，而自奉若此。公虽自信清约[43]，外人颇有公孙布被之讥[44]。公宜少从众[45]。”公叹曰：“吾今日之俸，虽举家锦衣玉食，何患不能？顾[46]人之常情，由俭入奢易，由奢入俭难。吾今日之俸岂能常有？身岂能常存？一旦异于今日，家人习奢已久，不能顿[47]俭，必致失所[48]。岂若吾居位、去位、身存、身亡，常如一日乎？”呜呼！大贤之深谋远虑，岂庸人所及哉！

㉛李文靖公：李沆（hàng），字太初，宋肥乡（今河北肥乡）人。宋真宗咸平年间宰相，深谋远识，时称“圣相”，卒谥文靖。㉜治居第：建造住宅。治，造。㉝封丘门：宋汴（biàn）京（今河南开封）城门。㉞厅事前仅容旋马：厅堂之前只容得下马匹转身，此言其面积狭小。厅事，官府办公之处所，后来私宅亦沿用此称。旋，回旋。㉟太祝奉礼：皆官名。太祝，掌管宗庙祭祀。奉礼，奉礼郎，掌管祭祀用品。二者官位皆不高，依宋制，宰相之子可承袭父荫任太祝、奉礼郎等官。㊱参政鲁公：参政，官名，即参知政事，宋代副宰相。鲁公，名宗道，字贯之，宋真宗时为谏官。仁宗时任参知政事，执法严正，时人惮（dàn）之。㊲真宗：赵恒，宋太宗之子，在位二十五年（九九八——一〇二二）。㊳清望官：名望清高之官，此指谏官。㊴酒肆（sì）：酒铺。肆，店铺。㊵觞之：以酒待客。觞，音 shāng，酒杯，此作动词用。㊶张文节：名知白，字用晦，宋沧州清池（今河北沧县）人。真宗时进士，仁宗朝为相。公正无私，虽位居高官，清廉如寒士。卒赠太傅，谥文节。㊷为河阳掌书记：张文节曾任河阳（今河南孟县西南）节度判官，主掌文书事务。掌书记，执掌文书事务。㊸清约：清廉俭约。㊹公孙布被之讥：指公孙弘盖布被，行事俭朴而遭人讽刺之事。公孙，公孙弘，字季齐，汉淄川薛（今山东滕县）人，汉武帝时任御史大夫、丞相，封平津侯。据《史记》记载，公孙弘位居三公，仍俭朴度日，盖布被，吃饭时仅食一肉及粗米饭。当时人汲黯曾讥之为“诈”，以为他是骗取名声。布被，粗布制成的被子。㊺少从众：稍微随俗、跟众人一样。少，通“稍”，稍微。㊻顾：但是、然而。㊼顿：立刻。㊽失所：失去立身之地。

御孙㊾曰：“俭，德之共也；侈，恶之大也。”共，同也；言有德者皆由俭来也。夫俭则寡欲：君子㊿寡欲，则不役于物[51]，可以直道[52]而行；小人[53]寡欲，则能谨身节用，远罪丰家[54]。故曰：“俭，德之共也。”侈则多欲：君子多欲，则贪慕富贵，枉道速祸[55]；小人多欲，则多求妄用，败家丧身。是以居官必贿，居乡必盗。故曰：“侈，恶之大也。”

㊾御孙：春秋时鲁大夫，名庆。㊿君子：言当官者。[51]不役于物：不受外物役使、支配。[52]直道：正道。[53]小人：平民百姓。[54]远（yuàn）罪丰家：远离罪罚而富厚其家。“远”、“丰”本为形容词，此作动词用。[55]枉道速祸：违背正道而招致灾祸。枉，歪曲。速，招致。

昔正考父[56]饘粥以糊口[57]，孟僖子知其后必有达人[58]。季文子相三君[59]，妾不衣（yì）帛，马不食粟（sù），君子以为忠。管仲镂簋朱纮[60]，山楶藻棁[61]，孔子鄙其小器[62]。公叔文子享卫灵公[63]，史鳍知其及祸[64]；及戍，果以富得罪出亡[65]。何曾[66]日食万钱，至孙以骄溢倾家。石崇[67]以奢靡夸人，卒以此死东市[68]。近世寇莱公[69]豪侈冠一时，然以功业大，人莫之非[70]，子孙习其家风，今多穷困。

[56]正考父（fǔ）：春秋宋国之宗族，为上卿，位高而谦恭，孔子即其后人。[57]饘粥以餬口：吃稀饭以度日。饘粥，稀饭，稠的叫饘，稀的叫粥。餬口，以饘粥充实口腹，谓勉强维持生活。餬，音 hú，本义亦为稠粥，此作动词用。[58]孟僖子知其后必有达人：孟僖子看正考父如此俭约度日，预知其后世必定有显达的人。孟僖子，春秋时鲁国大夫，名貜。达人，显达的人，此指孔子。[59]季文子相三君：季文子任鲁国宣公、成公、襄公三君之宰相。季文子，春秋鲁国大夫，名行父，谥文。死时，家中没有多余的物品。[60]镂簋朱紘：雕花的器具和朱红色的帽带。与下句"山楶藻棁"皆形容生活奢侈。镂，音 lòu，刻镂花纹。簋，音 guǐ，古代祭祀时盛食物的器具。紘，音 hóng，帽带。[61]山楶藻棁：雕有山岳图形的斗拱和绘有水藻花纹的短柱。楶，音 jié，柱头上方形的斗拱，古代屋顶直柱与横梁承接处的关节木。棁，音 zhuó，梁上的短柱。[62]孔子鄙其小器：孔子鄙视管仲器量狭小。鄙，鄙视。语见《论语・八佾》。[63]公叔文子享卫灵公：公叔文子以酒食宴请卫灵公。公叔文子，公叔发（或作拔），卒谥文子，春秋时卫国大夫。享，同"飨"，宴请。卫灵公，名元，春秋时卫国国君。[64]史鳍（qīu）知其及祸：史鳍料知公叔文子的灾难将至。史鳍，字子鱼，亦称史鱼，春秋卫大夫，以忠直著称。[65]"及戍"二句：到公孙戍时，果然因富贵遭卫灵公及夫人南子所忌，被迫逃亡奔往鲁国。戍，公孙戍，公叔文子之子。出亡，出奔逃亡。[66]何曾：字颖考，晋陈国阳夏（今河南太康）人。晋武帝时官至太傅，性豪侈，日食万钱，犹云无下箸处。至子孙，仍不改奢侈之风，怀帝末年，何曾之孙何绥为东海王司马越所杀，家遂覆亡。[67]石崇：字季伦，西晋渤海南皮（今河北南皮）人。官至卫尉，穷极奢靡，后赵王司马伦专权，全家十五口皆被杀。[68]东市：刑场，汉时处决人犯于长安市东，故称东市，后世用为刑场的通称。此处指晋时洛阳之刑场。[69]寇莱公：寇准，字平仲。宋华州下邽（guī，今陕西渭南东北）人，宋真宗初年宰相，契丹入寇时，曾力劝真宗亲征，因而退敌，订澶（chán）渊之盟，封莱国公。寇准少年显贵，生活奢华，家中厨厕皆燃蜡烛，不用便宜油灯。[70]人莫之非：别人不敢批评他，意即"人莫非之"。

其余以俭立名，以侈自败者多矣！不可遍数，聊[71]举数人以训汝。汝非徒身当服行[72]，当以训汝子孙，使知前辈之风俗云[73]。

⑪聊：姑且。⑫非徒身当服行：不仅自身应当实践。非徒，不仅。身，自己。⑬云：句末语助词，无义。

问题与讨论

一、从本篇家训看来，司马光对子弟教育的态度及做法为何？

二、本文的内容呈现何种风格？在写作技巧上又展现了哪些特色？

三、司马光在本文所提倡的崇俭戒奢之主旨，在现代社会是否仍具有实际意义？

高中第一学年（下）

第　一　课

项脊轩志

文—归有光

学习重点

归有光为明代古文大家，不仅黄宗羲推崇为“明文第一”，其文对清代桐城派亦有重要影响。本文《项脊（jǐ）轩志》为其脍炙人口的名作之一，全文特色在于：虽为书斋之“志”，却以记人、抒情为主，而所抒之情，自然真挚，十分动人。学习时，可就下列重点加以注意：

一、认识归有光其人及其平淡真挚的文学风格。

二、掌握本文藉由描写日常琐事表达真切情感的写作技巧。

三、体会亲情之可贵并及时把握珍惜。

题解

本文选自《震川先生文集》。项脊轩，作者书斋名。归有光的远祖归道隆曾居于太仓（今江苏太仓）项脊泾（jīng），归有光以“项脊”名轩，当取纪念远祖之意。志，即记，本文即作者记叙家中书斋之文。

全文就内容言，可分两部分：前四段为正文，为作者十八岁时所作，末二段为归有光于丧妻后的增补之作。两者虽相隔十余年，然前后文气连贯，风格一致。文中藉描述百年老屋项脊轩之变迁，表达家族由盛而衰的悲感，并述及自己的襟怀抱负，以及对母亲、祖母、妻子等至亲的思念，情真意切。

作者

归有光 字熙甫，号震川，昆山（今江苏昆山）人。生于明武宗正德元年（一五〇六），卒于明穆宗隆庆五年（一五七一），年六十六。

归有光九岁能文，二十岁通晓经史，然科举仕途颇不顺遂，至三十五岁方中举人，此后二十五年间应试八次皆落第，至嘉靖四十四年(一五六五)，六十岁时始获进士。其间曾于嘉靖二十一年移居嘉定（今上海市嘉定区）安亭江，读书讲学，从学者甚众，称为震川先生。归有光举进士后任官长兴（今浙江长兴）知县。隆庆四年转任南京太仆寺丞，次年即卒于任上。

归有光为明代古文大家，反对当时“文必秦汉”的拟古风气，主张效法韩愈、欧阳修的古文，乃当时“唐宋派”的重要人物，深获清代方苞、姚鼐（nài）推崇，影响桐城派古文深远。归有光为文疏淡自然，委婉含蓄，最擅长以日常琐事为题材，表现真挚动人的情感。有《震川先生文集》行世。

课文

项脊轩，旧南阁子[1]也。室仅方丈[2]，可容一人居。百年老屋，尘泥渗漉[3]，雨泽下注[4]，每移案[5]，顾视无可置者[6]。又北向，不能得日，日过午已昏。余稍为修葺[7]，使不上漏。前辟四窗，垣墙周庭，以当南日[8]，日影反照，室始洞然[9]。又杂植兰、桂、竹、木于庭，旧时栏楯[10]，亦遂增胜[11]。借书[12]满架，偃仰啸歌[13]，冥然兀坐[14]，万籁有声[15]。而庭阶寂寂，小鸟时来啄食，人至不去。三五之夜[16]，明月半墙，桂影斑驳[17]，风移影动，珊珊[18]可爱。

❶阁子：小屋。阁，音 gé，通“阁”。❷方丈：一丈见方，指长宽各一丈的面积。❸尘泥渗漉：尘埃泥土顺着雨水由缝隙中下漏。渗漉，音 shèn lù，水由缝隙中下漏。❹雨泽下注：雨水向下流泻。❺案：桌子。❻顾视无可置者：环顾四周，找不到可以放置桌子的地方。❼修葺：修补。葺，音 qì，修理。❽垣墙周庭以当南日：在庭院四周筑矮墙，用以承受南边射来的阳光。垣，音 yuán，矮墙。周，围绕，此作动词用。当，音 dāng，承受。❾洞然：明亮的样子。❿栏楯（shǔn）：栏杆。直木为栏，横木为楯。⓫增胜：增添美好景致。⓬借书：积书、藏书。⓭偃（yǎn）仰啸歌：俯仰于书斋之中，时而长啸吟咏，形容悠然自得的样子。偃仰，即俯仰，指安居。啸歌，大声吟唱。⓮冥然兀坐：默默地端坐。冥然，静默的样子。兀坐，端正而坐。兀，音 wù，高耸特立的样子，引申为挺直端正之意。⓯万籁有声：寂静之中仿佛可听到大自然的种种声响。万籁，大自然间的各种声响。籁，从孔穴中发出的声音。⓰三五之夜：即农历每月十五之夜。三五，即十五。⓱斑驳：原是色彩错落杂乱，此处指树影参差错杂的样子。⓲珊珊：同“姗姗”，轻盈优美的样子。此指树影随风摇动。

然余居此，多可喜，亦多可悲[19]。先是[20]，庭中通南北为一，迨诸父异爨[21]，内外多置小门墙，往往而是[22]。东犬西吠[23]，客逾庖而宴[24]。鸡栖于厅，庭中始为篱，已为墙[25]，凡再变矣[26]。家有老妪[27]，尝居于此。妪，先大母[28]婢也；乳二世[29]，先妣[30]抚之甚厚[31]。室西连于中闺[32]，先妣尝一至。妪每谓余曰：“某所[33]，而母[34]立于兹。”妪又曰：“汝姊在吾怀，呱呱[35]而泣；娘[36]以指扣门扉曰：‘儿寒乎？欲食乎？’吾从板外[37]相为应答。”语未毕，余泣，妪亦泣。

余自束发[38]读书轩中，一日，大母过[39]余曰："吾儿[40]，久不见若[41]影，何竟日[42]默默在此，大类[43]女郎也？"比去[44]，以手阖门，自语曰："吾家读书久不效[45]，儿之成，则可待乎！"顷之，持一象笏[46]至，曰："此吾祖太常公[47]宣德[48]间执此以朝，他日汝当用之。"瞻顾遗迹，如在昨日，令人长号[49]不自禁。

⑲可悲：此指感伤之事。⑳先是：在此之前。㉑迨诸父异爨：等到伯父、叔父们分家时。迨，等到。诸父，即伯父、叔父们。异爨，各起炉灶，即分家各食。爨，音 cuàn，生火煮饭。㉒往往而是：处处如此。往往，处处。㉓东犬西吠：东家、西家的狗相互吠叫两边的人，形容分家后亲戚关系疏远。㉔客逾庖而宴：客人穿越一家的厨房，到另一家赴宴。形容分家后，完整的房屋格局已遭破坏的样子。踰，同"逾"，穿越。庖，音 páo，厨房。㉕已为墙：不久筑起围墙。已，已而，不久。㉖凡再变矣：总共变了两次。凡，总共。再，两次。㉗妪：音 yù，老妇。㉘先大母：去世的祖母。先，对已去世长者的尊称。㉙乳二世：哺乳过两代人。㉚先妣：去世的母亲。㉛抚之甚厚：对待她很优厚。抚，原有抚育爱护之意，此处是对待、照顾之意。㉜中闺：妇女住的闺房。此指母亲的卧室。㉝某所：某个地方，在此即"这个地方"。㉞而母：你的母亲。而，通"尔"，你。㉟呱呱：音 gū gū，小孩啼哭声。㊱娘：奴仆对女主人的称呼，此指老妪称归有光的母亲。㊲板外：门外。㊳束发：指成童之年。古时幼儿垂发，至十五岁成童时，始束发为髻。㊴过：探视。㊵吾儿：我的孩子，此处乃祖母称唤孙子的亲昵口吻。㊶若：你。㊷竟日：整天。㊸大类：太像。㊹比去：等到离开时。比，音 bì，等到。㊺效：成效，此指得到功名，作动词用。㊻象笏：象牙制成的狭长形手板。笏，音 hù，古时臣子朝见君王时手中所执的板子，可在上面记事以备忘。㊼太常公：指归有光祖母夏氏之祖父夏昶（chǎng），明成祖永乐年间进士，曾任太常寺卿，掌管祭祀、礼仪。㊽宣德：明宣宗年号（一四二六——一四三五）。㊾长号（háo）：大声号哭。

轩东故尝为厨，人往，从轩前过。余扃牖[50]而居，久之，能以足音辨人。轩凡四遭火，得不焚，殆[51]有神护者。

项脊生[52]曰："蜀清守丹穴，利甲天下[53]，其后秦皇帝筑女怀清台[54]。刘玄德与曹操争天下，诸葛孔明起陇中[55]。方二人之昧昧[56]于一隅也，世何足以知之？余区区[57]处败屋中，方扬眉瞬目[58]，谓有奇景。人知之者，其谓与埳井之蛙[59]何异？"

[50]扃牖：闭窗。扃，音 jiōng，关闭门户的横木，此作动词用，关闭。牖，音 yǒu，窗户。[51]殆：大概。[52]项脊生：归有光自称。[53]蜀清守丹穴，利甲天下：古时四川有一寡妇名清，守着先人的丹砂矿穴，其所获之利，冠于天下。利，所获之利。甲，居……之冠，此作动词用。[54]秦皇帝筑女怀清台：据《史记·货殖列传》记载，寡妇清能守护家业，保持贞节，秦始皇特别为其筑女怀清台。[55]陇中：田亩之中。陇，音 lǒng，通"垄"，田间高地。[56]昧昧：昏暗不明的样子，此指声名未显、默默无闻。[57]区区：本意是小、少，此处引申为局限、拘泥之意。[58]扬眉瞬目：扬起眉毛眨动眼睛，形容志得意满的样子。[59]埳井之蛙：井中之蛙，比喻见识浅陋之人。语见《庄子·秋水》篇。埳井，浅井。埳，音 kǎn，通"坎"，坑穴。

余既为此志，后五年，吾妻来归[60]，时至轩中，从余问古事，或凭几学书[61]。吾妻归宁[62]，述诸小妹语曰："闻姊家有阁子，且何谓阁子也？"其后六年，吾妻死，室坏不修。其后二年，余久卧病无聊，乃使人修葺南阁子，其制[63]稍异于前。然自后余多在外，不常居。

庭有枇杷树，吾妻死之年所手植也，今已亭亭如盖[64]矣。

[60]吾妻来归：我的妻子嫁过来。归，古时女子出嫁曰归。[61]凭几学书：靠着桌子，学习写字。[62]归宁：已嫁女子回娘家看望父母。宁，问安。[63]制：形式、格局。[64]亭亭如盖：形容树木高耸挺拔，枝叶茂密如伞状。亭亭，高耸直立的样子。盖，伞。

问题与讨论

一、归有光云："然余居此，多可喜，亦多可悲"，其可喜、可悲之事所指为何？请说明全文重点何以更着重在可悲之事？

二、作者于文末何以提及往昔所植的枇杷树，今已亭亭如盖？其所表露的是何种情感？

三、作者自称"项脊生"，又以蜀清及孔明自比，有何寓意？

第二课

我的书斋

文——钟理和

学习重点

一般人在富足顺遂的环境里，常会得意忘形、目空一切；反之，在困乏窘迫的环境里，又常不免怨天尤人、怀忧丧志。其实，富而不骄、穷而不馁，处顺境不改其谦抑、遇逆境不改其从容，才是我们应有的修养。本文作者原本怨叹于自己的家困，连微小的愿望也不能实现。但偶然的发现与心态的调整，终于让他拥有一个“至美的天地”，得到身心上最大的满足，于是最穷的自己反而成为最富有的人。全文质朴自然，旨趣深刻。学习时，可就下列重点加以注意：

一、认识钟理和及其文学风格、文学成就。

二、了解本文的书写方式，品味其中蕴含的旨趣。

三、体会“境随心转”的奥秘，培养平和、乐观的人生态度。

题解

本文选自《钟理和全集》。书斋即书房。作者原本穷到既没有书房，也没有书桌，可是有一天他突然发现，自己其实拥有这世上最好的书房——那就是广阔壮伟的天地。而在这样的书房里，只要在藤椅的扶手架上一块活动木板就是一张最好的书桌。这样的“发现”，让作者超越了世俗的价值认知，挥去困窘与伤心，满怀喜悦地从事他最爱的文学志业，享受从未有的悠游与自在。

全文叙写细腻，语言质朴，情感真切，时时流露作者宁静祥和的心境与坚毅的生命力，平淡中闪耀动人的光彩——而这些正是钟理和作品一贯的特色。

作者

钟理和 台湾屏东人，后迁居高雄美浓。生于日据时期大正四年(一九一五)，卒于一九六〇年，年四十六。

钟理和生长于日据时代，公学校高等科毕业，并受一年半私塾教育（读汉诗文），自少即决定以文学创作为职志。十九岁时与钟台妹恋爱，因同姓而遭亲族反对，乃携钟台妹远赴东北沈阳，其后又迁居北平（当时沈阳、北平均由日本占领），在生活困顿中仍坚持写作。台湾光复后，举家归台，曾任屏东内埔中学国文代理教师，不久因肺疾辞职，从此不离病榻，家计全赖钟台妹维持。钟理和在病中仍创作不辍，最后咯血死在书桌上，故陈火泉称其为“倒在血泊里的笔耕者”。

钟理和一生充满不幸，他的创作全凭自修与毅力，历三十余年而不间断，为战后初期台湾重要作家。他的作品大多描写生活周遭的人、事、物，语言质朴、平淡，虽表现生活中的悲苦，却哀而不伤，有温柔敦厚之风，同时亦见证其坚毅的人格。著有《夹竹桃》《笠山农场》等，现有《钟理和全集》行世。

课文

一个文人大抵都有一间书斋，就像一位将军有他的办公厅，工程师有他的设计室，木匠有他的工作房。那里面的摆设和装潢❶都按着他的个性、趣味，和审美观点加予调剂❷，一切都配合得十分得体，他在那里面或工作，或休息，或坐下来冥想❸，都感到自由、舒适和安宁。如果一个文人没有他的书斋，那就好比一位女人没有她的闺房，起居坐卧都会觉得全无是处；也许他将永远得不到安全和宁静之感吧。

我的居宅本是香蕉干燥工厂，面积虽不算小，但除开❹中间两间勉强还像个房间外，四围团团转❺都是走廊。即连厨房，我们都只好隔开一段走廊来充设❻，至于我的书斋，那就更不用谈了。说到重新建造，则数十年来恶劣的经济环境已迫得生活不断地简缩❼，更哪来此力量？不但如此，说来非常泄气，我是连书桌也没有的。我除开有一张小茶桌，就只有一张饭桌。就说这一张饭桌吧，它在我家已经是四代功臣了；桌面二处破洞大得几乎碗都漏得下；两只桌脚已腐朽得不得不拿木头绑住。最初我便在这上面写东西。姑勿论❽它给我的不方便有多么大，单说它那像摇篮似的摇摆不定，就够使人难过。你必须时刻留心，稍一疏忽，或撇笔❾时稍用点劲，它便摇摆得吱吱作响，使你心惊胆颤，说不定你的灵感便会因此骇跑❿得一去不回头，是再伤心不过了。

❶装潢：室内的布置、装饰。❷调剂：调理。❸冥想：沉思想象。❹除开：除了。❺团团转（zhuàn）：此处意谓环绕。❻充设：充当。❼简缩：简省紧缩。❽姑勿论：姑且不论。❾撇笔：此处指写字。撇，音 piě，书法中向左斜下的笔势。❿骇跑：吓跑。

我曾立誓一定要弄出一笔钱来买张新桌。皇天不负苦心人，后来居然得遂所欲⓫，写字已可不必提心吊胆了。然而这时我已不用饭桌写字了。因为我已有了我的书斋！

我的书斋！哦，那是再好没有了！我相信不会有人的书斋比我的更好，更令人满意。

但勿以为我已开得金矿，变成大富翁，因而做了一所精致潇洒[12]的书斋。否！我还像从前一样穷得叫人生气。然而我终于还是有我自己的书斋。我这书斋不是做的，而且也不能用金钱来做；而是我发现的。

[11] 得遂所欲：得以实现愿望。[12] 潇洒：原指人物洒脱不羁，此处形容物品高雅脱俗。

我的书斋是我们的大天地！

我家有一面宽广的水泥庭子，是特别拿来晒已薰干的香蕉干用的。数年前我沿庭坎[13]下种了几株墨西哥种木瓜[14]。两三年后，木瓜树长得丈多高，一丛丛地伸张着茂密的掌形大叶。倘在晴天，树下就有几堆凉阴阴的树影。一年之中由秋分至春分[15]的半年间，这树影便横横地斜过庭边来。

在某一个冬日，当树影斜过庭边来时，那阴凉的黑块触动了我的心机[16]。于是我搬藤椅，及另外一条圆形几凳[17]以便置放稿纸和钢笔水等，便在那下边开始写东西，我的书桌是一块长不及尺、宽约七寸的木板，一端手托着，另一端则架在藤椅的扶手上。树影刻刻移动，因而我也不得不追随着移动，差不多每隔半小时便要移动一次。

[13] 庭坎：庭院四周较低的地方。坎，低陷的地方。[14] 墨西哥种木瓜：由墨西哥引进的木瓜树种，叶柄呈深紫色，果实椭圆，果肉为橙红色。[15] 秋分至春分：秋分、春分皆农历二十四节气名。秋分大约在阳历九月二十三日前后，春分大约在阳历三月二十一日前后，这两日昼夜长短正好相等。[16] 心机：心思计谋，此处指想法、灵感。[17] 几凳：此处指凳子。几，音 jī，小桌。

我极高兴自己的发现，它实在太美了。在那里写东西既写意[18]、又痛快。那阴暗蔽塞的屋子和那窳[19]破摇摆的桌子是连比都不能比的，就是世上所有的建筑得最华美最富丽的书斋，都不会比它更好吧！

你的书斋也许是明窗净几，雕金饰玉[20]，也许案头[21]有一盆古梅，壁间悬有名人的书画，但比起我面前壮大的山河，深邃悠远的蓝天，阡陌[22]横斜的田野，就显得那么渺小寒酸，俗不可耐。

你的书斋也许华贵，而我的则简朴，但我不爱你的华贵而爱我的简朴。它因为是在天底下，光线富足；因为在山腰，居高临下，前边的山川、田园、村庄、云烟、竹树、人物，尽收眼底，眺望绝佳。你的书斋把你局限在斗室中，使你和外界隔绝；而我的书斋既无屋顶又无墙壁，它就在空旷伟大的天地中，与浩然之气[23]相往来，与自然成一整体。有时我写得倦了，便放下纸笔，抬起眼睛。白云正悠悠地在舒伸、在变幻。有时它们集团地[24]向西北方静静地移动着，云影在下边的山头和田野上驰走奔逐，一忽[25]光，一忽暗，气象万千，变化无穷。

⑱写意：称心惬意。⑲窳：音 yǔ，粗劣、不坚固。⑳雕金饰玉：形容装饰华美精丽。㉑案头：桌上。㉒阡（qiān）陌：田间纵横交错的小路。南北为阡，东西为陌。㉓浩然之气：本指至大至刚的正气和节操，此指大自然博大之气。语见《孟子·公孙丑》上："我善养吾浩然之气。"㉔集团地：此处形容白云集合成一团一团的样子。㉕一忽：一会儿、一下子。

田野像一片绿色的海洋。如果碰在农忙时期，则一面尽是繁忙地蠕动[26]着的灰色点子[27]。他们在翻掘大地，给人类找寻生命的养料，那景象紧张[28]，但是和平、勤奋，而且快乐。

还有袅袅[29]的炊烟；远山如黛[30]。

大自然给我装潢了一幅伟大壮观的图画，那是任何人造的书斋里都不会有的。那是一首宇宙的诗！

㉖蠕动：缓缓而动。蠕，音 rú，虫类缓慢爬行。㉗灰色点子：此处指田间工作中的农夫身影。㉘紧张：此处指忙碌不停，不轻松也不从容。㉙袅袅：音 niǎo niǎo，本指女子体态轻盈曼妙的样子。此处用来形容炊烟摇曳轻飘的样子。㉚远山如黛：远处山峦深青如女子的眉。黛，青黑色颜料，古时女子用以画眉。

到了立春[31]以后树影渐收，一过春分，它便缩短得容不下人了。但由木瓜树影所引起的灵感，使我走到别的树影下去。好在我家周围不会短少这种树影，不管草坡上、果树园，或屋后山腹，到处有的是。只要有一堆树影，再加上一张藤椅，一方木板，我就有书斋，就可坐下来写字，再不必为阴暗的屋子和摇摆的桌子而伤心了。

㉛ 立春：农历二十四节气名，约在阳历二月四日前后，立春即表示春季开始。

木瓜树在去年那几阵台风中不是被吹折，便被吹倒，一株不留。但马上我又往回种下几株小的，并且种得更靠近庭子，现在已三尺多高，也许到了明年冬后，它就会给我几堆深厚凉爽的阴影，于是我又将领有我那上好的书斋了。

问题与讨论

一、本文看似平铺直叙，但实有细腻的“起承转合”，请就所知加以说明。

二、看到作者对书斋的描写与情感，你有什么体会？

三、对钟理和毕生贫病交迫却始终坚定地从事文学创作，不悔不懈，你有什么感想？

第 三 课

晚游六桥待月记

文——袁宏道

学习重点

在古典散文史上，晚明小品以其特有的优雅情味，树立格调与风貌，广受读者喜爱，袁宏道为其中极具代表性的作者，本文为其名篇。学习时，可就下列重点加以注意：

一、认识袁宏道及其作品特色。

二、了解本文的写作方式，提升自我观景写物的能力。

三、体会作者独特的审美趣味，培养洒脱自在、顺情适意的心境。

题解

本文选自《袁中郎全集》。明神宗万历二十五年（一五九七）作者辞去吴县（今江苏苏州）知县后，首次漫游心仪已久的西湖，并写下一系列游记，本文即其中的一篇。所谓六桥，为西湖苏堤上的六座桥，其名为：映波、锁澜、望山、压堤、东浦、跨虹。

文中呈现作者独特的景物观照，认为西湖之美在春、在早晚朦胧的雾气，而尤以月夜为最。全文无“待”字，亦无具体“待月”的描写，却题称“待月”，正暗示了作者这种特殊的欣赏观点，同时也造成读者“期待”的兴味，其妙意在言外，值得细细体会。

作者

袁宏道 字中郎，号石公，公安（今湖北公安）人。生于明穆宗隆庆二年（一五六八），卒于明神宗万历三十八年（一六一〇），年四十三。

袁宏道自幼敏慧，善诗文，年十六时，于公安城南组文社，自任社长，名闻乡里。万历二十年登进士第，后选为吴县知县。历任礼部主事、吏部稽勋郎中等职。

袁宏道性喜游历，所至之处多有山水记游之作，佳篇甚多，张岱曾称：“古人记山水手，太上郦道元，其次柳子厚，近时袁中郎。”其精彩可见一斑。

袁宏道与兄袁宗道、弟袁中道并有才名，时称“三袁”。三袁反对王世贞、李攀龙等人的拟古、复古主张，认为文学应重性灵、贵独创，所作清新轻俊、情趣盎然，世称“公安派”、“公安体”。晚明小品所以兴盛，实即公安派影响所致。有《袁中郎全集》行世。

课文

西湖[1]最盛，为春为月；一日之盛，为朝烟[2]，为夕岚[3]。

今岁春雪甚盛，梅花为寒所勒[4]，与杏桃相次开发[5]，尤为奇观。石篑[6]数[7]为余言："傅金吾[8]园中梅，张功甫[9]玉照堂故物[10]也，急往观之。"余时为桃花所恋，竟不忍去[11]湖上。

❶西湖：在今浙江杭州，为古今游览胜地。❷烟：此指雾气。❸岚：山间的雾气。❹勒：抑制。❺相次开发：相继开放。❻石篑（kuì）：即陶望龄，字周望，号石篑，会稽（今浙江绍兴）人，亦为公安派作家。❼数：音 shuò，屡次。❽傅金吾：生平不详。金吾，汉代官名，掌京城禁军。傅氏可能曾任相关职位，故称。❾张功甫：即张鎡（zī），字功甫，号约斋，南宋将领张俊之孙，能诗，善画。据田汝成《西湖游览志余》记载，其南湖园玉照堂有梅四百株。❿故物：旧有之物。此指梅花。⓫去：离开。

由断桥[12]至苏堤[13]一带，绿烟红雾[14]，弥漫二十余里。歌吹为风[15]，粉汗为雨[16]，罗纨[17]之盛，多于堤畔之草，艳冶[18]极矣。

⓬断桥：在西湖孤山下。本名宝祐桥，又名段家桥。一说孤山之路至桥头而断，故称断桥。⓭苏堤：宋哲宗元祐年间苏轼任杭州知州时所筑，因以得名。南自南屏山，北接岳王庙，将西湖分隔为里、外二湖。⓮绿烟红雾：形容繁茂秾丽的花木。此句以色彩形容其秾丽，以烟雾形容其繁茂。⓯歌吹为风：歌声与乐器声阵阵如风，形容歌乐之音处处飘扬。吹，音 chuī，乐器吹奏声。为，如、如同。⓰粉汗为雨：游湖仕女香汗涔涔如雨，意谓盛妆的仕女众多。⓱罗纨：质地轻柔的丝织物，此处指穿着精致华美的游客。罗，轻柔的丝织品。纨，音 wán，细绢。⓲艳冶（yě）：艳丽妖媚，此处极度形容歌吹、粉汗、罗纨之盛。

然杭人游湖，止午、未、申三时[19]，其实湖光染翠之工，山岚设色[20]之妙，皆在朝日始出、夕舂[21]未下，始极其浓媚。月景尤不可言，花态柳情，山容水意，别是一种趣味。此乐留与山僧、游客[22]受用，安[23]可为俗士道哉！

⑲午、未、申三时：指上午十一时至下午五时。中国古代以十二地支记时，每一地支代表一个时辰，每一时辰为今之两小时，例如午时，即指上午十一时至下午一时。⑳山岚设色：山中雾气变幻出各种绚丽的色彩。连接下句，知其意谓山中烟岚映衬着朝阳初现、夕阳余晖，渲染出美丽多变的色彩。设色，作画时，以颜料渲染，形成各种美丽的色彩。㉑夕舂：夕阳。舂，音 chōng，传说中日落之处；一说：指舂米，古代习俗于日落时舂米。㉒游客：此指真正懂得游赏山水风光的人。㉓安：岂。

问题与讨论

一、作者认为西湖最美的是哪个季节？哪些时辰？那又是什么样的美？

二、本文题称“待月”，但文内其实没有具体“待月”的描写，对作者这样的“处理”，你有什么体会或看法？

三、这篇游记和你过去所读的游记有何异同？请举例加以比较。

第四课

琵琶行 并序

文——白居易

学习重点

白居易是中唐时期的重要文人，诗作平易，切近人情，广受历代读者的喜爱。除描写社会现实的“新乐府”外，其表现大众普遍情感的诗歌，尤其感人，《琵琶行》即是最具代表性的作品。学习时，可就下列重点加以注意：

一、认识白居易其人及其诗文成就。

二、了解本诗摹声、铺叙的写作手法。

三、体会诗中天涯沦落的失意与悲慨。

题 解

本诗选自《白氏长庆集》。诗题原作《琵琶引》，后世依本诗序文改题为《琵琶行》。琵琶，乐器名，四弦，传自胡地。“引”、“行”均为乐府诗的一种体制。

白居易于唐宪宗元和十年（八一五），因政敌诬陷，由京都长安贬任江州司马，时年四十四岁。翌年秋，作者于浔阳江头替友人饯行，夜闻乐声而巧遇琵琶女，得知其沦落漂泊的身世际遇，忆起自己遭贬僻地、谪居卧病的处境，不禁道出“同是天涯沦落人”的深沉感慨。

作 者

白居易 字乐天，自号香山居士、醉吟先生，其先太原（今山西太原）人，后徙下邽（guī）（今陕西渭南）。生于唐代宗大历七年（七七二），卒于唐武宗会昌六年（八四六），年七十五。

白居易自幼敏慧，出生六七月，已能默识“之”、“无”二字。十五岁发愤读书，苦学十余年，德宗贞元十六年（八〇〇）进士。历任翰林学士、左拾遗、江州司马、苏杭二州刺史等官，武宗会昌二年以刑部尚书致仕（退休）。

白居易年轻时充满理想及热情，企图以诗歌改革政治，主张“文章合为时而著，歌诗合为事而作”，与元稹倡导新乐府运动，为中唐社会写实诗的健将。中年遭贬谪流放，壮志消磨，以逍遥自得、吟咏情性为乐，诗风转为平和闲淡。晚年好佛，曾与洛阳香山寺僧如满结香火社，时相往来，自号香山居士；又放意诗酒，自号醉吟先生，并书写自传及墓志铭，以寄托个人情志。

白居易诗文俱佳，尤工诗歌，现存诗作近三千首，数量居唐人之冠。其诗在当时家喻户晓，身后亦流传千古。白居易与元稹为志同道合的知己，二人时相唱和，世称“元白”；又与刘禹锡齐名，世号“刘白”。著有《白氏长庆集》。

课文

元和十年，予左迁[1]九江郡[2]司马[3]。明年秋，送客湓浦口[4]。闻舟船中夜弹琵琶者，听其音，铮铮然[5]，有京都声[6]。问其人，本长安倡女[7]，尝学琵琶于穆曹二善才[8]。年长色衰，委身[9]为贾人[10]妇。遂命酒[11]，使快弹[12]数曲。曲罢，悯然[13]自叙少小时欢乐事；今漂沦[14]憔悴，转徙[15]于江湖间。余出官[16]二年，恬然自安[17]，感斯人言，是夕始觉有迁谪意，因为（wéi）长句[18]，歌以赠之。凡六百一十六言，命[19]曰：“《琵琶行》”。

❶左迁：贬官。古代居官多以右为尊，故以降职为左迁。❷九江郡：隋代郡名。治所在今江西九江，唐时称江州或浔阳郡。❸司马：在唐代为州刺史属下，多用以处置贬谪的京官，为闲职。❹湓（pén）浦口：古名湓口，为湓水流入长江之处，在今江西九江之西。❺铮（zhēng）铮然：形容琵琶声铿锵清脆。❻京都声：即京都流行的曲调。唐代京都在长安，即今陕西西安。❼倡（chāng）女：古代以演奏音乐或表演歌舞为业的女子。❽穆曹二善才：指穆、曹二位琵琶乐师。善才，唐人对琵琶艺人或乐师的通称。❾委身：委托终身，指出嫁。❿贾（gǔ）人：商人。⓫命酒：下令摆设酒席。命，吩咐。⓬快弹：肆意、尽情地弹奏。⓭悯（mǐn）然：忧伤的样子。⓮漂沦：漂泊沦落。⓯转徙（xǐ）：指辗转迁徙，到处流浪。⓰出官：由京都贬任外官。⓱恬然自安：恬适自得，随遇而安。⓲长句：唐人指七言古诗、律诗、排律为长句。此处即指《琵琶行》。⓳命：命名、题名。

浔阳江[20]头夜送客，枫叶荻花秋瑟瑟[21]。
主人下马客在船[22]，举酒欲饮无管弦[23]。
醉不成欢惨将别，别时茫茫江浸月。
忽闻水上琵琶声，主人忘归客不发[24]。

⓴浔阳江：指长江流经浔阳（今江西九江）附近的水域。㉑瑟瑟：此形容风吹枫叶、芦荻的声音。㉒主人下马客在船：互文见义，意指主人与客都下马、上船。㉓管弦：管乐器与弦乐器，此泛指音乐。㉔发：启程、出发。

寻声闇问[25]弹者谁？琵琶声停欲语迟[26]。
移船相近邀相见，添酒回灯[27]重开宴。
千呼万唤始出来，犹抱琵琶半遮面。
转轴拨弦[28]三两声，未成曲调先有情。
弦弦掩抑声声思[29]，似诉平生不得志。
低眉信手[30]续续弹，说尽心中无限事。
轻拢慢捻抹复挑[31]，初为《霓裳》[32]后《绿腰》[33]。
大弦嘈嘈[34]如急雨，小弦切切[35]如私语。
嘈嘈切切错杂弹，大珠小珠落玉盘[36]。
间关莺语花底滑[37]，幽咽泉流水下滩[38]。
水泉冷涩弦凝绝[39]，凝绝不通声暂歇。
别有幽愁暗恨[40]生，此时无声胜有声。
银瓶乍破水浆迸，铁骑突出刀枪鸣[41]。
曲终收拨当心画，四弦一声如裂帛[42]。
东船西舫[43]悄无言，唯见江心秋月白。

[25] 闇问：私下询问。闇，音 àn，通“暗”。[26] 迟：迟疑。[27] 回灯：重新张灯，指添油拨芯，使灯火恢复光亮。[28] 转轴拨弦：指转动弦轴，拨动琴弦以调音定调。[29] 弦弦掩抑声声思：意谓每根琴弦都表现出幽怨的情调，因而一声声的旋律充满无穷的情思。掩抑，形容声音低沉幽怨。思，音 sì，情思。[30] 信手：随手。[31] 轻拢慢捻抹复挑：形容弹奏琵琶的指法巧妙变化。拢，音 lǒng，叩弦。捻，音 niǎn，揉弦。抹，顺手下拨。挑，音 tiǎo，反手回拨。拢、捻，乃左手指法。抹、挑，为右手指法。[32] 霓裳（ní cháng）：即宫廷舞曲《霓裳羽衣曲》的简称。相传由唐玄宗加以润色而成。霓裳、羽衣，皆泛指仙人衣裳。[33] 绿（lù）腰：唐代琵琶曲名，又名《六幺》、《录腰》、《录要》。[34] 嘈嘈：形容弹奏琵琶粗弦的喧响繁急。[35] 切切：形容弹奏琵琶细弦的轻细柔和。[36] 大珠小珠落玉盘：形容琵琶乐音圆润清脆，抑扬错落。[37] 间关莺语花底滑：形容琵琶乐音宛转流畅，如黄莺清脆悦耳的鸣叫声从花下流转而过。间关，鸟鸣声。滑，流畅。[38] 幽咽（yè）泉流水下滩：形容琵琶乐音低沉微弱，如泉水呜咽的流下水滩。幽咽，形容水声低沉微弱，如人哽咽悲泣。[39] 水泉冷涩弦凝绝：形容琵琶乐音如水泉冰冷阻涩不通而终致凝冻断绝。[40] 暗恨：隐藏在内心的怨恨。[41] “银瓶乍破水浆迸（bèng）”二句：形容琵琶乐音突然激昂高亢，犹如银瓶破裂，水浆溅射；又如铁骑突围，刀枪齐鸣。[42] “曲终收拨当心画”二句：指

乐曲结束时，以拨子快速且用力地划过琵琶的四根弦，乐声清厉如同撕裂布帛一般。拨，拨子，弹奏弦乐的用具。当心画，指用拨子由上而下从中间划过四弦。㊸舫：音 fāng，泛指船。

沉吟放拨插弦中㊹，整顿衣裳起敛容㊺。
自言："本是京城女，家在虾蟆陵㊻下住。
十三学得琵琶成，名属教坊第一部㊼。
曲罢曾教善才伏㊽，妆成每被秋娘㊾妒。
五陵年少㊿争缠头[51]，一曲红绡[52]不知数。
钿头云篦击节碎[53]，血色罗裙翻酒污[54]。
今年欢笑复明年，秋月春风等闲[55]度。
弟走从军阿姨死，暮去朝来颜色故[56]。
门前冷落车马稀，老大嫁作商人妇。
商人重利轻别离，前月浮梁[57]买茶去。
去来江口守空船[58]，绕船月明江水寒[59]。
夜深忽梦少年事，梦啼妆泪红阑干[60]。"

㊹沉吟放拨插弦中：指琵琶女弹完曲子沉思不语，将拨子插入弦中。沉吟，沉思欲语而终无语。㊺敛容：端正容貌，显示庄重敬肃的表情。㊻虾蟆（há má）陵：本名下马陵，即西汉董仲舒墓，门人到此下马，故名，在今陕西西安东南，为曲江附近名胜。"下马"与"虾蟆"音谐，后习称"虾蟆陵"。㊼教坊（fāng）第一部：教坊中分部编制的第一队。教坊，唐代专门负责教习、管理宫中优伶、歌伎的官方机构。第一部，即第一队，最优秀的一队。㊽伏：通"服"，佩服。㊾秋娘：唐代对女性优伶、歌伎的通称。㊿五陵年少：指京师附近的富贵子弟。五陵，即长陵、安陵、阳陵、茂陵、平陵，为西汉五位皇帝的陵墓，后为贵族聚居之地。[51]争缠头：竞相赏赐。缠头，古代歌舞乐伎表演完，观众多以锦彩置于其头上为赠，后为赠送伎女财物的通称。[52]红绡：红色彩绸，指赏赐的财帛。绡，音 xiāo，轻细的薄纱或薄绸。[53]钿（diàn）头云篦击节碎：以镶有金花宝饰的云纹梳子打拍子，甚至把梳子都敲碎了。此指生活极其奢华。钿头，指镶嵌着金花的宝饰。云篦，饰有云纹的梳子。篦，音 bì，细密的发梳。[54]血色罗裙翻酒污：鲜红的罗裙被翻覆的酒沾污了。血色，鲜红色。污，因与上下文叶（xié）韵，故读 wù。[55]等闲：随便、轻易。[56]颜色故：容颜衰老。[57]浮梁：古县名，在今江西景德，是当时著名的茶叶集散地。[58]去来江口守空船：琵琶女前往江口独守空船。去来，即"去"，到、前往之意。

乃偏义复词，偏义在“去”。来，语助词，无义。㊾绕船月明江水寒：指月光、江水环绕着空船，衬托琵琶女的孤单凄凉。绕，围绕。㊿红阑干：沾着脂粉的泪水纵横满面。阑干，纵横散乱的样子。

我闻琵琶已叹息，又闻此语重唧唧[61]！
同是天涯沦落人，相逢何必曾相识！
我从去年辞帝京，谪居卧病浔阳城。
浔阳地僻无音乐，终岁不闻丝竹[62]声。
住近湓江地低湿，黄芦苦竹绕宅生。
其间旦暮闻何物？杜鹃啼血猿哀鸣[63]。
春江花朝秋月夜[64]，往往取酒还独倾。
岂无山歌与村笛？呕哑嘲哳[65]难为听。
今夜闻君琵琶语，如听仙乐耳暂[66]明。
莫辞更坐弹一曲，为君翻作[67]《琵琶行》。

[61] 重唧唧：一再叹息。唧唧，音 jí jí。叹息声。[62] 丝竹：弦乐器和管乐器，此泛指乐器。[63] 杜鹃啼血猿哀鸣：只听到杜鹃和猿猴哀鸣的声音。杜鹃啼血，杜鹃相传为古代蜀帝杜宇精魂所化，鸣声凄厉，泣血而止。后人藉此寄寓思乡之情。[64] 春江花朝（zhāo）秋月夜：泛指良辰美景。[65] 呕哑嘲哳（ōu yā zháo zhá）：形容嘈杂刺耳的声音。[66] 暂：突然。[67] 翻作：依照旧的曲谱制作新词。

感我此言良久立，却坐[68]促弦[69]弦转急。
凄凄不似向前[70]声，满坐重闻皆掩泣[71]。
座中泣下谁最多？江州司马青衫[72]湿。

[68] 却坐：回座坐下。却，退。[69] 促弦：将弦调紧。促，收紧。[70] 向前：先前。[71] 掩泣：掩面而泣。[72] 青衫：唐代职位卑微者所穿的青色官服。

问题与讨论

一、作者与琵琶女身世际遇有何相似之处？为什么会引起作者“同是天涯沦落人”的感慨？

二、诗中对琵琶乐声的摹写出神入化，你最喜欢哪些诗句？为什么？

三、作者如何以江水、秋月渲染情境或寄托情意？请加以说明。

第五课

出师表

文——诸葛亮

学习重点

诸葛亮虽不以文章著名，但《出师表》历来皆被视为千古至文，陆游《书愤》曾云："《出师》一表真名世，千载谁堪伯仲间。"而杜甫也曾以"两朝开济老臣心"来称赞诸葛亮的公忠体国。阅读本文，不但可体会诸葛亮获此评价的原因，也能了解本文之所以流传千古，正在于真切诚挚的情感。学习时，可就下列重点加以注意：

一、认识本文的写作背景。

二、学习作者的书写方式及技巧。

三、体会文中的至情至性，掌握本文传诵千载的原因。

题解

本文选自《昭明文选》，并根据《三国志·蜀书·诸葛亮传》及《董允传》校改。原文无题，题名《出师表》当为后来文选编者所加。蜀汉后主建兴五年（二二七），诸葛亮率军进驻汉中，准备讨伐曹魏，出师前上此《表》给后主刘禅。此文又称《前出师表》，因翌年，诸葛亮出兵散关，行前再度上书，后人遂依时间前后分别称为前、后《出师表》。“表”为文体名，是古代臣下对君主上书的一种，通常是臣子对君主有所陈请而上言的文书。

诸葛亮身为军队统帅，在出征之前，上表陈述自己一生竭忠于蜀汉的心意，并劝谏后主“亲贤臣，远小人”，且当广纳雅言，以恢复汉室为念，充分表现其作为先帝托孤老臣的一片赤忱。

作者

诸葛亮 字孔明，琅琊（láng yé）阳都（今山东沂水）人。生于东汉灵帝光和四年（一八一），卒于蜀汉后主建兴十二年（二三四），年五十四。

诸葛亮早年丧父，由叔父诸葛玄抚养成人，后与弟隐居隆中，躬耕自食，自比管仲、乐毅，结交庞统、徐庶等名士，人称“卧龙”。后因徐庶推荐，刘备三顾茅庐，诸葛亮提隆中对策，并出而辅佐。汉献帝建安十三年（二〇八），诸葛亮助刘备结合孙权，大败曹操于赤壁，刘备得以取荆州，平成都，建立蜀汉政权，奠定其后魏、蜀、吴三分天下之势。刘备在位，任命诸葛亮为丞相，于其逝后，诸葛亮承遗命，继续辅佐后主刘禅，封武乡侯。诸葛亮竭忠国事，以完成先帝复国遗志为念，前后六次出师攻魏，惜壮志未酬，积劳成疾，卒于军中。谥忠武，后世习称诸葛武侯。

诸葛亮足智多谋，为著名军事家、政治家，虽不以文学著称，但其文朴实无华，真挚感人，《出师表》尤为其中代表。晋陈寿曾编《诸葛氏集》，今已不传，清张澍辑录有《诸葛忠武侯集》行世。

课文

臣亮言：先帝①创业未半，而中道崩殂②。今天下三分③，益州疲弊④，此诚危急存亡之秋⑤也。然侍卫之臣，不懈于内⑥；忠志之士，忘身于外⑦者，盖追先帝之殊遇⑧，欲报之于陛下⑨也。诚宜开张圣听⑩，以光先帝遗德，恢弘⑪志士之气；不宜妄自菲薄⑫，引喻失义⑬，以塞（sè）忠谏之路也。

①先帝：指蜀汉昭烈帝刘备。先，称已故之尊长。②中道崩殂：半途逝世。此指刘备即帝位三年后，病死于白帝城（今重庆市奉节县）。崩殂，古时称天子之死曰崩、崩殂或殂。殂，音cú，死亡。③天下三分：指天下分为魏、蜀、吴三国。④益州疲弊：蜀汉的人力疲惫，物力困乏。益州，东汉州名，包括今四川及贵州、云南部分地方，为蜀汉主要领土，故此处以益州借指蜀国。弊，同"敝"。⑤此诚危急存亡之秋：这真是关系国家生死存亡的紧要关头。诚，实在。秋，时刻、关头。⑥内：指朝廷。⑦忘身于外：在朝廷之外为国舍身效命。忘身，舍身忘死。⑧追先帝之殊遇：追念先帝特殊优厚的待遇。⑨陛下：古时臣民对帝王的尊称。臣民不敢直接禀告天子，乃请立在天子左右台阶的近侍之臣代为传达，于是转称天子为陛下。陛，台阶。⑩开张圣听：扩大圣上的听闻，意指广泛听取臣下意见。圣，尊称天子，指刘禅。⑪恢弘：扩大。⑫妄自菲薄：随意看轻自己。妄，胡乱、任意。菲薄，轻视。菲，音fěi，微薄。⑬引喻失义：引证譬喻不恰当。引，引证。喻，譬喻。义，宜、恰当。如引用公孙述、刘璋等曾据益州失败之例，作为蜀汉不能恢复进取的证据。

宫中府中⑭，俱为一体，陟罚臧否⑮，不宜异同⑯。若有作奸犯科⑰，及为忠善者，宜付有司⑱，论其刑赏，以昭陛下平明之理⑲；不宜偏私，使内外异法⑳也。

侍中、侍郎郭攸之、费祎、董允㉑等，此皆良实㉒，志虑忠纯㉓，是以先帝简拔㉔以遗陛下。愚㉕以为宫中之事，事无大小，悉以咨㉖之，然后施行，必能裨补阙漏㉗，有所广益。将军向宠㉘，性行淑均㉙，晓畅军事，试用于昔日，先帝称之曰“能”，是以众议举宠为督。愚以为营中之事，悉以咨之，必能使行阵[30]和睦，优劣得所[31]。亲贤臣，远[32]小人，此先汉所以兴隆也；亲小人，远贤臣，此后汉所以倾颓（tuí）也。先帝在时，每与臣论此事，未尝不叹息痛恨于桓、灵[33]也。侍中[34]、尚书[35]、长（zhǎng）史[36]、参军[37]，此悉贞亮死节[38]之臣也，愿陛下亲之信之，则汉室之隆，可计日而待也。

⑭宫中府中：皇帝宫殿中及丞相府第中。⑮陟罚臧否：即“陟臧罚否”，指赏功罚过。陟，音 zhì，升迁、奖赏。臧，音 zāng，善。否，音 pǐ，恶。⑯不宜异同：不应该有差别。异同，差异，为偏义复词，词义着重于“异”。⑰作奸犯科：作恶犯法。奸，同“奸”，邪恶。科，法令。⑱有司：主管的官员，职有专司，故称有司。司，管理。⑲平明之理：公平英明的治理。理，治理。⑳内外异法：指宫中与丞相府中有不同的法制。㉑“侍中、侍郎”一句：侍中、侍郎为天子左右亲近的侍臣。郭攸（yōu）之、费祎（yī）为侍中，董允为侍郎。㉒良实：贤良忠实。㉓志虑忠纯：即“志忠虑纯”，存心忠诚，谋事专一。㉔简拔：选拔。简，选择。㉕愚：自称的谦词。㉖咨：通“谘”，咨询、商量。㉗裨补阙漏：弥补缺失遗漏。裨补，弥补。裨，音 bì，助益。阙，音 quē，通“缺”。㉘向宠：字巨违，襄阳宜城（今湖北宜城）人。刘备伐吴兵败，唯向宠部队损伤最少，故刘备称许其能干。刘禅即位后，封向宠为都亭侯，后又为中部督。㉙性行淑均：即“性淑行均”，秉性善良，处事公正。淑，善良。均，公平。㉚行（háng）阵：队伍行列，指军队。㉛优劣得所：人才优劣，各得其所。此谓向宠知人善任。所，处所，指适当的职位。㉜远：音 yuàn，疏远。㉝桓灵：东汉桓帝、灵帝。二人在位时，宠信宦官，放任外戚，使东汉朝政日坏，终至引起东汉末年的大乱。㉞侍中：此指郭攸之、费禕。㉟尚书：此指陈震。时任尚书，掌章奏、宣示、图书等职。㊱长史：此指张裔。时任诸葛亮丞相府长史。长史，为幕僚之长。㊲参军：此指蒋琬。时任丞相府参军，掌军事谋划及文书。㊳贞亮死节：忠贞诚信，能为节义而死。亮，通“谅”，信。死，为……而死。

臣本布衣[39]，躬耕[40]于南阳[41]，苟全性命于乱世，不求闻达[42]于诸侯。先帝不以臣卑鄙[43]，猥自枉屈[44]，三顾[45]臣于草庐之中，谘（zī）臣以当世之事，由是感激，遂许先帝以驱驰[46]。后值倾覆[47]，受任于败军之际[48]，奉命于危难之间，尔来二十有一年[49]矣！先帝知臣谨慎，故临崩寄臣以大事[50]也。受命以来，夙夜忧叹[51]，恐托付不效[52]，以伤先帝之明，故五月渡泸[53]，深入不毛[54]。今南方已定，兵甲已足，当奖率三军，北定中原，庶竭驽钝[55]，攘除奸凶[56]，兴复汉室，还于旧都[57]。此臣所以报先帝而忠陛下之职分（fèn）也。至于斟酌损益[58]，进尽忠言，则攸之、祎、允之任也。愿陛下托臣以讨贼兴复之效；不效，则治臣之罪，以告先帝之灵。若无兴德之言[59]，则责攸之、祎、允等之慢[60]，以彰其咎[61]。陛下亦宜自课[62]，以谘诹善道[63]，察纳雅言[64]，深追先帝遗诏[65]，臣不胜受恩感激。今当远离，临表涕泣[66]，不知所云[67]。

㊴布衣：平民百姓。古时一般百姓仅能穿着粗布衣服，故以布衣称平民。㊵躬耕：亲自耕种。㊶南阳：汉南阳郡，治理今河南西南部及湖北北部。诸葛亮隐居的隆中，位于湖北襄阳城西郊。㊷闻达：扬名显达。闻，有名声。㊸卑鄙：出身卑微，见识浅陋。此乃诸葛亮自谦之语，与现今称“卑鄙”为行为恶劣、不道德的意义不同。㊹猥自枉屈：贬低身分委屈自己，此指刘备屈尊就卑之意。猥，音 wěi，辱。枉屈，屈尊，降低身分。㊺顾：拜访。㊻驱驰：奔走效力。㊼后值倾覆：后来遭到战败。此指东汉献帝建安十三年，刘备于湖北当阳长坂坡为曹操所败。值，遇到。㊽受任于败军之际：指诸葛亮在刘备战败之时接受任命。刘备于战败之后，派遣诸葛亮出使东吴，联结孙权，于赤壁大败曹操。㊾尔来二十有一年：自那时以来，已有二十一年。此言诸葛亮于建安十二年出仕，到后主建兴五年，上《出师表》时，共历二十一年。尔，即“彼”，那时。有，通“又”，音 yòu。㊿临崩寄臣以大事：指刘备临终前，于白帝城托付诸葛亮辅佐刘禅一事。寄，托付。[51]夙（sù）夜忧叹：日夜忧劳叹息。夙，早晨。[52]托付不效：意谓辜负先帝的托付。不效，不成功。效，指达到功效，此作动词用。[53]五月渡泸：诸葛亮于建兴三年率军南征南中等郡，恩威并施，平定了蛮荒叛乱。渡泸，渡过泸水，即指南征之事。[54]不毛：草木不生之地，指荒凉偏僻的蛮荒之地。毛，指草木。[55]庶竭驽钝：希望能竭尽自己平庸拙劣的才能。庶，庶几、希望。驽钝，指才能平庸拙劣，乃自谦之词。驽，音 nú，劣马。钝，刀刃不锋利。[56]攘除奸凶：此指消灭曹魏。攘，音 ráng，排除。[57]旧都：指东汉故都洛阳。[58]斟酌损益：权衡利弊得失，予以兴革取舍。斟酌，音 zhēn zhuó，本义是适量地注酒至杯中，引申为考虑、思量之意。[59]若无兴德之言：倘若没有增进德政、振兴德行的嘉言。[60]慢：怠慢、疏忽。[61]以彰其咎：用以表明这些人的罪过。咎，音 jiù，罪过。[62]自课：自我省察。课，考察。[63]谘诹善道：咨询治国良策。谘诹，音 zī zōu，征询。[64]察纳雅言：明察接纳正直的言论。雅言，正言。[65]先帝遗诏（zhào）：刘备临终留给刘禅的诏书。诏书中，以刘备告诫刘禅：“勉之！勉之！勿以恶小而为之，勿以善小而不为，惟贤惟德，能服于人。”几句最为著名。[66]涕泣：流泪哭泣。[67]不知所云：不知所言为何。此用以表示感慨沉重至极。

问题与讨论

一、诸葛亮在本文中主要向后主提出哪些忠告？你觉得文中劝谏后主修明政治的几种忠告中，作者最主要的忧心与劝谏是什么？

二、刘备临终前曾交代诸葛亮：“若嗣（sì）子可辅，辅之；如其不才，君可自取。”你觉得刘备此语，是由衷之言，还是另有用心？如果换了你是诸葛亮，壮业未成，身处危急存亡之秋，却又面对这扶不起的阿斗（刘禅乳名），你会如何选择？请说明理由。

第六课

岳阳楼记

文——范仲淹

学习重点

范仲淹为北宋名臣，历来被推为宋代知识分子的典型。《岳阳楼记》作于他“庆历改革”失败之后，文中不仅没有失意丧志的悲哀，甚且更展现出恒以社稷苍生为念、置个人进退于度外的情怀。学习时，可就下列重点加以注意：

一、了解本文写作的背景，掌握作者写作的旨趣。

二、品味文中辞藻之美，加强自我遣词造句的能力。

三、体会“先天下之忧而忧，后天下之乐而乐”的情怀，培养淑世的情操。

题解

本文选自《范文正公集》。岳阳楼在今湖南岳阳，相传是唐岳州（今湖南岳阳）刺史张说（yuè）于玄宗开元四年（七一六）增建而成。宋仁宗庆历四年（一〇四四）滕宗谅（子京）贬岳州知州，翌年重修岳阳楼，特函请同科进士好友范仲淹作记。

当时范仲淹因力主改革，遭主政者所忌，外放至邓州（今河南邓县）。滕、范二人际遇雷同，故范仲淹为文，先叙作记缘起，续述览物之情，末则点出古仁人“先天下之忧而忧，后天下之乐而乐”的卓绝胸襟，用以互勉。全文词采典丽、情志高远，充分显示范仲淹的文学才具与人格特质，为千古传诵的散文名篇。

作者

范仲淹 字希文，苏州吴（今江苏苏州）人。生于宋太宗端拱二年（九八九），卒于宋仁宗皇祐四年（一〇五二），年六十四。

范仲淹二岁丧父，随母改嫁，从朱姓，名说（yuè）。及长，知其家世，乃辞母入应天府（今河南商丘）睢（suí）阳书院，刻苦力学。真宗大中祥符八年（一〇一五）进士及第，入仕后迎母归养，并还姓更名。

仁宗康定元年（一〇四〇），以龙图阁直学士经略陕西，守边数年，治军严明，德威远播，致使西夏不敢犯境。庆历三年，任参知政事，推行政治革新，为“庆历改革”的代表人物。后出知亳（bó）州（今安徽亳州）、青州（今山东青州）等地，皆有政声。卒谥文正。

范仲淹品格高尚，为官清正，生活俭约，乐善好施。常以其俸禄接济天下才俊，又设置“义田”以济养族人，尤以兴学育才，奖掖儒者，激励士风，影响最为深远。文章穷究经术，有益教化，以传道为己任；词作语言朗畅，意境高旷，论者推为豪放派先驱。有《范文正公集》行世。

课文

庆历四年春，滕子京[1]谪守巴陵郡[2]。越明年[3]，政通人和[4]，百废具兴[5]，乃重修岳阳楼，增其旧制[6]，刻唐贤今人诗赋于其上，属[7]予作文以记之。

予观夫巴陵胜状[8]，在洞庭[9]一湖。衔远山[10]，吞长江[11]，浩浩汤汤[12]，横无际涯[13]，朝晖夕阴，气象万千[14]，此则岳阳楼之大观[15]也，前人之述备矣[16]！然则北通巫峡[17]，南极潇湘[18]，迁客[19]骚人[20]，多会于此，览物之情，得无异乎[21]？

❶滕子京：名宗谅，北宋河南府（今河南洛阳）人。与范仲淹同年进士及第。庆历初，因范仲淹推荐，擢天章阁待制，后遭诬陷，降为虢州（今河南灵宝）知州，又改徙岳州。❷谪守巴陵郡：贬任巴陵郡太守。谪，音 zhé，贬官。守，任太守，动词。巴陵郡，宋改称岳州，州治在巴陵，即今湖南岳阳。❸越明年：到了第二年，即庆历五年。越，及、到。❹政通人和：政事顺遂，百姓和乐。❺百废具兴：一切废弛的政务，全都兴办起来。百，极言其多。具，通“俱”，全部。❻增其旧制：扩大岳阳楼旧有的规模。❼属：音 zhǔ，通“嘱”，请托。❽胜状：胜景、美景。❾洞庭：湖名。在湖南东北部，长江南岸，距岳阳约半公里。❿衔远山：含远山。远山，指洞庭湖中的君山。⓫吞长江：吸纳长江的水。吞，吸纳。⓬浩浩汤汤：水势广大、水流迅急。浩浩，水势广大。汤汤，音 shāng shāng，水流迅急。⓭横无际涯：广大无边。横，广阔。际涯，边岸。⓮朝晖夕阴气象万千：晨光暮色千变万化，形容早晚景象变化无穷。晖，日光。阴，昏暗。⓯大观：壮丽的景观。⓰前人之述备矣：前人的描述十分完备、详尽。前人之述，指文中“唐贤今人诗赋”等作品。⓱巫峡：长江三峡之一。在今重庆市巫山东、湖北巴东西，是由湖北入四川的门户。⓲潇湘：水名，潇水、湘水。潇水，源出湖南宁远南九疑山，至零陵西北，入湘水。湘水，源出广西兴安海阳山，北流经长沙，入洞庭湖。⓳迁客：遭贬职流放的官吏。迁，贬谪。⓴骚人：失意的文人。屈原遭放逐而作《离骚》；离骚，即遭遇忧愁之意，后世乃以“骚人”为失意文人或诗人的代称。㉑得无异乎：能够没有不同吗？得无，能不，表推测或反诘的语气。

若夫[22]霪雨霏霏[23]，连月不开[24]；阴风怒号，浊浪排空[25]；日星隐耀，山岳潜形[26]；商旅不行，樯倾楫摧[27]；薄暮冥冥[28]，虎啸猿啼；登斯楼也，则有去国[29]怀乡、忧谗畏讥[30]、满目萧然[31]，感极而悲者矣！

至若春和景明[32]，波澜不惊，上下天光，一碧万顷[33]；沙鸥翔集[34]，锦鳞[35]游泳，岸芷汀兰[36]，郁郁青青[37]。而或长烟一空[38]，皓月千里，浮光跃金[39]，静影沉璧[40]，渔歌互答，此乐何极！登斯楼也，则有心旷神怡，宠辱偕[41]忘，把酒临风，其喜洋洋者矣！

[22]若夫：至于，是承接上文并引起下文的连接词。下文“至若”同。[23]霪雨霏霏：绵密的雨下个不停。霪，音 yín，久雨。霏霏，音 feī feī，细雨绵密的样子。[24]不开：不放晴。开，指云雾散去。[25]浊浪排空：浑浊的浪涛汹涌澎湃，推挤而冲向空中。排，推。[26]日星隐耀，山岳潜形：太阳和星辰的光亮被遮蔽了，山岳的形貌被隐没了。[27]樯倾楫摧：桅（wéi）杆倾倒，船桨折断。樯，音 qiáng，船的桅杆。楫，音 jí，船桨。[28]薄暮冥冥：傍晚时分，天色昏暗。薄暮，傍晚。薄，近。冥冥，昏暗。[29]去国：离开京城。国，此指国都。[30]忧谗畏讥：忧虑遭毁谤，畏惧被讥讽。谗，毁谤。讥，讽刺。[31]萧然：萧条冷清的样子。[32]春和景明：春风和暖，阳光明亮。景，日光。[33]上下天光，一碧万顷：天色湖光上下辉映，一片碧波绵延无际。万顷，极言碧波无边无尽。顷，百亩。[34]沙鸥翔集：沙洲上的鸥鸟，时而飞翔、时而栖止。集，栖止。[35]锦鳞：色彩美丽的鱼儿。锦，花纹美丽的丝织品，此作形容词用，指色彩美丽。鳞，借指鱼。[36]岸芷汀兰：岸边、沙洲上的白芷和兰草。岸芷、汀兰实为“互文”，相互补足语意。芷，音 zhǐ，即白芷。汀，音 tīng，水边平地或小沙洲。[37]郁郁青青：香气浓烈，花叶茂盛。郁郁，形容香气浓烈。青青，形容花叶茂盛。青，音 jīng，通“菁”。[38]一空：完全消散。[39]浮光跃金：湖面上浮动的月光，如同闪烁的黄金。[40]静影沉璧：湖水中寂静的月影，如同沉落的璧玉。[41]偕：音 xié，并、皆。

嗟夫！予尝求古仁人之心，或异二者之为[42]，何哉？不以物喜，不以己悲[43]。居庙堂[44]之高，则忧其民；处江湖[45]之远，则忧其君；是[46]进亦忧、退亦忧，然则何时而乐耶？其必曰：“先天下之忧而忧，后天下之乐而乐[47]”乎！噫！微斯人，吾谁与归[48]？

时六年[49]九月十五日。

㊷或异二者之为：有不同于上述迁客骚人遇晴而喜、遇雨而悲的表现。或，有。二者，指上述悲、喜两种心情。为，表现。㊸不以物喜，不以己悲：不因外在环境和个人遭遇而喜悦或悲伤。二句互文见义。㊹居庙堂：指在朝任官。庙堂，指朝廷。㊺处江湖：指退居乡野。江湖，与朝廷相对，指民间乡野。㊻是：如此。㊼先天下之忧而忧，后天下之乐而乐：在天下人忧虑之前先忧虑；在天下人享乐之后才享乐。二语化用《孟子·梁惠王》下孟子对齐宣王语："乐以天下，忧以天下。"㊽微斯人，吾谁与归：如果没有古代先忧后乐的仁人志士，我要归从谁呢？微，无、没有。斯人，指不以物喜，不以己悲，先忧后乐的仁人志士。吾谁与归，即"吾与谁归"，意即我将与谁同归？与，此处作介词用，有跟、同之意。归，归附、依从。㊾六年：指庆历六年（一〇四六），时范仲淹五十八岁，任邓州知州。

问题与讨论

一、本文在辞藻、句法方面有何特色？它们对文章风格的形成有何作用？

二、文中提到骚人墨客、古仁人，再加上作者自己，则三者之间有何对应的关系？

三、何谓"居庙堂之高，则忧其民；处江湖之远，则忧其君"？试申述其意涵。

第七课

《郁离子》选

文——刘 基

学习重点

寓言向来有其特殊意义与作用，刘基的《郁离子》尤为古代寓言文学的代表作。书中藉着一则则的寓言，寄托其批评、警世之喻意。本文所选三则，皆为《郁离子》名篇，其中所谈论的问题与反映的现象，寓意深远，时至今日依然值得警惕深思。学习时，可就下列重点加以注意：

一、了解《郁离子》的写作动机与时代背景。

二、掌握寓言体散文的特色。

三、体会本课各则寓言的意义。

题解

本文选自《诚意伯文集》。刘基于元顺帝年间，因悲愤政治黑暗，遂弃官归隐，写作《郁离子》，藉寓言以劝世讽俗，内容主在批判元末的时政与社会。

“郁离”典出《周易》。郁，繁盛貌；“离”(☲)，《周易》六十四卦之一，其卦象为“火”，乃文明之象。“郁离”取郁郁光明之意，意谓若能采用其说以治世，则可达盛世文明之治。

本文共选三则，原无标题，今题为编者所加。第一则《良桐》，藉由乐师不辨琴之优劣、真伪，谴责当时社会不重内涵，只重外表的装饰，同时亦暗讽当权为政者无能力识拔真正人才。第二则《赵人患鼠》，叙赵人乞猫捕鼠，但猫亦食鸡的故事，阐明行事用人须权衡轻重得失，明辨利弊本末的道理。第三则《九头鸟》，以同一鸟身却九头争咬终致自身伤势惨重的寓言，警惕处于同一处境、命运的人们不应彼此倾轧争斗。三文篇幅虽简短，但情节完整，叙写生动，寓意深刻，颇具启示意义。

作者

刘基 字伯温，处州青田（今浙江青田）人。生于元武宗至大四年（一三一一），卒于明太祖洪武八年（一三七五），年六十五。

刘基博通经史，工于诗文，兵法、天文、术数，无不精晓，《明史》比为诸葛孔明。元文宗至顺年间（一三三〇——一三三三）举进士，曾任县丞、江浙儒学副提举、浙东行省元帅府督事等职，因遭到排斥，又见政治黑暗腐败，遂弃官隐居青田山。朱元璋起事，刘基为陈《时务十八策》，自此参与机要，协助朱元璋灭陈友谅，平定张士诚，北伐中原，统一天下。明代开国制度多为刘基所草定，故明太祖比之为汉之张良，尝誉为“吾之子房”。洪武元年，拜御史中丞，兼太史令；三年，封诚意伯；四年，太祖以其年老免官，赐其归返乡里。刘基个性刚直，归隐后虽深自隐晦，但当时太祖多猜忌，左丞相胡惟庸又屡加构陷，终忧愤而卒。武宗正德年间（一五〇六——一五二一），追赠太师，谥文成。

刘基为元末明初著名的政治家与文学家，文笔骏迈，意旨闳（hóng）深，与宋濂并为明初文宗，诗亦各体兼擅，与高启齐名。有《诚意伯文集》行世，《郁离子》收于文集中，也有单行本流传。

课文

一、良桐

工之侨[1]得良桐[2]焉，斲[3]而为琴，弦而鼓之[4]，金声而玉应[5]，自以为天下之美也，献之太常[6]。使国工[7]视之，曰："弗古。"还之。

工之侨以归[8]，谋诸漆工，作断纹[9]焉；又谋诸篆工[10]，作古窾[11]焉；匣[12]而埋诸土。朞年[13]出之，抱以适市[14]。贵人[15]过而见之，易[16]之以百金。献诸朝，乐官传视，皆曰："希世[17]之珍也！"

❶工之侨：名为侨的工匠，乃作者虚构的人物。❷桐：桐木，制琴的好材料。❸斲：音zhuó，通"斫（zhuó）"，砍削，此指雕刻制作。❹弦而鼓之：安装琴弦，并加以弹奏。弦，安装琴弦，动词。鼓，弹奏，动词。❺金声而玉应：极言琴声和谐优美。古代演奏音乐，以金钟开端发声，以玉磬收尾应和。金，指钟。玉，指磬。❻太常：官名，掌管祭祀、礼仪之事。❼国工：指国内技巧精湛的工匠或乐师。❽工之侨以归：工之侨带着琴回去。文言文"以"之后的宾语常省略不出现。❾断纹：裂纹，琴越古断纹越多。❿篆工：镂刻文字的工匠。篆，音

zhuàn，本为书体的一种，此指雕刻文字。⑪古窾：古代器物上刻铸的文字。窾，音 kuǎn，通“款”，刻铸在钟鼎器物上的文字。⑫匣：音 xiá，装在盒子中，此作动词用。⑬朞年：周年、满一年。朞，音 jī，同“期”。⑭适市：到市集。适，往、到。⑮贵人：此指地位显贵的官员。⑯易：交换，此指购买。⑰希世：世上少见。希，通“稀”。

工之侨闻之，叹曰：“悲哉，世也！岂独一琴哉？莫不然矣！而[18]不早图[19]之，其与亡矣[20]？”遂去，入于宕冥之山[21]，不知其所终。

⑱而：如果。⑲早图：早做打算、规划。⑳其与亡矣：恐怕会与它一起灭亡。其，表推测、将然之词。㉑宕（dàng）冥之山：作者虚构的山名。宕冥，辽阔幽深。

二、赵人患鼠[1]

赵人患鼠，乞[2]猫于中山[3]，中山人予之猫，善捕鼠及鸡。月余，鼠尽而其鸡亦尽。

其子患之，告其父曰：“盍去诸[4]？”其父曰：“是非若所知[5]也！吾之患在鼠，不在乎无鸡。夫有鼠则窃吾食，毁吾衣，穿吾垣墉[6]，坏伤吾器用，吾将饥寒焉。”“不病[7]于无鸡乎？”“无鸡者，弗食鸡则已耳，去[8]饥寒犹远，若之何而去夫猫[9]也！”

❶患鼠：忧虑家中鼠害严重。❷乞：求取。❸中山：古国名，在今河北定县一带，战国时为赵所灭。❹盍（hé）去诸：何不弄走猫呢？盍，何不。诸，“之乎”二字的合音。❺是非若所知：这不是你所能懂的。是，此、这。若，汝、你。❻穿吾垣墉：挖穿我们的墙壁。垣墉，

音 yuán yōng，墙壁。❼病：担心。❽去：距离。❾若之何而去夫猫：为何要丢掉这只猫。若之何，为何。夫，指称词，这。

三、九头鸟

孽摇[1]之虚[2]有鸟焉，一身而九头，得食则八头皆争，呀然而相衔[3]，洒血飞毛，食不得入咽，而九头皆伤。海凫[4]观而笑之曰："而胡不思[5]，九口之食，同归于一腹乎？而奚其争[6]也？"

❶孽摇：《山海经》中的山名。❷虚：通"墟"，山丘。❸呀（xiā）然而相衔：张嘴互咬。呀然，张口的样子。衔，含在嘴里，用嘴咬着。❹海凫（fú）：海鸟。❺而胡不思：你们为何不想一想？而，尔、你、你们，下文"而"同此。胡，何。❻奚其争：争什么呢？奚，何。

问题与讨论

一、《良桐》一篇中讽刺当时世人只重表象不重实质的心态，请以自己的体验说明现今社会中有无类似的情况。

二、对《赵人患鼠》一篇中赵人的取舍，你有什么看法？从中又得到什么启示呢？

三、你同意《九头鸟》一篇中，海凫对九头鸟的批评吗？你觉得海凫为什么会"观而笑之"？

第八课

孔乙己

文—鲁　迅

学习重点

鲁迅是中国新文学史上极重要的作家，其作品关心国族命运，揭露旧社会病根，对时代的思考十分深刻，对封建的批判十分犀利。自二十世纪初至今，无论小说、散文皆广为传诵。《孔乙己》是鲁迅小说的代表作，其背景虽在清末一古老城镇，但描写的大众心理、以赏玩别人之苦为乐的病态，在价值扭曲、社会不合理现象依然存在的今日，同具启示意义。学习时，可就下列重点加以注意：

一、了解孔乙己悲哀命运的缘由。

二、认识鲁迅小说的艺术手法。

三、体会鲁迅写作这篇小说的用意。

题解

本文选自《呐喊》，发表于一九一九年四月号《新青年》杂志，是鲁迅继《狂人日记》之后用白话创作的第二篇小说。

小说以第一人称叙事，藉一个酒店小伙计的回忆，讲述二十多年前在酒店看到一位落魄读书人的遭遇。孔乙己是小说主角，一个迂腐而可悯的小人物。“孔乙己”三字出自儿童习字帖，人们因其穷酸、食古不化，而取此绰号嘲笑他。孔乙己受挫于科举考试，与仕途无缘，却不事营生，以致沦落成酒客讥嘲取乐的对象，没有人同情他的处境、关心他的死活。小说笔法简净，角色性格鲜明，凸显了社会体制对人的压迫，寓含悲悯之情。

作者

鲁迅　本名周树人，浙江绍兴人。生于清德宗光绪七年（一八八一），卒于一九三六年，年五十六。

鲁迅幼年时从叔祖读书，十二岁入私塾，十八岁入南京矿务铁路学堂就读。二十二岁留学日本，先学医，后弃医从文。宣统元年（一九〇九），返国从事教育工作。一九一二年，任职于教育部，不久，迁居北平。一九一八年起，在《新青年》杂志发表小说，投入新文学运动。一九二六年，因北洋军阀压迫，离开北平，至厦门大学任教。一九二七年，转任广州中山大学，旋即辞职，迁居上海，以写作为生，直至去世为止。

鲁迅为新文学史上最早从事现代小说创作的人，作品数量虽不多，但因思想深刻，揭露中国旧社会之弊病，尤其对封建枷锁下人物的劣根性刻画入微，颇能激动读者的心，成就备受推崇，《阿Q正传》、《狂人日记》、《孔乙己》、《祝福》皆其名作。除小说外，亦写新诗、散文；而在散文方面，更开创一种文化批判性极强的文体，世称“杂文”。著有小说集《呐喊》、《彷徨》，散文集《朝花夕拾》、《野草》，以及十五本杂文集。过世后，友人将其作品及书信汇编为《鲁迅全集》。

课文

鲁镇[1]的酒店的格局，是和别处不同的：都是当街一个曲尺形的大柜台，柜里面豫备[2]着热水，可以随时温酒。做工的人，傍午傍晚散了工，每每花四文铜钱[3]，买一碗酒——这是二十多年前的事，现在每碗要涨到十文——靠柜外站着，热热的喝了休息；倘肯多花一文，便可以买一碟盐煮笋，或者茴香豆[4]，做下酒物了，如果出到十几文，那就能买一样荤菜，但这些顾客，多是短衣帮[5]，大抵没有这样阔绰[6]。只有穿长衫的[7]，才踱进店面隔壁的房子里，要酒要菜，慢慢地坐喝。

❶鲁镇：鲁迅以故乡绍兴为蓝本，在其小说中常出现的小镇名。❷豫备：预备。豫，通“预”。❸四文铜钱：四枚铜钱。文，古代钱币的单位。❹茴（huí）香豆：加添茴香等香料调味煮熟的蚕豆。茴香为多年生草本植物，全株有强烈香气，果实长椭圆形。❺短衣帮：指做工的劳动者，他们身穿短衣，和穿长衫的读书人形成对比。❻阔绰：富有、宽裕。❼穿长衫的：指读过书、有身分地位的人，相对于短衣帮而言。

我从十二岁起，便在镇口的咸亨酒店里当伙计，掌柜说，样子太傻，怕侍候不了长衫主顾，就在外面做点事罢。外面的短衣主顾，虽然容易说话，但唠唠叨叨缠夹不清的也很不少。他们往往要亲眼看着黄酒从罈子里舀[8]出，看过壶子底里有水没有，又亲看将壶子放在热水里，然后放心：在这严重监督之下，羼[9]水也很为难。所以过了几天，掌柜又说我干不了这事，幸亏荐头[10]的情面大，辞退不得，便改为专管温酒的一种无聊职务了。

❽舀：音 yǎo，用瓢杓汲取液体。❾羼：音 chàn，掺杂、混杂。❿荐头：旧时以介绍佣工为业的人。

我从此便整天的站在柜台里，专管我的职务。虽然没有什么失职，但总觉有些单调，有些无聊。掌柜是一副凶脸孔，主顾也没有好声气，教人活泼不得；只有孔乙己到店，才可以笑几声，所以至今还记得。

孔乙己是站着喝酒而穿长衫的唯一的人。他身材很高大；青白脸色，皱纹间时常夹些伤痕；一部乱蓬蓬的花白的胡子，穿的虽然是长衫，可是又脏又破，似乎十多年没有补，也没有洗。他对人说话，总是满口之乎者也[11]，教人半懂不懂的。因为他姓孔，别人便从描红纸[12]上的“上大人孔乙己[13]”这半懂不懂的话里，替他取下一个绰号，叫作孔乙己。孔乙己一到店，所有喝酒的人便都看着他笑，有的叫道：“孔乙己，你脸上又添上新伤疤了！”他不回答，对柜里说：“温两碗酒，要一碟茴香豆。”便排出九文大钱。他们又故意的高声嚷道：“你一定又偷了人家的东西了！”孔乙己睁大眼睛说：“你怎么这样凭空污人清白……”“什么清白？我前天亲眼见你偷了何家的书，吊着打。”孔乙己便涨红了脸，额上的青筋条条绽出，争辩道：“窃书不能算偷……窃书！……读书人的事，能算偷么？”接连便是难懂的话，什么“君子固穷[14]”，什么“者乎”之类，引得众人都哄笑起来；店内外充满了快活的空气。

[11] 之乎者也：本为文言中常用的虚词，以此显示孔乙己说话文诌诌的样子。[12] 描红纸：一种印有红色楷字，供儿童临摹毛笔字用的字帖。[13] 上大人孔乙己：小孩习字帖上印的文字，三字一组。[14] 君子固穷：君子不因穷困而改变心志。固，固守。语见《论语·卫灵公》：“君子固穷，小人穷斯滥矣。”

听人家背地里谈论，孔乙己原来也读过书，但终于没有进学[15]，又不会营生；于是愈过愈穷，弄到将要讨饭了。幸而写得一笔好字，便替人家钞钞书[16]，换一碗饭吃。可惜他又有一样坏脾气，便是好喝懒[17]做。坐不到几天，便连人和书籍纸张笔砚，一齐失踪。如是几次，叫他钞书的人也没有了。孔乙己没有法，便免不了偶然做些偷窃的事。但他在我们店里，品行却比别人都好，就是从不拖欠；虽然间或[18]没有现钱，暂时记在粉板[19]上，但不出一月，定然还清，从粉板上拭去了孔乙己的名字。

⑮进学：明清科举制度，童生经过县、府考试，录取入学，即为秀才，称为“进学”。⑯钞书：抄书。钞，通“抄”。⑰嬾：同“懒”。⑱间或：偶尔、有时候。⑲粉板：店家记账或记事用的小木板。

孔乙己喝过半碗酒，涨红的脸色渐渐复了原，旁人便又问道：“孔乙己，你当真认识字么？”孔乙己看着问他的人，显出不屑置辩的神气。他们便接着说道：“你怎的连半个秀才也捞不到呢？”孔乙己立刻显出颓唐[20]不安模样，脸上笼上了一层灰色，嘴里说些话；这回可是全是之乎者也之类，一些不懂了。在这时候，众人也都哄笑起来；店内外充满了快活的空气。

在这些时候，我可以附和着笑，掌柜是决不责备的。而且掌柜见了孔乙己，也每每这样问他，引人发笑。孔乙己自己知道不能和他们谈天，便只好向孩子说话。有一回对我说道：“你读过书么？”我略略点一点头。他说：“读过书……我便考你一考。茴香豆的茴字，怎么写的？”我想，讨饭一样的人，也配考我么？便回过脸去，不再理会。孔乙己等了许久，很恳切的说道：“不能写罢？……我教给你，记着！这些字应该记着。将来做掌柜的时候，写帐要用。”我暗想我和掌柜的等级还很远呢，而且我们掌柜也从不将茴香豆上帐；又好笑，又不耐烦，懒懒的答他道：“谁要你教，不是草头底下一个来回的回字么？”孔乙己显出极高兴的样子，将两个指头的长指甲敲着柜台，点头说：“对呀对呀！……回字有四样写法，你知道么？”我愈不耐烦了，努着嘴[21]走远。孔乙己刚用指甲蘸[22]了酒，想在柜上写字，见我毫不热心，便又叹一口气，显出极惋惜的样子。

⑳颓唐：委靡不振的样子。㉑努着嘴：翘起嘴，表示生气的样子。㉒蘸：音 zhàn，沾。

有几回，邻舍孩子听得笑声，也赶热闹，围住了孔乙己。他便给他们茴香豆吃，一人一颗。孩子吃完豆，仍然不散，眼睛都望着碟子。孔乙己着了慌，伸开五指将碟子罩住，弯腰下去说道：“不多了，我已经不多了。”直起身又看一看豆，自己摇头说：“不多不多！多乎哉？不多也[23]。”于是这一群孩子都在笑声里走散了。

㉓多乎哉不多也：多吗？不多啊！语见《论语·子罕》。此处藉孔乙己日常说话卖弄古书文句，暗喻他的穷酸、食古不化。

孔乙己是这样的使人快活，可是没有他，别人也便这么过。

有一天，大约是中秋前的两三天，掌柜正在慢慢的结帐，取下粉板，忽然说："孔乙己长久没有来了。还欠十九个钱呢！"我才也觉得他的确长久没有来了。一个喝酒的人说道："他怎么会来？……他打折了腿了。"掌柜说："哦！""他总仍旧是偷。这一回，是自己发昏，竟偷到丁举人[24]家里去了。他家的东西，偷得的么？""后来怎么样？""怎么样？先写服辩[25]，后来是打，打了大半夜，再打折了腿。""后来呢？""后来打折了腿了。""打折了怎样呢？""怎样？……谁晓得？许是死了。"掌柜也不再问，仍然慢慢的算他的帐。

㉔举人：明清秀才通过省所举办的乡试后，即为举人。㉕服辩：认罪书，又作"伏辩"。

中秋过后，秋风是一天凉比一天，看看将近初冬；我整天的靠着火，也须穿上棉袄了。一天的下半天，没有一个顾客，我正合了眼坐着。忽然间听得一个声音："温一碗酒。"这声音虽然极低，却很耳熟。看时又全没有人。站起来向外一望，那孔乙己便在柜台下对了门槛坐着。他脸上黑而且瘦，已经不成样子；穿一件破夹袄[26]，盘着两腿，下面垫一个蒲包[27]，用草绳在肩上挂住；见了我，又说道："温一碗酒。"掌柜也伸出头去，一面说："孔乙己么？你还欠十九个钱呢！"孔乙己很颓唐的仰面答道："这……下回还清罢。这一回是现钱，酒要好。"掌柜仍然同平常一样，笑着对他说："孔乙己，你又偷了东西了！"但他这回却不十分分辩，单说了一句"不要取笑！""取笑？要是不偷，怎么会打断腿？"孔乙己低声说道："跌断，跌，跌……"他的眼色，很像恳求掌柜，不要再提。此时已经聚集了几个人，便和掌柜都笑了。我温了酒，端出去，放在门槛上。他从破衣袋里摸出四文大钱，放在我手里，见他满手是泥，原来他便用这手走来的。不一会，他喝完酒，便又在旁人的说笑声中，坐着用这手慢慢走去了。

自此以后，又长久没有看见孔乙己。到了年关[28]，掌柜取下粉板说："孔乙己还欠十九个钱呢！"到第二年的端午，又说"孔乙己还欠十九个钱呢！"到中秋可是没有说，再到年关也没有看见他。

㉖夹袄：用两层布缝制的上衣。㉗蒲包：用蒲草编成的包包。此处指孔乙己用手走路时垫在双腿下的垫子。㉘年关：指农历年底。旧时于年底须偿清借债，过年如过关卡，故称为年关。

我到现在终于没有见——大约孔乙己的确死了。

一九一九年三月

问题与讨论

一、请根据小说内容，说明孔乙己的人生遭遇、性格特质。

二、作者用第一人称（小伙计）的观点来叙说故事，对小说表现有何作用？

三、现代社会有无类似孔乙己及酒店顾客心态的人？请就自己的观察，加以说明。

第九课

古体诗选

一、行行重行行

文—佚　名

学习重点

古体诗，又称古诗、古风，系相对于近体诗（律诗、绝句）而言。句型以五言、七言为主，在平仄、押韵、句数、对仗等方面，不像近体诗有必须遵守的格律。

本诗是《古诗十九首》的第一首。《古诗十九首》为早期五言诗的杰作，历代传诵不绝，影响深远。学习时，可就下列重点加以注意：

一、认识《古诗十九首》的内容与风格。

二、体会本诗温柔敦厚的情感。

题解

本诗选自《昭明文选》。萧统编此书时，将作者不详的十九首早期五言诗汇集在一起，后世习称"《古诗十九首》"。各首原无标题，后代即以第一句为题，本诗题为"《行行重行行》"，即循此例。

《古诗十九首》内容或描写男女相思离别的情感，或刻画游宦无成、朋友阔绝的苦闷，或抒发生命短促、人生无常的感慨。风格朴实自然，含蓄隽永，本诗可为代表之一。诗中描写妻子对离家在外丈夫的思念与关心，以妻子的口吻来诉说，语温辞婉、情真意厚，韵致极为动人。

作者

本诗不知何人所作，但从五言诗的发展情况，以及诗中所表现的内容、思想来看，现代学者多认定本诗及《古诗十九首》其他诗篇应为东汉末期的作品。

课文

行行重行行[1]，与君生别离。
相去[2]万余里，各在天一涯。
道路阻[3]且长，会面安可知？
胡马依北风，越鸟巢南枝[4]。
相去日已远，衣带日已缓[5]。
浮云蔽白日[6]，游子不顾反[7]。
思君令人老，岁月忽已晚。
弃捐勿复道[8]，努力加餐饭[9]。

❶行行重行行：不断地向前走，意谓游子远行不止。重，又。❷相去：相离。去，离。❸阻：艰险阻隔。❹“胡马依北风”二句：胡马依恋着从北方吹来的风，越鸟筑巢在朝南的树枝上。意谓鸟兽尚且不忘故土，何况是人！二句有责备丈夫忘了回家之意。胡马，北方的马。依，依恋。越鸟，南方的鸟。巢，筑巢，名词作动词用。❺衣带日已缓：衣带日渐宽松，意指人因相思而日渐消瘦。缓，宽松。❻浮云蔽白日：比喻游子在外为他人所迷惑，如白日为浮云所遮蔽一般。❼不顾反：不想回来。顾，念、想。反，同“返”，回来。❽弃捐勿复道：抛开这些，不再多说。捐，弃。❾努力加餐饭：此处为女子祈望语，请丈夫好好保重自己。加餐饭，多吃饭，即好好保重之意。

问题与讨论

一、“浮云蔽白日”，在古典诗中亦常用为何种比喻？请加以说明，并举例以证。

二、本诗末句“努力加餐饭”，若解释为：妇人要自己“加餐饭”，这与解为要在外的丈夫“加餐饭”，旨趣有何异同？

二、饮酒之五

文——陶渊明

学习重点

陶渊明为中国诗史上伟大的诗人，透过作品，他高尚的人格、真诚的性情，感动无数后世的读者。学习时，可就下列重点加以注意：

一、了解陶渊明生平、性情和本诗之间的关系。

二、体会本诗所说“悠然见南山”、“欲辨已忘言”的境界。

题解

本诗选自《陶渊明集》。《饮酒诗》共二十首，为陶渊明归隐躬耕之后的作品，诗前有序，描述自己孤独饮酒，醉后题诗自娱的情态，状似随兴之笔，实借饮酒为题，抒发一己思感，寄托遥深，类同“咏怀”。本诗为该组诗第五首，描写恬然自安的隐居生活与悠然自得的隐居心境，语言平淡、情意真切，为陶诗最脍炙人口的名作。

作者

陶渊明 字元亮（一说名潜，字渊明）。自号五柳先生、羲皇上人，浔阳柴桑（今江西九江）人，生于东晋哀帝兴宁三年（三六五），卒于南朝宋文帝元嘉四年（四二七），年六十三。

陶渊明为东晋名将陶侃曾孙，青年时期曾有济世之志，但直到三十岁左右才因亲老家贫，出任江州祭酒、建威将军参军等官职。晋安帝义熙元年（四〇五）八月为彭泽（今江西湖口）令，在官八十余日，因不愿为五斗米折腰而解冠去职。此后即固穷守节，终其一生过着躬耕田园，饮酒赋诗的生活，其出处进退率性任真，一生淡泊名利，世称靖节先生。

陶渊明诗文兼擅，以素朴的文字、白描的方式、日常生活的题材，展现真挚的情感与悠远的意境，但在华靡文风盛行的六朝时期，并未受到重视；唐、宋以后，其人及其诗文均备受推崇，公认为屈原之后，李白、杜甫以前最重要的诗人。其诗多写田园隐居生活，钟嵘《诗品》誉为“隐逸诗人之宗”，后人则称为“田园诗人之祖”。有《陶渊明集》行世。

课文

结庐[1]在人境[2]，而无车马喧[3]。
问君[4]何能尔[5]？心远[6]地自偏。
采菊东篱下，悠然[7]见南山[8]。
山气[9]日夕[10]佳，飞鸟相与还[11]。
此中有真意，欲辨已忘言[12]。

❶结庐：建造屋舍。此有“居住”之意。❷人境：人群聚居的地方。❸喧：嘈杂、喧扰。❹君：犹言“你”，此处为诗人自我设问。❺尔：如此，指居住于尘世却没有车马的喧扰。❻心远：意谓精神超脱。❼悠然：悠闲自得的样子。❽南山：指庐山，在柴桑南。❾山气：山间云雾之气。❿日夕：傍晚。⓫飞鸟相与还：飞鸟成群归巢。相与，结伴。⓬“此中有真意”二句：所见景物之中有深远意趣，毋须藉言语来分析说明。真意，深刻的意涵、意趣。辨，分辨、说明。忘言，毋须藉言语表达。语见《庄子·外物》：“言者所以在意，得意而忘言。”

问题与讨论

一、“南山”与“飞鸟”有何喻意？请加以说明。

二、“此中有真意，欲辨已忘言。”所谓“真意”可能指什么？而“欲辨已忘言”代表陶渊明什么样的心境？

第十课

《孟子》选

文——孟轲

学习重点

儒家学说以“仁”、“义”、“礼”为主要内容。孟子发挥孔子的“仁学”，主“性善”、讲“仁义”。“义利之辨”与“性善说”都是孟子的重要主张。学习时，可就下列重点加以注意：

一、了解孟子所处的时代。

二、掌握孟子主张“义利之辨”的背景及其用意。

三、认识孟子“性善说”的内涵。

四、认识《孟子》文章的特色。

题解

本文共选二则，标题皆课本编者所加。

第一篇选自《孟子·梁惠王上》，是《孟子》的首篇第一章，也是《孟子》论“义利之辨”最重要的一章。孟子的政治主张，可用推行“仁政”加以概括。推行仁政，可以有许多方法，其中一个重要的主张就是重“仁义”而轻“功利”。孟子的政治思想，即由明确区分“义”、“利”开始，故孟子初见梁惠王，便直截了当地劝其放弃“功利”思想，推行重视“仁义”的“王道”思想。全文举证妥切、层次分明、议论透彻，值得细加品味、体会。

第二篇选自《孟子·公孙丑》上，旨在藉由“四端”论“性善”，乃孟子“仁政”主张之所以能成立的基础，其重要性可见一斑。本篇乃孟子对其“性善”说的阐发，旨在推究“性善”的本源，进而推论道德的根源与价值。孟子认为“四端”乃“性善”的源头，人若不能扩充善性、实践善行，而任由欲望湮（yīn）灭善性，即与禽兽无别；人若扩充四端，则社会和谐，天下安定。孟子之论，值得吾人真切实践。

作者

孟子，名轲，字子舆，战国时邹（zōu,今山东邹县）人。生卒年不详，约当梁惠王、齐宣王时代，乃孔子之孙子思的再传弟子，继承并发展了孔子的学说思想。主张人性本善，人人都可以为尧舜，国君都可以成圣王；并结合其“民为贵，社稷次之，君为轻”的民本思想，建立了“仁政”的思想体系，抨（pēng）击当时的霸政、暴政。孟子早年曾周游列国，力倡其“仁政”、“王道”思想，虽曾得到齐宣王、梁惠王的礼遇，但其主张却未获采用；晚年返回鲁国讲学，与弟子万章、公孙丑等共同著书。《孟子》的编撰，或以为由孟子与弟子共同完成，或以为出自孟子弟子之手。其成书时代，约在孟子卒前，或卒后不久。

《孟子》是一部记载孟子言行事迹，及其与弟子、时人议论的书。书中包含孟子自发性的言论，以及与弟子、时人、诸侯国君间的应答与互动，真切地反映了战国时期的政治氛围与“百家争鸣”的概况。《孟子》一书，充分体现孟子的思想、襟抱，以及儒家入世、淑世的精神，虽已历经二千余年，依然具有深刻的启发性与时代感，值得细加体会、实践。本课特别选录《孟子》讨论“义利之辨”与“性善”的相关篇章，期能激发同学继续研读，深入体会《孟子》思想及其文章的兴趣。

《孟子》的文章，与记录孔子言行的《论语》相较，实有相当的发展：《论语》大抵是简短的语录，《孟子》则已发展为叙事生动、结构完整的长篇大论。盖因孟子身处处士横议的战国时代，诸子百家并起，孟子又以捍卫儒家学说为己任，故在文字上自然更强劲有力，篇幅也更长。《孟子》的文章，文字精练、言辞犀利、气势雄浑、说理透辟，善于运用生动贴切的譬喻，深入浅出地说明抽象、复杂的道理，影响后代极为深远，更直接影响唐宋古文大家，在中国散文发展史上占有极为重要的地位。

课文

一、义利之辨

孟子见梁惠王❶。王曰：“叟❷！不远千里❸而来，亦将❹有以利吾国❺乎？”

❶梁惠王：梁惠王即魏惠王，名罃（yīng），谥号惠，本属侯爵，僭（jiàn）越称王。魏本都安邑（今山西安邑），因避秦威胁，后迁都大梁（今河南开封），故又称梁惠王。❷叟：音sǒu，对年长者的尊称，犹今称“老先生”。❸不远千里：不辞路途遥远。千里，形容路途遥远。❹亦将：应该。亦，语助词，无义。❺利吾国：使我国得利，此指富国强兵之道。

孟子对曰：“王何必曰‘利’？亦有❻‘仁义’而已矣。王曰：‘何以❼利吾国？’大夫❽曰：‘何以利吾家❾？’士庶人❿曰：‘何以利吾身？’上下交征利⓫，而国危矣。万乘之国⓬，弑⓭其君者，必千乘之家⓮；千乘之国⓯，弑其君者，必百乘之家⓰。万取⓱千焉，千取百焉，不为不多矣。苟为后义而先利⓲，不夺不餍⓳。未有‘仁’而遗其亲⓴者也，未有‘义’而后㉑其君者也。王亦曰‘仁义’而已矣，何必曰‘利’？”

❻亦有：只有，犹云“只要讲”；下文“亦曰”同义。亦，唯、仅。❼何以：即“以何”，用什么。❽大夫：周代诸侯在封国内将部分土地与人民分封给子弟或亲属，受封者称为大夫，其拥有受封地的执政权。❾家：此指大夫的封邑，也称“采地”。❿士庶人：士与庶人，两种没有封邑的人。士，古代贵族的最低阶级。庶人，平民。⓫交征利：竞相追逐利益。交，互相。征，争取、求取，引申为追逐。⓬万乘之国：此指大国。周代制度：天子拥有兵车万乘，诸侯千乘，大国之卿百乘。到了战国中晚期，大国诸侯纷纷扩充军备，各自拥有万乘兵车，而且都僭称“王”，故称“万乘之国”；诸侯的卿、大夫也都各自拥有兵车千乘，故下文称“千乘之家”。乘，音shèng，古代兵车一辆称“一乘”。⓭弑：音shì，杀。古代以下杀上、以卑杀尊称弑。⓮千乘之家：此指专权而强大的大夫。⓯千乘之国：此指中型国家。原指诸侯之国，至战国中晚期，专权而强大的大夫之家也拥有兵车千乘。⓰百乘之家：指拥有兵权的大夫。⓱取：拥有。⓲苟为后义而先利：假如轻视道义而重视利益。后，以……为后。先，以……为先。二字都是动词，在此“后”、“先”可分别引申作“轻视”、“重视”解。⓳不夺不餍：不夺取权位便不会满足。餍，音yàn，本义为“饱”，引申为满足。⓴遗其亲：抛弃父母。㉑后：置于后，引申为轻视，即不尊重。

二、扩充四端

孟子曰："人皆有不忍人之心[1]。先王有不忍人之心，斯[2]有不忍人之政矣。以不忍人之心，行不忍人之政，治天下可运之掌上[3]。

所以谓人皆有不忍人之心者，今人乍[4]见孺子[5]将入于井，皆有怵惕[6]恻隐[7]之心，非所以内交[8]于孺子之父母也，非所以要誉[9]于乡党[10]朋友也，非恶其声而然也[11]。

由是观之，无恻隐之心，非人也；无羞恶之心[12]，非人也；无辞让之心[13]，非人也；无是非之心[14]，非人也。恻隐之心，仁之端[15]也；羞恶之心，义之端也；辞让之心，礼之端也；是非之心，智之端也。人之有是四端也，犹其有四体[16]也。有是四端而自谓不能者，自贼[17]者也，谓其君不能者，贼其君[18]者也。

❶不忍人之心：不忍见他人受苦的同情心，即"仁心"。下文"不忍人之政"即"仁政"。❷斯：才，于是。❸运之掌上：在手掌上转动，形容非常容易。❹乍：忽然。❺孺子：孩童。❻怵惕：音 chù tì，惊恐。怵、惕，皆恐惧之意，同义复词。❼恻隐：伤痛怜悯，此指见人遭遇不幸而哀痛。恻、隐，皆伤痛之意，同义复词。❽内交：结交。内，音 nà，通"纳"。❾要誉：求取名声。要，音 yāo，求。❿乡党：犹言"乡里"。⓫非恶（è）其声而然也：不是讨厌小孩惊恐哭泣的声音才这样做。一说：不是怕得到不仁的名声才这样做。然，如此。⓬羞恶（è）之心：羞耻、憎恶的心，指自己做了坏事就会感到羞耻，看到他人做坏事也会感到憎恶的心理。⓭辞让之心：推辞退让的心理。辞，推辞不受。让，推以让人。⓮是非之心：分辨是非善恶的观念，指以善为是、以恶为非的想法。⓯端：发端、源头。谓恻隐、羞恶、辞让、是非之心，分别为仁、义、礼、智四种德性的来源。⓰四体：四肢。⓱自贼：伤害自己的本性。贼，伤害。⓲贼其君：伤害他的君主，意谓"陷君于恶"。

凡有四端于我者，知皆扩而充之[19]矣，若火之始然[20]，泉之始达[21]。苟能充之，足以保四海[22]，苟不充之，不足以事父母。”

[19]扩而充之：将四端推广充实。[20]然：“燃”的本字，燃烧。[21]达：通，此有涌出意。[22]保四海：安定天下。

问题与讨论

一、时至今日，你认为应如何看待“义利之辨”？“义”与“利”有无结合的可能？

二、何谓“四端”？试举出生活周遭能表现“四端”的实例。

三、请阐述“不忍人之心”与“不忍人之政”的相关性。

第十一课

劳山道士

文——蒲松龄

学习重点

《聊斋志异》是中国短篇文言小说的瑰宝，以描写花妖狐魅、神仙鬼怪故事闻名，内容看似荒诞无稽，却深刻反映人世现实，寄托了作者对世态人心的针砭。本文为《聊斋》名篇，其中揭示的人性弱点，如动机不纯、好逸恶劳、意志不坚、贪婪而不知自省等，都值得省思、警惕。学习时，可就下列重点加以注意：

一、了解《聊斋志异》的写作动机与时代背景。

二、体会本篇小说的叙事技巧。

三、思索本文寄托的深刻意涵。

题解

本文选自《聊斋志异》。劳山，亦作崂山、牢山，在今山东青岛东北，为著名的道教胜地。

“聊斋”为蒲松龄书斋名。“志”，记。“志异”，表示其记载的内容属奇异之事。《聊斋志异》的故事情节虽或流于荒诞不经，但多有深沉的寄托与寓意。本文有不少描述道士施用仙术的幻怪情节，表面看似赞美道士的高超法术，实则在讽刺王生的不切实际、好逸恶劳、意志不坚，警戒世人既不可投机取巧，也不应轻易被巧言蒙蔽。全文情节曲折、人物鲜活，寓意深长，耐人寻味。

作者

蒲松龄　字留仙，别号柳泉居士，山东淄（zī）川（今山东淄博）人。生于明思宗崇祯十三年（一六四〇），卒于清圣祖康熙五十四年（一七一五），年七十六。

蒲松龄十九岁即以第一名考取秀才，颇负文名，其后屡试不第，直到七十二岁才援例补贡生，四年后即撒手人寰。蒲松龄一生穷困，除短期担任幕僚与设馆教书外，大多数的时间、精力都投注在创作，其中最著名、影响也最深远的，当推其穷二十年之功写成的《聊斋志异》。《聊斋》一书，文字雅致精练，情节曲折跌宕，多写妖狐鬼怪的情深意挚而少害人之心，又常藉人世百态，寄托其警戒讽劝，洵为清代短篇文言小说杰作。

蒲松龄博学多才，除《聊斋》外，尚有文集、诗集、戏曲、俚曲行世。

课文

邑[1]有王生，行[2]七，故家子[3]。少慕道[4]，闻劳山多仙人，负笈[5]往游。登一顶，有观宇[6]，甚幽。一道士坐蒲团[7]上，素发垂领[8]，而神观爽迈[9]。叩[10]而与语，理甚玄妙[11]。请师之。道士曰："恐娇惰不能作苦[12]。"答言："能之！"其门人甚众，薄暮[13]毕集，王俱与稽首[14]，遂留观中。

凌晨，道士呼王去，授以斧，使随众采樵。王谨受教。过月余，手足重茧[15]，不堪其苦，阴[16]有归志。

❶邑：县城。❷行：音 háng，排行。❸故家子：世家大族的子弟。故家，指祖先曾经为官的世家大族。❹少慕道：从小就仰慕道术。道，此指道教的神仙法术。❺负笈：背着书箱，本指出外求学，此处指出门求道。笈，音 jí，书箱。❻观宇：道教的庙宇。观，音 guàn，高的楼台，后多指道教的庙宇。❼蒲（pú）团：用蒲草编成的圆形垫子，供打坐或跪拜时使用。❽素发垂领：白发披垂到颈部。领，脖子。❾神观爽迈：精神仪态爽朗超俗。观，容貌仪态。迈，高超。❿叩：拜见。⓫玄妙：幽深微妙。⓬作苦：劳动吃苦。作，劳动。⓭薄暮：傍晚。薄，近。⓮俱与稽（qǐ）首：一一向他们行礼问候。与，向、对。稽首，叩头至地，乃古时最恭敬的行礼仪式。⓯重（chóng）茧：一层层因摩擦而生成的厚皮。⓰阴：暗中。

一夕归，见二人与师共酌。日已暮，尚无灯烛。师乃剪纸如镜，黏壁间，俄顷[17]，月明辉室[18]，光鉴毫芒[19]。诸门人环听奔走[20]。一客曰："良宵胜乐[21]，不可不同[22]。"乃于案上取壶酒，分赉[23]诸徒，且嘱[24]尽醉。王自思："七八人，壶酒何能徧给[25]？"遂各觅盎盂[26]，竞饮先釂[27]，惟恐樽[28]尽，而往复挹注[29]，竟不少减[30]。心奇之。俄[31]，一客曰："蒙赐月明之照，乃尔寂饮[32]，何不呼嫦娥来？"乃以箸[33]掷月中。见一美人，自光中出，初不盈尺，至地，遂与人等[34]。

纤腰秀项[35]，翩翩作《霓裳》舞。已而[36]歌曰："仙仙乎！而还乎？而幽我于广寒乎[37]？"其声清越，烈如箫管[38]。歌毕，盘旋而起，跃登几上。惊顾之间，已复为箸。三人大笑。又一客曰："今宵最乐，然不胜酒力矣。其[39]饯[40]我于月宫，可乎？”三人移席，渐入月中。众视三人坐月中饮，须眉毕见，如影之在镜中。移时[41]，月渐暗；门人然[42]烛来，则道士独坐，而客杳[43]矣。几上肴核尚存；壁上月，纸圆如镜而已。道士问众：“饮足乎？”曰：“足矣。”“足，宜早寝，勿悮樵苏[44]。”众诺而退。王窃忻慕[45]，归念遂息[46]。

[17]俄顷：不久、一会儿，时间副词。[18]月明辉室：月光照亮了整个房间。辉，本义为光线，此作动词用，照耀。[19]光鉴毫芒：月光明亮，连细微之物都照得清清楚楚。鉴，本义为镜子，此作动词用，照见。毫，兽类的细毛。芒，谷类外壳上的刺须。毫、芒，比喻细微之物。[20]环听奔走：围侍在侧，听候差遣。奔走，奔跑，形容勤于侍候。[21]胜乐：美好欢乐。胜，美好。[22]同：共享、同乐。[23]赉：音 lài，赏赐。[24]嘱：吩咐。[25]徧给：供给所有的人。徧，全部，同“遍”。给，音 jǐ，供应。[26]盎盂：音 àng yú，皆为盛水或食物的容器，此指酒杯。[27]竞饮先釂：争先干杯。釂，音 jiào，干杯。[28]樽：本作“尊”，亦作“罇”，酒壶。[29]往复挹注：来回取酒、倒酒，此指将酒由酒壶倒入酒杯，即斟酒。挹，音 yì，舀取。[30]少减：稍微减少。少，通“稍”。[31]俄：义同“俄顷”。[32]乃尔寂饮：竟然如此静静喝酒。乃，竟。尔，如此。[33]箸：音 zhù，同“筯”，筷子。[34]与人等：和一般人的身高齐等。[35]秀项：秀丽的脖子。[36]已而：过了一段时间。[37]“仙仙乎”三句：我翩翩起舞啊，是回到人间了呢？还是仍被幽禁在月宫呢？仙仙，亦作“僊僊”，轻盈起舞的样子。二“而”字，皆作“或者”解。还，归。幽，囚禁。广寒，即广寒宫，月中宫殿名。[38]其声清越，烈如箫管：歌声清脆悠扬，美妙动听如箫管。烈，美妙。箫管，管乐器的统称。[39]其：希望，表祈使的语气词。[40]饯：饯别，以酒食为人送行。[41]移时：过了一段时间。[42]然：点燃，同“燃”。[43]杳：音 yǎo，深远，此指消失、不见踪影。[44]勿悮（wù）樵苏：不要耽误了砍柴割草。悮，同“误”。樵，柴薪。苏，薪草。樵、苏在此皆用为动词。[45]忻（xīn）慕：欣喜羡慕。忻，通“欣”。[46]归念遂息：于是打消回家的念头。息，停止、打消。

又一月，苦不可忍，而道士并不传教一术。心不能待，辞曰：“弟子数百里受业仙师，纵不能得长生术，或[47]小有传习，亦可慰求教之心。今阅[48]两三月，不过早樵而暮归，弟子在家，未谙[49]此苦。”道士笑曰：“我固谓不能作苦，今果然。明早当遣汝行。”王曰：“弟子操作多日，师略授小技，此来为不负[50]也。”道士问：“何术之求[51]？”王曰：“每见师行处，墙壁所不能隔，但[52]得此法足矣。”道士笑而允之。乃传以诀[53]，令自咒[54]，毕，呼曰：“入之！”王面[55]墙，不敢入。又曰：“试入之。”王果从容入，及墙而阻。道士曰：“俛首[56]骤入，勿逡巡[57]！”王果去墙数步，奔而入。及墙，虚若无物，回视，果在墙外矣。大喜，入谢。道士曰：“归宜洁持[58]，否则不验。”遂助资斧[59]遣之归。

[47]或：若，如果。[48]阅：经历、经过。[49]谙：音 àn，熟习，此指经历。[50]此来为不负：即“不负此来”，不辜负这趟入山求道。[51]何术之求：即“求何术”，想学哪一种法术？[52]但：只要。[53]诀：施行法术的口诀，即咒语。[54]自咒：自己念咒语。咒，指施法的口诀，此用为动词，意同“念咒”。[55]面：面对。[56]俛首：低头。俛，音 fǔ，同“俯”。[57]逡巡：音 qūn xún，徘徊不进。[58]洁持：洁身修持，指以虔诚洁净的心态对待道术。[59]资斧：本指财货与用具，此指旅费。

抵家，自诩[60]遇仙，坚壁所不能阻。妻不信。王傚（xiào）其作为，去墙数尺，奔而入，头触硬壁，蓦然而踣[61]。妻扶视之，额上坟起[62]如巨卵焉。妻揶揄[63]之，王惭忿，骂老道士之无良[64]而已。

异史氏[65]曰：“闻此事，未有不大笑者，而不知世之为王生者，正复不少。今有伧父[66]，喜疢毒而畏药石[67]，遂有舐痈吮痔[68]者，进宣威逞暴[69]之术，以迎其旨[70]，诒[71]之曰：‘执此术也以往，可以横行而无碍。’初试，未尝不小效，遂谓天下之大，举[72]可以如是行矣，势不至触硬壁而颠蹶[73]不止也。”

[60]自诩：自夸。诩，音 xǔ，夸口、说大话。[61]蓦然而踣：猛然跌倒。蓦，音 mò。踣，音 bó，跌倒。[62]坟起：凸起、隆起。此指肿起来。[63]揶揄：音 yé yú，讥笑嘲弄。[64]无良：没有良心，意近“恶劣”、“缺德”。[65]异史氏：蒲松龄自称。由于《聊斋志异》是一部“志异”的书，故作者自号异史氏。[66]伧父：音 cāng fǔ，粗俗鄙贱的人，亦作“伧夫”。伧，粗俗、鄙陋。[67]喜疢毒而畏药石：喜欢如疢毒般阿谀奉承的谗言，而害怕如药石般直言劝谏的忠言。语见《左传》。疢，音 chèn，病。药石，治病用的药物和砭石。[68]舐痈吮痔：吸舔脓疮、痔疮，比喻谄媚附势的无耻行为。语见《庄子·列御寇》。舐，音 shì，以舌取食或舔物。痈，音 yōng，脓疮。吮，音 shǔn，用口含吸。[69]宣威逞暴：炫耀威势，施逞暴行。[70]迎其旨：迎合他的心意。[71]诒：音 dài，通“绐”，哄骗、欺骗。[72]举：全。[73]颠蹶：跌倒。颠、蹶，皆有跌倒之意。

问题与讨论

一、思考王生学道的动机与目的，并省思自己平日学习的动机。

二、试指出文中道士对王生的考验与规劝之处。又，如果你是劳山道士，会怎样教导王生？

三、文中颇有夸饰描述劳山道士高超法术的奇诡情节。试举出你阅览过，亦有类似情节的小说或电影，与同学分享、讨论。

附录简析

高中第一学年（上）

第一课

《世说新语》选

《世说新语》所记载的言谈轶事，篇幅短小，语句简约，但都意味隽永，极其传神生动。本文所选三篇也都具有这种特质。兹依序略加分析。

第一则选自《夙慧》，记述晋明帝早年即聪明颖悟的故事。年幼的明帝所见虽皆为同一太阳，却因不同的时机、场合而有“日远”、“日近”的相异回答。前者乃因当时眼见“潸然涕泣”的父王，体念其一片思念故国之心，故而道出“日比长安远”的安慰之语；后者却在面对朝廷群臣时，以“举目见日，不见长安”沉重之语提醒群臣勿偏安江左。小小年纪，不但聪慧过人，足以临机应变，更可贵的是其话语背后所蕴藏的体贴之心以及语重心长。而说出这些话的晋明帝，据作者刻画，当时仅是“坐元帝膝上”的幼儿而已，如此一来，一个幼年便显现聪慧的形象，就在文中记述的简短应对之间，极自然地呈现出来。

第二则选自《任诞》，以王徽之的行事刻画其不凡的生活品味与随性自适的风格。文中描写王徽之在大雪深夜醒来，独自品酒赏雪，吟咏诗歌，一片雅兴之余，突然兴起了探访戴安道的念头，便连夜乘船前往，但到了戴宅门口，心境已变，便即驾舟而返。王徽之此时正弃官归隐于山阴，故文中言及其吟咏

《招隐诗》，叙述他突然想起同为高洁隐士的戴安道，隐约透露了贤士同气相求之意。然而他虽于雪夜访戴，且经宿方至，却至门不入，一句“乘兴而行，兴尽而返”，不仅给后世留下王徽之“何必见戴”的潇洒身影，也道尽了魏晋名士行事不求功利目的之率性天真。

第三则选自《惑溺》，记载王戎宠爱妻子，听任其妻称呼他为“卿”的故事。将此则归入《惑溺》篇，足见作者当时颇具负面批评之意。然而时代不同，观点亦异，以今日而言，我们由此则叙事见到一位充满自我主张的女性，不依常规，不畏时人的批评，坚持自己对亲爱夫婿的称谓。看她“亲卿爱卿，是以卿卿”回答得何等自然亲切；尤其后一句“我不卿卿，谁当卿卿”，更是说得何等当仁不让及理直气壮！而当时因“遂恒听之”被讥讽为妻所“惑溺”的王戎，却也不过是对妻子的执意坚持莫可奈何罢了。如此一则“卿卿我我”的夫妻故事，在中国古代向来男尊女卑、严守礼教的夫妻世界里，格外显得突出，读来情味盎然。

第二课 师说

《师说》旨在阐述“师道”。文章起始便正面提出论点，说明老师的职责在传道、受业、解惑，没有老师，便无法解惑。进而论证从师问学的目的即是“道”，因此得出不论地位贵贱、年龄长少，“道之所存，师之所存”的论点，从大方向提出从师学道的重要性。

三、四、五段转而针对当时不肯从师的风气，由反面进行批判，连用三个对比，指出士大夫耻于从师的不智：一以古之圣人“从师而问”，对比今之众人“耻学于师”，结果是“圣益圣，愚益愚”；二以世人皆知为童子学习句读而“择师”，对比自身“惑之不解”却“耻师”，结果是“小学而大遗”；三以巫医、乐师、百工之人乐于相师，对比士大夫耻于从师，结果是士大夫之智反而不如百工之人。

第六段又由正面论述，以士大夫平日尊为圣人的孔子为例，说明孔子也是乐于从师的人，自然得出“弟子不必不如师，师不必贤于弟子”的结论，归结到“道之所存，师之所存”的论点上，使得士大夫耻于从师的错误观念不攻自破。末段则交代写作缘由，进而嘉许李蟠能行从师问学的古道。

全文结构谨严，分析透彻，论证有力，见解精到，文笔舒展放恣，句法疏散中见整齐，极具错综变化之妙，显示了高度的写作技巧，确为论说文的典范。

第三课　桃花源记

本文共三段，首段写武陵渔夫沿途所见的美景与发现桃花林的经过，场景在洞外；次段写渔夫在桃花源内的所见所闻，场景在洞内；末段写渔夫等人重访未果，桃花源昙花一现，旋又与世隔绝，场景又回到洞外。

首段先点明时间在晋太元中，继而又特意指出地点、人物，结合真实与虚构，写渔夫所见桃花林的景色，文字浅白，平淡中饶富诗意，短短数语即勾勒出一幅迷人的春日桃林图。接着以渔夫误入桃花源的经历为主线，让读者有如身历其境地看到平坦宽阔的土地、整齐的房子，一般农村所有的良田、美池、桑竹；接着由视觉转向听觉，“鸡犬相闻”，巧妙化用《老子》八十章，暗喻这是个“理想世界”。接着由“物”转而写“人”，指出桃花源中人与外界并无不同，他们也都务农维生，但不论老少都安适快乐；并透过桃花源中人对这位意外访客的态度——“便要还家，设酒、杀鸡、作食”、“余人各复延至其家，皆出酒食”——具体显示桃花源人的真挚热情与和善好客，也充分呈现其自给自足的经济实况。“自云先世避秦时乱”一语，巧妙点出嬴秦暴政，暗喻当时污浊的政治与民不聊生的社会；“不知有汉，无论魏晋”，更一语双关地贬抑了南北朝的不足称道，举重若轻地批判了政治社会现实。

渔夫在接受桃花源人的热诚招待后，或许也想与世人分享这个美好世界，于是处处作下标志；又拜见太守诉说实情。太守也遣人寻访，可惜渔夫虽“处处志之”，桃花源终究不可复得；并以当时有名的隐士刘子骥也有意前往访求，不久之后竟突然病逝终结全文，既加强世人对理想世界的向慕之情，也深化理想世界失落的叹惋无奈。

全文文字简洁精练、明白易晓，叙述流畅明晰、条理井然，以和乐善良的世外桃源映衬污浊混乱的现实社会，具体呈现陶渊明对纯真素朴世界的真切憧憬；这种憧憬，无论时空如何改变，都会引起世人的深切共鸣，无怪历代传诵不衰。

第四课 醉翁亭记

文分四段：第一段点出醉翁亭的位置及种种相关的人与事，从而拈出山水之“乐”；第二段描摹四季、朝暮的景色变化，强调“乐”之无穷。到这里为止，文章的情境都还止于“太守”自身之“乐”。第三段笔触向外开展，生动地描写滁人宾客前呼后拥从太守游于山林的热闹欢“乐”。末段回应首段以来“乐”的主旨，渐次自“外”向“内”收束——“自然界”的禽鸟之乐→“人间”的滁人宾客之乐→太守的“自乐”——终究又回归到太守自身，然则境界深浅已异。透过这样的分析，全文起承转合的妙趣极为清晰，而因此显示的太守乐山林、乐四时、乐民乐、乐其乐的人格襟怀，更值得细细寻思体会。最后，以问答的方式点出太守即作者欧阳修自己，行文诙谐，余味无穷。

再就句法而言，本文自首至尾用了二十一个“也”字，颇为特殊——这一点早为前人所津津乐道。但其实它的特殊乃在于它们概属一种“说明句”、一种隐性“问答句”的结构。“望之蔚然而深秀者”(是什么)？是“琅琊也”。“有亭翼然临于泉上者”(是什么)？是“醉翁亭也”。“醉能同其乐，醒能述以文者”(是谁)？是“太守也”。“太守谓谁”？是“庐陵欧阳修也”。全文以这样的句法构成，无异不断出谜、不断解谜，不但具有强烈引人入胜的效果，也自然造成与“乐”之主旨相应的“游戏”趣味。至于又用了二十五个“而”字，则本属欧阳修一贯手法——欧文多用“而”字以造成宛转多姿的气韵，欧文予人风格柔美之感，这正是重要因素之一。

最后值得强调的是，全文并无贬谪作品常见的悲哀与愤懑，反而洋溢着欢乐与谐趣，又在欢乐谐趣中映现人物高尚的襟怀——这是欧阳修的乐观与情操，也是宋代知识分子普遍具有的乐观与情操。

第五课 乐府诗选

一、饮马长城窟行

本诗分三段。首段起笔写视觉上绵延不绝的青草，同时藉此形容自己缠绵不断的思念之情，意象鲜明动人。其下紧接一句：“远道不可思”，犹言“不能相见，思念亦是枉然！”流露丝丝哀怨；再其下，写梦中相见，无限情好，而倏然梦醒，始知为空，又将哀怨之情再推进一层。次段先以枯桑犹知天风、海水犹知天寒比喻内心之苦；再取周遭家户，亲人各自温馨悦爱，凸显自我的孤冷幽寂，颇富情境转折的效果，而哀怨益深，读者不能不戚然与之同感。末段笔锋一转，写远客传书，“长跪”读信，表示自我对丈夫来信的恭谨珍惜；结尾“上言加餐食，下言长相忆”，一则显示丈夫浓蜜的情爱——这势将给妇人孤冷的心带来无限的温暖；一则终使本诗意境由阴翳转明亮、情味由伤感转安慰，留给读者最深沉的感动。

至于诗中“鲤鱼”的问题，由于一般人视“真鲤鱼”为不合常理，故学者乃有书信木板形状如鲤鱼的说法。其实，这样的解释也许太讲究“实际”了。对民间传说、民间歌谣，我们未必要用如此纯“理性”的态度来看待，才能“欣赏”它们特殊的想象方式，从而更贴切地体会、深刻地了解到它们所蕴蓄的情感——而这，才是最重要的。

二、长干行

本诗仍然写女子对远行丈夫的思念，但若与前诗相较，有三点不同：首先，本诗的叙事性较强，作者用线性发展的书写方式，从青梅竹马、两小无猜一路续写新婚的害羞、婚后的相悦、丈夫的远行、相思的愁苦、青春的虚度，到最后，写望君早归、早报家书、不辞远迎。全诗正因这样的书写方式，让读者格外清晰地“看见”女子“内在”的心情。其次，本诗不像前诗那样有戏剧性的转折——前诗三段，每段都有戏剧性转折的效果，只是深浅不同而已。最后，前诗“上言加餐食，下言长相忆”，呈现一种双向的关心，也是本诗所无的。

我们特别做这种比较，并无轩轾二者之意，乃是希望同学们能因此明白：相似的题材，可以有各种不同的写法，且各具精彩，而所有优秀的作品，都值得我们细细鉴赏；所有高明的技巧，都值得我们用心学习。

第六课 《论语》选

一、三省吾身

每个人要求于己的要目并不相同，但时时省察、自我检验、自我惕励的工夫确实是必要的。我们的人生是向上提升或向下沉沦，跟我们能不能切实“反省”有绝对密切的关系。曾子揭示的每日反省三要项，都是孔门之教的重点。处事是否尽心尽力？待人是否真心诚意？都要从每天具体的作为中确实省察，既不能诉诸空言，也不能诿诸来日。此外，人生本来就是一个永不止息的学习过程，身为学生，自当时时反省：老师所教授的，是否都已了然于心，并且付诸实践？更真切地说：我们每一个人永远都是“学生”，都应时时自生活中、人群中、广大的社会中，以及宇宙自然中虔敬学习。

二、子游问孝

阅读本章之后，如果再读《为政》第八《子夏问孝》章，当更能体会孔子对“孝”的要求，是非常重视人子内心真诚的敬意的。当时孔子的回答是“色难！有事，弟子服其劳；有酒食，先生馔，曾是以为孝乎?”“有酒食，先生馔”与本章“是谓能养”意思相近。人子对父母若只做到这一点是称不上“孝”的，还一定要和颜悦色、要有恭敬的言语和举止。其实恭敬的言语、举止来自于诚敬的心意——这就与本章“不敬，何以别乎?”观点完全一致。孔子对子游、子夏问孝，反复致相同之意，显示孔子深刻的见出世间人子普遍的偏差。读《论语》，最让人感到赞叹的即是：时时可以见到如此二章般，既平易切近又极富警醒意义的观照。

三、益者三友

正直、诚信，是一个人品德层面最基本、最重要的原则；而博学多闻则是一个君子欲推己及人、贡献社会，在知识层面必备的涵养与能力。有这样的朋友，自然能使我们在品德与学问两方面都精进不已；尤其正直、诚信的朋友更如一面明镜，可以随时照见我们的偏蔽，帮助我们有持续改进的可能。反之，习于邪曲不正的人，本质已恶，与之相从，日久必随之堕落而难以自拔；取悦迎合的人，基本上表里不一，当面曲意附和、背地恶意毁谤，与之相从，往往深受其害而不自知；惯于巧辩媚说的人，则除口舌便给外，别无真才实学，与之相从，终究浪费生命，无所长进。交友是人生重要的课题，而如何结交益友、远离损友，更考验我们的智慧与毅力，是必须用心研习的课业。

四、民无信不立

子贡问政，孔子告之以“足食”、“足兵”、“民信之”。以施政先后而言，“足食”确为治国首要之务，《孟子·梁惠王》上第三章也说：“谷与鱼鳖不可胜食，材木不可胜用，是使民养生丧死无憾也。养生丧死无憾，王道之始也。”又说“黎民不饥不寒，然而不王者，未之有也。”可见让人民衣食无虞，对为政者而言是多么重要的责任。

衣食无虞之后，还要有足够的武力保护人民生命财产的安全，否则一旦遭遇外侮、灾难，人民将陷于恐惧威胁之中，所有优裕富足的生活，都将难再拥有。“足食”加上“足兵”，人民对政府的信赖，其实就来自于此二者。

从本章可知，子贡也明白三者同样重要，所以才以“不得已而去之”的语气设问。孔子的回答，也不是说单凭“信任”就可以维系政府，而是就三者进行价值的澄清。在平日，政府本来就应好好照顾人民的生活、维护人民安全，以获得人民的信任。而当国家遇到严重的战争、灾难，政府可能无法提供足够的武力保护人民，甚至连粮食供应都大有问题的时候，政府得以继续存在的因素到底是什么？孔子的回答是“信任”。没有军备，国家也许十分狼狈；没有粮食，人民甚至可能饿死，但只要人民仍愿意精诚团结、相信政府，国家就有希望。

另一方面，本章也凸显了治国不能单靠粮食和军备。没有办法赢得民心的政府，就算国家的生产力再好、军队的武力再充实，还是可能遭到人民的唾弃。

五、无终食之闲违仁

《论语·述而》记载孔子说：“饭疏食，饮水，曲肱而枕之，乐亦在其中矣；不义而富且贵，于我如浮云。”可知孔子安贫贱而轻富贵，但此一生命态度中分明有个“义”的准据。《述而》又记载孔子说：“富而可求也，虽执鞭之士吾亦为之；如不可求，从吾所好。”可知孔子也不反对人们追求富贵，但其中分明也有个"可"、"不可"的准据。《述而》篇的"义"、"不义"、"可"、"不可"，和本章中"以其道"、"不以其道"旨趣全同。而本章中孔子又谈到"仁"对君子的重要，我们研读时，一方面要体认文中据以衡量富贵、贫贱取舍的准据——"仁"，实同于《述而》中所谈的"义"，仁、义二者相互含摄，不必强分。另一方面要体认，对儒家的"君子"而言，求仁、行仁，是毕生的职志，并且无时或忘，始终固守、贯彻。对仁人君子而言，既有更崇高的生命价值，又哪里会在意生活中的富贵或贫贱呢？又哪里会不能对富贵、贫贱取舍的分际作明确的判断呢？

六、任重道远

就本章而言，重点当然在"仁"、在"仁以为己任"这句话上。"仁"是儒家诉求的最高道德、最高修养、最高价值——从个人修身问学到待人接物、到为政治国，莫不在仁的范畴内。儒家的君子既以仁为己任，则生活中无事不以仁为准据，自我生命中所扮演的各个角色，亦无一不以仁为准据——而且此一准据终身不能改变，此一力行终身不能停止，故曾子说"任重而道远"。世间"任重道远"的事非有弘大之志、坚毅之气不足以行之，故曾子开章明言"士不可以不弘毅"。时至今日，我们阅读本章，必须体会知识愈丰、能力愈强的人，愈应对自我有崇高期许、对社会有庄严责任——心怀天下，坚毅不屈。否则汲汲于私利私名之求取，则社会整体又怎能避免向下沉沦呢！

第七课 现代诗选（一）

一、秘魔崖月夜

本诗写一种思念之情。

诗分二节，从第一节，我们知道，诗人与所思念的对象间曾有过美好的时光，但似乎一切都已逝去，所以诗人陷溺在孤独感的凄凉之中，不能自解。而从第二节，我们可以深刻感受到，诗人对此一对象的念念不忘——“山风吹乱了窗纸上的松痕，吹不散我心头的人影”，不仅是本诗中最脍炙人口的句子，也见证了诗人内心思念之情的炽烈。

本诗最值得玩味的是平淡中深蕴多彩多姿变化的情致。作者先透过景物依旧（月圆、空山、静夜）而人事迁变（从相伴到相别）的对比，点出“美好”已逝，唯存“孤独”，从而渲染出“寂寥凄凉”之感；然后作者让诗的氛围从“无声”到“有声”，顺势带出心境从“静态”的寂寥凄凉到“动态”的汹涌翻腾。尺幅之内，不断对比、不断变化，令人赞叹；而诗的语言通首平易、自然，毫无斧凿之痕，更见证了本诗确实已臻文学平淡美的至高境界，堪称胡适新诗最杰出的代表作。

至于本诗的形式，每节四行，隔句押韵，颇类古典绝句，反映了早期新诗从旧诗变化而来的痕迹——这在胡适诗歌创作，乃至其他当代诗人创作中并不罕见。就文学史的转折来看，这种新体自旧体吸取养分的现象也是自然而必然的。事实上，不只形式，本诗所使用的词汇，所营造的意境也都富有古典气息，如空山、静夜、翠微等，便都令人不禁想起李白、王维这样的唐代诗人。

二、再别康桥

徐志摩于民国十年入剑桥大学，从此开启其文学心灵之窗，读《我所知道的康桥》等文，可以深刻体会他对康桥那种感动、眷恋、膜拜的感情。因之，十七年重游斯土，匆匆一瞥，其因“回忆”与“当下”二种心境交织激荡所引发的耽溺美感（昔日耽溺于康桥之美）与惆怅悲绪（今日再来，又匆匆离去，自有无限惆怅），自不能已。本诗即是此种情怀的描绘。

全诗以精美的语言、清柔的韵调写康桥的黄昏、康桥的夜晚，美如新嫁娘、如彩虹般的梦、如斑斓星辉，自我之耽溺与再别之惆怅就在这种唯美的书写中悄然融入，并经由场景的转换（由天空至河岸，由下游至上游，再由河岸回至天空），将此一复杂情怀扩充于天地之间；加上首尾似无奈又似潇洒的呼应，一方面塑造了诗歌的立体美，一方面也强化了抒情的深刻。

再就形构而言，本诗属新月派典型作品，每节四行，偶数句押韵，每节转韵，每行大体三音步，颇具整齐与格律之美——此正为新月派特色。

新月派的音步 (feet) 观念乃承英诗而来，但加以转化。由于英文每字中有轻音、重音，所以诗人可以利用轻音、重音的不同组合，来形成句子的旋律、节奏，这就构成了所谓的“音步”；然后，诗人又将不同的句子设计成相同的音步；换言之，句子的长短与字数的多寡容或不同，但音步数量相同——这就形成了英诗的格律。新月派也要求每一行诗有一定数量（偶有例外）的音步，但由于汉字没有轻、重音，一字是一个音节，所以新月派的“音步”是利用诗句中每一构词音节的长短来形成，而每一音步后是一停顿；诗人在每一诗行相同的音步内，藉着这种音节停顿的不同，形成诗的韵律节奏。所以，它和英诗相同的是每一诗行有一定数量的音步，但新月派的每一音步是汉语音节的变化组合，而非英诗轻、重音的变化组合；而它每音步后的停顿似与中国古典诗二、三（五言），四、三（七言）相同，但古典诗无论五言、七言，其诗句中的停顿都是固定的，新月派则不然；以本诗的第一节为例，读时宜如此停顿：

轻轻的　我　走了
正如我　轻轻的　来
我　轻轻的　招手
作别　西天的　云彩

又如第六节，读时宜如此停顿：

但我　不能　放歌
悄悄是　别离的　笙箫
夏虫　也为我　沉默
沉默是　今晚的　康桥

我们也因此可以发现，诗中句子的长短虽然不一，但从每句都是三音步（停顿）来看，却又是整齐的。新月派的这种“新音步”观念，见证了他们学习西方却不盲从；也见证了他们能关顾、运用自己语言文字的特质，却不蹈袭古典的固定句式。凡此，显示新月派诗人坚持新诗应有格律，并积极探索建构此一新格律的苦心。

第八课 北投硫穴记

本文为日记体游记，时在农历五月中旬的炎夏季节。全文计分七小段：首段简述行前准备；二至六段为此次游历的行程，依序写作者探访硫穴的过程与见闻，每段皆写一场景——由茅径、深林，而溪流、小巅，最后到达硫穴——藉由空间的转换，层层深入，充满奇趣。

一、二段写郁永河开始探寻硫穴，由二名原住民划着独木舟渡溪到内北投社，并找向导带路，既显示此行路途的艰难，也呈现作者思虑的周延。踏上征途，东行半里，旋即进入茅棘林中。小径逶迤，行走在丈余棘林中，炎日逼照，暑气蒸腾，只能以声相应以免走失，辛苦中不失趣味。第三段细写深林中不知名的林木与禽鸟，耳闻鸟声，目视奇木，凉风袭来，暑气全消。第四段写大溪水流，水石皆作深蓝色，向导指为“沸穴”，作者亲自以一指试探水温，印证向导之说，充满情味。第五段远眺前山，为下段“硫穴”预作铺陈，以“白气缕缕，如山云乍吐，摇曳青嶂间”的闲雅山景与下文“草木不生，地热如炙”的恶劣地景形成鲜明对比，风中送来恶臭的硫气，更直接引领读者进入硫穴世界。

第六段为全文重心，也是此趟旅程的目的地。前此，作者已逐渐酝酿：前段写“陟一小巅”、“草色萎黄”、“白气缕缕”、“硫气甚恶”，为本段预下伏笔。一到硫穴，景色旋异——“草木不生，地热如炙”。作者又透过视觉告诉读者“左右两山多巨石”，而巨石为硫气剥蚀，脱落成粉末状，大自然的神奇力量令人惊骇。接着以大量的形容词写硫气的浩大声势，慑人耳目，“白气五十余道，皆从地底腾激而出，沸珠喷溅”，温泉热气之形貌，宛在眼前；又透过“揽衣即穴旁视之”、“即石上俯瞰之”等亲眼目睹，细写硫穴既如惊涛奔浪，又如毒焰扑人，兼用视觉、听觉、嗅觉、触觉，读来犹如身历其境。末段为尾声，写在深林小憩后，循原路返归，而气味累日不散。此时方悟先前耳闻的如倒峡、如崩崖的巨大声响，即是硫穴的沸腾声。作者既豁然开朗，文章也在巨响不辍的硫气喷发声与终日不散的硫味中收束，留下悠悠余韵。

全文以记实的方式，详述旅程的细节，融合自身与导人的知识，透过各种感官——视觉、触觉、听觉、嗅觉——的真切感受，条理井然的描摹刻画，形貌鲜活，色彩缤纷，音声屡变，气味盈满，令人如置身三百年前北投的原始硫穴温泉中。时移世异，沧海桑田，今日北投温泉区交通便捷、高楼林立、游客如织，对比郁永河笔下的风物景致，令人兴感无已。

第九课　训俭示康

本文为父亲告诫儿子的家训，故和一般文章不同，首句即以“吾本寒家”开端，立即谈到自己，以自身、自家之行事家风告知儿孙，总计一、二段里“吾”字共出现六次，展现长辈对子女不求客套的平实自然语气。作者将自己幼时至成长的亲身经历，对子女娓娓道来，更显得情感亲切真挚。至文章末段更明言“聊举数人以训汝。汝非徒身当服行，当以训汝子孙，使知前辈之风俗云”，凡此“训”字、“当”字等上对下之规勉口吻，皆使殷殷告诫子孙之家训风格跃然纸上。

文章内容先从标举清白俭约之家训说起，强调“世以清白相承”为一贯家风，更说明节俭为自己天性，尽管当世众人皆竞相“以奢靡为荣”，自己却“独以俭素为美”。作者更引《论语》孔子之语，证明节俭确为圣人推崇之美德。下一段则批评时人奢靡成性，宴饮聚会夸豪斗富，致使风俗颓敝败坏。作者接着举出宋代数位高官名相力行清约节俭为例，并以“由俭入奢易，由奢入俭难”之名言，称许此辈实具深谋远虑之卓见。文末更是列举古今人物七个正反例证，将正面尚俭与反面奢豪导致的成功与失败，作一鲜明对比。作者于此再度强调“俭”能立身扬名、传家久远；“奢”则败家丧身、祸延子孙。

全文在技巧上，不断地使用各种正反对比：透过古今人物、风俗习性、贤哲愚庸、俭与奢的种种对比，呈现文章的最主要意旨——崇俭戒奢的必要性。在语言修辞上，本文亦运用不少对偶、排比，使得全篇用语精练、结构谨严；而作者又能旁征博引，引用许多典故来作正反例证，使得立论翔实可信。本篇写作尤为成功的是，全文不但自始至终皆能紧扣崇俭戒奢的主旨，并且耳提面命，谆谆告诫，诚为家训篇章中典范之作。

高中第一学年（下）

第一课 项脊轩志

本文实分两部分，前面为“志”的正文，自“余既为此志”以下乃为补记，其间写作年代相隔十几年，但由于情韵生动，语脉一致，读来一气呵成。全文虽名为“志”，但旨在藉记述琐事表达无限深情，故实为抒情之作。文中以项脊轩书室为贯穿全文的主线，叙述发生于家中的种种琐事，以及家族亲人间的人情冷暖，并说明自己身处陋室仍洁身自好、奋勉读书，表达出作者期待日后淑世济民的抱负。

全文可分六段：首段实写项脊轩所处之环境，原本为一屋顶漏雨、昏暗不明的狭窄小室，经稍加修葺，即成为作者读书、吟咏、冥想安坐的自得之处。而此一陋室的周遭，却有与人亲近的小鸟、照墙的明月，以及随风摇曳的斑驳树影，寥寥数语，即显得清朗幽静，情趣盎然。

第二段为全文重心所在，以一句“然余居此，多可喜，亦多可悲”承上启下：多可喜者，为上段书轩之种种可爱；多可悲者，则为下文作者对家庭变迁的深有所感。可悲之事有三：一为伯叔父辈分家后，兄弟彼此筑墙隔篱为居，造成“东犬西吠，客逾庖而宴”的乱状，亲族间的疏远淡漠由此可见。其二藉家中老妪之言，忆述作者亡母生前二三事，并以母亲曾亲临书室来追念其形影。作者八岁即丧母，自文中描绘慈母关怀儿女的口吻看来，其对母亲思念孺慕之情亦不言而喻。其三透过对祖母言行举止的描绘，追念祖母对自己的关怀与期许，极为自然动人。

第三段作者藉着描写自己当年在书轩读书时，因“扃牖而居”竟发展出“能以足音辨人”的意趣，以及书轩四次遭火却都能得存的两件小事，婉转地表达自己对书轩的深厚情感。第四段以议论道出作者的胸怀抱负。归有光虽家道中落，居处陋室，却能不忘自比蜀清与孔明，藉此表达自我的怀抱与期许。

末两段为补记，记叙其妻生前与己相从于书轩中之情景，当日夫妻谈笑和乐之景象，今已不再，是以自妻死后，室坏不修，唯恐睹物思人，后虽复修，却已不常居。凡此数语，虽皆以淡笔道出，然追念亡妻的眷恋深情却跃然纸上。文末，庭中亡妻手植之枇杷树“今已亭亭如盖矣”一句，委婉含蓄地道出睹物伤怀之痛，读来情真意挚，余思不绝。

全文处处写轩，却处处怀人，作者实是借轩写人，借轩抒情。综观全篇，归有光擅长以平淡自然之语，娓娓道出平日家居琐事，而文中真挚之情却自然流露无遗。全篇取材虽小却蕴情深厚，不论叙事、写人，皆刻画细致，描写生动，十足展现作者之风格特色。

第二课　我的书斋

本文起笔便透过类比的方式，凸显书斋对文人而言，是不可或缺的。然后作者细细述说，恶劣的经济环境使他不但没有书斋，即连书桌也没有，只能拿饭桌将就兼用——文中相关的描写非常生动：桌面漏得下碗的大洞，腐朽至不得不拿木头绑住的桌脚，以及撇笔稍用点劲，桌子便摇摆得吱吱作响的窘境，让读者印象深刻。

到第三段，文章开始转折，作者居然得遂所欲，有了他极为满意的书斋。但作者继续吊读者的胃口，四段（一行）、五段书斋的形貌依然抽象、模糊。至第六段，始以石破天惊之句庄严宣示："我的书斋是我们的大天地！"

第七段以后允称本文的主体：作者非常细腻却又非常简洁地从木瓜树的叶影写起，写他突然发现叶影下的无限天地正是他最美的书斋；写他在这样的书斋中愉快写作的感受——这样的书斋让他与浩然之气相往来，与自然成一整体，让他尽览宇宙与人间的美好——无论舒伸、变化的白云或勤奋、快乐的农夫。而就在这样的感受与体会中，作者升华了自我，原本窘迫难堪、无奈感伤的情怀早已扬弃，呈现的是一个宽阔静定、平和乐观的全新心境。文末"只要有一堆树影，再加上一张藤椅，一方木板，我就有书斋……"、"木瓜树……现在已三尺多高，也许到了明年冬后，它就会给我几堆深厚凉爽的阴影，于是我又将领有我那上好的书斋了"。如此通达乐观，随遇而安的胸怀，读来多么令人动容！

综合而言，通篇虽属平淡朴实的格调，但首段因类比而形成的张力，次段因夸饰而造成的生动，四、五两段的刻意模糊，六段的石破天惊，七段以下如诗如画的描写以及不断渲染出的悠然自在、平静喜乐的生命境界——凡此种种，又都让人觉得全文层次井然、技巧高明、旨趣深远，故看似平淡朴实，其实富丽万有，确实值得细细品味。

第三课 晚游六桥待月记

本文为作者三十岁辞吴县知县后，所作一系列西湖游记中的一篇，颇能表现袁宏道山水游记小品的特色与风格。

全文总计不逾二百字，以如此精简篇幅，欲成精彩文章，必有赖匠心独运，故作者发端即直指西湖最美在春、在月、在朝烟、在夕岚，起笔干净利落、斩截有力——此为"精切"之美。

接下来两段叙写春日之“盛”：先以虚笔写梅花，实笔写桃花——此自然景物之盛；次则藉歌吹、粉汗、罗纨之秾烈富艳，极写游人之欢愉热闹——此人世景象之盛。二者相承相发，读者满眼华丽，形成篇章的“饱满”之美。

行文至此，发端所指四“盛”殆仅拈一“盛”而已，但作者却仅以抽象的略笔，快速点示其余三“盛”：先模糊勾勒湖光染翠、山岚设色最为工妙的朝日、夕春时分，以呼应首句“为朝烟”、“为夕岚”其景的浓媚；次则点绘月色下别是一番趣味的花态柳情、山容水意，以呼应首句“为月”其景的可意会而不可言传，形成与“饱满”之美相异的“朦胧”之美。

全文因上述的作法，使读者在虚实、明晦、繁简不同的阅读层次中徜徉起伏，领受多重的美感趣味。平心而论，作者的运笔实在大胆：先是如此直截明快，继是如此繁富——却只写了四分之一的“盛”景；最后以抽象之笔速写另四分之三盛景。这种作法在此前散文中难得一见，学子由此正可见识作者的风格与特色。

然而独特的固不仅笔法、作法，同样耐人体会的犹有作者慧见独感的游赏观点与审美趣味——为春、为月、为朝烟、为夕岚，充分可证。晚明小品普遍好以与众不同的高雅情趣，表现作者与众不同的性灵，本文亦不例外！文末“此乐留与山僧、游客受用，安可为俗士道哉！”鲜明地流露了这种心态。

第四课 琵琶行并序

《琵琶行》有诗有序，序文交代作诗缘起并概括诗歌内容；诗本身长达八十八句、六百一十六字，以“沦落”为情感基调，以琵琶女乐艺及一生遭遇为叙事主轴，抒发作者天涯沦落之感。

诗中最令人动容之处，即在于作者叙述、刻画琵琶女和自己的际遇与心境：从色艺双全的长安名伎到年老色衰、转而嫁作商人妇的寂寞哀怨；从曾任人称“内相”的翰林学士到贬放僻地、备尝谪居卧病的孤单凄苦。两人虽素昧平生，却都经历人生由盛转衰的命运，使作者不禁发出“同是天涯沦落人，相逢何必曾相识”的浩叹。

全诗艺术性极高：其情节安排曲折细腻，例如：二人偶逢的描写，非常戏剧性；自己与琵琶女的对照也充满张力。其人物描写鲜活，例如：琵琶女出场“千呼万唤始出来，……未成曲调先有情”的楚楚动人；自叙身世转折“名属教坊第一部，……去来江口守空船”的落寞哀怨。而对琵琶乐声的摹写，运用一连串具体的比喻，如急雨、私语、珠玉、莺语、泉流、银瓶乍破、刀枪齐鸣等等，呈现起伏回荡、惊心动魄的音乐魅力与艺术境界尤其令人叹为观止。此外，诗中以江水、秋月或渲染离别的怅然失意，或沉醉于美妙动人的琵琶乐声，或传达琵琶女忧伤失意的情绪……更令整首诗仿佛沉浸于浔阳江水皎洁的月光里，弥漫浓厚的美丽与哀愁，留下绵绵无尽的情味。

全诗转韵自由，声情曲折，除体现琵琶乐声的千变万化外，并表达哀怨、沉郁、失意、悲凉、凄苦等种种复杂的情感，极富感染力，不愧为千古名作。

第五课 出师表

本文依文意大致可分为两部分：前一部分（前三段）为出师临行前，诸葛亮对后主为政行事的进言忠谏；后一部分（第四段）则表明自己一生对蜀汉先帝、后主的忠诚，以及此次出师讨贼兴复的决心。

前半部分里，作者提出的劝诫，主要包括广开言路、执法公正与亲贤远佞三点，其中又以“亲贤臣，远小人”一事，着墨最多，最可见出诸葛亮的语重心长。文章至第四段，诸葛亮转而叙及自身生平，由三顾茅庐道出先帝知遇之恩，更以临危托孤强调自己夙夜忧叹的责任感。诸葛亮念兹在兹的是北定中原、兴复汉室的决心，更以此提醒后主勿忘先人遗志，切勿心存偏安之念。

全文文辞朴实无华，情志恳切真诚。当时天下虽鼎足三分，实则蜀汉国势最为疲弱，且后主不但是“妄自菲薄，引喻失义”的平庸之君，更有亲信宦官小人的弊病。诸葛亮身为临危受命的老臣，辅佐此一弱孱幼主，既要循循善诱，开导其谘诹善道，察纳雅言，勿宠信小人，又要不断提醒其勿忘复兴大业。本篇虽为臣下上书给君上的表书，但作者行文时，却屡用“宜”、“诚宜”、“亦宜”、“不宜”等告诫词语，此种如老父般谆谆告诫的口吻，一方面透露出诸葛亮对年轻后主期望之殷切，一方面也显示出其身为托孤重臣所享有之尊隆地位。文中提及“先帝”十三次之多，是以老臣身份追念先帝，藉此警惕后主；然亦称“陛下”七次，又不忘以忠臣立场表白个人对后主的忠诚。此种不卑不亢的态度，以及谆谆劝谏的赤忱，说明了本文所以流传千古的原因。

第六课　岳阳楼记

就章法言，本文清晰严整，一段推进一段，层次极为井然。起笔先叙作记缘由，次以略笔勾勒岳阳楼大观，再藉一句“览物之情，得无异乎?”转出三、四两段悲、喜之情。五段则再转出古仁人之心异乎二者之为，顺势以自问自答的方式，拈示古仁人“不以物喜，不以己悲”、“是进亦忧、退亦忧”的襟怀，而后立即再提问“然则何时而乐耶?”再自答：“先天下之忧而忧，后天下之乐而乐”，连续的自问自答，加强了文章的气势，凸显了古仁人的卓绝。最后以无限赞叹的语气，说出自己的向往之情与追随效法之意，充分表现作者的情志。

就句型而言，本文以四言为基调，又讲究辞藻的锻炼，故呈现精工华美的风貌。部分对称句、散句的穿插，则增添文章流畅的气韵。由此，不难看出作者的匠心独运，同时也显示了北宋早期古文仍受骈文影响的痕迹。

上述二点是本文在书写的“形式”上值得注意的地方。但本文所以流传千古，备受推崇，则当基于作者所揭示的“先忧后乐”的情怀，正凸显了传统知识分子共同的精神与价值，也道出了他们最真诚恳切的心声。中国古代知识分子，由于深受儒家思想的影响，向以“经世致用”为自我努力的目标。就本质而言，他们所以追求学识的广博深厚，是为了加强自我的智慧、能力，以便能为国家、人民做更好的奉献；他们所以注重自我德行的淬炼，是为了让自己能确实成为一个关怀百姓、恪尽职守的好官员。《大学》所谓“格物、致知、诚意、正心、修身、齐家、治国、平天下”，充分说明了他们“兼善其身与天下”的胸怀，这种胸怀，范仲淹用更具体、鲜明，并带着无限热忱的语言将其描述，同时也展现了自己的人格、理念，以及生命的归趋，值得学子用心体会、自我策励。

第七课 《郁离子》选

寓言是有所寓意的言辞，多半藉着虚构的故事，以假托的人、物作譬喻，来表达深刻的旨意。由于寓言的譬喻生动贴切，故事的想象新奇活泼，故比起一般正襟危坐的议论说理，往往更有打动读者的效果。元朝末年政治腐败黑暗，刘基饱受排斥，遂弃官还乡，写作《郁离子》寄托其思其怀。本文所选三则寓言，《良桐》以琴为喻，《赵人患鼠》以鼠患为喻，《九头鸟》则借虚构的怪鸟为喻，三篇都是以小喻大，以生动故事讽喻现实状况，更从中寄寓为政、治国，乃至普遍人、事的道理。

《良桐》一则故事里，作者告诉我们琴的好坏在于本身能否“金声玉应”，并不在于外在的款式、纹路等虚有其表的装饰，更不在于其年代的古老久远。寓言里的工之侨虽有良桐为琴，但世上大多数人，包括所谓的国工、贵人、乐官，不但不辨好坏优劣，又肤浅无知地假充内行，以假古琴为真。短短一则寓言里，刘基批判了世人的重表象不重实质，不辨是非真假；批判了群众的无知盲从；更批判了一般自称专家的肤浅可笑。而文中工之侨之叹“悲哉，世也！岂独一琴哉？莫不然矣！”更是明显道出作者对当世的不满。刘基身处元末政治败坏年代，藉着寓言深刻地反映出元末当政者不重真才实学、不能举材用士的情况，他因此更提出严重警告“而不早图之，其与亡矣”，如果不想与此混乱腐败的社会同归于尽，只得“遂去，入于宕冥之山”，而这正是现实里刘基辞官归隐的真实写照。

《赵人患鼠》写赵人为除鼠患，特向中山人求猫以捕鼠。但猫固然善捕鼠，却同时也捕鸡，结果鼠患虽除，鸡也被吃光了。赵人之子因此认为应抛弃此猫。由此引出本则寓言的主旨：既然所患在鼠，自应以除鼠患为主，毕竟鼠患不除，则“窃吾食，毁吾衣，穿吾垣墉，坏伤吾器用，吾将饥寒焉”，其害甚大。无鸡可吃是小事，至多不吃而已，不致毁家饥寒。作者在此，清晰地提示我们：面对人、事，利弊、得失，必须要能权衡轻重、明辨本末、看清大小，做出智慧的决定。否则，取轻略重、舍本逐末、因小失大，后果就不堪想像了。

《九头鸟》一则短短六十余字，刻画一身九头之鸟，不能团结互利，却只知互咬争食，自私愚蠢的行为终至全体皆伤。刘基藉此譬喻同处一条船的人，不应争权夺利，互相伤害，否则只有全盘皆输而已。此种风雨同舟的道理，值得我们深切体会。一个社会里，若是凡事互相抵制，只有再三消耗内力，丧失竞争力与上升的力量，到头来也只有落得“洒血飞毛，食不得入咽，而九头皆伤”的下场了。“九口之食，同归于一腹乎？而奚其争也？”七百年前刘基透过海凫的警世讽俗之语，如今读来依旧无比的真切。

第八课 孔乙己

孔乙己是鲁迅创造的一个典型人物，小说意不在嘲讽此人之愚，而是要呈现这等低下阶层、受尽羞辱的人生活的艰难。尽管孔乙己的思想是迂腐的、不合时宜的，德行上也有缺失，像是社会中的一个废物。然而，这是谁造成的？是环境体制还是命运捉弄，为什么一个还有善良本性的人注定要沦落、死亡？孔乙己在失败的命运面前，不是英雄，没有什么勇敢表现，但细味其人生事件之因果关系，又不能不使人兴发悲凉怜悯。这确是灰暗时代人心浇薄的一出苦戏！

作者将情节集中在酒店小伙计眼中所见，使得场景十分真切，全是客观映像。也因为有这样的视角，使小说能做集中有力的表现，避免酒店以外的枝节描写，对于孔乙己的身世经历也无须多加着墨。

除了小伙计和孔乙己，小说中的人物角色还包括：酒店掌柜、拿人伤疤当笑料的一群酒客、讨吃茴香豆的邻舍孩子们、动用私刑的丁举人，形形色色恰似一个社会缩影。孔乙己未挣得功名却自陷于士大夫阶级观念，他的那身长衫，又脏又破，仍然穿着，即此既见其穷困，又见其自许为读书人的身份；他对人说话，总喜欢“之乎者也”的文言，喜欢引古人的话来壮声色，但却与儒林隔绝，无力营生、沦于偷窃，毕竟是封建制度下的受害者。士族显贵的丁举人，可以打断他的腿；那些短衣帮的酒店顾客可以尽情地嘲弄他；连小伙计都跟着众人附和着笑，可见孔乙己被践踏得十分低下。人们不但笑他脸上的新伤疤，笑他嘴里说的话，还笑他被打断腿。酒店里的笑声，是人心扭曲、社会变态的象征，“众人都哄笑起来……店内外充满了快活的空气”，这描写两度出现，显现众人的冷酷无情，原来快活是这么制造出来的。

孔乙己虽然无用，但还有诚实、不拖欠酒钱的优点，反观掌柜，他只记挂孔乙己欠的十九个钱，而丝毫不同情其生死。将近初冬，已是必须穿上棉袄的天气，孔乙己最后一次出现在酒店，腿已折，长衫没了，只穿一件单薄的破夹袄，坐在蒲包上用手走来，“又在旁人的说笑声中，坐着用这手慢慢走去了。”作者借孔乙己的穷途末路，强烈批判旧中国是一个麻木冷酷、缺乏关怀与同情的社会。

第九课 古体诗选

一、行行重行行

本诗以女子的口吻，诉说她对远游在外的丈夫的思念。前面六句明白说出他们相别已久，相去甚远，不知何时能再见面；其中首句“行行”一语的复沓，极具图像效果，读者宛然看到一个愈走愈远的身影。中间六句运用了两个比喻：首先以“胡马依北风，越鸟巢南枝”委婉暗示游子不知恋家；然后再以“浮云蔽白日”明喻游子在外受人迷惑，因此忘了回来。前者若有哀婉责备之意，后者又似疼惜丈夫为人所惑，不忍苛责，如此矛盾的心理，正显示了女子对丈夫的深情。最后四句，除再次述说自己无尽的思念外，更抛开所有的纠结情绪与缠绕思虑，诚挚地希望丈夫在外要“努力加餐饭”，保重自己的身体。

本诗的感情以思念为主，对丈夫既有嗔责，又有原谅，最后把所有的哀怨化成诚挚的祈望——这就是古人所谓“温柔敦厚”的风格。

二、饮酒之五

陶渊明归隐田园之后，工作是辛劳的、生活是清苦的，孤独与寂寞的感觉更常常缠绕着他。毕竟以他一介知识分子而言，躬耕不易，农夫更无法理解他的想法与感怀。所以他会说“晨兴理荒秽，带月荷锄归”、“道狭草木长，夕露沾我衣”，对邻人也只有“相见无杂言，但道桑麻长”。然而归园田居毕竟是他自己慎重诚实的选择，所以从“本质”来讲，终究是恬然自安、欣然自得而永不后悔的，本诗正是这种心情、心境最动人的描绘。

开始的四句表现了一个貌似矛盾的处境：住在扰攘的尘世，却没有人世的喧闹。这是因为精神超脱，所以自然而然觉得居所似乎也就僻静了。接下来写：正是在这种心境下，才能“悠然”地望着南山；而也正是在这种悠然、闲散、自由自在的心情下，才会觉得南山的黄昏景象特别迷人；再看到鸟儿成群结伴地飞返山林，刹时间，感到这一切的景象都隐含了深刻的旨趣，但既心领神会，自可得“意”而忘“言”。事实上，迷人的并不只是这些景象，而是诗人体会到：精神的超脱与自由带给他真正的快乐与幸福。从这首诗，我们就看到了陶渊明清高脱俗的人格。

本诗的五、六句“采菊东篱下，悠然见南山”为千古传诵的名句。诗人采菊东篱，无意中“见到”南山，在悠闲自在的心情下，看到南山的挺拔稳重，对归隐的选择更加自我肯定——自己仿如南山一般的特立，不同于流俗。第八句的“飞鸟相与还”，以飞鸟的回巢暗示自己找到了归宿，有一种笃定、安慰的欣喜。这些意象的使用，让我们看到陶渊明简朴平淡的文字下，其实蕴藏无限深远、丰富的意涵，而这正是陶诗所以耐人寻味的原因。

第十课 《孟子》选

一、义利之辨

本文计分二段，首段简述孟子初见梁惠王，惠王开门见山即问孟子有何富国强兵之道；第二段孟子便发挥其辩才，直接而迅速地提出主张，说明只有“仁义”才能治国安家，指出若不能舍利就义，必定“上下交征利”，国家也将走向灭亡。

孟子身处战国中晚期功利气氛高涨的时代，当时诸侯如梁惠王、梁襄王、齐威王、齐宣王、秦惠王等都僭号称王，各国国君都希望能富国强兵，扩张领土，这就是梁惠王所说“将有以利吾国”的具体内涵。孟子反对国君视“利益”为第一要务，主张“仁义”才是治国的根本，企图力挽狂澜，以“王道”、“仁政”拯救陷于战争苦难中的人民。这是孟子政治思想的一贯立场，所以对率先僭号称王的梁惠王“何以利吾国”的询问，先则提出应主张“仁义”之政，继则发挥其善于运用譬喻的本色，举生活中熟知的具体事物为例，说明各个阶级——由国君、大夫，以至于士、庶人——如果放弃仁义，以利为先，必将各谋私利，互相争夺，如此则家不成家，国不成国，天下必然大乱。篇末以“未有‘仁’而遗其亲者也，未有‘义’而后其君者也”作结，说明国君若能推行“仁义”，人民有了“仁”，自然会对父母尽孝，有了“义”，自然会对君主尽忠，如此自能上下相亲，君臣和睦，简洁有力地归结出唯有“仁义”才是正道的主张。

二、扩充四端

本文计分四段，首先提出立论的大前提“人皆有不忍人之心”，其次举例说明此“不忍人之心”即出自人类先天的“善性”，进而举出四端的具体内涵，最后再下结论。

文章起头，先说凡人都有仁心，而且本于自然，并非出自名声、利害的考量。接着便举“乍见孺子将入于井”的具体情境说明这个问题：忽然间看到一个孩童将掉到井里，任何人都会产生惊骇恐惧、怜悯不忍之情，这一瞬间萌生的惊惧悲悯，并非出自利害、经过算计的考量，而是真心的流露。继而指出：人一生下来就具有怜悯伤痛、羞恶不善、辞谢退让、分辨是非善恶的本性，这是每个人天赋的资质。这就证明：恻隐之心是人人固有，是不学而能的。由此可知：人的本性是善良的，“四端”就如同人的四肢一般，是与生俱来、不假外求的。全文条理清楚，说理有力，充分展现《孟子》文章长于论辩、善用譬喻的特色。

第十一课 劳山道士

本篇小说虽以“劳山道士”名篇，真正的主角却是“少慕道”的“故家子”王生。全文大致可分为三大段落，而以王生心态的转变为情节转折点，承转巧妙。

小说在简略交代王生上山拜师的经过后，蒲松龄便以高超的想像力与极大的篇幅刻画劳山道士的高强法力，刻意凸显道士宴请宾客的场面：写道士与其客既能剪纸为月、掷箸成仙，还可使酒壶倾注不竭、美酒饮用不尽，最后甚至移席月宫，与友同乐。此段虽明写道士，实则暗讽王生：宴会前王生“不堪其苦，阴有归志”，宴会后则“窃忻慕，归念遂息”，点明王生“少慕道”的原因，不过是贪图享乐罢了。

王生很想学会道士的法术，以便寻欢作乐，甚或为非作歹；然而娇生惯养的他却生性好逸恶劳，不肯踏实学习。在心痒仙术之下，王生耐着性子又砍了一个多月的薪柴，终于忍受不了，决定归家。王生与道士的一小段对话实为小说的精华所在，虽篇幅不长，却十分传神。当王生要求回家时，“道士笑曰：‘我固谓不能作苦，今果然。’”话虽说得婉转，但这一“笑”，实已充分表达其对王生的嘲讽之意。王生却不甘心白做苦工，竟厚着脸皮要求道士传授他“穿墙之术”！对此，道士什么也没说，只是“笑而允之”，这一“笑”却比任何激烈的言词更有力的表达了道士对王生的不屑。道士明知王生心术不正，还是特意警戒王生“归宜洁持，否则不验”，希望王生能有所醒悟；但脑袋早就被仙术填满的王生却完全听不进去，所以最后得到的只有额头的大疙瘩与妻子的嘲笑而已。

文末藉异史氏的名义发表议论，指出世人多喜阿谀奉承，而畏惧忠言直谏，因此谗佞阿谀之徒、逢迎拍马之辈，自然容易进用虚矫浮夸之术，而鄙陋无知之徒，遂以为凭借此种虚饰的手段，便能横行无阻，却不自知终必落得碰壁的下场。

全文结构严谨，叙事详尽，风趣隽永，寓意深刻，将富有教育意义的思想与引人入胜的情节紧密结合，无怪乎直至今日仍传诵不衰。

不一样的语文

（二）

（中国台湾）何寄澎／主编

台湾龙腾文化事业股份有限公司授权

人民东方出版传媒
東方出版社

编著者简介

何寄澎

“国立台湾大学”中文研究所博士

“国立台湾大学”中文系教授

李隆献

“国立台湾大学”中文研究所博士

“国立台湾大学”中文系教授兼中文系系主任

魏岫明

美国密西根州立大学语言学博士

“国立台湾大学”中文系副教授

陈义芝

“国立高雄师范大学”国文研究所博士

“国立台湾师范大学”国文学系副教授、名作家

简　媜

“国立台湾大学”中国文学系学士

名作家

盖琦纾

“国立台湾大学”中国文学系博士

高雄医学大学通识教育中心副教授

黄士蔚

“国立台湾师范大学”教育系硕士学程结业

丽山高中国文教师

郭志阳

“国立台湾师范大学”国文研究所硕士

景美女中国文教师

王怡芬

“国立成功大学”中国文学研究所硕士

丽山高中国文教师

杨惠椀

“国立成功大学”中国文学研究所硕士

台南二中国文教师

蔡薰谊

“国立台湾大学”中国文学系学士

高雄中学国文教师

编辑大意

一、本教科书系依据台湾2010年教育部门修正发布之“普通高级中学国文科课程纲要”编写。全套六册，分别供普通高级中学三学年六学期使用。

二、本教材编辑目标，旨在提高学生阅读、写作及语文运用之能力，并兼顾文化传承、情意陶冶、人格培养等功能，开阔学生胸襟器度，使学生具有高度之人文关怀与文化素养，做一个高质量的现代公民。

三、本教材范文，包含文学、思想、文化等层面，选文以文辞优美、平易可读、亲切动人，具经典性，并合乎时代潮流之代表作品为主。

四、本教材体例，依次为学习重点、题解、作者、课文与注释、问题与讨论，凡六项目。

五、“学习重点”说明选文动机与标准，并提示学生学习方向及要点。“题解”揭举文章出处、解释题意，并陈述范文相关之背景与知识。“作者”介绍作家生平事迹、文学风格、文学成就，及其在文学史上的地位与影响。“注释”以简明清晰之语体文解释字词意义，若遇典故，则尽量不直接引用原文，改以浅显文字说明。“问题与讨论”，针对范文提出深浅难易不同的问题，引导学生进一步思考、探索、切磋，加强其感受、分析、整合、贯通的能力。

六、书末附录各课“简析”，以深入浅出的文字，分析范文结构、语言技巧、旨意等层面的表现，期能提升学生理解与鉴赏的能力。本附录内容未经审定，仅提供教师教学参考使用。

七、本教材另编有“教师手册”，包含“选文说明”、“教学要旨”、“题解”、“作者”之相关资料、“补充注释”、“文章分析”、“问题与讨论”之参考答案、“语文天地”、“教学活动设计”与“综合参考资料”等，提供教师教学之参考。

八、本教材之编写，容有疏漏不周之处，敬祈教师、先进随时提供改进意见，俾再版时参考修正。

目录

高中 第二学年（上）

高中 第二学年（下）

高中第二学年（上）

第　一　课

黄州快哉亭记

文—苏　辙

学习重点

苏辙是唐宋古文八大家之一，本文为作者广为人知的名篇佳作。其藉由亭之命名与亭之所见，阐述“快哉”二字的丰富意涵，充分表现豁达乐观的人生态度。阅读本文可鼓励我们勇于面对人生逆境，从挫折中发现希望。学习时，可就下列重点加以注意：

一、认识苏辙其人及其散文成就。

二、了解本文的写作背景及手法。

三、体会“内心坦然”、“不以物伤性”的生命境界。

题 解

本文选自《栾城集》，作于宋神宗元丰六年（一〇八三），苏辙四十五岁谪居筠（yún）州（今江西高安）时期。

元丰二年，苏轼因“乌台诗案”获罪，被贬为黄州（今湖北黄冈）团练副使，后与谪居黄州的张梦得结为好友。张梦得在其寓所西南依江建亭，以览观山水之胜，苏轼取名“快哉亭”，苏辙为之作记。

自古士人遭贬，不免有抑郁不平之气，苏辙深知其兄长命名此亭之用意，文中除描写快哉亭周遭景观外，并阐明“快哉”的意涵，强调唯有内心坦然自得，不受制于外物，方能无往而不快。字里行间流露慰人勉己之情，深具启发性。

作 者

苏辙 字子由，眉州眉山（今四川眉山）人。生于宋仁宗宝元二年（一〇三九），卒于宋徽宗政和二年（一一一二），年七十四。

苏辙为苏洵之子，苏轼之弟。十九岁与其兄同登进士第。神宗熙宁二年（一〇六九），因反对新法，与王安石不合，出任河南（今河南洛阳）推官。元丰二年，苏辙因上书为兄赎罪，被贬至筠州。哲宗元祐元年（一〇八六），司马光当政，废新法，召苏辙入京为右司谏，累官至门下侍郎。后新党复得势，被贬河南、广东数年。徽宗时，归隐许州（今河南许昌），筑室于颍水之滨，闲居十三年，以读书著述为乐，自号颍滨遗老。

苏辙性情沉静，为人耿介，与苏轼共患难、同进退，无论身处何处，两人诗文往来从未间断，彼此相互勉励、慰问，流露深厚的兄弟情谊，为世人所津津乐道。苏辙文章汪洋澹泊，长于政论、史论，文气畅达，论理精辟。其记体之作，写景状物精妙外，亦寄托情志。其文虽不如苏轼雄伟，却具秀杰之气，与父、兄合称“三苏”，同列唐宋古文八大家。有《栾城集》《栾城二集》《栾城三集》等行世。

课文

江出[1]西陵，始得平地，其流奔放肆大[2]，南合沅、湘[3]，北合汉、沔[4]，其势益张[5]。至于赤壁[6]之下，波流浸灌[7]，与海相若。清河[8]张君梦得[9]，谪居齐安[10]，即[11]其庐之西南为亭，以览观江流之胜[12]，而余兄子瞻名之曰“快哉”。

盖亭之所见，南北百里，东西一舍[13]。涛澜汹涌，风云开阖[14]。昼则舟楫[15]出没于其前，夜则鱼龙[16]悲啸[17]于其下。变化倏忽[18]，动心骇目[19]，不可久视。今乃得翫[20]之几席[21]之上，举目而足[22]。西望武昌[23]诸山，冈陵[24]起伏，草木行列[25]，烟消日出，渔父樵夫之舍，皆可指数。此其所以为“快哉”者也。至于长洲之滨[26]，故城之墟[27]，曹孟德[28]、孙仲谋[29]之所睥睨[30]，周瑜[31]、陆逊[32]之所骋骛[33]。其流风遗迹[34]，亦足以称快世俗[35]。

❶ 西陵：西陵峡，长江三峡之一，又称宜昌峡。西起巴东官渡口，东至宜昌西北，约一百公里。❷ 奔放肆大：此指水势奔腾，水面开阔。❸ 沅（yuán）湘：沅江、湘江。两江皆流入湖南境内，注入洞庭湖。❹ 汉沔（miǎn）：即汉水。此水流经陕西沔县称沔水，至汉口入长江。❺ 其势益张：水势更加壮阔。张，壮阔。❻ 赤壁：指赤鼻几，今湖北黄冈城外，与东汉末周瑜破曹军之赤壁（今湖北嘉鱼东北）不同。❼ 浸灌：形容水流涨溢、灌注，有江水浩荡之意。浸，浸漫、涨溢。❽ 清河：古郡名，今河北清河。❾ 张君梦得：张梦得，字怀民，又字偓佺，清河人。元丰年间谪居黄州，与苏轼诗酒往还。君，对人的尊称。❿ 齐安：古郡名，即黄州，今湖北黄冈。⓫ 即：靠近。⓬ 胜：美景。⓭ 一舍：三十里。古代行军每天走三十里后住宿，称为一舍。⓮ 开阖：散聚，此处形容风云变幻不定。阖，通“合”，闭。⓯ 舟楫：泛指船只。楫，音 jí，船桨。⓰ 鱼龙：鱼和龙，泛指水族生物。⓱ 啸：长鸣。⓲ 倏（shù）忽：疾速。⓳ 动心骇目：形容景色令人惊心动魄。⓴ 翫：音 wàn，通“玩”，观赏。㉑ 几席：古人凭依坐卧的器具。几，小桌。席，坐垫。㉒ 举目而足：放眼望去，便能尽览所有景色。㉓ 武昌：在黄州对岸，孙权曾经定都于此，即后文“故城之墟”，为今日鄂州市。㉔ 冈陵：丘陵、小山。㉕ 行列：纵横排列，与上句“起伏”相对为文。直排为“行”，横排为“列”。㉖ 长洲之滨：细长沙洲的岸边。㉗ 故城之墟：故都遗迹。故城，指孙权故都武昌。墟，废址，此指遗迹。㉘ 曹孟德：曹操，字孟德，

沛国谯（qiāo，今安徽亳 bó 县）人。汉末挟献帝以令诸侯，统一黄河流域，官至丞相，进封魏王。[29]孙仲谋：孙权，字仲谋，吴郡富春（今浙江富阳）人。曾据江东，破黄祖，联合刘备，败曹操于赤壁。后称帝，国号吴，都建业，史称吴大帝。[30]睥睨：音 bì nì，本义为斜视，此引申为傲视对方。[31]周瑜：字公瑾，庐江舒（今安徽庐江）人。三国吴名将，赤壁之战，率吴军大破曹军。[32]陆逊：字伯言，吴郡华亭（今江苏松江）人。三国吴名将，两次驻守黄州，曾败刘备于夷陵（今湖北宜昌）。[33]骋骛：本义为驰骋、奔走，此引申为角逐战斗。骋，音 chěng，直驰、直行。骛，音 wù，疾速奔走。[34]流风遗迹：前人流传、遗留下来的风采及事迹。[35]称快世俗：让世人感觉快意。

昔楚襄王[36]从[37]宋玉[38]、景差[39]于兰台[40]之宫，有风飒然[41]至者，王披襟当之[42]，曰："快哉此风！寡人所与庶人共者耶？"宋玉曰："此独大王之雄风耳！庶人安得共之！"玉之言，盖有讽焉[43]！夫风无雄雌之异，而人有遇不遇之变[44]。楚王之所以为乐，与庶人之所以为忧，此则人之变也，而风何与焉[45]？

士生于世，使[46]其中不自得[47]，将何往而非病[48]？使其中坦然，不以物伤性[49]，将何适而非快[50]？今张君不以谪为患，窃会计[51]之余功[52]，而自放山水之间，此其中宜有以过人者。将[53]蓬户瓮牖[54]，无所不快，而况乎濯长江之清流，揖[55]西山[56]之白云，穷耳目之胜，以自适[57]也哉？不然[58]，连山绝壑[59]，长林古木，振之以清风，照之以明月，此皆骚人思士[60]之所以悲伤憔悴而不能胜[61]者，乌睹[62]其为快也哉？

元丰六年十一月朔日[63]赵郡[64]苏辙记。

[36]楚襄王：楚顷襄王。战国楚王，名横，楚怀王之子，在位三十四年（公元前二九八——二六五）。[37]从：音 zòng，使役动词，"使……跟随"之意，即带领。[38]宋玉：战国楚大夫，屈原弟子，长于辞赋，有《九辩》《神女》《高唐》诸赋。[39]景差（cuō）：战国楚大夫，好辞赋，宗屈原，与宋玉齐名。[40]兰台：战国楚台名，在今湖北钟祥东。《昭明文选》宋玉《风赋》："楚襄王游于兰台之宫，宋玉、景差侍，有风飒然而至。"下文楚王与宋玉的问答，皆引自《风赋》。[41]飒（sà）然：形容风声。[42]披襟当之：敞开衣襟迎受凉风。披，敞开。当，音 dāng，迎受。[43]盖有讽焉：应有讽谕的意思吧。盖，表示推测的语气词。讽，劝告、讽谕。[44]遇不遇之变：机遇好坏的不同。变，指差别、不同。[45]何与焉：有什么相干呢？与，音 yù，参与、相干。[46]使：假使。[47]其中不自得：内心不自在。中，内心。自得，自适、自在。[48]将何往而非病：

那么到哪里会不忧伤呢？将，则、那么。病，忧伤。㊾不以物伤性：不因外界境遇的影响，而伤害自己的本性。物，外在事物，此指外界的境遇。性，本性，指天赋的灵明之性。㊿将何适而非快：那么到哪里会不快乐呢？适，往。51会（kuài）计：掌理钱财谷物，核计出纳的工作。此指公务的处理。52余功：工作之余，即闲暇之时。53将：即使。54蓬户瓮牖：编蓬草为门，以破瓮为窗，形容房屋简陋，指贫寒之家。瓮，音 wèng，口小腹大的瓦制容器。牖，音 yǒu，窗户。55挹：音 yì，牵引。56西山：在武昌（今湖北鄂州）之西，故名西山。57自适：此为自足、自快之意。58不然：否则。59绝壑：深远难至的山谷。绝，深远险阻。壑，音 huò，山谷。60骚人思士：失意而深思善感的文人。骚人，屈原遭放逐而作《离骚》，离骚，即遭遇忧愁之意，后世即以“骚人”为失意文人或诗人的代称。思士，心怀忧思之士。61胜：音 shēng，承受。62乌睹：哪里看到。乌，何，疑问词，犹言“哪里”。63朔日：农历每月初一。64赵郡：地名，今河北赵县，苏辙的祖籍。

问题与讨论

一、本课以“快”字贯穿全文，层次分明，请一一解读文中“快哉”的意涵。

二、本文中哪些是慰问、勉励张梦得的话？请与同学讨论。

三、你曾经因为外界事物、环境的顺遂或阻碍，而影响自己的心情吗？此篇文章对你有何启示？

第二课

廉耻

文——顾炎武

学习重点

学问之道，不仅是追求知识而已，更要学习做人。做人之道首当明礼义、知廉耻。“廉耻”在任何时代都是不可或缺的德行，具有永恒的意义。学习时，可就下列重点加以注意：

一、认识顾炎武的学术与志节。

二、掌握援引古人议论而后加以阐述的写作技巧。

三、明白廉耻的重要，以做一个“行己有耻”的君子自勉。

题解

本文节选自《日知录》。顾炎武为明末清初大儒，明亡后，有感于朝代更替之间，士大夫纷纷变节，乃作此文。文中强调士大夫之廉耻与否，关系到国家的兴衰存亡，而耻尤为重要，因为人之所以悖（bèi）礼犯义，都来自于没有羞耻之心。全文言简意赅（gāi），主旨严正，值得吾人省思。

作者

顾炎武 字宁人，本名绛（jiàng），明朝灭亡后改名炎武，曾居松江（今江苏松江）亭林镇，学者称亭林先生。江苏昆山（今江苏昆山）人。生于明神宗万历四十一年（一六一三），卒于清圣祖康熙二十一年（一六八二），年七十。

顾炎武禀性耿介，不随意与人交往，独与同里归庄友善，曾一同加入复社，当时有“归奇顾怪”之称。

清世祖顺治二年（一六四五），清师下江南，顾炎武结合同志起兵抵抗，母亲王氏绝食而死，遗命绝不得事清。嗣后顾炎武不断奔走各地，勘察山川形势，暗中结交豪杰，时时以恢复明室为志。清廷曾征召为博学鸿儒，不就，又荐修《明史》，亦不往。平生律己极严，始终如一，充分表现出坚毅贞刚的志节。

顾炎武学识渊博，经、史、音韵、文学，乃至诸子百家、国家典制、天文历象、河漕（cáo）兵农等，无所不通，尤其留心经世致用之学。毕生强调“行己有耻”、“博学于文”——前者指示做人之道，强调人格不立，学即无根；后者指示为学之法，隐含其对明代理学末流空谈心性之学的反对——二语可视为顾炎武学术的纲领。著有《天下郡国利病书》《音学五书》《日知录》《亭林诗文集》等。

课文

《五代史[1]·冯道传》论[2]曰：“‘礼、义、廉、耻，国之四维，四维不张，国乃灭亡[3]。’善乎管生[4]之能言[5]也！礼、义，治人之大法；廉、耻，立人[6]之大节。盖不廉则无所不取，不耻[7]则无所不为。人而[8]如此，则祸败乱亡，亦无所不至；况为大臣而无所不取，无所不为，则天下其[9]有不乱，国家其有不亡者乎？”

然而四者之中，耻尤为要。故夫子[10]之论士曰：“行己有耻[11]。”孟子曰：“人不可以无耻。无耻之耻，无耻矣[12]！”又曰：“耻之于人大矣！为机变之巧者，无所用耻焉[13]！”所以然者[14]，人之不廉而至于悖礼犯义[15]，其原[16]皆生于无耻也。故士大夫[17]之无耻，是谓国耻。

❶五代史：《五代史》有二：一为宋太祖时薛居正等奉敕（chì）撰，一为宋仁宗时欧阳修所撰。后人为便于区别，称前者为《旧五代史》，后者为《新五代史》。二书皆记后梁、后唐、后晋、后汉、后周五代及同时十国之史事。顾炎武所引为《新五代史》。❷冯道传论：此为《新五代史·冯道传》篇首修史者的评论。冯道，字可道，五代景城（今河北交河）人。历事后唐至后周四代十君，长居宰相等要职，自号长乐老。新、旧《五代史》皆有传，唯自《新五代史》出，后人接受欧阳修观点，鄙其无志节。❸“礼、义、廉、耻”四句：此系概括《管子·牧民》“四维不张，国乃灭亡”及“国有四维：一曰礼，二曰义，三曰廉，四曰耻”等语而成。维，系车篷的绳索，此处引申作纲纪。张，张设，此处有施行、发扬之意。❹管生：此指管仲，春秋齐人，辅佐齐桓公，尊王攘夷，称霸天下。❺能言：善于立论说理。❻立人：为人、做人。❼不耻：不知耻，没有羞耻心。❽而：若、如果。下“况为大臣”句之“而”字同义。❾其：通“岂”，难道。下句的“其”同义。❿夫子：此处指孔子。⓫行己有耻：自己立身行事有羞耻心。语见《论语·子路》。⓬“人不可以无耻”三句：人不可以没有羞耻之心，一个人如果能将“无耻”视为“可耻”，便能远离耻辱。语见《孟子·尽心上》。无耻，没有羞耻心。无耻之耻，为“耻无耻”的倒装句，意谓以“无耻”为可耻。末句的“无耻”，意谓没有耻辱、远离耻辱。⓭“耻之于人大矣”三句：羞耻心对人而言太重要了！那些巧用机心变诈的人，羞耻心对他是用不上的。语见《孟子·尽心上》。大，重要。机变，机心变诈。无所用耻，用不着羞耻之心，此讥其不知羞耻。⓮所以然者：所以会如此的缘故。然，如此。者，语气性助词，用以表示上下文间的因

果关系。⑮悖礼犯义：违背礼法，侵害道义。悖，音（bèi），违逆。犯，侵害。⑯原：根源。⑰士大夫：古时指官吏或较有声望、地位的知识分子。

吾观三代[18]以下，世衰道微[19]，弃礼义，捐[20]廉耻，非一朝一夕之故。然而松柏后凋于岁寒[21]，鸡鸣不已于风雨[22]，彼众昏之日，固未尝无独醒之人也[23]。

顷[24]读《颜氏家训》[25]，有云："齐朝[26]一士夫[27]，尝谓吾曰：'我有一儿，年已十七，颇晓书疏[28]。教其鲜卑语及弹琵琶[29]，稍欲通解[30]，以此伏事[31]公卿，无不宠爱。'吾时俯而不答[32]。异哉[33]！此人之教子也！若由此业[34]，自致[35]卿相，亦不愿汝曹[36]为之！"嗟乎！之推不得已而仕于乱世[37]，犹为此言，尚有《小宛》诗人之意[38]，彼阉然媚于世[39]者，能无愧哉？

⑱三代：指夏、商、周三代。⑲世衰道微：世风衰败，道德式微。⑳捐：弃。㉑松柏后凋于岁寒：即使在岁末冬寒的时节，松柏也不凋谢。语见《论语·子罕》："岁寒，然后知松柏之后凋也。"比喻在世衰道微时，才看得出君子持正不苟，禁得起考验。后凋，不凋。㉒鸡鸣不已于风雨：即使是风狂雨骤的黎明，报晓的鸡鸣也绝不会因而停止。语见《诗经·郑风·风雨》："风雨如晦，鸡鸣不已。"比喻君子虽处乱世，仍坚毅贞定不改其节操。㉓彼众昏之日，固未尝无独醒之人也：在那众人都昏睡的时代，确实也未尝没有独自清醒的人。顾炎武此处乃化用《楚辞·渔父》"举世皆浊我独清，众人皆醉我独醒"句意。固，的确、确实。㉔顷：最近。㉕《颜氏家训》：北朝颜之推撰，全书共二十篇，内文叙述立身治家之方、辨正时风世俗之谬，以教训子弟，故名《颜氏家训》。以下所引为《教子》篇内容。㉖齐朝：指北朝之北齐。㉗士夫：即士大夫，此为有官职的人。㉘书疏：书牍（dú）奏章。疏，臣子上呈君主的一种公文书。因分条陈述意见，故称疏。㉙教其鲜卑语及弹琵琶：北朝鲜卑拓跋氏建立北魏政权后，当时各国贵族皆以鲜卑语为通用语。此处教儿习鲜卑（胡）语、弹琵琶（胡乐器），盖欲藉此迎合统治者之所好。㉚稍欲通解：渐渐熟练了解。稍，渐。㉛伏事：服事。伏，通"服"。㉜俯而不答：低着头，没有回应。表示不苟同之意。㉝异哉：真奇怪啊！㉞若由此业：如果藉由这样的技艺、能力。业，总括一切知识、技能，在此指学鲜卑语及弹琵琶。㉟自致：从而获得。自，从而。㊱汝曹：你们。曹，侪、辈。㊲之推不得已而仕于乱世：颜之推本南朝梁人，因遭乱而奔北齐，在北齐做官，期望有朝一日能遣送返梁，其情实非得已。㊳尚有《小宛》诗人之意：《小宛》，《诗经·小雅·节南山之什》篇名，写贤人君子遭乱畏祸，戒慎自勉。颜之推不得已仕于乱世，但尚能知耻，戒惕子孙勿效法谄媚统治者的无耻行为，其心情、其作风，近于《小宛》诗人。

㊴阉（yān）然媚于世：曲意顺从，取悦世俗。语见《孟子·尽心下》。阉然，掩藏自己的本心，曲意顺从于他人的样子。

问题与讨论

一、管仲将礼、义、廉、耻并举，意味着四者同等重要，顾炎武为何说“耻尤为要”?

二、顾炎武为什么说“士大夫之无耻，是谓国耻”？对现今而言，它是否也具有启示的意义?

三、本文多引古人之言以立论说理，这种作法产生了什么效果?

第三课

现代诗选（二）

一、狱中题壁

文——戴望舒

学习重点

本诗抒发了作者在狱中的心境，表现了他对胜利与自由的渴望，文字朴实，感情真挚，早年朦胧、梦幻的风格一扫而空。学习时，可就下列重点加以注意：

一、了解本诗的写作背景。

二、体会本诗所表现的情操。

三、认识诗中“跨行”、“跨节”的技巧。

题解

本诗选自《灾难的岁月》，为戴望舒晚期作品。一九三八年至一九四五年，戴望舒定居香港。珍珠港事变后，日军攻陷香港，望舒被捕，系于狱中，经人保释，始得释放。本诗即为狱中所作。

作者

戴望舒 浙江杭州人。生于清德宗光绪三十一年（一九〇五），卒于一九五〇年，年四十六。

望舒早年即爱好文艺，十七岁开始发表作品。一九二三年考入上海大学中文系，一九二五年进震旦大学法文班，一九二八年因发表《雨巷》一诗而成名，有“雨巷诗人”之称。一九三二年与戴杜衡等人创办《现代》杂志，同年冬赴法国留学，一九三五年回国。抗战期间，在香港担任报纸副刊及多种文艺刊物主编。一九四一年十二月日本攻陷香港，曾短期被拘押。抗战胜利后回到上海，在各大学任教。一九四八年赴香港，次年至北京，不久即过世。

望舒诗风受法国象征诗人影响，追求诗的朦胧美，充满了梦幻与感伤，在当时诗坛影响甚大。因其多数诗作均在《现代》杂志发表，人称“现代派”。抗战以后，遭逢战乱与困苦，风格逐渐趋于平实。著有诗集《我的记忆》《望舒诗稿》《灾难的岁月》等，今人编有《戴望舒全集》行世。

课文

如果我死在这里，
朋友啊，不要悲伤，
我会永远地生存
在你们的心上。

我们之中的一个死了，
在日本占领地的牢里，
他怀着的深深仇恨，
你们应该永远地记忆。

当你们回来，从泥土掘起他伤损的肢体，
用你们胜利的欢呼
把他的灵魂高高扬起，

然后把他的白骨放在山峰，
曝着太阳，沐着飘风：
在那暗黑潮湿的土牢，
这曾是他唯一的美梦。

二、无题

文——林徽因

学习重点

在现代诗的发展过程中，女诗人并不算多，但不乏自成其独特风貌与格调者。林徽因作品虽不多，但脱胎新月派而能超越，有其深美之致，值得学子研习。学习时，可就下列重点加以注意：

一、体会诗中所蕴含的旨意。

二、掌握本诗特殊的形式以及起伏跌宕的节奏美。

题解

本诗选自《林徽因诗集》，题为《无题》，或由于诗人自认诗中所描写的情怀，难以确定的诗题涵盖；或由于诗人不想坐实诗中隐微深曲的内容意蕴，交由读者自行揣摩；无论如何，当有李商隐常题其诗为《无题》的影响在。全诗流露浓厚的追怀之情，并深切期盼过往的美好永不磨灭。

作者

林徽因 福建闽侯人，清光绪三十年（一九〇四）生于浙江杭州。民国十三年入美国宾州大学美术系，十六年毕业，续入耶鲁大学学习舞台美术。十七年与梁启超之子梁思成结婚，同年返回北平。毕生工作之重心在中国古代建筑之勘察与研究。一九五五年病逝，年五十二。

文学创作为林徽因业余兴趣，所作以小说、诗为主，而以诗最为世人所称道。林氏之文学生命与文学事业，深受徐志摩影响：十六岁结识徐志摩；十九岁加入胡适、徐志摩所成立之“聚餐会”（新月社前身）；二十岁，印度诗人泰戈尔访华，徐任翻译，林任陪同；二十五岁以后诗作渐丰，亦多有新月派风采韵致。整体而言，林诗在形式上，重视格律的运用，却较新月派为自然流动；在内涵上有抒情的气质，却添染委婉曲折的理趣；至于语言与风格，则柔美之中自有坚忍的力道——这多少也反映了诗人的个性。有《林徽因诗集》《林徽因文集》传世。

课文

什么时候再能有
那一片静：
溶溶[1]在春风中立着，
面对着山，面对着小河流？

什么时候还能那样
满掬着希望；
披拂新绿[2]，耳语似的诗思，
登上城楼，更听那一声钟响？

什么时候，又什么时候，心
才真能懂得
这时间的距离：山河的年岁；
昨天的静，钟声
昨天的人
怎样又在今天里划下一道影！

❶溶溶：此处形容心情宽舒、心境悠然。❷披拂新绿：拨开新生的绿叶。披拂，以手拨物。新绿，指春天新叶的嫩绿。

问题与讨论

一、《狱中题壁》较为浅白，你认为是否太过平直，还是有余味？为什么？

二、你对林徽因《无题》一诗的理解与体会如何？试予说明。

第四课

左忠毅公轶事

文——方苞

学习重点

方苞为清代桐城派古文的创始者，其文章讲求“义法”，本文即为一篇充分展现桐城派文章义法的代表作。在内容上，本篇记述左光斗与史可法师生二人的德行、情操，即属于“义”；在写法上，本文结构谨严，语言简洁，即属于“法”。学习时，可就下列重点加以注意：

一、明白“轶事”体的特色。

二、品赏本文雅洁精简的写作风格，掌握叙写人物应有的技巧。

三、认识左光斗、史可法行事、人格，以培养高尚的志节情操。

题解

本文选自《方望溪先生全集》。左忠毅公，名光斗，字共（gǒng）之，又字遗直，忠毅为其谥号。“轶”即散失之意，“轶事”又称逸事，乃史传未载，罕为世人所知之事。文中记述左公之事，来自于作者听闻其父所述，故以《左忠毅公轶事》名之。

左光斗，明安徽桐城人。神宗万历三年（一五七五）生，熹宗天启五年（一六二五）卒，三十三岁进士及第，累官至左佥（qiān）都御史。为人刚正敢言，不畏权贵。光宗崩（一六二〇），左光斗与杨涟扶保幼主熹宗即位，力斥宦官，安定朝廷，时称“杨左”。后宦官魏忠贤得宠弄权，杨涟上书弹劾，左光斗因参与其事，同遭陷害，死于狱中。及魏忠贤被诛，追封太子少保，南明福王（弘光皇帝）时，追谥忠毅。

全文主要记叙三事：一、左公视学京畿，识拔史可法；二、史可法探狱，左公责以大义；三、史可法深受左公感召，戮（lù）力从公。在写作方面，本篇结构严谨，技巧生动，不论正面描绘或侧面烘托，在人物刻画上皆极其成功。全篇透过简洁的文字叙述，成功凸显左公之识才、爱才、刚毅坚贞，以及史可法之忠勤任事、不辱师命，读来感人至深。

作者

方苞　字凤九，一字灵皋（gāo），晚号望溪，安徽桐城（今安徽桐城）人。生于清圣祖康熙七年（一六六八），卒于清高宗乾隆十四年（一七四九），年八十二。

方苞幼时家贫，能发愤向学，与兄长博究经史百家，并以孝悌互勉。康熙四十五年通过礼部会试，因母病，未及参加殿试即返家。后受戴名世案牵连，下狱论死，幸赖大学士李光地竭力营救，得康熙特赦。雍正即位，授侍讲学士。乾隆时，累官至礼部右侍郎。

方苞尝以“学行继程、朱之后，文章在韩、欧之间”二语与友好相勉，标明其为学宗法二程（程颢、程颐）、朱熹，为文师法韩愈、欧阳修，所作辞旨正大，雅洁谨严。平生致力提倡古文义法，所谓“义”，即“言有物”，强调在内容义理上推本于六经、《论》、《孟》；所谓“法”，即“言有序”，强调在作法体式上取诸《左传》《史记》及唐宋八大家的技巧、章法。其后桐城同乡刘大櫆（kuí）、姚鼐（nài）继承其理论，主张义理、考据、辞章三者并重，树立了桐城派古文的风貌，故世推方苞为桐城派初祖。有《方望溪先生全集》《春秋通论》等行世。

课文

先君子❶尝言：乡先辈❷左忠毅公视学京畿❸。一日，风雪严寒，从数骑❹出，微行❺，入古寺。庑下❻一生伏案卧❼，文方成草❽。公阅毕，即解貂覆生❾，为掩户❿，叩之寺僧⓫，则史公可法⓬也。及试，吏呼名，至史公，公瞿然⓭注视。呈卷，即面署第一⓮。召入，使拜夫人⓯，曰：“吾诸儿碌碌⓰，他日继吾志事，惟此生耳！”

❶先君子：对已去世父亲的尊称。方苞父名仲舒，号逸巢。❷乡先辈：同乡前辈。❸视学京畿：视察京城附近的学校。畿，京师近郊。❹从数骑：带领几个骑马的随从。从，音 zòng，使役动词，“使……跟随”之意，即带领。骑，此指骑马的随从。❺微行：微服出行，尊贵者隐藏身份便服出巡。❻庑下：厢房里。庑，音 wǔ，正堂两侧的厢房。❼伏案卧：趴在桌上休息。卧，此处指俯身休息。❽文方成草：文章刚完成草稿。❾解貂覆生：脱下貂皮大衣，覆盖在书生身上。貂，音 diāo，形似鼠而较大，皮毛珍贵，可制裘。❿为掩户：替他关上门。⓫叩之寺僧：向寺僧探问他的消息。叩，问。⓬史公可法：史可法，字宪之，一字道邻，明祥符（今河南开封）人。思宗崇祯元年（一六二八）进士，曾巡抚皖、豫等地，攻剿流寇有功。弘光时，督师扬州。清兵大举南下，死守不屈，城陷殉国，后人葬其衣冠于扬州梅花岭。⓭瞿（jù）然：张大眼睛而吃惊的样子。⓮面署第一：当面签选为第一名。署，音 shù，此处为签选之意。⓯夫人：此指左公继室戴氏，名君祐，桐城人。崇祯元年曾携子入京，上书为夫申冤。⓰碌碌：平庸。

及左公下厂狱[17]，史朝夕窥狱门外。逆阉[18]防伺[19]甚严，虽[20]家仆不得近。久之，闻左公被炮烙[21]，旦夕且死[22]，持五十金[23]，涕泣谋于禁卒[24]，卒感焉！一日，使史公更敝衣草屦[25]，背筐，手长镵[26]，为除不洁者[27]。引入，微指[28]左公处，则席地倚墙而坐，面额焦烂不可辨，左膝以下，筋骨尽脱矣！史前跪，抱公膝而呜咽。公辨其声，而目不可开，乃奋臂以指拨眦[29]，目光如炬[30]，怒曰："庸奴[31]！此何地也？而汝来前！国家之事，糜烂[32]至此，老夫已矣[33]！汝复轻身[34]而昧大义[35]，天下事谁可支拄[36]者？不速去，无俟奸人构陷[37]，吾今即扑杀汝！"因[38]摸地上刑械，作投击势。史噤[39]不敢发声，趋而出[40]。后常流涕述其事以语人曰："吾师[41]肺肝，皆铁石所铸造也！"

[17]厂狱：指东厂监狱。明代设有东厂、西厂、内行厂（内厂），均由宦官主持，职司侦查、缉捕和刑狱，其所设监狱称厂狱。[18]逆阉：违法乱纪的宦官，此指魏忠贤及其党羽。阉，音yān，宦官的通称。[19]防伺：防范监视。[20]虽：即使。[21]炮烙：音páo luò，以烧红铁器灼伤人体的酷刑。烙，灼、烧，古代酷刑之一种。[22]旦夕且死：立刻就快要死了。旦夕，早晚，此指很短的时间。且，将。[23]五十金：五十两银子。明以来，一两银为一金。[24]谋于禁卒：向狱卒商量、恳求。谋，此处为请求、商量之意。[25]更敝衣草屦：换上破衣草鞋。屦，音jù，鞋子。[26]手长镵：拿着清除垃圾的长柄铲。手，作动词用，拿。镵，音chán，一种弯曲长柄的掘土工具。[27]为除不洁者：假装成清除垃圾的人。为，通"伪"，伪装。[28]微指：暗指。[29]以指拨眦：用手指拨开眼眶。眦，音zì，眼眶。[30]目光如炬：目光如火把，此指发怒之状态。炬，火把。[31]庸奴：蠢材。庸，平庸，此处乃责备其愚蠢的怒斥之语。[32]糜烂：本谓粥之烂熟，此处用以比喻局势败坏，不可收拾。糜，音mí，粥。[33]已矣：停止、结束了，此指自己将死。已，停止。[34]轻身：不爱惜生命。此指史可法冒死探监。[35]昧大义：不明白救国的大道理。[36]支拄：支持、支撑。[37]构陷：罗织罪名，加以陷害。[38]因：于是，因此就。[39]噤：音jìn，闭口。[40]趋而出：快步走出、离去。趋，疾行。[41]吾师：科举时代，应试及第者称主考官为座师。史可法是左光斗督学时录取的考生，所以称左光斗为"吾师"。

崇祯[42]末，流贼[43]张献忠[44]出没蕲、黄、潜、桐[45]间，史公以凤庐道奉檄守御[46]。每有警[47]，辄数月不就寝[48]，使将士更休[49]，而自坐幄幕[50]外，择健卒十人，令二人蹲踞而背倚之[51]，漏鼓移[52]则番代[53]。每寒夜起立，振衣裳，甲上冰霜迸落[54]，铿然[55]有声。或劝以少休[56]，公曰："吾上恐负朝廷，下恐愧吾师也。"

史公治兵，往来桐城，必躬造左公第[57]，候太公、太母起居[58]，拜夫人于堂上。

余宗老涂山[59]，左公甥[60]也，与先君子善[61]，谓狱中语，乃亲得之于史公云[62]。

㊷崇祯：明思宗年号（一六二八——一六四四）。㊸流贼：聚众掳掠，到处流窜者，谓之流寇、流贼。㊹张献忠：明延安卫（今陕西延安）人，与李自成等并起为寇，据陕西、河南，陷成都，自称大西国王。所过之处，屠杀胁迫，惨无人道，后为清兵所杀。㊺蕲黄潜桐：皆地名，在今湖北、安徽境内。蕲，音 qí，今湖北蕲春、浠水二县。黄，今湖北黄州。潜，今安徽潜山。桐，今安徽桐城。㊻以凤庐道奉檄守御：以凤阳、庐江二府兵备道之官，奉命守御。明代设有分巡道、兵备道，前者巡察州府民事，后者掌理州府兵备。檄，音 xí，古代官府用以征召、晓谕、征讨的公文书。㊼警：警报，紧急状况。㊽就寝：上床睡觉。寝，指躺在床上睡觉，与趴在桌上休息的"卧"不同。㊾更休：轮流休息。更，音 gēng，轮替。㊿幄幕：帐幕。(51)令二人蹲踞而背倚之：命令两位士兵蹲坐，自己席地而坐，背靠着他们，以稍事休息。(52)漏鼓移：指每过一更。漏鼓，古代计时、报时的器具。漏，刻漏。鼓，更鼓。一夜为五更，交更时则击鼓报时，故五更又称五鼓。(53)番代：轮番替代。番，轮流更替。(54)迸落：散落。迸，音 bèng，裂开。(55)铿（kēng）然：清脆响亮的声音。(56)少休：稍作休息。(57)躬造左公第：亲自到左公府第。躬，亲身。造，至，造访。第，住宅。(58)候太公太母起居：向太公、太母请安。太公、太母，古时尊称长辈之父母，此指左光斗的父母。候起居，问候生活起居。(59)宗老涂山：宗老，族中的长辈。涂山，名文，字尔止，为方苞族祖，著有《涂山集》。(60)左公甥：方涂山为左光斗之女婿。据《左忠毅公年谱》记载，此处之"甥"，非外甥，乃指女婿之意。(61)善：友好。(62)云：语末助词。

问题与讨论

一、从哪些方面可以看出本文属于"轶事"体？

二、本篇既是写"左忠毅公"轶事，何以三、四两段偏于描写史可法？你认为作者采用此种写作手法是否成功？

三、透过本文，你对左光斗、史可法的行事、人格有什么体认？对二人的互动情况又有什么感想？请加以说明。

第五课

赤壁赋

文——苏轼

学习重点

本文为苏轼名作，文中透过“自我”与“客”之间的对话，展现作者对人生、世事通透豁达的观照，千百年来，广为读者喜爱。全文文辞华美，意境深远。学习时，可就下列重点加以注意：

一、认识苏轼生平及其文学成就。

二、品味文中辞采之美与辩证之趣，提升自我鉴赏与思辨的能力。

三、体会作者的人生哲学，培养开阔乐观的胸襟。

题解

本文选自《东坡全集》。宋神宗元丰五年（一〇八二）七月，苏轼与客夜泛舟黄州（今湖北黄冈）赤壁，面对山川景物，缅怀古今兴衰，有感于生命短促、世事无常，乃作此赋描述内心由感伤转旷达的体悟。同年十月，苏轼再度游赤壁，又作一赋，题旨与本篇相承，但感悟有别，意境更深，后人习称《后赤壁赋》。

东汉末周瑜、刘备大败曹操的赤壁，在湖北嘉鱼东北江滨，苏轼所游的赤壁，则为黄州城外之赤鼻矶（jī）。苏轼以此赤壁为彼赤壁，只是藉史事以兴怀，读者不必拘泥。

赋，文体之名，为介于诗、文间的一种韵文，盛行于两汉。至魏晋南北朝，形式骈化，称骈赋；至唐，形式律化，称律赋；至宋，受古文影响，形式散文化，称文赋。本篇即为文赋。

作者

苏轼　字子瞻，自号东坡居士，眉州眉山（今四川眉山）人。生于宋仁宗景祐三年（一〇三六），卒于宋徽宗建中靖国元年（一一〇一），年六十六。

苏轼自幼聪慧，博通经史，二十二岁中进士，主考官欧阳修叹赏其才华，曾说："吾当避此人出一头地。"神宗熙宁四年（一〇七一），因与王安石政见不合，自请外放为杭州通判。神宗元丰二年，以"乌台诗案"被诬下狱，后贬为黄州团练副使。其最脍炙人口的佳作，如前、后《赤壁赋》《念奴娇赤壁怀古》《定风波》等均作于此时期。后虽受召回京，官翰林学士，仍然不见容于当时在朝之旧党，遂二度外放。晚年，新党再度得势，苏轼迭（dié）遭贬谪，最远被贬至海南昌化军（今海南儋 dān 州）。徽宗即位，遇赦北还，途中病卒于常州（今江苏常州）。南宋孝宗时追谥文忠。

苏轼性情豪迈旷达，天才杰出，于文学有多方面之成就。其诗气象宏阔，意趣超妙，为宋诗开辟新境界；其文驰骋（chěng）多变，汪洋恣肆，为宋文展现新风貌；其词于婉约清丽之外，别开高旷豪迈一格，三者影响俱极深远。有《东坡全集》行世。

课文

壬戌[1]之秋，七月既望[2]，苏子[3]与客泛舟游于赤壁之下。清风徐来，水波不兴。举酒属客[4]，诵明月之诗[5]，歌窈窕之章[6]。少焉[7]，月出于东山之上，徘徊于斗牛[8]之间。白露横江，水光接天。纵一苇之所如[9]，凌万顷之茫然[10]。浩浩[11]乎如冯虚御风[12]，而不知其所止；飘飘乎如遗世独立[13]，羽化而登仙[14]。

于是饮酒乐甚，扣舷[15]而歌之。歌曰："桂棹兮兰桨[16]，击空明兮泝流光[17]。渺渺兮予怀[18]，望美人[19]兮天一方。"客有吹洞箫者，倚歌[20]而和之，其声呜呜然，如怨、如慕、如泣、如诉，余音袅袅[21]，不绝如缕[22]，舞幽壑之潜蛟，泣孤舟之嫠妇[23]。

❶壬戌（rén xū）：即宋神宗元丰五年，时苏轼贬黄州已三年。❷既望：阴历每月十六日。既，已、过。望，阴历每月十五日。❸苏子：苏轼自称。❹属客：劝客饮酒。属，音 zhǔ，通"嘱"，劝请之意。❺明月之诗：旧说或指《诗经·陈风·月出》，或指曹操《短歌行》，此处泛指有关明月之诗。❻窈窕（yǎo tiǎo）之章：旧说或指诗经陈风月出首章，或指《诗经·周南·关雎》，此处泛指有关美人之诗。❼少（shǎo）焉：不久。❽斗牛：星宿名，指斗宿与牛宿。此处泛指星斗。❾纵一苇之所如：任小舟顺水漂流。纵，放任。一苇，借喻为小舟。苇，芦苇。如，往。❿凌万顷之茫然：越过空阔无边的水面。凌，越过。茫然，水面空阔的样子。⓫浩浩：广大无边的样子。⓬冯（píng）虚御风：在空中驾风飞行。冯，通"凭"，依恃。虚，天空。御，驾、乘。⓭遗世独立：远离尘世，超然特立。⓮羽化而登仙：身生羽翼，飞升成仙。羽化，道教称人成仙为羽化，成仙者或身生羽翼，或化为飞鸟。⓯扣舷：敲击船边。舷，音 xián，船边。

⑯桂棹兮兰桨：桂木做的棹，木兰做的桨。桂木、木兰均为香木。棹，音 zhào，船桨。⑰击空明兮泝流光：船桨打着映照于江面上的月影，在流动的波光中逆流而行。空明，指月亮在水面上的倒影。泝，音 sù，通“溯”，逆流而上。流光，指水面上闪动的月光。⑱渺渺兮予怀：我幽远的情怀。渺渺，幽远的样子。⑲美人：借指所思慕的人。古典文学中，常用来指君王。⑳倚歌：依歌，随着歌声。㉑袅袅：音 niǎo niǎo，形容箫声婉转悠长。㉒不绝如缕：如丝线缠绕，牵连不断。绝，断。㉓“舞幽壑之潜蛟”二句：使幽谷中沉潜的蛟龙起舞，使孤舟中哀戚的寡妇落泪。二句形容箫声动人至极。壑，山谷。嫠（lí）妇，寡妇。

苏子愀然[24]，正襟危坐[25]而问客曰：“何为其然[26]也？”

客曰：“‘月明星稀，乌鹊南飞’，此非曹孟德之诗[27]乎？西望夏口[28]，东望武昌[29]，山川相缪[30]，郁乎苍苍[31]，此非孟德之困于周郎[32]者乎？方其破荆州、下江陵[33]，顺流而东也，舳舻千里[34]，旌旗蔽空[35]，酾[36]酒临江，横槊赋诗[37]，固一世之雄也，而今安在哉？况吾与子，渔樵于江渚之上[38]，侣鱼虾而友麋鹿[39]。驾一叶之扁舟[40]，举匏樽[41]以相属[42]。寄蜉蝣于天地[43]，渺沧海之一粟[44]，哀吾生之须臾[45]，羡长江之无穷，挟飞仙以遨游，抱明月而长终[46]，知不可乎骤[47]得，托遗响[48]于悲风。”

㉔愀（qiǎo）然：形容神色变得凝重、严肃的样子。㉕正襟危坐：整理衣襟，直身端坐。危，端正。㉖何为（wèi）其然：为何会如此呢？意即：为什么吹得如此悲凉呢？㉗曹孟德之诗：指曹操《短歌行》一诗，诗中有句：“月明星稀，乌鹊南飞。绕树三匝（zā），无枝可依。”㉘夏口：古城名，故址在今湖北武汉蛇山上，当汉水入长江口。㉙武昌：古郡名，今湖北鄂州。㉚山川相缪：山环水复，相互盘绕。缪，音 liáo，通“缭”，相环相绕。㉛郁乎苍苍：形容草木茂密繁盛。郁，茂盛。苍苍，深青色。㉜孟德之困于周郎：指汉献帝建安十三年（二〇八），周瑜在赤壁之战中击溃曹操八十万大军一事。㉝破荆州下江陵：指建安十三年曹操追击刘备事。曹操先破荆州（今湖北襄樊），续进占江陵（今湖北江陵），然后沿江东进。㉞舳舻千里：战船前后相接，长达千里，形容船舰极多。舳舻，音 zhú lú，即船只。舳，船尾。舻，船头。㉟旌旗蔽空：旌旗飘扬，遮蔽了天空，形容军容壮盛的样子。㊱酾：音 shī，斟酒。㊲横槊赋诗：横执长矛吟诗。有出口成诗，意气自得之意。槊，音 shuò，长矛。赋，吟诵。㊳渔樵于江渚之上：在江边捕鱼，在沙洲采薪。渚，音 zhǔ，水中沙洲。㊴侣鱼虾而友麋鹿：与鱼虾相伴，和麋鹿为友。此句与上句对称，皆指过着闲适的渔隐生活。麋，音 mí，兽名，与鹿同类而稍大。㊵扁舟：小船。扁，音 piān，小。㊶匏樽（zūn）：葫芦做成的酒器。匏，音 páo，葫芦的一种。

樽，酒器。㊷相属：相互劝酒。㊸寄蜉蝣于天地：如蜉蝣寄居天地间般短暂。蜉蝣，音 fú yóu，昆虫名，栖游水中，生命不足一日，故常以喻人生短促。㊹渺沧海之一粟：如大海中一粒粟米般渺小。沧海，大海。㊺须臾：片刻、短暂。㊻“挟飞仙以遨游”二句：偕飞仙同游，与明月长存，有长生不死之意。挟，音 xié，本意为“夹在腋下”，此处意指“偕同”。长终，长存。㊼骤：迅速，此指轻易。㊽遗响：余音，即洞箫之音。

苏子曰：“客亦知夫水与月乎？逝者如斯，而未尝往㊾也；盈虚者如彼，而卒莫消长㊿也。盖将[51]自其变者而观之，则天地曾不能以一瞬[52]；自其不变者而观之，则物与我皆无尽也，而又何羡乎？且夫天地之间，物各有主，苟非吾之所有，虽一毫而莫取。惟江上之清风，与山间之明月，耳得之而为声，目遇之而成色，取之无禁、用之不竭，是造物者[53]之无尽藏[54]也，而吾与子之所共适[55]。”

客喜而笑，洗盏更酌[56]，肴核[57]既尽，杯盘狼藉[58]，相与枕藉[59]乎舟中，不知东方之既白[60]。

㊾逝者如斯而未尝往：江水虽流转不停，而江水永在，意谓世间事物，其实不曾消逝。逝者，本文中指流水。逝者如斯，水如此流逝。语见《论语·子罕》。㊿盈虚者如彼而卒莫消长：月亮虽有圆缺，但月的本体却未曾增减。盈，满。虚，缺。彼，指月亮。卒，最终。[51]盖将：盖，发语词，无义。将，连词，且，况且。[52]天地曾（zēng）不能以一瞬：意谓天地间事物无一刻不在变化，比喻极短暂。曾，乃、竟。瞬，眨眼之间。[53]造物者：指大自然。[54]无尽藏（zàng）：本佛家语，指佛的德用无所不备。苏轼此处借以指清风、明月等大自然无穷无尽的宝藏。[55]适：快意、欢乐，此为享受之意。故宫所藏真迹本作“食”，今从通行本。[56]洗盏更酌：洗净酒杯，重新斟酒。盏，小杯。更，再，重新。[57]肴核：菜肴和果品。[58]狼藉（jí）：也作“狼籍”，散乱的样子。[59]枕藉：音 zhèn jiè，交错相枕而卧。枕，动词，以物垫头。藉，倚靠、依托。[60]既白：已白，指天亮。

问题与讨论

一、文中“扣舷而歌之”的歌词，可能有什么涵义？请加以讨论。

二、洞箫客为什么感伤怀悲？他感伤怀悲的症结是什么？

三、对文中苏轼“变”与“不变”的论述，你有什么看法？能否就自己的体会，也举一例阐述“变”与“不变”的道理？

第六课

唐诗选

一、旅夜书怀

文—杜　甫

学习重点

杜甫一生历经唐朝国势由盛转衰的关键期，他的诗作既反映了这一剧烈变动的时代，也表现了自身颠沛流离、理想落空的生命历程，本诗为其代表作之一。学习时，可就下列重点加以注意：

一、了解本诗的写作背景。

二、掌握本诗前半写景与后半抒情之间的关系。

三、体会作者复杂的心情以及本诗沉郁的风格。

题解

本诗选自《杜工部集》，是杜甫于唐代宗永泰元年（七六五）初离四川时所作。在此之前，杜甫因遭逢战乱，辗转流徙，最后来到四川。在四川度过了将近五年寄人篱下的生活，终于决定乘船离开，回返洛阳。此时杜甫已五十四岁，年华老去，志业无成，即使想回洛阳，也因世局不稳，路途迢（tiáo）遥，不知是否能顺利归返。回想半生漂泊，百感交集，遂于旅途中写下了这首极为著名的诗篇。

本诗造句精练，对仗工稳，在幽深沉静、广阔无边的空间背景中，映现诗人孤独的心境与志业不遂的感慨，为杜甫五律代表作。

作者

杜甫 字子美，祖籍京兆杜陵（今陕西长安），故常自称“杜陵布衣”，河南巩县（今河南巩义）人。生于唐睿宗景云三年（七一二），卒于唐代宗大历五年（七七〇），年五十九。

杜甫祖父杜审言为初唐著名诗人。杜甫自幼即有诗才，及长，又怀壮志。玄宗开元二十三年（七三五）举进士不第，至天宝十三载（七五四）始授一小官。安史乱起，肃宗即位于灵武（今宁夏回族自治区宁武），杜甫冒险奔赴，拜左拾遗，不久被贬为华州司功参军。其时战乱，又逢饥馑，杜甫弃官流亡至四川，剑南节度使严武荐为检校工部员外郎，故世称杜工部。晚年流徙于夔（kuí）州（今重庆奉节）、湖北、湖南等地，至死都未能回到家乡。

杜甫诗备众体，无论五言、七言，古体、近体莫不兼擅。加以语言精练，格律谨严，感情真挚深厚，题材无所不包，极为后世所推崇，故有“诗圣”之称。此外，杜甫生当开元承平之时，其后遭逢战乱，流离半生，所见所感，无不笔之于诗，真实反映了当时政治变化、社会乱离的状况，故又有“诗史”之称。有《杜工部集》行世。

课文

细草❶微风岸，危樯❷独❸夜舟。
星垂平野阔❹，月涌大江流❺。
名岂文章著❻？官应老病休❼。
飘飘❽何所似？天地一沙鸥。

❶细草：小草。❷危樯：高高的船桅（weī）。危，高。樯，音 qiáng，船桅，船上挂帆的竿子。❸独：指孤身一人，亦指孤舟。❹星垂平野阔：星星垂落天际，原野辽阔无边。❺月涌大江流：江中月影涌动，大江奔流不停。❻名岂文章著（zhù）：此句兼有二义：一为我的名声难道会因自己所写的作品而著称于世吗？一为我的名声难道只能因作品而著称于世吗？❼官应老病休：此句亦兼有二义：一有肯定之意，即“我又老又病应该退休”；又有不甘心的反问之意，即“我真的又老又病，应该退休了吗”？休，辞官、退休。❽飘飘：漂泊无依的样子。

问题与讨论

一、杜甫如何透过前四句的写景来表现其孤独感？

二、请就自己的体会阐述诗中所蕴含的复杂情怀。

二、夜雨寄北

文——李商隐

学习重点

李商隐诗以含蓄深婉、晦涩难解著称，本诗则风格不同，写相思之情，不事雕琢，语淡情深，令人低回不已。学习时，可就下列重点加以注意：

一、掌握本诗寓情于景的写作笔法。

二、体会本诗真挚深刻的情感。

题解

本诗选自《李义山诗文集》。诗题一作《夜雨寄内》，“内”即“内人”——妻子。有关本诗内容，向有二说：一为李商隐思念妻子之作，一为思忆朋友之作，此处采前说。“寄北”即寄诗给住在长安的妻子。李商隐一生常在外为官，唐宣宗大中二年（八四八），留滞巴山，其妻王氏在长安，本诗似为李商隐收到王氏来信后所写。

全诗以平易而家常的语言，透过设问与预想，表达对妻子真切的思念，委婉动人，为李商隐七绝名作。

作者

李商隐 字义山，号玉谿生、樊南生，怀州河内（今河南沁阳）人。生于唐宪宗元和八年（八一三），卒于唐宣宗大中十二年（八五八），年四十六。

李商隐自幼孤贫，富文学之才，得令狐楚赏识，延揽为幕僚，并授以骈文，奖掖（yè）不遗余力。文宗开成二年（八三七）擢（zhuó）登进士。同年冬，令狐楚卒。次年，入泾（jīng）原节度使王茂元幕，又得王茂元赏识，并与其女结婚。因令狐楚为牛僧孺党，王茂元为李德裕党。李商隐自此无端卷入牛李党争，一生抑郁不得志。

李商隐工七律、七绝。所作造语精丽，善于用典，意境朦胧迷离，情感委婉曲折，为晚唐唯美诗风之代表。有《李义山诗文集》行世。

课文

君问归期未有期，
巴山❶夜雨涨秋池。
何当共剪西窗烛❷，
却❸话巴山夜雨时？

❶巴山：此处为湖北巴东南之巴山。❷何当共剪西窗烛：何时一同在西窗下剪烛。何当，何时。剪烛，剪去烧残的烛芯（xīn），使烛火明亮。❸却：还、再。

问题与讨论

一、本诗短短四句，“巴山夜雨”却重复二次，且各为该句主体，诗人为何如此书写？有何特殊意义？

二、后二句是否为一种憧憬期望的心情？又为什么要“却话巴山夜雨时”呢？

三、走马川行奉送封大夫出师西征

文——岑 参

学习重点

本诗属边塞诗。在文学史上，唐代为边塞诗充分发展的时代，岑参为唐代边塞诗代表性的诗人，而本诗为其雄奇壮伟风格的代表作。学习时，可就下列重点加以注意：

一、对唐代边塞诗有概略认识。

二、欣赏本诗特殊的形式结构，并体会因此而形成的阳刚风格。

题解

本诗选自《岑嘉州集》，是岑参极负盛名的诗篇，也是唐代七言歌行体边塞诗的代表性作品。《走马川行》，乐府题，唯此题非汉乐府旧有，乃作者自拟。走马川，水名，或疑即《水经·河水注》之龟兹（qiū cí）川，在新疆境内。封大夫即封常清。唐玄宗天宝十三载，封常清以安西四镇节度使兼北庭节度使，率军西征，时岑参在其幕府任职，作此诗以送之。

诗中对天候、景致、军容的描写，充满雄奇之感，而在押韵上，不仅句句押，又每三句一转韵，形制极为独特，这些恰正表现了岑参边塞诗的典型风格。

作者

岑参 荆州江陵（今湖北潜江）人，生年不详，约当唐玄宗开元五年（七一七）前后，卒于唐代宗大历五年（七七〇）前后。

岑参于玄宗天宝三载登进士第，授右内率府兵曹参军。天宝八载，安西四镇节度使高仙芝入朝，表岑参为右威卫录事参军，充节度使幕掌书记，遂赴安西。此后二十余年，大抵皆在边塞任职。代宗永泰元年曾出为嘉州刺史，故世称岑嘉州。

岑参边塞诗作约六十首，古、近体俱佳，尤以七言歌行之作能表现盛唐边塞诗雄放奇瑰的风貌，特具时代精神与特色，最为后人称道。有《岑嘉州集》行世。

课文

君不见走马川，雪海❶边，
平沙莽莽❷黄入天！
轮台❸九月风夜吼，
一川碎石大如斗，
随风满地石乱走。
匈奴❹草黄马正肥，
金山❺西见烟尘飞❻，
汉家❼大将❽西出师。

将军金甲[9]夜不脱，
半夜军行戈相拨[10]，
风头如刀面如割。
马毛带雪汗气蒸，
五花连钱旋作冰[11]，
幕中草檄[12]砚水凝。
虏骑闻之应胆慑，
料知短兵[13]不敢接，
军师[14]西门伫献捷[15]。

❶雪海：在今吉尔吉斯共和国境内，距伊塞克湖不到百里。此泛指西域一带地区。❷莽莽：广远无边际的样子。此用以形容黄沙滚滚，弥天盖地。❸轮台：今新疆轮台。本汉西域地名，唐时始置县，隶北庭都护府。❹匈奴：此处泛指唐时西域的少数民族。❺金山：即阿尔泰山，在新疆北部。❻烟尘飞：尘土与烽烟相混飞扬，指胡骑犯边。❼汉家：借汉以指唐。❽大将：此指封常清。❾金甲：指铁衣。❿戈相拨：夜半视线不良，故士兵皆以戈拨地导步，以便行军。或解作戈矛互相碰撞。⓫五花连钱旋作冰：意谓马毛上的汗水迅即结冰，与下句“砚水凝”均用来形容天候之严寒。五花，即五花马，将马鬣（liè）剪成花瓣样式，以为妆饰。连钱，马名，毛色斑驳。旋，迅即。⓬草檄：起草征讨书。檄，音 xí，征讨的文书。⓭短兵：长度较短的兵器，如刀、剑等。⓮军师：此指留营的将士。⓯伫献捷：等待军队凯旋，举行献捷仪式。伫，音 zhù，在此为等待之意。捷，战利品，指俘虏。

问题与讨论

一、本诗的“形式”极为独特，请就诗中句子组合、押韵、转韵等情况，析述其特异处。

二、本诗形式上的独特，对“风格”的形成有何作用？

第七课

刘姥姥进大观园

文——曹雪芹

学习重点

《红楼梦》是中国著名的小说，其情节由贾宝玉、林黛玉、薛宝钗三人的爱情故事与荣、宁二府的兴衰两条主线贯串。本篇既透过刘姥姥显现贾府兴盛时期的生活样貌，凸显了《红楼梦》贫富悬殊、繁华如梦等重要主题，更以高妙的文学技巧，塑造了淳厚而睿智的经典人物刘姥姥。学习时，可就下列重点加以注意：

一、认识《红楼梦》的成就与价值。

二、领略本文透过描写人物的语言、动作，以呈现人物性格的写作技巧。

三、体会刘姥姥为人处世的态度。

题解

本文选自《红楼梦》第四十回“史太君两宴大观园，金鸳鸯三宣牙牌令”，大观园乃贾母长孙女元春入宫封为贵妃，归宁省亲，贾府特地建造的园林。大观园周围约两公里，有亭台、楼阁、池馆、花木、山水等胜景，精致美丽。

刘姥姥是个农村穷寡妇，没有儿子，依靠女婿王狗儿过日。狗儿是荣国府贾政之妻王夫人的远亲，因为生活穷困，于是藉亲戚关系，由刘姥姥进贾府求助。刘姥姥曾前后四度进入贾府，本文所写为第二次。这次刘姥姥见到贾母，深得贾母欢心，遂跟随贾母等人畅游大观园，众人将她当作女清客，玩弄、消遣一番。刘姥姥虽是村妇，却熟悉人情世故，故意做一些笨拙可笑的动作，说些鄙俗村话，讨太太、小姐们开心，并博取贾母好感。

作者透过对人物动作、对话的细微描写，将没见过世面的村妇刘姥姥刻画得栩栩如生。由于长期的生活磨炼与体验，使她深具生活智慧，表现出朴实憨厚，却善体人意、诙谐风趣的人格特质。其中虽不免有为生活而忍受捉弄、讨好凑趣的成分。但以一个朴实村妇对比一群锦衣玉食、养尊处优的仕女，其中深意，耐人寻味。

作者

曹雪芹 名霑（zhān），字梦阮（ruǎn），号芹溪，别号雪芹，祖籍辽阳（一说丰润），先世原为汉人，明末入满州籍，属汉军正白旗包衣。约生于清圣祖康熙五十四年（一七一五），卒于清高宗乾隆二十七年（一七六二），年约五十。

曹雪芹祖先三代，从康熙二年至雍正五年（一七二七），六七十年间都担任江宁织造（清朝皇室派在江南采办宫中用品的官员）。康熙六次南巡，四次由曹雪芹祖父曹寅接待，可见曹家家世之显赫贵盛。曹寅为著名藏书家，工诗词、戏曲，并奉康熙之命，纂刻《全唐诗》等书。雍正时曹雪芹叔父曹頫（fú）

因罪罢职，家业被查抄，家道瞬间败落。

曹雪芹生于南京，自幼生长于书香世家，能诗能文、擅长书画，好饮酒、善谈吐，中年后隐居北京西郊，靠亲友接济与卖画度日。晚年生活潦倒，遂将平生见闻、感想，透过一个家族的兴衰史，撰成小说。

《红楼梦》费时十年，并经多次增删修改，乾隆中以八十回抄本流传，初名《石头记》，又名《风月宝鉴》。其后高鹗（è）补修的一百二十回本行世，其情节基本上维持曹雪芹的构思。《红楼梦》之得以广泛流传，高鹗功不可没。

《红楼梦》全书内容丰富，思想深刻，具有高超的艺术手法，文字流畅精炼，人物刻画细腻，情节布局周密而富于变化，心理描写入微，是中国最负盛名的小说，也是世界公认的文学名著。

课文

这日天气清朗，李纨[1]侵晨[2]先起来，看着老婆子[3]、丫头[4]们扫那些落叶，并擦抹桌椅，预备茶酒器皿。只见丰儿[5]带了刘姥姥[6]、板儿[7]进来，说："大奶奶[8]倒忙的紧。"李纨笑道："我说你昨儿去不成，只忙着要去。"刘姥姥笑道："老太太[9]留下我，叫我也热闹一天去。"丰儿拿了几把大小钥匙，说道："我们奶奶说了：外头的高儿[10]恐不彀[11]使，不如开了楼，把那收着的拿下来使一天罢。奶奶原该亲自来的，因和太太[12]说话呢。请大奶奶开了，带着人搬罢。"李纨便命素云[13]接了钥匙，又命婆子出去，把二门[14]上的小厮[15]叫几个来。李纨站在大观楼[16]下往上看，令人上去开了缀锦阁，一张一张往下抬。小厮、老婆子、丫头，一齐动手，抬了二十多张下来。李纨道："好生[17]着，别慌慌张张，鬼赶着似的！仔细[18]搓[19]了牙子[20]！"又回头向刘姥姥笑道："姥姥，你也上去瞧瞧。"刘姥姥听说，巴不得一声儿，便拉了板儿，登梯上去。进里面，只见乌压压[21]的堆着些围屏、桌椅、大小花灯之类，虽不大认得，只见五彩炫耀，各有奇妙。念了几声佛[22]，便下来了。然后锁上门一齐才下来。李纨道："恐怕老太太高兴，越发把船上划子[23]、篙桨[24]、遮阳幔子[25]，都搬下来预备着。”众人答应，又复开了，色色[26]的搬了下来，命小厮传驾娘[27]们到船坞[28]里撑出两只船来。

正乱着安排，只见贾母已带了一群人进来了。李纨忙迎上去，笑道：“老太太高兴，倒进来了，我只当还没有梳头呢，才撷[29]了菊花要送去。”一面说，一面碧月[30]早已捧过一个大荷叶式的翡翠盘子来，里面养着[31]各色的折枝菊花。贾母便拣[32]了一朵大红的簪[33]于鬓上，因回头看见了刘姥姥，忙笑道：“过来带花儿。”一语未完，凤姐[34]便拉过刘姥姥来，笑道：“让我打扮你老人家！”说着，将一盘子花横三竖四[35]的插了一头，贾母和众人笑的了不得，刘姥姥笑道：“我这头也不知修了什么福，今儿这样体面起来！”众人笑道：“你还不拔下来摔到他脸上呢，把你打扮的成了老妖精了！”刘姥姥笑道：“我虽老了，年轻时也风流[36]，爱个花儿粉儿的，今儿索性[37]做个老风流！”

❶李纨：贾政长子贾珠之妻，早年即守寡。住在大观园稻香村，别号稻香老农。❷侵晨：清晨。侵，接近之意。❸老婆子：年老的女仆。❹丫（yā）头：婢女的俗称，亦称“丫鬟”“丫嬛”。古代婢女头梳双髻，其形如丫，故称丫头。❺丰儿：王熙凤婢女，下文“我们奶奶”即指王熙凤。❻刘姥姥：“刘姥姥”在红楼梦的各种版本中，或作“刘嫽嫽”、“刘老老”。依北方人习惯，外孙对外祖母称“姥姥”，一般也用以敬称老妇人。❼板儿：刘姥姥外孙。❽大奶奶：指李纨。奶奶，对已婚妇人或女主人的尊称，意即夫人、太太。李纨是贾政长媳，因此称为大奶奶。❾老太太：即贾母，荣国公贾代善之妻。生有二子一女：长子名赦。次子名政，即贾宝玉父亲。女儿名敏，即林黛玉母亲。红楼梦中通称贾母，或称史太君。❿高几：高脚的小桌子。⓫彀：音 gòu，通“够”。⓬太太：即下文的“王夫人”，贾母二媳妇，贾政正室，贾宝玉之母。⓭素云：李纨婢女。⓮二门：屋舍的第二重门。旧式大宅一般是四合院，大门内分为前后两进，前进、后进又有院落，从前进到后进的门，称为二门。⓯小厮：僮仆。⓰大观楼：此指大观园正楼。⓱好生：好好儿的，意同“小心”，唤起注意的用语。⓲仔细：当心。⓳搓：同“碰”，碰撞。⓴牙子：指桌凳边缘的雕花装饰。㉑乌压压：意即“黑压压”，形容人或物众多的样子。㉒念了几声佛：原是一种在心里默念佛经或佛号的修行方式，此指以口诵佛号（如阿弥陀佛）来表达心中惊讶、赞叹、崇敬的心情，下文的“念佛”都是这个意思。㉓划子：用以运转帘幕的细长竿子。㉔篙桨：划船用具。篙，音 gāo，撑船的竹竿。㉕遮阳幔子：指船中遮阳的帐幕。㉖色色：一件件。物品一种称一色。㉗驾娘：船娘，驾船的妇女。㉘船坞：船只停泊的地方。坞，音 wù，同“隖”，中央低而四周高的地方。㉙撷：音 jié，采、摘取。㉚碧月：李纨婢女。

㉛养着：放着、保存着。㉜拣：挑选。㉝簪：音 zān，本义为插定发髻或帽子的长针，此当动词，意为插、戴。㉞凤姐：即王熙凤，贾赦子贾琏之妻，出身显赫的金陵王家，是贾政妻王夫人的侄女。美丽多才，精明能干，深得贾母喜爱。掌理贾府家政，恃宠专权，个性好强狠辣，外号凤辣子。㉟横三竖四：形容纵横杂乱的样子，意即“横七竖八”“乱七八糟”。㊱风流：追求时尚。㊲索性：干脆。

说笑之间，已来至沁芳亭㊳上。丫鬟们抱了一个大锦褥子来，铺在栏杆榻板㊴上，贾母倚柱坐下，命刘姥姥也坐在旁边，因问他：“这园子好不好？”刘姥姥念佛说道：“我们乡下人到了年下㊵，都上城来买画儿贴。闲了的时候儿，大家都说：怎么也得到画儿上去逛逛。想着那个画儿也不过是假的，那里有这个真地方呢。谁知我今儿进这园里一瞧，竟比那画儿还强十倍！怎么得有人也照着这个园子画一张，我带了家去㊶，给他们见见，死了也得好处！”贾母听说，便指着惜春㊷笑道：“你瞧我这个小孙女儿，他就会画，等明儿叫他画一张，如何？”刘姥姥听了，喜的忙跑过来拉着惜春，说道：“我的姑娘！你这么大年纪儿，又这么个好模样，还有这个能干，别是个神仙托生的罢？”

㊳沁芳亭：大观园进门不远处，有一石桥，名曰沁芳桥；桥上有亭，名沁芳亭。沁芳，意即充满花香。沁，音 qìn，浸渍、渗入。㊴榻板：固定在栏杆下部供人小憩的榻形长板。榻，音 tà，狭长而矮的坐卧用具。㊵年下：年底，快过年时。㊶带了家去：意即“带回家”。㊷惜春：宁国府贾敬的女儿，贾珍的妹妹，排行第四，为贾母侄孙女。住在大观园藕（ǒu）香榭，别号藕榭，善画，后出家为尼。

贾母少歇了一回，自然领着刘姥姥都见识见识。先到了潇湘馆㊸，一进门，只见两边翠竹夹路，土地下苍苔布满，中间羊肠一条石子漫㊹的路，刘姥姥让出路来与贾母众人走，自己却走土地。琥珀㊺拉着他说道：“姥姥，你上来走，仔细苍苔滑了！”刘姥姥道：“不相干的㊻，我们走熟了的。姑娘们只管走罢，可惜你们的那绣鞋，别沾了泥！”他只顾上头和人说话，不防底下果踩㊼滑了，咕咚一交㊽跌倒，众人都拍手哈哈的笑起来。贾母笑骂道：“小蹄子[49]们！还不搀起来，只站着笑！”说话时，刘姥姥已爬了起来，自己也笑了，说道：“才说嘴，就打了嘴[50]！”贾母问他：“可扭了腰了不曾？叫丫头们捶一捶。”刘姥姥道：“那里说的我这么娇嫩了？那一天不跌两下子，都要捶起来，还了得呢！”紫鹃[51]早打起湘帘[52]，贾母等进来坐下。黛玉[53]亲自用小茶盘捧了一盖碗茶来奉与贾母。王夫人道：“我们不吃茶，姑娘不用倒了。”黛玉听说，便命丫头把自己窗下常坐的一张椅子挪到下首[54]，请王夫人坐了。刘姥姥因见窗下案上设着笔砚，又见书架上磊[55]着满满的书，便问道：“这必定是那位哥儿的书房了？”贾母笑指黛玉道：“这是我这外孙女儿的屋子。”刘姥姥留神打量了黛玉一番，方笑道：“这那里像个小姐的绣房？竟比那上等的书房还好！”贾母因问：“宝玉[56]怎么不见？”众丫头们答说：“在池子里船上呢。”贾母道：“谁又预备下船了？”李纨忙回说：“才开楼拿儿，我恐怕老太太高兴，就预备下了。”贾母听了，方欲说话时，有人回说：“姨太太[57]来了。”贾母等刚站起来，只见薛姨妈早进来了。一面归坐[58]，笑道：“今儿老太太高兴，这早晚[59]就来了？”贾母笑道：“我才说来迟了的要罚他，不想姨太太就来迟了！”

㊸潇湘馆：林黛玉在大观园的住所，庭院内广种绿竹，贾宝玉题名“有凤来仪”，元春赐名潇湘馆。㊹漫：铺设。㊺琥珀（hǔ pò）：贾母婢女。㊻不相干的：意即“没有关系”“不要紧”。㊼跴：音 cǎi，通“踩”。㊽交：通“跤”。㊾小蹄子：骂婢女的话，本有轻蔑之意，此处略含玩笑责备之意。㊿才说嘴就打了嘴：指刚刚夸口，立刻就不灵验。说嘴，意即“夸口”。[51]紫鹃：林黛玉的贴身婢女。[52]湘帘：用湘妃竹编成的帘子。湘妃竹，产于湖南、广西。[53]黛玉：林黛玉，字颦卿，别号潇湘妃子，林如海、贾敏的女儿，贾母的外孙女。因母亲早逝，依贾母而居。聪明秀丽，工于诗文，钟情于贾宝玉。孤芳自赏，心思细密，体弱多病，多愁善感。[54]下首：也作“下手”，位次较低的一边。[55]磊：堆积。[56]宝玉：贾宝玉，贾政次子，出生时，口中含玉，因名宝玉，最得贾母钟爱。资质颖慧，敦厚多情，不喜功名。与林黛玉为表兄妹，相互爱恋，后因家人强命娶薛宝钗，黛玉含恨而死，因而出家为僧。[57]姨太太：即姨妈，此指薛姨妈，王夫人的妹妹，薛宝钗的母亲，这时带着儿子薛蟠、女儿宝钗寄居贾府。[58]归坐：就坐。[59]这早晚：意即“这时候”。

说笑一会……贾母起身笑道：“这屋里窄，再往别处逛去。”刘姥姥念佛道：

"人人都说：'大家子住大房。'昨儿见了老太太正房，配上大箱、大柜、大桌子、大床，果然威武。那柜子比我们一间房子还大、还高。怪道[60]后院子里有个梯子，我想又不上房晒东西，预备个梯子做什么？后来我想起来，定是为开顶柜收放东西。离了那梯子，怎么上得去呢？如今又见了这小屋子，更比大的越发齐整了，满屋里的东西都只好看，可不知叫什么，我越看越舍不得离了这里！"凤姐道："还有好的呢，我都带你去瞧瞧。"说着，一径[61]离了潇湘馆，远远望见池中一群人在那里撑船。贾母道："他们既备下船，咱们[62]就坐。"一面说着，便向紫菱洲、蓼溆[63]一带走来。未至池前，只见几个婆子手里都捧着一色捏丝戗金五彩大盒子[64]走来。凤姐忙问王夫人："早饭在那里摆？"王夫人道："问老太太在那里，就在那里罢了。"贾母听说，便回头道："你三妹妹[65]那里好，你就带了人摆去，我们从这里坐了船去。"

[60]怪道：意即"怪不得"。[61]一径：一直、直接。径，通"迳"。[62]咱（zán）们：我们，亦作"喒（zán）们"。[63]紫菱洲、蓼溆：均为大观园中景致，靠近迎春住处。蓼，音 liǎo，草名，长于水边。溆，音 xù，水边。[64]一色捏丝戗（qiàng）金五彩大盒子：全都是以丝线花纹嵌（qiàn）镶的五彩大食盒。一色，一样、同样的。捏丝，又称掐丝，将捏成各种图案、花纹的金丝嵌在器物上。戗金，在器物图案嵌上金色花纹。[65]三妹妹：指贾探春，贾政的女儿，庶出，聪明能干，排行第三，住在大观园的秋爽斋，别号蕉下客。后远嫁他方。

凤姐儿听说，便回身同了李纨、探春、鸳鸯[66]、琥珀，带着端饭的人等，抄着近路到了秋爽斋[67]，就在晓翠堂[68]上调开桌案。鸳鸯笑道："天天咱们说，外头老爷们吃酒吃饭，都有个凑趣[69]儿的，拿他取笑儿。咱们今儿也得了一个女清客[70]了！"李纨是个厚道人，听了不解。凤姐儿却知说的是刘姥姥了，也笑说道："咱们今儿就拿他取个笑儿。"二人便如此这般的商议。李纨笑劝道："你们一点好事也不做！又不是个小孩儿，还这么淘气，仔细老太太说！"鸳鸯笑道："很不与你相干[71]，有我呢。"正说着，只见贾母等来了，各自随便坐下。先有丫头端过两盘茶来，大家吃毕。凤姐手里拿着西洋布巾，裹着一把乌木三镶银箸[72]，敁敪[73]人位，按席摆下。贾母因说："把那一张小楠木桌子抬过来，让刘亲家近我这边坐着。"众人听说，忙抬了过来。凤姐一面递眼色与鸳鸯，鸳鸯便忙拉了刘姥姥出去，悄悄的嘱咐了刘姥姥一席话；又说："这是我们家的规矩，若错了，我们就笑话呢。"调停[74]已毕，然后归坐。薛姨妈是吃过饭来的，不吃，只坐在一边吃茶。贾母带着宝玉、湘云[75]、黛玉、宝钗[76]一桌，王夫人带着迎春姐妹三个一桌，刘姥姥傍（bàng）着贾母一桌。

[66]鸳鸯：贾母婢女，甚得宠信，亦深受贾府上下敬重。[67]秋爽斋：探春在大观园的住所。[68]晓翠堂：秋爽斋中的堂名。[69]凑趣：投合别人兴趣，使人高兴，此指逗笑取乐。[70]清客：寄食于豪门，陪官吏权贵谈文论艺、玩笑取乐的门客。[71]不与你相干：意即"跟你没有什么关系"。[72]乌木三镶银箸：以乌木制成，用银镶成三截的筷子。乌木质地坚实，故常用以制作筷子。豪华的筷子，除以银包住下截外，还装饰上顶与中腰部分，称"三镶"。箸，音 zhù，亦作"筯"，筷子。[73]战敠：音 diān duó，亦作"掂掇 diān duó"，估量、盘算。[74]调停：调度、安排。[75]湘云：史湘云，贾母娘家孙女。父母早亡，依叔婶过日，性情豪爽天真，这时在大观园作客。[76]宝钗：薛宝钗，住在大观园的蘅芜苑，别号蘅芜君。父亲早亡，与母亲（薛姨妈）一同依附贾府。端凝庄重，善体人意，心思深沉。

贾母素日[77]吃饭，皆有小丫鬟在旁边拿着漱盂[78]、麈尾[79]、巾帕之物。如今鸳鸯是不当这差的了，今日鸳鸯偏接过麈尾来拂着。丫鬟们知道他要撮弄[80]刘姥姥，便躲开让他。鸳鸯一面侍立，一面递眼色。刘姥姥道："姑娘放心。"那刘姥姥入了坐，拿起箸来，沉甸甸的不伏手[81]。原是凤姐和鸳鸯商议定了，单拿了一双老年[82]四楞[83]象牙镶金的筷子与刘姥姥。刘姥姥见了，说道："这个叉爬子[84]比俺[85]那里的铁掀[86]还沉，那里拿的动他！"说的众人都笑起来。只见一个媳妇[87]端了一个盒子，站在当地，一个丫鬟上来揭去盒盖，里面盛着两碗菜。李纨端了一碗放在贾母桌上，凤姐儿偏拣了一碗鸽子蛋放在刘姥姥桌上。贾母这边说声"请"，刘姥姥便站起身来，高声说道："老刘！老刘！食量大如牛，吃个老母猪不抬头！"说完，却鼓着腮帮子[88]，两眼直视，一声不语。众人先是发怔[89]，后来一想，上上下下都哈哈的大笑起来。湘云撑不住，一口饭都喷了出来。黛玉笑岔了气[90]，伏着桌子嗳哟。宝玉早滚到贾母怀里。贾母笑的搂着宝玉叫"心肝！"王夫人笑的用手指着凤姐儿，只说不出话来。薛姨妈也撑不住，口里茶喷了探春一裙子。探春手里的饭碗都合⑨¹在迎春⑨²身上。惜春离了坐位，拉着他奶母，叫“揉一揉肠子”。地下的⑨³无一个不弯腰屈背，也有躲出去蹲着笑去的，也有忍着笑上来替她姐妹换衣裳的。独有凤姐、鸳鸯二人撑着，还只管让⑨⁴刘姥姥。刘姥姥拿起箸来，只觉不听使，又说道：“这里的鸡儿也俊⑨⁵，下的这蛋也小巧，怪俊的。我且得一个儿！”众人方住了笑，听见这话，又笑起来。贾母笑的眼泪出来，只忍不住，琥珀在后边捶着。贾母笑道：“这定是凤丫头促狭鬼儿⑨⁶闹的！快别信他的话了！”那刘姥姥正夸鸡蛋小巧，要得一个，凤姐儿笑道：“一两银子一个呢，你快尝尝罢，冷了就不好吃了。”刘姥姥便伸箸子要夹，那里夹的起来，满碗里闹了一阵，好容易撮起一个来，才伸着脖子要吃，偏又滑下来，滚在地下，忙放下箸子，要亲自去捡，早有地下的人捡了出去了。刘姥姥叹道：“一两银子，也没听见响声儿就没了！”众人已没心吃饭，都看着他取笑。贾母又说：“谁这会子又把那个筷子拿了出来？又不请客，摆大筵席，都是凤丫头支使的，还不换了呢！”地下的人原不曾预备这牙箸，本是凤姐和鸳鸯拿了来的，听如此说，忙收了过去，也照样换上一双乌木镶银的。刘姥姥道：“去了金的，又是银的，到底不及俺们那个伏手。”凤姐儿道：“菜里若有毒，这银子下去了就试的出来。”刘姥姥道：“这个菜里有毒，俺们那些都成了砒（pī）霜⑨⁷了！那怕毒死了也要吃尽了！”贾母见他如此有趣，吃的又香甜，把自己的菜也都端过来与他吃，又命一个老嬷嬷⑨⁸来，将各样的菜给板儿夹在碗上。

⑦⁷素日：平素、平时。⑦⁸漱盂 shù yú：漱口杯。盂，盛汤、浆等食物的器皿。⑦⁹麈尾：此指拂尘。古代以麈兽的尾作为拂尘以拂拭尘土或驱赶蚊蝇，因此称拂尘为麈尾。麈，音 zhǔ，鹿类动物，俗称“四不像”。⑧⁰撮（cuō）弄：捉弄、戏弄。⑧¹不伏手：不顺手、不合手。⑧²老年：陈年、年代久远的。⑧³四楞：四边有棱，方形长条的东西。楞，音 léng，通“棱”，木材四角交接处。⑧⁴叉爬子：北方俗语，亦作“叉巴子”，即叉子，一种木制叉样的农具，此指筷子笨重如叉子。⑧⁵俺：音 ǎn，我，北方方言。下文“俺们”即我们。⑧⁶铁掀 xiān：铲土用的铁器，亦称“铁锹（qiāo）”。⑧⁷媳妇：此指已婚的年轻女仆。⑧⁸腮帮子：即“腮”，面颊的下半部。⑧⁹发怔：意即“发呆”。怔，音 lèng，通“愣”。⑨⁰笑岔了气：因笑得过度，以致呼吸不顺。岔，音 chà，歧出。⑨¹合：倒、覆。⑨²迎春：贾赦女儿，庶出，贾母二孙女，住在大观园的紫菱洲，

别号菱洲。[93]地下的：指一旁站立的婢女们，意同“底下的”，亦即下文的“地下的人”。[94]让：劝，此指请人用菜。[95]俊：秀美、小巧可爱。[96]促狭鬼儿：爱恶作剧的人。促狭，刁钻机灵，爱捉弄人。[97]砒（pī）霜：药物名，其性剧毒。[98]老嬷嬷 mā mā ：年老女仆或老奶妈。

一时吃毕，贾母等都往探春卧室中去闲话。这里收拾过残桌，又放了一桌。刘姥姥看着李纨与凤姐儿对坐着吃饭，叹道：“别的罢了，我只爱你们家这行事[99]！怪道说‘礼出大家[100]’。”凤姐儿忙笑道：“你可别多心，才刚[101]不过大家取笑儿。”一言未了，鸳鸯也进来，笑道：“姥姥别恼，我给你老人家赔个不是。”刘姥姥笑道：“姑娘说那里话！咱们哄着老太太开个心儿，可有什么恼的！你先嘱咐我，我就明白了。不过大家取个笑儿，我要心里恼，也就不说了。”鸳鸯便骂人：“为什么不倒茶给姥姥吃！”刘姥姥忙道：“才刚那个嫂子倒了茶来，我吃过了，姑娘也该用饭了。”凤姐儿便拉鸳鸯：“你坐下和我们吃了罢，省得回来又闹。”鸳鸯便坐下了，婆子们添上碗筷来。

[99]行事：办事，指做事的方式。[100]礼出大家：意谓大户人家礼数繁多。[101]才刚：意同“刚才”。

问题与讨论

一、作者安排刘姥姥一角有何用意？试加以讨论。

二、本篇的对话极为传神，试依文中人物的身份、地位、个性，分辨其对话的差异，并思考其与情节的关系。

三、你喜欢本回中的刘姥姥吗？试说明原因。

第八课

《墨子》选——公输

文——墨 子

学习重点

墨家在先秦时代曾与儒家分庭抗礼，《韩非子·显学》说："世之显学，儒、墨也。儒之所至，孔丘也；墨之所至，墨翟（dí）也。"墨子身处战国时代，目睹诸侯相攻、生灵涂炭，遂以宗教家的热忱、科学家的精神，摩顶放（fǎng）踵，奔走天下，倡导其"兼爱"、"非攻"思想。公输是墨子"非攻"思想的具体呈现。学习时，可就下列重点加以注意：

一、了解墨子"非攻说"的背景及其用意。

二、掌握本篇说理平易、举证有力的论证技巧。

三、体会墨子淑世救人的伟大情操。

题解

本文选自《墨子·公输》，记述墨子以实际行动贯彻其“非攻”主张，劝阻公输盘与楚王攻打宋国的经过。战国时代，诸侯崇尚武力，强凌弱、众暴寡之事屡见不鲜。楚国仗恃国力强大，请公输盘制作云梯，企图攻打宋国。墨子闻讯，不辞劳苦，长途跋涉，自齐至楚，不顾安危，以道义与利益，劝说公输盘与楚王，并在模拟战术的推演下挫败公输盘，且预先派遣弟子协防宋国，终使楚王放弃侵略宋国。

本文以“对话”形式呈现，情节曲折，充满尔虞我诈的氛围，极具吸引力。文中墨子在论辩时又常以譬喻、类推、对比的技巧使对手陷入自相矛盾，再顺势乘胜追击。全篇寓说理于叙事，具体展现墨子过人的辩才、虑事周延的才智以及淑世的热忱与非攻主张的伟大情怀。

作者

墨子 姓墨名翟，战国初年鲁国所属小邾(zhū)国[今山东滕(téng)州]人。约生于周元王时，约卒于周安王末年。

墨子初受孔子之学，因觉儒家崇尚礼仪制度，靡费过度，流于虚文，遂另创学说，企图打破当时的政治社会现状：认为人类一切罪恶的根源在“不相爱”，因而提倡“兼爱”；认为给人民带来灾难的，莫过于诸侯间为争权夺利而发动的战争，因此提倡“非攻”；反对贵族阶级的奢靡浪费，所以提倡“节用”、“节葬”、“非乐”。墨子为了实行其学说，与门弟子组成团体，为有利于天下之事奔走服务。孟子说：“墨子兼爱，摩顶放踵，利天下为之。”真切地描述出墨子急天下公益的情怀。

战国初、中期墨家学说与杨朱学派盛行，战国后期则与儒家并称“显学”，但自汉以后，墨学快速衰亡。墨子之书，乃弟子及其后学载录缀辑而成，部分已亡佚，今仅存五十三篇。

墨子重口说，不重著述，重实践，不重文采。全书文字通俗朴素，叙述流畅明快，举例生动有趣，论述条理谨严，在先秦诸子散文中具有独特的风格。

课文

公输盘❶为楚造云梯❷之械成，将以攻宋。子墨子❸闻之，起于齐❹，裂裳裹足❺，行十日十夜而至于郢❻，见公输盘。公输盘曰："夫子❼何命焉为❽？"子墨子曰："北方有侮臣❾，愿❿藉子杀之。"公输盘不说⓫。子墨子曰："请献十金。"公输盘曰："吾义固不杀人⓬。"子墨子起，再拜曰："请说之⓭。吾从北方，闻子为梯，将以攻宋。宋何罪之有？荆国⓮有余于地，而不足于民⓯，杀所不足，而争所有余⓰，不可谓智；宋无罪而攻之，不可谓仁；知而不争⓱，不可谓忠；争而不得，不可谓强⓲；义不杀少而杀众⓳，不可谓知类⓴。"公输盘服。子墨子曰："然，乎不已乎㉑？"公输盘曰："不可。吾既已㉒言之王矣。"子墨子曰："胡㉓不见㉔我于王？"公输盘曰："诺。"

❶公输盘：战国时鲁国著名的巧匠，一名鲁班。"盘"，音（bān），古书或作"般"。❷云梯：登高攻城的器械。极言其高，故名"云梯"。❸子墨子：即墨子，为著《墨子》者对墨子的尊称。上"子"字为古代对老师的敬称。❹起于齐：从齐国出发。❺裂裳裹足：撕裂衣裳来包扎受伤的脚，形容其长途跋涉，不辞劳苦。❻郢（yǐng）：楚国首都，在今湖北江陵。❼夫子：敬称，此指墨子。❽何命焉为：意即"有什么指教？"命，命令，引申为指教。焉，表示疑问的助词。为，语末助词。❾有侮臣：有人侮臣，有人欺侮我。臣，自称谦词。❿愿：希望。⓫说（yuè）：通"悦"。⓬吾义固不杀人：我固守原则，绝不杀人。义，本指道义，此指"原则"。固，坚决。⓭请说之：请允许我陈述想法。说，解说。⓮荆国：即楚国。⓯有余于地而不足于民：土地多而人民少。⓰杀所不足而争所有余：意谓牺牲楚国原已不多的人民，而侵夺自己原已过多的土地。所不足，指人民。所有余，指土地。⓱争：通"诤"，劝谏、劝阻。⓲强：坚决。⓳义不杀少而杀众：坚持不杀人的原则，却帮楚攻宋，杀死更多人。⓴知类：懂得类推事理。类，指类推事理的方法。㉑然乎不已乎：既然这样，为什么不停止（攻宋）呢？乎，为何。已，止。

㉒既已：已经。㉓胡：何、为什么。㉔见：音 xiàn，引见、介绍。

子墨子见王，曰："今有人于此，舍㉕其文轩㉖，邻有敝轝㉗，而欲窃之；舍其锦绣，邻有短褐㉘，而欲窃之；舍其粱肉㉙，邻有穅糟㉚，而欲窃之。此为何若人㉛？"王曰："必为窃疾㉜矣。"子墨子曰："荆之地，方五千里，宋之地，方五百里，此犹文轩之与敝轝也；荆有云梦㉝，犀兕㉞麋鹿满之，江汉㉟之鱼鳖鼋㊱鼍㊲为天下富，宋所为㊳无雉㊴兔狐狸者也，此犹粱肉之与穅糟也；荆有长松、文梓、楩枏、豫章㊵，宋无长木㊶，此犹锦绣之与短褐也。臣以三事之攻宋也㊷，为与此同类，臣见㊸大王之必伤义而不得㊹。"王曰："善哉！虽然㊺，公输盘为（weì）我为（weí）云梯，必取宋。"

于是见公输盘，子墨子解带㊻为城，以牒为械㊼，公输盘九设㊽攻城之机变㊾，子墨子九距㊿之，公输盘之攻械尽，子墨子之守圉[51]有余。公输盘诎[52]，而曰："吾知所以距子矣[53]，吾不言。"子墨子亦曰："吾知子之所以距我，吾不言。"楚王问其故。子墨子曰："公输子之意，不过欲杀臣。杀臣，宋莫能守，可攻也。然臣之弟子禽滑厘[54]等三百人，已持臣守圉之器，在宋城上而待楚寇[55]矣。虽杀臣，不能绝[56]也。"楚王曰："善哉！吾请无攻宋矣。"

㉕舍：今作"捨"，抛弃。㉖文轩：装饰华丽的车子。文，文彩。轩，车。㉗敝轝：破车。轝，音 yú，同"舆"。㉘短褐：粗布衣服，古代贫贱阶级所穿的衣服。㉙粱肉：精美的谷物与肉肴。㉚穅糟：即"糟穅"，比喻粗劣的食物。穅，同"糠"，谷皮。糟，酒渣。㉛此为何若人：这是什么样的人。㉜窃疾：好偷成性的癖（pǐ）疾。㉝云梦：楚国大泽名，在今湖南、湖北境内，地跨长江南北。㉞犀兕：犀牛。兕，音 sì，古兽名，与犀牛同类。㉟江汉：长江、汉水。㊱鼋：音 yuán，元鱼，即大鳖。㊲鼍：音 tuó，鳄鱼的一种。㊳所为：所谓。为，通"谓"。㊴雉：音 zhì，鸟名，鹑鸡类，俗称野鸡。㊵长松、文梓（zǐ）、楩枏（pián nán）豫章：皆为长绿乔木，可供建筑或制造器物之用，此用以比喻良木。长松，即松树，一说高大的松树。文梓，即梓树，一说纹理细密的梓树。楩，音 pián，即黄楩木，似楠，乔木。枏，音 nán，即楠木。豫章，即樟树。㊶长木：大树。㊷以三事之攻宋也：用这三个譬喻来谈论攻打宋国这件事。㊸见：预见。㊹不得：达不到目的。㊺虽然：虽则如此。㊻带：腰带。㊼以牒为械：用小木片当作守城的器械。牒，音 dié，小而薄的竹片、木片。㊽九设：多次设置。九，虚数，极言其多。

㊾机变：各式各样的应变，包含器械与方法。㊿距：通“拒”，抵御、抵挡。[51]守圉：守御。圉，音yǔ，通“御”，防御。[52]诎：音qū，通“屈”，屈服。一说穷尽，指技能用尽。[53]吾知所以距子矣：我知道用什么来对付你了。所以，用……来。距，抵御，此指对抗。[54]禽滑厘（gǔ lí）：战国魏人，曾受业于子夏，后为墨子弟子。[55]寇：本指外患，在此用为动词，侵犯、入侵。[56]不能绝：不能阻止，指无法阻挡宋国的防御。

子墨子归，过宋，天雨，庇其闾中[57]，守闾者不内[58]也。故曰：“治于神者，众人不知其功，争于明者，众人知之[59]。”

[57]庇其闾中：进入宋国的里门避雨。庇，遮蔽，此指避雨。闾，音lǘ，里门。[58]不内：不让墨子进入。内，音nà，通“纳”，进入。[59]“治于神者”四句：致力于微妙之道的人，世人却不知道他的功劳，明显争取的人，世人反而知道他。此指墨子救了宋国，世人却不知道。治，研究、专注。神，指微妙之道，此指墨子运用其学说，化解了宋国的危机。功，功劳、功效。

问题与讨论

一、试由墨子说服公输盘与说服楚王的不同过程，简要说明墨子的说话技巧。

二、文末以墨子过宋，宋人不纳，并以“治于神者，众人不知其功，争于明者，众人知之”作结，有何用意？

三、你认为墨子的“非攻”思想，是否适合当今世界？试加说明。

第九课

始得西山宴游记

文——柳宗元

学习重点

柳宗元是唐宋古文八大家之一，其《永州八记》为古代山水游记的名作，本文为八记之首，流传最广。文中记叙作者发现西山的经过，从“未始”到“始得”，表现作者遭贬后，从山水怀抱中获得心灵的慰藉。学习时，可就下列重点加以注意：

一、认识柳宗元其人及其游记的特色。

二、了解本文的写作背景及技巧。

三、体会作者发现西山的心境转变。

题解

本文选自《柳河东集》，作于唐宪宗元和四年(八〇九)，时柳宗元三十七岁。

唐宪宗永贞元年(八〇五)，柳宗元因参与政治改革而获罪，被贬为永州(今湖南永州）司马。他为排遣内心的苦闷，寄情于山水之间，先后写作一系列的记游作品，合称《永州八记》。此八记各自成篇，又互相连贯，描写西山一带的奇山异水，并寄托个人怀抱。

本文题目特加“始得”二字，不仅说明作者真正的游赏自此开始，更暗示心境的转变。对柳宗元而言，西山仿佛是自己人格性情的投射，让他从贬谪的消沉中重新肯定自我存在的价值。全篇写景精细，寄托遥深，境界高远。

作者

柳宗元　字子厚，河东解（xiè）县（今山西永济）人。生于唐代宗大历八年（七七三），卒于唐宪宗元和十四年（八一九），年四十七。

柳宗元年少聪敏过人，二十一岁进士及第，累官至礼部员外郎。因参与王叔文政治革新运动失败，被贬为永州司马。司马为闲职，柳宗元于是寄情山水，读书创作。元和十年，改任柳州（今广西壮族自治区柳州市）刺史，任内勤政爱民，后卒于任所，世称柳柳州，当地百姓感念其政，乃立祠祭祀。因籍贯河东，又称柳河东。

柳宗元主张文以明道，文章雄深雅健，与韩愈共同倡导唐代古文运动，二人并称“韩柳”。柳宗元文章以寓言与游记最为人称道，其山水游记以精丽语言刻画自然景物，并融入个人身世与感慨，形成凄幽冷峻的风格，影响后世深远。寓言则藉日常事物剖析人情，往往以讽刺的笔法针砭时政。过世后，友人刘禹锡编集其遗稿，有《柳河东集》行世。

课文

自余为僇人❶，居是州❷，恒惴栗❸。其隙❹也，则施施❺而行，漫漫❻而游。日与其徒❼上高山，入深林，穷回谿❽，幽泉怪石，无远不到。到则披❾草而坐，倾壶而醉。醉则更相枕以卧❿。卧而梦，意有所极，梦亦同趣⓫。觉而起，起而归。以为凡是州之山水有异态⓬者，皆我有也，而未始知西山之怪特⓭。

今年九月二十八日，因坐法华西亭⓮，望西山，始指异之⓯。遂命仆人过湘江⓰，缘染溪⓱，斫榛莽⓲，焚茅茷⓳，穷山之高而止。攀援而登，箕踞而遨⓴，则凡数州之土壤，皆在衽席㉑之下。其高下之势，岈然洼然，若垤若穴㉒。尺寸千里，攒蹙累积㉓，莫得遯隐㉔。萦青缭白㉕，外与天际㉖，四望如一。然后知是山之特出㉗，不与培塿㉘为类。悠悠乎与灏气俱，而莫得其涯㉙；洋洋乎与造物者游，而不知其所穷㉚。引觞㉛满酌，颓然㉜就醉，不知日之入。苍然暮色，自远而至，至无所见，而犹不欲归。心凝形释㉝，与万化冥合㉞。然后知吾向㉟之未始游，游于是乎始，故为之文以志㊱。是岁，元和四年也。

❶僇人：有罪受辱的人。柳宗元遭贬谪，故自称僇人。僇，音 lù，辱。❷是州：此州，指永州。❸惴栗：音 zhuì lì，忧惧不安。❹隙：音 xì，同“隙”：空闲的时候。❺施施：音 yí yí，缓缓而行的样子。❻漫漫：漫无目的的样子。❼徒：指朋友、同伴。❽穷回谿：走到曲折的溪水尽头。穷，穷尽。谿，通“溪”。❾披：拨开。❿更相枕以卧：互相以对方身体为枕头而睡。⓫意有所极梦亦同趣：心里想到那里，睡梦中也到那里。极，至。趣，音 qū，通“趋”，往。⓬异态：奇景。⓭怪特：奇特。⓮法华西亭：法华寺内的西亭。法华寺在永州市城内的东山上，西亭为柳宗元于元和四年所建。⓯指异之：指着西山，觉其奇异。⓰湘江：又名湘水，湖南境内大川，流经永州西四十余里。⓱染溪：又名冉溪，柳宗元后筑室于此，改名愚溪。⓲斫榛莽：砍伐丛生的草木。斫，音 zhuó，砍。榛，音 zhēn，丛生的杂树。莽，丛草。⓳焚茅茷：焚烧茂密的野草。茷，音 fá，茂盛的草。⓴箕(jī) 踞而遨：坐着观赏风景。箕踞，两腿伸直而坐，微屈膝，其形如簸（bò）箕。古人席地而坐，把臀部压在脚后跟上，如果伸着两脚而坐，则有放任自适的意思。遨，游赏，此指游目四顾。㉑衽席：卧席。衽，音 rèn，同“衽”，古代寝卧

用的席子。㉒岈然洼然，若垤若穴：山势高低起伏，高的地方像小土堆，低的地方像小洞穴。岈然，山隆起的样子。岈，音 xiā。洼然，深陷的样子。垤，音 dié，小土堆。㉓尺寸千里，攒蹙累积：千里之遥的景物都聚集收缩在尺寸之间。攒，音 cuán，聚集。蹙，音 cù，收缩。㉔遁隐：隐藏。遁，音 dùn，同"遁"，逃避。㉕萦青缭白：青山、白云相缠绕。萦、缭，皆"绕"之意。青，指青山。白，指白云，一说指流水。㉖外与天际：往外延伸至远处，而与天相接合。际，接，动词。㉗特出：独特而出于众山之上。㉘培塿：音 pǒu lǒu，小丘。㉙"悠悠乎"二句：西山之久远无尽，与大气同生，而不知其尽期。悠悠，久远无尽。灏气，即浩气，天地间的大气。灏，音 hào。涯，边际。㉚洋洋乎二句：西山之广阔无际，与天地共存，而看不到尽头。洋洋，广阔无际。游，交游、来往。穷，尽。㉛引觞：持取酒杯。引，持取。㉜颓然：倒下的样子，此指醉倒。㉝心凝形释：心神专一，而形体了无拘束，进入忘我的境界。释，释放、解脱。㉞与万化冥合：与自然万物融为一体。冥合，暗合，引申为融和、契合。㉟嚮：通"向"，以前。㊱志：通"志"，记。

问题与讨论

一、作者从这次西山之游获得心灵的慰藉，请问西山对作者有何特殊意义？请与同学们讨论。

二、文中作者如何描写西山的与众不同？请说明其写作技巧。

三、你是否有游览自然山水的经验？你有什么体会？

第十课

谏太宗十思疏

文——魏徵

学习重点

唐代贞观之治是史上有名的盛世，唐太宗之所以能开创此一治世，和他知人善任、虚怀纳谏有很大的关系。当时以直言敢谏著称的魏征，就是对唐太宗极具影响力的一位诤臣，其谏书成为后代上疏（shū）奏议的典范。学习时，可就下列重点加以注意：

一、认识古代的疏文奏议。

二、了解作者于本篇中所强调的居安思危精神。

三、体会魏征犯颜直谏的风骨，并陶养自己真诚劝诫、虚心受教的胸襟。

题解

本文选自吴兢《贞观政要》卷一《论君道》，题目乃后人所加。疏即奏疏，为臣下对君主上书建言的文体。

唐太宗即位以来，颇能励精图治，但其后渐趋骄奢，追求珍宝奇物，大兴宫殿园囿（yòu）。贞观十一年（六三七）唐太宗下令修筑飞仙宫及许多庙宇，并多次游猎取乐，魏征深以为忧，连上四疏，本篇即为其中一篇。篇中提出“十思”进谏唐太宗，旨在阐述君主应居安思危，并聚积德义。全篇语重心长，诚属修身、治国之良谏。

作者

魏征 字玄成，魏州曲城（今河北晋州）人。生于北周静帝大象二年（五八〇），卒于唐太宗贞观十七年（六四三），年六十四。

征少时家贫，然有大志，好读书。隋末为避世乱，曾出家为道士，后随李密归唐。唐高祖时，任太子洗（xiǎn）马，及唐太宗即位，任谏议大夫，深受重用，曾数度被召引至卧内，咨询得失。魏征亦喜逢明主，殚思竭虑，知无不言。累迁为秘书监，又升至门下侍中，进封郑国公。贞观十六年，拜太子太师，次年卒，赠司空，谥文贞。

魏征向以敢言直谏著称，性情亢直，无所屈挠，前后陈谏二百余事，深受唐太宗敬重。殁后，唐太宗为之亲临恸哭，废朝五日，追思不已，尝谓侍臣曰：“夫以铜为镜，可以正衣冠；以古为镜，可以知兴替；以人为镜，可以明得失。朕常保此三镜，以防己过，今魏征殂逝，遂亡一镜矣！”

魏征长于政论文字，其言论、奏疏见于贞观政要。曾受命主持前朝各史总编撰，隋书序论及《梁书》《陈书》《齐书》总论皆为其作，时人称为良史。著有魏征集二十卷，今已亡佚，另编有《群书治要》。

课文

臣闻求木之长[1]者，必固其根本；欲流之远者，必浚[2]其泉源；思国之安者，必积其德义。源不深而望流之远，根不固而求木之长，德不厚而思国之理，臣虽下愚，知其不可，而况于明哲[3]乎？人君当神器之重[4]，居域中之大[5]，将崇极天之峻，永保无疆之休[6]。不念居安思危，戒奢以俭，德不处其厚[7]，情不胜其欲[8]，斯亦伐根以求木茂，塞源而欲流长者也。

凡百元首[9]，承天景命[10]，莫不殷忧而道著[11]，功成而德衰，有善始者实繁，能克终[12]者盖寡。岂其取之易而守之难乎？昔取之而有余，今守之而不足，何也？夫在殷忧，必竭诚以待下，既得志，则纵情以傲物[13]。竭诚则胡越为一体[14]，傲物则骨肉为行路[15]。虽董[16]之以严刑，震[17]之以威怒，终苟免而不怀仁[18]，貌恭而不心服。怨不在大，可畏惟人[19]，载舟覆舟[20]，所宜深慎，奔车朽索[21]，其可忽乎！

❶长：音 zhǎng，长得高大。❷浚：音 jùn，通“濬”，疏通水道。❸明哲：明智之人，此指唐太宗。❹当神器之重：承担帝位之重任。当，担任、担当。神器，原指代表国家政权之宝物，如玉玺之类，此处借指帝位。❺居域中之大：身处天下至高至大之地位。域中，指天下。大，指天子之大位。❻将崇极天之峻，永保无疆之休：将达到与天齐高的声望，长保无穷的美善。崇，高，作动词用。峻，高。无疆，无限、无穷尽。休，美善。❼德不处其厚：德义不能厚积。❽情不胜其欲：情感不能克制欲望。胜，克制、战胜。❾凡百元首：所有的君王。❿承天景命：承受上天伟大的使命。景，大。⓫殷忧而道著：指处于忧患深重之时反能德政显明。殷，深。道，德政。著，显著。⓬克终：善终，坚持到最后。克，完成。⓭傲物：傲气凌人。物，凡天地之间有形者，古人皆谓之“物”，此处指“人”而言。⓮胡越为一体：原本疏远的人也能成为一体，犹言天下一家。胡越，胡在北，越在南，比喻距离遥远。⓯骨肉为行路：即使是亲人也彼此漠不关心，形同陌路。骨肉，亲属。行路，路人，指陌生人。⓰董：治、理。⓱震：威吓。⓲苟免而不怀仁：以苟且的态度逃避刑罚而不能感念君王的仁德。⓳怨不在大，可畏惟人：可怕的不是在民怨的大小，而是在于民心的向背。人，当为“民”字，指人民，唐代为避太宗李世民名讳，凡用“民”字之处皆改为“人”字。⓴载舟覆舟：水能载舟亦能覆舟，此处以水比喻人民，以舟比喻国君，意谓人民能拥戴国君，也能推翻国君。语见《荀子・王制》：

“君者，舟也，庶人者，水也；水则载舟，水则覆舟。”㉑奔车朽索：用腐烂的绳索驾驭飞奔的马车，比喻极其危险。

君人者[22]，诚[23]能见可欲，则思知足以自戒；将有作[24]，则思知止[25]以安人；念高危，则思谦冲而自牧[26]；惧满溢，则思江海下百川[27]；乐盘游，则思三驱以为度[28]；忧懈怠，则思慎始而敬终；虑壅蔽[29]，则思虚心以纳下；想谗邪[30]，则思正身以黜恶[31]；恩所加，则思无因喜以谬赏[32]；罚所及，则思无因怒而滥刑。总此十思，弘兹九德[33]，简能[34]而任之，择善而从之，则智者尽其谋，勇者竭其力，仁者播其惠，信者效其忠，文武争驰[35]，君臣无事。可以尽豫游[36]之乐，可以养松乔之寿[37]，鸣琴[38]垂拱[39]，不言而化[40]。何必劳神苦思，代下司职[41]，役[42]聪明之耳目，亏无为之大道[43]哉？

㉒君人者：指国君。君，统治，作动词用。㉓诚：若、如果。㉔有作：有所建造，指兴建宫室之类的巨大工程，这些兴建常都需要百姓服劳役。㉕知止：知道适可而止。㉖谦冲而自牧：以谦虚的态度自我修养。谦冲，谦虚。牧，养。㉗江海下百川：如江海般能容纳百川。下，居其下，包容之意，此处作动词用。㉘乐盘游，则思三驱以为度：喜爱打猎就想到一年应以三次为限度。盘游，游乐，此指外出打猎。盘，通“般”，音 pán，乐。三驱，谓一年打猎三次。一说为三面包围驱赶，谓打猎时围合其三面，敞开一面，使被围捕的野兽可以逃走一些，即网开一面，不忍将猎物全部杀死，以示好生之德。驱，驱赶，驱逐射猎，此指打猎。㉙壅蔽：此谓耳目遭壅塞蒙蔽。壅，音 yōng，堵塞。㉚谗邪：谗言邪说。㉛黜恶：斥退恶人。黜，音 chù，摈弃、斥退。㉜谬赏：胡乱奖赏，奖赏失当之意。谬，音 miù，错误。㉝总此十思，弘兹九德：综合此十种省思的工夫，弘扬上述各种美德。兹，此。九德，即前述十种德行，九为虚数，形容数量之多。本篇多用骈偶句式，故以“兹九德”对“此十思”，二者实指相同之事，并非十思外另有九德。㉞简能：选拔有才能的人。简，选择。㉟文武争驰：文武百官争相奔走效命。㊱豫游：即游乐。豫，乐。㊲松乔之寿：谓如神仙般长寿。松乔，指赤松子、王子乔，相传为长生不老的仙人。㊳鸣琴：比喻无为而治。语见刘向《说苑·政理》：“虙（fú）子贱治单（shàn）父 fǔ，鸣琴，身不下堂，而单（shàn）父（fǔ）治。”㊴垂拱：“垂衣拱手”的省略，指君王无为而天下自治，引申为不用亲理政务而天下自治。垂衣，穿着宽大的衣服，形容悠闲无事。拱手，两手相合，形容闲适、轻易的样子。㊵不言而化：不用多言即可感化、治理天下。㊶代下司职：代替属下掌管职务。㊷役：役使、劳动。㊸无为之大道：清静无为，使民自化的治国要道。

问题与讨论

一、唐太宗曾与群臣讨论："帝王之业，草创与守成孰难？"根据本文，魏征对此的意见应为如何？并指出魏征在文中何处论及此点。

二、作者以"十思"进谏唐太宗，此"十思"的中心思想为何？

三、唐太宗曾说："征每犯颜切谏，不许我为非，我所以重之也！"魏征则云："陛下导臣使言，臣所以敢言，若陛下不受臣言，臣亦何敢犯龙鳞、触忌讳也！"你觉得君臣二人哪一个比较难得？为什么？

第十一课

一杆“称仔”

文——赖和

学习重点

台湾的新文学诞生于一九二〇年代，而赖和被称为“台湾新文学之父”，可见其重要。《一杆“称仔”》是赖和的小说代表作，当时，台湾正处于日本统治之下，人民几乎没有参政的权利，经济也受到严重的剥削。赖和透过本篇小说，鲜活而尖锐地凸显了台湾人民在日据时期下的真实处境。学习时，可就下列重点加以注意：

一、了解本文的时代背景，及其所呈现的政治、社会与经济现象。

二、认识本文的文字特色与写作技巧。

三、体会“称仔”在文中的象征意义。

题解

本文选自《赖和全集》，创作于日据时期大正十四年（一九二五）底，次年刊载于《台湾民报》。

“称仔”，也作“秤子”，有公正、客观、标准、合理等多重象征意义，文中却被警察随意“打断掷弃”，暗示日本殖民政府的执法漫无标准。务农的贫苦小贩“秦得参”（谐音“真的惨”）无端遭到欺凌与监禁，充分显示日本殖民政府不公不义，任意残害百姓的暴虐真相。题材虽小，却能以小见大，反映社会脉动、强调人性尊严，具体呈现作者对敢于反抗强权者的同情与肯定。

作者

赖和 本名赖癸河，一名赖河，笔名有懒云、安都生、孔乙己、走街先等。台湾彰化人。生于清德宗光绪二十年（一八九四），卒于日据時期昭和十八年（一九四三），年五十。

赖和幼年习汉文，旧文学根柢深厚。十六岁时（宣统元年，一九〇九），考入台湾总督府医学校（国立台湾大学医学院前身），二十一岁（民国三年）毕业。二十四岁，返回彰化开设赖和医院，悬壶济世。二十五岁，前往福建厦门，服务于鼓浪屿博爱医院。在厦门期间，已感受到五四新文学运动对文化、社会的影响力。次年返台，继续在彰化行医，因其仁心仁术，有“彰化妈祖”之美誉。二十八岁，加入台湾文化协会，并当选为理事，此后即积极投入抗日的文化、社会运动。三十岁，遭日本政府起诉，入狱二十余日。四十八岁，珍珠港事变后又再度入狱，不久因病释放。五十岁，心脏病发去世。

赖和早年习汉诗，终生创作不辍，数量庞大。日据时期大正十四年，响应新文学运动，开始以白话文写作，作品遍及短篇小说、新诗、散文、评论等文类，虽身处日本统治，但始终坚持使用汉文写作，本人积极创作外，又鼓励朋友写作，并出资协助友人创办文艺杂志，对台湾新文学的开创贡献颇大，有“台湾新文学之父”之称。赖和作品，因处于白话文草创期，文字有时略显生硬，但其内容具有强烈的抗议性、丰富的同情心与深刻的自我反省，因此又被称为“台湾的鲁迅”，是日据时代台湾新文学的重要作家。有《赖和全集》行世。

课文

镇南威丽❶村里，住的人家，大都是勤俭、耐苦、平和、从顺的农民。村中除了包办官业❷的几家势豪❸，从事公职的几家下级官吏，其余都是穷苦的占多数。

村中，秦得参的一家，尤其是穷困的惨痛，当他生下的时候，他父亲早就死了。他在世，虽曾赎❹得几亩田地耕作，他死了后，只剩下可怜的妻儿。若能得到业主的恩恤，田地继续赎给他们，雇用工人替他们种作，犹可得稍少利头❺，以维持生计。但是富家人，谁肯让他们的利益，给人家享。若然就不能成其富户了。所以业主多得几斗租谷，就转赎给别人。他父亲在世，汗血换来的钱，亦被他带到地下去。他母子俩的生路，怕要绝望了。

邻右看她母子俩的孤苦，多为之伤心，有些上了年纪的人，就替他们设法，因为饿死已经不是小事了。结局因邻人的做媒，他母亲就招赘一个夫婿进来。本来做后父的人，很少能体恤前夫的儿子。他后父，把他母亲亦只视作一种机器，所以得参，不仅不能得到幸福，又多挨些打骂，他母亲因此和后夫就不十分和睦。

幸他母亲，耐劳苦、会打算，自己织草鞋、畜鸡鸭、养豚❻，辛辛苦苦，始能度那近于似人的生活。好容易，到得参九岁的那一年，他母亲就遣他，去替人家看牛，做长工❼。这时候，他后父已不大顾到家内，虽然他们母子俩，自己的劳力，经已❽可免冻馁❾的威胁。

❶威丽：谐音“威力”，暗寓遭日本统治。❷官业：指公家经营的事业。❸势豪：有权势的

豪门人家。❹贌：音 bó，读若闽南语的"缚"，承租。❺利头：利润。❻豚（tún）：小猪，在此泛指猪。❼长工：长期佣工。❽经已：已经。❾冻饿（něi）：受冻挨饿。

得参十六岁的时候，他母亲教他辞去了长工，回家里来，想贌几亩田耕作，可是这时候，贌田就不容易了。因为制糖会社[10]，糖的利益大，虽农民们受过会社刻亏[11]、剥夺，不愿意种蔗，会社就加上租声[12]向业主争贌，业主们若自己有利益，那管到农民的痛苦，田地就多被会社贌去了。有几家说是有良心的业主，肯贌给农民，亦要同会社一样的租声，得参就贌不到田地。若做会社的劳工呢？有同牛马一样，他母亲又不肯，只在家里，等着做些散工[13]。因他的气力大，做事勤敏，就每天有人唤他工作，比较他做长工的时候，劳力轻省，得钱又多，又得他母亲的刻俭[14]，渐积下些钱来。光阴似矢，容易地又过了三年，到得参十八岁的时候，他母亲唯一未了的心事，就是为得参娶妻。经他艰难勤苦积下的钱，已够娶妻之用，就在村中，娶了一个种田的女儿。幸得过门以后，和得参还协力，到田里工作，不让[15]一个男人。又值年成[16]好，他一家的生计，暂不觉得困难。

得参的母亲，在他二十一岁那年，得了一个男孙子，以后脸上已见时现着笑容，可是亦已衰老了。她心里的欣慰，使她责任心亦渐放下，因为做母亲的义务，经已克尽了。但二十年来的劳苦，使她有限的肉体，再不能支持。亦因责任观念已弛[17]，精神失了紧张，病魔遂乘虚侵入，病卧几天，她面上现着十分满足、快乐的样子归到天国去了。这时得参的后父，和他只存了名义上的关系，况他母已死，就各不相干了。

可怜的得参，他的幸福，已和他慈爱的母亲，一并失去。

❿会社：日语，公司。⓫刻亏：闽南语，刻薄、亏待。⓬租声：闽南语，田地的租金。旧时社会以谷物为租金。⓭散工：零工。⓮刻俭：勤俭。⓯不让：不输。⓰年成：年岁收成。⓱弛：音 chí，本义为放松弓弦，引申为松懈、解除，此指责任已经完成。

翌年[18]，他又生下一女孩子。家里头因失去了母亲，须他妻子自己照管，并且有了儿子的拖累，不能和他出外工作，进款[19]就减少一半，所以得参自己不能不加倍工作，这样辛苦着，过有四年，他的身体，就因过劳，伏下病根。在早季收获的时候，他患着疟疾，病了四五天，才诊过一次西医，花去两块多钱，虽则轻快些，脚手尚觉乏力，在这烦忙的时候，而又是勤勉的得参，就不敢闲着在家里，亦即耐苦到田里去。到晚上回家，就觉得有点不好过，睡到夜半，寒热[20]再发起来，翌天已不能离床，这回他不敢再请西医诊治了。他心里想，三天的工作，还不够吃一服药，那得那么些钱花？但亦不能放他病着，就煎些不用钱的青草，或不多花钱的汉药服食。虽未全都无效，总隔两三天，发一回寒热，经过有好几个月，才不再发作。但腹已很胀满。有人说，他是吃过多的青草致来的，有人说，那就叫脾肿，是吃过西药所致。在得参总不介意，只碍[21]不能工作，是他最烦恼的所在。

当得参病的时候，他妻子不能不出门去工作，只有让孩子们在家里啼哭，和得参呻吟声相和着。一天或两餐或一餐，虽不至饿死，一家人多陷入营养不良，尤其是孩子们，犹幸他妻子不再生育……

一直到年末。得参自己，才能做些轻的工作，看看尾衙[22]到了，尚找不到相应[23]的工作，若一至新春，万事停办了，更没有做工的机会，所以须积蓄些新春半个月的食粮，得参的心里，因此就分外烦恼而恐惶[24]了。

末了[25]，听说镇上生菜[26]的贩路[27]很好。他就想做这项生意，无奈缺少本钱，又因心地坦白[28]，不敢向人家告借，没有法子，只得教他妻到外家[29]走一遭。

一个小农民的妻子，哪有阔[30]的外家，得不到多大帮助，本是应该情理中的事，总难得她嫂子，待她还好，把她唯一的装饰品——一根金花[31]——借给她，教她去当铺里，押几块钱，暂作资本。这法子，在她当得[32]带了几分危险，其外又别无法子，只得从权[33]了。

[18]翌（yì）年：次年。[19]进款：收入。[20]寒热：此指疟疾发作时，忽冷忽热的症状。[21]碍：妨碍。[22]尾衙：闽南语，亦作“尾牙”，指腊月（农历十二月）十六日。[23]相应：合适。[24]恐惶：惶恐。[25]末了：后来。[26]生菜：闽南语，青菜、蔬菜。[27]贩路：销路。[28]坦白：闽南语，老实。

㉙外家：闽南语，娘家。㉚阔：富有。㉛金花：用黄金制成的花状发簪。㉜当得：当然会、当然需要。㉝从权：便（biàn）宜行事，指采取权宜的措施。

一天早上，得参买一担生菜回来，想吃过早饭，就到镇上去，这时候，他妻子才觉到[34]缺少一杆称仔。“怎么好？”得参想，“要买一杆，可是官厅[35]的专利品，不是便宜的东西，那儿来得钱？”他妻子赶快到隔邻去借一杆回来，幸邻家的好意，把一杆尚觉新新的借来。因为巡警[36]们，专在搜索小民的细故[37]，来做他们的成绩，犯罪的事件，发见得多，他们的高升就快。所以无中生有的事故，含冤莫诉的人们，向来是不胜枚举[38]。什么通行取缔、道路规则、饮食物规则、行旅法规、度量衡规纪[39]，举凡日常生活中的一举一动，通[40]在法的干涉、取缔范围中。——他妻子为虑万一，就把新的称仔借来。

这一天的生意，总算不坏，到市散，亦赚到一块多钱，他就先籴[41]些米，预备新春的粮食。过了几天粮食足了，他就想，“今年家运太坏，明年家里，总要换一换气象才好，第一厅上奉祀的观音画像，要买新的，同时门联亦要换，不可缺的金银纸[42]、香烛，亦要买。”再过几天，生意屡好[43]，他又想炊[44]一灶年糕，就把糖米买回来。他妻子就忍不住，劝他说：“剩下的钱积积下[45]，待赎取那金花，不是更要紧吗？”得参回答说：“是，我亦不是把这事忘却，不过今天才廿五，那笔钱不怕赚不来，就赚不来，本钱亦还在。当铺里迟早，总要一个月的利息。”

一晚市散[46]，要回家的时候，他又想到孩子们。新年不能有件新衣裳给他们，做父亲的义务，有点不克尽的缺憾，虽不能使孩子们享到幸福，亦须给他们一点喜欢。他就剪了几尺花布回去。把几日来的利益，一总[47]花掉。

㉞觉到：察觉、发现。㉟官厅：政府机关。㊱巡警：又称“巡察”，即警察。㊲细故：小事、小过失。㊳不胜（shēng）枚举：无法一一列举，形容很多。胜，尽。枚，逐一。㊴规纪：即“规矩”。㊵通：全、全部。㊶籴：音 dí，买米。㊷金银纸：祭祀鬼神所烧的纸钱。烧给神明的称“金纸”，烧给祖先、鬼魂、死者的称“银纸”。㊸屡好：愈来愈好。屡，愈，闽南语。㊹炊：蒸。㊺积积下：闽南语，累积下来。㊻市散：市场散市。㊼一总：一共。

这一天近午，一下级巡警，巡视到他担前，目光注视到他担上的生菜，他就殷勤地问：

“大人[48]，要什么不要？”

“汝的货色比较新鲜。”巡警说。

得参接着又说：

“是，城市的人，总比乡下人享用[49]，不是上等东西，是不合脾胃。”

“花菜卖多少钱？”巡警问。

“大人要的，不用问价，肯要我的东西，就算运气好。”参说。他就择几茎好的，用稻草贯[50]着，恭敬地献给他。

“不，称称看！”巡警几番推辞着说。诚实的参，亦就挂上称仔称一称，说：

“大人，真客气啦！才一斤十四两。”本来，经过秤称过，就算买卖，就是有钱的交关[51]，不是白要，亦不能说是赠与。

“不错罢？”巡警说。

“不错，本有两斤足，因是大人要的……”参说。这句话是平常买卖的口吻，不是赠送的表示。

“称仔不好罢，两斤就两斤，何须打扣[52]？”巡警变色地说。

“不，还新新呢！”参泰然地回答。

“拿过来！”巡警赫怒[53]了。

“称花[54]还很明了[55]。”参从容地捧过去说。巡警接在手里，约略考察一下说：

“不堪用了，拿到警署去！”

“什么缘故？修理不可吗？”参说。

“不去吗？”巡警怒叱着。“不去？畜生！”扑的一声，巡警把称仔打断掷弃，随抽出胸前的小帐子[56]，把参的名姓、住处，记下。气愤愤地，回警署去。

[48]大人：日据时期台湾人对警察的尊称。[49]享用：享受、享福。[50]贯：穿。[51]交关：交易、买卖。[52]打扣：打折扣。[53]赫怒：盛怒、大怒。[54]称花：闽南语，秤子上的刻度。刻在秤杆上的小圆点，用作计算重量的标志。[55]明了：清楚、清晰。[56]小帐子：小记事本。

参突遭这意外的羞辱，空抱着满腹的愤恨，在担边失神地站着。等巡警去远了，才有几个闲人[57]，近他身边来。一个较有年纪的说：

"该死的东西，到市上来，只这规纪亦就不懂？要做什么生意？汝说几斤几两，难道他的钱汝敢拿吗？"

"难道我们的东西，该白送给他的吗？"参不平地回答。

"唉！汝不晓得他的厉害，汝还未尝到他，青草膏的滋味[58]。"那有年纪的嘲笑地说。

"什么？做官的就可任意凌辱人民吗？"参说。

"硬汉！"有人说。众人议论一回、批评一回，亦就散去。

得参回到家里，夜饭前吃不下，只闷闷地一句话不说。经他妻子殷勤的探问，才把白天所遭的事告诉给她。

"宽心罢！"妻子说，"这几天的所得，买一杆新的还给人家，剩下的犹足赎取那金花回来。休息罢，明天亦不用出去，新春要的物件[59]，大概准备下，但是，今年运气太坏，怕运里带有官符[60]，经这一回事，明年快就出运[61]，亦不一定。"

参休息过一天，看看没有什么动静，况明天就是除夕日，只剩得一天的生意，他就安坐不来，绝早挑上菜担，到镇上去。此时，天色还未大亮，在晓景朦胧中，市上人声，早就沸腾，使人愈感到"年华垂尽，人生顷刻"的怅惘。

到天亮后，各担各色货，多要完了，有的人，已收起担头，要回去围炉，过那团圆的除夕，偿一偿终年的劳苦，享受着家庭的快乐。当这时参又遇到那巡警。

"畜生，昨天跑到那儿去？"巡警说。

"什么？怎得随便骂人？"参回说。

[57] 闲人：闽南语，指与事件无关的人。[58] 青草膏的滋味：意谓受到拷打，须贴上青草药膏治疗。[59] 物件：闽南语，东西。[60] 运里带有官符：指命运不好，会吃上官司。官符，命相学中所称掌管流年运势的"十二岁君"之一，是主凶的恶煞，犯者有官司、牢狱之灾。[61] 出运：闽南语，脱离坏运气，意近"否极泰来"。

“畜生，到衙门去!”巡警说。

“去就去呢，什么畜生?”参说。

巡警瞪他一眼便带他上衙门去。

“汝秦得参吗?”法官在座上问。

“是，小人，是。”参跪在地上回答说。

“汝曾犯过罪吗?”法官。

“小人生来将三十岁了，曾未犯过一次法。”参。

“以前不管他，这回违犯着度量衡规则。”法官。

“唉!冤枉啊!”参。

“什么?没有这样事吗?”法官。

“这事是冤枉的啊!”参。

“但是，巡警的报告，总没有错啊!”法官。

“实在冤枉啊!”参。

“既然违犯了，总不能轻恕，只科罚汝三块钱，就算是格外恩典。”官。

“可是，没有钱。”参。

“没有钱，就坐监三天，有没有?”官。

“没有钱!”参说，在他心里的打算：新春的闲时节，监禁三天，是不关系什么，还是三块钱的用处大，所以他就甘心去受监禁。

参的妻子，本想洗完了衣裳，才到当铺里去，赎取那根金花。还未曾出门，已听到这凶消息，她想：在这时候，有谁可央托[62]，有谁能为她奔走?愈想愈没有法子，愈觉伤心，只有哭的一法，可以少舒[63]心里的痛苦，所以，只守在家里哭。后经邻右的劝慰、教导，才带着金花的价钱，到衙门去，想探探消息。

乡下人，一见巡警的面，就怕到五分，况是进衙门里去，又是不见世面的妇人，心里的惊恐，就可想而知了。她刚跨进郡衙的门限[64]，被一巡警的“要做什么”的一声呼喝，已吓得倒退到门外去，幸有一十四来岁的小使[65]，出来查问，她就哀求他，替伊探查，难得那孩子，童心还在，不会倚势欺人，诚恳地，替伊设法，教她拿出三块钱，代缴进去。

“才监禁下，什么就释出来?”参心里，正在怀疑地自问。出来到衙前，看着他妻子。

“为什么到这儿来?”参对着妻子问。

“听……说被拉进去!”她微咽着声回答。

“不犯到什么事，不至杀头怕什么。”参怏怏[66]地说。

他们来到街上，市已经散了，处处听到辞年[67]的爆竹声。

“金花取回未[68]?”参问他妻子。

“还未曾出门，就听到这消息，我赶紧到衙门去，在那儿缴去三块，现在还不够。”妻子回答他说。

“唔!”参恍然地发出这一声，就拿出早上赚到的三块钱，给他妻子说：

“我挑担子回去，当铺怕要关闭了，快一点去，取出就回来罢。”

围过炉，孩子们因明早要绝早起来开正[69]，各已睡下，在作他们幸福的梦。参尚在室内踱来踱去[70]。经他妻子几次的催促，他总没有听见似的，心里只在想，总觉有一种，不明了的悲哀，只不住漏出几声的叹息，“人不像个人，畜生，谁愿意做。这是什么世间?活着倒不若死了快乐。”他喃喃地独语着，忽又回忆到他母亲死时，快乐的容貌。他已怀抱着最后的觉悟。

元旦，参的家里，忽哗然[71]发生一阵叫喊、哀鸣、啼哭。随后，又听着说：“什么都没有吗?”“只银纸备办在，别的什么都没有。”

同时，市上亦盛传着，一个夜巡的警吏，被杀在道上。

（这一幕悲剧，看过好久，每欲描写出来，但一经回忆，总被悲哀填满了脑袋，不能着笔。近日看到法朗士[72]的克拉格比[73]，才觉这样事，不一定在未开[74]的国里，凡强权行使的地上，总会发生，遂不顾文字的陋劣，就写出给文家批判。）

十二月四日夜记

[62]央托：闽南语，央求拜托。央，请求。[63]舒：舒缓、消解。[64]门限：门槛。[65]小使：日语，工友。[66]怏怏：音 yàng yàng，闷闷不乐的样子，此处兼有不满之意。[67]辞年：亦称“除岁”，指除夕夜晚辈向长辈行礼、互祝平安的礼节。[68]取回未：拿回来了没有?未，意同“没”、

“无”，句尾疑问词。⑥⑨开正（zhèng）：闽南语，亦称“开春”，指旧时农历正月初一放鞭炮、开厅门祭神，以召吉祥的仪式，通常在凌晨举行。⑦⓪踱来踱去：走来走去。踱，音 duó，慢步行走。⑦①哗（huá）然：喧闹的样子。⑦②法朗士：法朗士 (Anatole France, 1844—1924)，法国小说家、历史学者。一生追求公平正义，一九二一年获诺贝尔文学奖。著有《波那尔之罪》《文学生活》等。⑦③克拉格比：《克拉格比》(*L'Affaire Crainquebille*)，《法朗士》发表于一九〇一年的短篇小说。透过一个小菜贩被警察诬陷的不幸遭遇，指斥司法制度的偏颇不公，控诉穷人得不到法律保障的现象。⑦④未开：尚未开化。

问题与讨论

一、文中哪些情节，可以看出日据时期日本警察苛虐台湾百姓的现象？

二、文中“称仔”有何象征意义？日警打断“称仔”，又有何象征意义？

三、本文的时代背景与小说的情节发展以及人物的结局，三者间有何关系？

高 中 第 二 学 年（下）

第一课

《韩非子》选

文——韩非

学习重点

韩非是先秦法家思想的集大成者。先秦诸子喜以寓言说理，韩非亦长于此，其寓言大抵透过具体事例以说明深刻的道理，在先秦诸子寓言中，有其不可忽视的地位。本文所选两篇，皆有清楚的譬喻，及深远的寓意，值得我们深思、借镜。学习时，可就下列重点加以注意：

一、认识韩非寓言的特色，进而掌握其设事说理的技巧。

二、体会上行下效的道理，了解身为领导者的行为举动应有所戒慎。

三、明白本质重于外在，为人处事不应舍本逐末。

题解

本文选自《韩非子·外储说》左上，篇题为编者所加。储，聚集、储备。“储说”，指将自己的议论储聚起来，等待国君采用。储说内容主要说明人君驾驭臣下的方法，大都借用史实、故事，以说明事理。

《齐桓公好服紫》一篇，先藉由齐桓公偏好紫色服饰以致平民百姓竞相仿效的故事，说明当政者的行为必然引起全国民众的模仿、学习，再由当政者发现后遗症，便勇于检讨、力求改进的行为，说明当政者具有明显的表率作用，也充分显示“上行下效”的事实与道理。

《买椟（dú）还珠》一篇，则以“秦伯嫁女”与“楚人鬻珠”两则故事，指出世人往往看重外表华丽的装饰，而忽略了内在本体实质的功用。韩非藉着这两个鲜明的例子，一方面说明墨子传述先王之道与圣人之言，为了避免“以文害用”，故“其言多不辩”；另一方面提醒人君要听其言、观其行，切勿为外在虚言所惑，否则将会取舍失当，本末倒置。

作者

韩非　战国韩国人，卒于秦王政十四年（公元前二三三）。

韩非为韩国公子，少有大志，与李斯同为当时大儒荀子的学生，精研刑名法术之学，李斯自以为不如。韩国在当时的战国七雄中最为弱小，韩非见国力日趋削弱，多次上书韩王，主张变法图强，终不见用。韩非口吃而不善言谈，遂发愤著书，所作《孤愤》《五蠹（dù）》等篇，秦王政初以为出自古圣先贤，叹曰：“寡人得见此人，与之游，死不恨矣！”经李斯说明，知为韩非所作，遂急攻韩以求韩非，韩王乃派遣韩非出使秦国。韩非入秦，以存韩攻赵之利游说秦王，秦王善其说，但未得任用，即遭李斯谗言，被毒死狱中。

韩非喜好刑名法术之学，承继荀子性恶观，更吸收了法家学说——重势派的慎到、重术派的申不害、重法派的商鞅等三个法家流派——认为势、术、法三者不可偏废，遂加以补充，形成一个完整而严密的思想体系，为先秦法家集大成者。

韩非的文章，文字简洁精练，笔锋犀利峻峭，论证周密细致，说理透彻精辟，具有极高的说服力，在先秦诸子散文中颇具特色。有《韩非子》行世。

课文

一、齐桓公好服紫

齐桓公好服紫[1]，一国尽服紫。当是时也，五素不得一紫[2]。

桓公患[3]之，谓管仲曰："寡人好服紫，紫贵甚，一国百姓好服紫不已，寡人奈何？"管仲曰："君欲止之，何不试勿衣（yì）紫也？谓左右曰：'吾甚恶紫之臭[4]。'"公曰："诺。"

于是左右适[5]有衣紫而进者，公必曰："少却[6]，吾恶紫臭！"于是日，郎中[7]莫衣紫。其明日[8]，国中[9]莫衣紫。三日，境内[10]莫衣紫也。

❶服紫：穿戴紫色的服饰。服，穿，此作动词用。❷五素不得一紫：五匹白布的价格，抵不上一匹紫布。素，白色生绢。❸患：忧虑、忧心。❹臭：音 xiù，气味、味道。❺适：恰好、正好。❻少却：稍退后一点。少，通"稍"。却，退。❼郎中：指侍卫近臣。❽其明日：此谓上文"是日"的明日。其，代词，指"是日"。❾国中：指国都之中。❿境内：指全国。

二、买椟还珠

楚王谓田鸠[1]曰："墨子[2]者，显学[3]也，其身体则可[4]，其言多不辩[5]，何也?"

曰："昔秦伯嫁其女于晋公子[6]，为之饰装[7]，从衣文之媵[8]七十人。至晋，晋人爱其妾，而贱公女[9]。此可谓善嫁妾，而未可谓善嫁女也。楚人有卖其珠于郑者，为木兰[10]之椟[11]，薰以桂椒[12]，缀以珠玉，饰以玫瑰[13]，辑[14]以翡翠。郑人买其椟，而还其珠。此可谓善卖椟矣，未可谓善鬻[15]珠也。

今世之谈也，皆道[16]辩说文辞之言[17]，人主览其文，而忘其用。墨子之说，传先王之道，论圣人之言，以宣告人。若辩其辞，则恐人怀其文忘其用[18]，直[19]以文害用也。此与楚人鬻珠、秦伯嫁女同类，故其言多不辩。"

[1] 田鸠：战国时齐人，为墨子弟子。[2] 墨子：名翟，战国时鲁人，倡兼爱、非攻之说，在先秦诸子中，文词最为朴实。此处"墨子"亦兼指其学说。[3] 显学：当代著名显要的学说。《韩非子·显学》篇以儒、墨二家为战国时之显学。[4] 其身体则可：意谓墨子的理论亲身实践是可以做到的。身体，亲身体践，身体力行。体，体验、实行，此处作动词用。[5] 其言多不辩：意谓墨子的言词大多不华美动人。辩，本为善辩能言，此处谓言词华丽巧妙。[6] 秦伯嫁其女于晋公子：秦穆公将女儿文嬴嫁给晋国公子。秦伯，即秦穆公，春秋时秦国国君。晋公子，晋国公子，指重耳，即晋文公。[7] 饰装：为其女准备嫁妆。[8] 从衣文之媵：派遣穿着华丽衣服的陪嫁侍妾跟随。从，音 zòng，使跟随、跟从，此处作动词用。衣文，穿着文彩华丽的衣服。媵，音 yìng，古时诸侯嫁女时陪嫁的人，后亦指婢妾。[9] 贱公女：看轻、不重视秦穆公的女儿。[10] 木兰：树名。皮似桂而香，高数丈，可以制木器、造船。[11] 椟：音 dú，木匣（xiá）。[12] 薰以桂椒（jiāo）：用桂椒等香料加以薰香。桂椒，肉桂、山椒，泛指高级香料。[13] 玫瑰：一种红色的美玉。[14] 辑：编，编缀之意。[15] 鬻：音 yù，卖。[16] 道：讲说。[17] 辩说文辞之言：善辩动听、文采华美的言辞。[18] 怀其文忘其用：喜爱华美的文辞，而忽略它实际的功用。怀，留恋、喜爱。[19] 直：但，只不过。

问题与讨论

一、《齐桓公好服紫》一文中，从齐桓公和管仲两人之间的对话，可以揭示何种道理？桓公既然自己好服紫，为何对一国百姓好服紫不已而深以为患？请分析讨论桓公的心理因素。

二、韩非以寓言说明买椟还珠之不当，买椟还珠看似荒谬，但现实中人们却不免犯此毛病。你认为何种行事正是属于买椟还珠的行为？请举例说明。

三、韩非称许墨子“言多不辩”，然其本身却讲求文字、言词犀利，对此你有何看法？

第二课

《台湾通史》序

文—连 横

学习重点

连横于日据期间，冒着遭到迫害的危险，历经十年的努力，终于完成第一部由台湾人编撰的《台湾通史》，其意义之重大不言可喻。

本文为《台湾通史》的自序，清楚交代连横修史的动机、写作的过程与理想，是了解《台湾通史》的钥匙，文末更勉励后人发扬种性，意旨宏远，值得深思。学习时，可就下列重点加以注意：

一、认识连横其人其文，并了解《台湾通史》的撰作背景。

二、明白“序”的体例与作法。

三、了解台湾的历史，思索今日台湾所面对的政治、社会问题。

题解

本文选自《台湾通史》。通史，指书写范围贯通古今，不限于一朝一代的史书。连横记台湾史事，起自隋代，终于割让，历时一千二百九十年，故称《台湾通史》。序，也作叙，文体的一种，用以说明著作的缘由、经过与旨趣，原本置于全书之后，如《史记·太史公自序》，后改置于书前，而称置于书后者为“跋”，二者合称“序跋体”。

《台湾通史》取材宏富，事理赅备，是了解台湾历史、政治、文化、经济、民俗等面向的重要著作，文中体现先民来台开垦的艰辛与奋勇不屈的精神，虽然距离完稿已近百年，依然值得珍视。

作者

连横 字武公，号雅堂，又号剑花，台湾府城（今台南）人。生于清德宗光绪四年（一八七八），卒于日据时期昭和十一年（一九三六），年五十九。

连横祖先为福建龙溪人，明亡后渡海来台，定居台南。连横十三岁时，其父授以《台湾府志》，并说：“汝为台湾人，不可不知台湾事！”连横读后，见旧志阙误甚多，遂发愤撰写《台湾通史》。中日甲午之战（一八九四），清军战败，订立《马关条约》，一八九五年割台湾以求和。连横时年十八，目睹台湾易主，激发其强烈的民族意识。光绪二十四年，主持《台澎日报》(后改名《台南新报》)汉文部。三十一年，携眷赴厦门，创办《福建日日新报》，鼓吹革命。因言论激烈，报馆为清廷查封，被迫返台。不久又主持《台南新报·汉文部》。民国成立（一九一二）后，赴北京，入清史馆任职，尽阅馆藏台湾档案。一九一四年返台，着手整理《台湾通史》稿，七年完成，九年付印，终于完成一生志业。一九三三年举家迁居上海，一九三六年病卒。

连横著作除《台湾通史》外，尚有《雅堂文集》《大陆游记》等。又校订有关台湾著作三十八种为《雅堂丛刊》，对保存台湾文献，贡献极大。后人编有《连雅堂先生全集》行世。

课文

台湾固❶无史也。荷人启之❷，郑氏作之❸，清代营之❹，开物成务❺，以立我丕基❻，至于今三百有余年矣。而旧志误谬，文采不彰❼，其所记载，仅隶有清一朝❽，荷人、郑氏之事阙而弗录❾，竟以岛夷、海寇视之❿。呜乎！此非旧史氏⓫之罪欤？且府志重修于乾隆二十九年⓬，台、凤、彰、淡诸志，虽有续修⓭，侷促一隅⓮，无关全局，而书又已旧。苟欲以二、三陈编⓯，而知台湾大势，是犹以管窥天、以蠡测海⓰，其被囿⓱也亦巨矣。

❶固：本来。❷荷人启之：荷兰人开发了台湾。启，开辟。明熹宗天启四年（一六二四）荷兰人入侵台湾，至桂王永历十五年十二月（一六六二年二月）郑成功收复台湾，共占据台湾三十九年。❸郑氏作之：郑成功为台湾创建了制度。作，创造、建制。郑成功到台湾后，废除了荷兰人的榨取政策，教官兵屯田，制订法律，设立官职，创办学校，修筑道路，在短期内使台湾具备相当的规模。❹清代营之：清廷经营了台湾。清圣祖康熙二十二年（一六八三）开始统治台湾，至德宗光绪二十一年（一八九五）割让给日本。其间设立学堂、选拔人才、整饬吏治，都有相当绩效。❺开物成务：开发物资，建立制度。开物，指开发、利用各种物资。成务，指建立政治、经济、社会等制度。❻丕基：宏大的基业。丕，大。❼旧志误谬，文采不彰：旧有的府县志有错误，文采也欠优美。旧志，指台湾旧有的府、厅、县等志。志，指地方志。谬，音 miù，错误。彰，显著、明白。❽仅隶有清一朝：只限于清代。隶，属于。有清，即清朝。有，助词，无义。❾阙而弗录：阙漏未记录。阙，通“缺”。弗，不。❿以岛夷海寇视之：认为台湾是海上小岛，居民是外族，郑成功是海寇。⓫旧史氏：旧史的作者。⓬府志重修于乾隆二十九年：指续修台湾府志二十六卷，乾隆二十九年巡道觉罗四明辑。⓭台、凤、彰、淡诸志，虽有续修：《台湾通史·艺文志》著录有《台湾县志》《凤山县志》《彰化县志》《诸罗县志》《淡水厅志》《噶玛兰厅志》《澎湖厅志》等地方志，包括初修、重修、新修者，共计十一种。⓮隅：角落。⓯陈编：旧书。编，本为串联竹简的绳子，后用以指书籍。⓰以管窥天以蠡测海：从竹管看天，用葫芦瓢测量海，比喻所见狭小。管，竹管。蠡，音 lí，即葫芦瓢。⓱囿：音 yòu，本

为圈养禽兽之地，引申为范围、限制之意。

夫台湾固海上之荒岛尔，筚路蓝缕以启山林[18]，至于今是赖[19]。顾[20]自海通以来，西力东渐[21]，运会之趋[22]，莫可阻遏（è）。于是而有英人之役[23]、有美船之役[24]、有法军之役[25]，外交兵祸，相逼而来，而旧志不及载也。草泽群雄[26]，后先崛起，朱、林[27]以下，辄启兵戎[28]，喋血[29]山河，藉言恢复[30]，而旧志亦不备载也。续以建省之议[31]，开山抚番[32]，析疆[33]增吏，正经界[34]、筹军防[35]、兴土宜[36]、励教育，纲举目张[37]，百事俱作，台湾气象一新矣。

夫史者，民族之精神，而人群之龟鉴[38]也。代之盛衰、俗之文野、政之得失、物之盈虚，均于是乎在。故凡文化之国，未有不重其史者也。古人有言："国可灭，而史不可灭[39]。"是以郢书燕说[40]，犹存其名；晋乘楚杌[41]，语多可采。然则台湾无史，岂非台人之痛欤（yú）？

[18] 筚路蓝缕以启山林：本谓驾着柴车，穿着破衣，来开垦山林，后用以比喻创业的艰难。筚路，用荆条或竹子编成的车，也称柴车。筚，音 bì，荆条竹木之类。路，通"辂"，古代车子的通名。蓝缕，破衣，又作"褴褛"、"蓝蒌"。[19] 至于今是赖：到今天都还依赖前人艰苦开垦的成果。是，此，指先人所创的基业。赖，倚靠。[20] 顾：但。[21] 西力东渐：西方势力逐渐渗入东方。[22] 运会之趋：时势所趋。运会，时运际会。[23] 英人之役：鸦片战争时，清宣宗道光二十一年（一八四一）英国舰队曾攻击鸡笼（今基隆），次年又侵犯大安港（今台中大安），都被守军击退。[24] 美船之役：清穆宗同治六年（一八六七）美国商船航行遇风，漂抵台湾南部海岸，触礁沉没，上岸后，为当地原住民所杀，引起美兵与居民的战事，不久和解。[25] 法军之役：即中、法之战。光绪十年（一八八四），法国攻基隆、沪尾（今新北市淡水），次年陷澎湖。后法将孤拔战死，中、法讲和，失地也得以收复。[26] 草泽群雄：乡野间起义的英雄。草泽，草莽水泽，此指乡野、民间。群雄，指当时奋勇起义的民间英雄。[27] 朱林：朱一贵、林爽文。朱一贵于康熙六十年（一七二一）起义；林爽文于乾隆五十一年（一七八六）起义。[28] 辄启兵戎：常常引起战争。辄，往往、时常。兵、戎，皆为兵器，此代指战争。[29] 喋血：形容杀人甚多。喋，音 dié，通"蹀"，踏。[30] 藉言恢复：指朱一贵、林爽文等人起兵，都以"灭清复明"为号召。藉言，犹云"借口"。[31] 建省之议：清穆宗同治十三年（一八七四）钦差大臣沈葆桢奏请台湾建省，清廷不从；光绪十一年（一八八五），钦差大臣左宗棠再奏请建省，台湾终于在光绪十三年完成建省。[32] 开山抚番：开发山地，安抚原住民。[33] 析疆：划分行政区域。[34] 正经界：厘正田地界域。

㉟筹军防：筹划军事防卫。筹，策划。㊱兴土宜：根据土地的条件，开发适合的物产。㊲纲举目张：提举大纲，张列细目。喻大小事务一一兴办。纲，网的大绳。目，网的孔目。㊳龟鉴：比喻借镜前事。龟，龟甲，古人用来占卜吉凶。鉴，铜镜，此意为借镜。㊴国可灭而史不可灭：国家可能被消灭，历史却是无法消灭的。指日本虽占据台湾，却无法阻止台湾人撰写台湾史。㊵郢（yǐng）书燕说：指穿凿附会之说。㊶晋乘（shèng）楚杌（wù）：春秋时代，晋国史书称乘，楚国史书名《梼（táo）杌》。

顾修史固难，修台之史更难，以今日而修之尤难。何也？断简残编，搜罗匪易[42]，郭公夏五[43]，疑信相参，则征文[44]难；老成[45]凋谢，莫可咨询，巷议街谭[46]，事多不实，则考献[47]难。重以改隶[48]之际，兵马倥偬[49]，档案俱失，私家收拾，半付祝融[50]，则欲取金匮石室之书[51]，以成风雨名山之业[52]，而有所不可。然及今为之，尚非甚难。若再经十年、二十年而后修之，则真有难为者。是台湾三百年来之史，将无以昭示后人，又岂非今日我辈之罪乎？

㊷搜罗匪易：不容易搜集网罗。匪，非。㊸郭公夏五：比喻文字脱误。㊹征文：取证于典籍史料的记载。征，取证、证明。文，文献、典籍。㊺老成：指年纪老而阅历丰富、通晓事理的人。㊻巷议街谭：街巷中的谈说议论，此指民间的舆论。谭，通“谈”。㊼考献：请教熟悉掌故的前辈。考，稽核，引申为请教。献，贤者。㊽改隶：指光绪二十一年（一八九五）中日签订马关条约，割让台湾一事。隶，属、附属。㊾倥偬：音 kǒng zǒng，迫促、纷乱的样子。㊿半付祝融：大半被火焚毁。祝融，火神，后用以指火灾。[51]金匮石室之书：珍贵收藏的图书。金匮、石室，都是国家藏书之处。匮，通“柜”。[52]风雨名山之业：比喻乱世不朽的著作。风雨，喻乱世。名山，指古代帝王藏书之处，此用以代指传世不朽的著作。

横不敏，昭告[53]神明，发誓述作[54]，兢兢业业[55]，莫敢自遑[56]。遂以十稔[57]之间，撰成《台湾通史》，为纪四、志二十四、传六十，凡八十有八篇，表图附焉。起自隋代[58]，终于割让，纵横上下[59]，巨细靡（mǐ）遗，而台湾文献于是乎在。

洪惟我祖宗[60]渡大海，入荒陬[61]，以拓殖斯土，为子孙万年之业者，其功伟矣。追怀先德，眷顾[62]前途，若涉深渊[63]，弥自儆惕[64]。乌乎念哉！凡我多士及我友朋，惟仁惟孝，义勇奉公，以发扬种性[65]，此则不佞之帜[66]也。婆娑之洋[67]，美丽之岛[68]，我先王先民之景命[69]，实式凭之[70]！。

[53]昭告：明白的告知。[54]述作：著作。论语述而："述而不作。"述，纂述前人旧闻。作，创作新说。[55]兢兢业业：戒慎恐惧的样子。[56]莫敢自遑：自己一点也不敢懈怠。遑，音 huáng，闲暇。[57]稔：音 rěn，年。稻麦等农作物成熟曰稔。中国北方地区的农作大致一年一熟，故以稔代称年。[58]起自隋代：台湾通史记台湾事，始自隋炀帝大业元年（六〇五）。[59]上下：此处意指"古今"。[60]洪惟我祖宗：回想我伟大的祖宗。洪惟，深思。洪，大。惟，思。[61]荒陬：荒远偏僻之地。陬，音 zōu，角落，指偏远之地。[62]眷顾：深切的想念。[63]若涉深渊：就像徒步渡过深水时，所怀抱的戒慎恐惧之心。[64]弥自儆惕：自己更加戒慎恐惧。弥，更加。儆，音 jǐng，通"警"，警惕。[65]种性：民族性。[66]不佞（nìng）之帜：我的志向。不佞，自谦之词。帜，音 zhì，旗帜，此用为目标、志向之意。[67]婆娑（suō）之洋：波浪起伏的海洋。婆娑，本指盘旋起舞的样子，此处形容海水的起伏荡漾。[68]美丽之岛：美丽的岛屿，此指台湾。明世宗嘉靖三十六年（一五五七）葡萄牙人往来中国附近，遥望台湾山明水秀，林木青葱，因称之为"福尔摩沙"（Formosa），意即美丽之岛。[69]景命：伟大的使命。景，大。[70]实式凭之：实取法依托于此。式，取法。凭，依托。之，指上文的"婆娑之洋，美丽之岛"，即指台湾。

问题与讨论

一、连横是在何种背景下修撰《台湾通史》的？

二、文中认为当时修撰台湾史有哪些困难？作者又何以在困难重重之下，仍坚持立即修史？

三、试与同学讨论今日台湾所面临的问题，并寻求解决的方法。

第三课

大同与小康

学习重点

《礼记》旨在阐明礼的作用与意义，是中国重要的礼学典籍。本文重点在论述“大同”与“小康”的内蕴与区别，不仅充分显现儒家的理想世界，也对后世礼制的演变、政治制度的更易、伦理观念的建立产生极大的影响。学习时，可就下列重点加以注意：

一、认识《礼记》的性质及其内容。

二、理解大同世界与小康之治的区别。

三、体会大同世界的精神及其境界。

题解

本文选自《礼记·礼运》，标题为编者所加。文中记述孔子感叹鲁国礼义崩坏，遂藉由言偃之问，由政治、社会、经济等层面，畅论大同世界与小康之治的区别。

小康之治是“天下为家”，用礼义作为治国的纲纪，以维系社会的和谐安康。大同世界的精神在“天下为公”。天下为公，则可达人人和睦、世界太平的境界，是儒家政治的最高理想。文中既对“天下为家”的小康之治提出说明与检讨，也充分显现对大同世界“天下为公”的向往。

作者

《礼记》是一部论述礼义的文献选集，是本为孔门弟子及后学所记有关礼的文章，非一时一人所作，至汉代始汇为一编。《仪礼》在汉代被尊为《礼经》，西汉中期礼学家戴德、戴圣在学官中讲授《仪礼》，为辅助教学，乃从这些单篇文章中各自编选成书，“记”始由散篇正式成为专书。戴德辑选八十五篇，世称《大戴礼记》；其侄戴圣选录四十九篇，世称《小戴礼记》。东汉以后，《大戴礼记》逐渐没落，《小戴礼记》则大为盛行，故后代所称之《礼记》皆指《小戴礼记》。东汉郑玄分别为《周礼》《仪礼》《礼记》作注，始并称为《三礼》。唐代作《五经正义》，《礼记》采汉郑玄注、唐孔颖达正义，此后《礼记》取代《仪礼》，成为“五经”之一，影响至为深远。

《礼记》是儒家的重要经典，内容包含礼制、礼仪、伦理、政治观念，不仅是研究战国、汉初儒学的重要典籍，也是研究古代文化的重要文献。

戴圣，字次君。西汉梁国（治在今江苏砀山东）人。曾向后苍学《仪礼》，汉宣帝时立为《礼经》博士，讲学于石渠阁，官至九江太守。

课文

昔者，仲尼与于蜡宾[1]，事毕，出游于观[2]之上，喟然[3]而叹——仲尼之叹，盖叹鲁也[4]——言偃[5]在侧，曰："君子[6]何叹？"

孔子曰："大道之行也[7]，与三代之英[8]，丘未之逮也，而有志焉[9]。大道之行也，天下为公[10]，选贤与能[11]，讲信修睦[12]，故人不独亲其亲，不独子其子[13]，使老有所终[14]，壮有所用，幼有所长[15]，矜、寡、孤、独、废、疾者[16]皆有所养[17]，男有分，女有归[18]。货恶其弃于地也，不必藏于己[19]；力恶其不出于身也，不必为己[20]。是故谋闭而不兴[21]，盗窃乱贼[22]而不作[23]，故外户而不闭[24]，是谓'大同[25]'。

[1] 仲尼与于蜡宾：孔子仕鲁，参与蜡祭，担任助祭之人。仲尼，孔子字。与，音 yù，参与、参加。蜡，音 zhà，古代岁终祭祀名。宾，助祭之人。[2] 观：音 guàn，古时天子或诸侯宫门两侧的楼台，用以远眺、守望或悬示法令。[3] 喟然：叹息的样子。喟，音 kuì，长叹。[4] 盖叹鲁也：孔子看到鲁国祭礼不完备，徒存仪式，因此叹息。盖，大概，推测语气词。[5] 言偃（yǎn）：姓言名偃，字子游，孔子弟子。曾仕于鲁国，任武城邑宰。[6] 君子：有才德的人，此指孔子。[7] 大道之行也：大道实行于天下之时。大道，至公至正之道，是儒家理想的治道。[8] 三代之英：三代英明的君主。三代，指夏、商、周。英，杰出的人物，此指英明的人主，即下文禹、汤、文、武、成王、周公等实行小康之治的领导者。[9] 丘未之逮也，而有志焉：我孔丘虽未能赶上盛世，但心中非常向往。之，"大道之行与三代之英"的时代。逮，及。志，有志于此，指心向往之。一说通"志"，记载。[10] 天下为公：天下是众人所共有的。[11] 选贤与能：即选贤举能。贤，有德行的人。与，通"举"，推选。能，有才能的人。[12] 讲信修睦：讲求信用，敦修和睦。[13] 不独亲其亲，不独子其子：不只亲爱自己的长上，不只慈爱自己的子弟，即《孟子·梁惠王》上"老吾老，以及人之老；幼吾幼，以及人之幼"之意。上"亲"字，作动词用，指"亲爱"；上"子"字亦作动词用，指"慈爱"。[14] 老有所终：年老的人都能安享天年。终，终养。[15] 幼有所长：年幼的人都能获得教养。长，音 zhǎng，教养。[16] 矜、寡、孤、独、废、疾者：指社会上孤苦无助的人。矜，音 guān，通"鳏"，无妻。寡，无夫。孤，幼而无父。独，老而无子。废，残废。疾，病，此指久病不愈。[17] 皆有所养：都能获得抚恤安养。[18] 男有分，女有归：男子都有职业，女子各有归宿。分，音 fèn，职分，此指职业。归，女子出嫁为归，此指归

宿。⑲货恶其弃于地也不必藏于己：资源财货厌恶其弃置不用，故不宜藏私，当与人共享。货，财货，此指资源。恶，音 wù，厌恶，此指不欲。弃，抛弃。⑳力恶其不出于身也，不必为（wèi）己：劳力厌恶其不出于自身，亦不必只为一己，当尽力服务他人。出，发挥。㉑谋闭而不兴：奸谋止息而不再发生。谋，图谋，此指奸谋之心。闭，闭塞、止息。兴，作、发生。㉒乱贼：作乱害人。乱，此指作乱。贼，此指害人。㉓作：发生、兴起。㉔外户而不闭：大门不必关上。外户，大门。㉕大同：意即太平盛世。同，和、平。

今大道既隐，天下为家㉖，各亲其亲，各子其子，货力为己㉗，大人世及以为礼㉘，城郭沟池以为固㉙，礼义以为纪㉚。以正君臣㉛，以笃父子㉜，以睦兄弟，以和夫妇，以设制度，以立田里㉝，以贤勇知㉞，以功为己㉟，故谋用是作，而兵由此起㊱，禹、汤、文、武、成王、周公，由此其选也㊲。此六君子者，未有不谨㊳于礼者也。以着其义㊴，以考其信㊵，着有过㊶，刑仁讲让㊷，示民有常㊸。如有不由此者，在埶者去，众以为殃㊹，是谓‘小康㊺’。”

㉖大道既隐，天下为家：至公至正的大道消失以后，天子视天下为一家之私产。隐，隐匿、消失，与上文“大道既行”之“行”字相对，乃“不行”之意。天下为家，指天子不传位于贤，而传位于子，视天下为自家之私产。㉗货力为己：将开发出来的财货用于己身，谓出力的目的在贪图自身的享受。㉘大人世及以为礼：即“大人以世及为礼”，指在位者以父死子继或兄终弟及作为传位的礼制。大人，在位者，此指天子、诸侯。世及，指古代君王传位的两种制度：世，指父死子继；及，指兄终弟及。礼，制度。㉙城郭沟池以为固：即“以城郭沟池为固”，指以武备军防巩固政权。郭，外城。沟池，此指护城河。㉚礼义以为纪：即“以礼义为纪”，指用礼义作为维系社会的纲纪。纪，纲纪、规范。㉛以正君臣：用礼义来端正君臣关系。㉜以笃父子：用礼义来敦厚父子关系。笃，敦厚。㉝以立田里：用礼义来建立田里制度，指分配土地。田，田地，指分配土地。里，里籍，指分配宅居。㉞以贤勇知：用礼义来推尊有勇有谋的人。贤，尊崇，作动词用。知，同“智”。㉟以功为己：用礼义来奖励为己效力的人。功，奖励，作动词用。㊱谋用是作，而兵由此起：奸谋因此而兴起，战争因此而发生。用是，因此。兵，指战争。㊲禹、汤、文、武、成王、周公由此其选也：禹、汤、文、武、成王、周公是夏、商、周三代中用礼义推行政教的优秀人物。由，用。此，指礼义。其，指夏、商、周三代。选，人选，指优秀的人物。㊳谨：敬慎。㊴以着其义：用礼来彰明人民应做的事。着，音 zhù，彰显。其，指人民。义，宜、合理。㊵以考其信：用礼来考核人民是否信实。考，考核。信，诚实。㊶着有

过：用礼来明示人民的过错。㊷刑仁讲让：以仁德为典型，并且讲求礼让。刑，通“型”，典型、模范，作动词用。㊸示民有常：昭示人民必须遵守的常法。示，昭示。常，常法、常规。㊹“如有不由此者”三句：如果在位者不以礼义为准则，人民会视他为祸害，并罢黜他。此，指礼义。在埶，犹云“在位”。埶，音 shì，同“势”，职位。去，黜退、罢免。殃，祸害。㊺小康：指小安的政局，此相对于“大同”而言。康，安。

问题与讨论

一、试就本文所述，比较“大同”与“小康”在政治、社会、经济、治安等层面的异同。

二、“小康之治”虽不及“大同世界”，但究非全无可取。试说明“小康之治”的特色及其可取之处。

三、针对言偃所问的“君子何叹”，你认为孔子叹息的真正原因何在？

第四课

烛之武退秦师

学习重点

《左传》是载述春秋时代极为重要的史书，文字简练、记事翔实、写人生动、议论深刻，影响中国史学、文学至为深远。《烛之武退秦师》记述郑国靠着大夫烛之武的辩才，及其对人性的深刻了解与国际局势的精确体认，解除了秦、晋围困的危机。学习时，可就下列重点加以注意：

一、了解《左传》的内容与性质。

二、欣赏《左传》的文学技巧，进而掌握先秦历史散文的叙事特色。

三、认识国与国建立在“利害关系”上的现实处境，并思索“弱国无外交”之说。

题解

本文选自《左传》僖公三十年（公元前六三〇）。烛之武，郑国大夫。鲁僖公二十三年，晋公子重耳流亡过郑，郑文公未以礼相待。鲁僖公二十八年，晋楚爆发城濮之战，郑国出兵助楚，晋郑仇怨益深。

本文记述鲁僖公三十年，秦、晋两国围郑，郑文公临危派遣烛之武说服秦穆公，使秦撤兵罢战之事。烛之武利用秦、晋间的矛盾，说明秦灭郑有害而无利，存郑则有利而无害，并举实例说明晋国的不可信赖，与晋共事只会损害秦国。由于分析透彻，终于使秦穆公改变心意，不仅撤兵，更派兵助郑防守，使得晋文公不得不退兵，顺利地解除了郑国的危机。

作者

《左传》又名《左氏春秋》《春秋左氏传》，与《公羊传》《谷梁传》合称“春秋三传”。根据《史记》《汉书》的记载，孔子有感于周室衰微，载籍残缺，遂据鲁史记而作《春秋》，对春秋史事多所褒贬。左丘明则论其本事而作传，以明孔子不以空言立说。

《左传》编年记事，以鲁史为中心，而旁及他国。记载的年代，大致与《春秋》相当，同起于鲁隐公元年（公元前七二二），终于鲁哀公，凡历十二公。但《左传》中的《春秋经》经文止于鲁哀公十六年，《左传》止于鲁哀公二十七年。《左传》周详地记载春秋时代的政治、军事、社会、文化、经济、外交，乃至与外族的交流等，生动而深刻地反映了春秋时代的历史面貌，是极为重要的历史文献。

除历史价值外，《左传》又具有极高的文学价值，《左传》善于记述历史事实，鲜活深刻地描绘战争的残酷、国际间的权谋诈变、诸侯权臣的腐败奢靡、君臣上下的争权倾轧、忠臣贤士的深谋远见、外交策士的精彩辞令，也具体反映出当时的社会思潮与道德观念。全书文字简洁精练，叙事或生动活泼，或婉曲周详，又善于刻画人物的心理与动作，富于小说趣味，乃春秋时代最为成熟的历史散文，影响后世至为深远。

课文

晋侯❶、秦伯❷围郑，以其无礼于晋❸，且贰于楚❹也。晋军❺函陵❻，秦军氾南❼。

佚之狐❽言于郑伯❾曰："国危矣，若使烛之武见秦君，师必退。"公从之。辞❿曰："臣之壮也，犹⓫不如人，今老矣，无能为也已⓬。"公曰："吾不能早用子，今急而求子，是寡人⓭之过也，然郑亡，子亦有不利焉。"许之⓮。

夜，缒⓯而出。见秦伯，曰："秦、晋围郑，郑既知亡矣。若亡郑而有益于君，敢以烦执事⓰。越国以鄙远⓱，君知其难也，焉用亡郑以陪邻⓲？邻之厚，君之薄⓳也。若舍郑以为东道主，行李之往来，共其乏困，君亦无所害⓴。且君尝为晋君赐矣，许君焦、瑕，朝济而夕设版焉，君之所知也㉑。夫晋，何厌之有㉒？既东封郑，又欲肆其西封㉓。若不阙秦，将焉取之㉔？阙秦以利晋，唯君图之㉕！"秦伯说㉖，与郑人盟，使杞子、逢孙、杨孙㉗戍之㉘，乃还。

❶晋侯：晋文公，名重耳，晋献公次子，春秋五霸之一。晋献公宠爱骊姬，逼太子申生自杀，重耳被迫出奔狄，流亡十九年，后借秦穆公之力，得以回晋为君。❷秦伯：秦穆公，春秋五霸之一。❸以其无礼于晋：因为郑国对晋国无礼。以，因。其，指郑国。无礼于晋，指晋公子重耳出亡时，经过郑国，郑文公未以礼相待。❹且贰于楚：指郑国背弃晋国，与楚国亲近。贰于楚，指鲁僖公二十八年晋、楚城濮之战时，郑文公曾军援楚国，准备一齐对抗晋国。贰，有二心，即背叛。❺军：驻扎。❻函陵：在今河南新郑。❼氾南：氾水之南，在今河南中牟。氾，音 fàn，水名，指东氾水。❽佚之狐：郑国大夫。❾郑伯：郑文公。❿辞：推辞、谢绝。⓫犹：尚且。⓬已：通"矣"。⓭寡人：寡德之人，古代国君自称的谦词。⓮许之：指烛之武答应郑文公。⓯缒：音 zhuì，以绳索系其身体，悬绳而下。⓰若亡郑而有益于君，敢以烦执事：

如果灭亡郑国对秦国有利，哪敢麻烦您亲自跑一趟。敢，岂敢，谦词。执事，本指左右办事的人，此指秦穆公。古时在对话或书信中，为了表示尊敬，称对方为执事。⑰越国以鄙远：越过晋国，以远方的郑国为边邑。晋国地处秦、郑之间，故云。鄙，边鄙、边邑，此用为动词，以……为边邑。⑱焉用亡郑以陪邻：何必灭郑来增强晋的国力呢？焉用，何用。陪，增益，一说通“倍”。邻，邻国，此指晋国。⑲邻之厚君之薄：邻国力量雄厚，就等于秦国力量削弱了。厚、薄，皆指国力而言。⑳“若舍郑以为东道主”四句：如果放弃消灭郑国，让郑国作为东方道路的主人，秦国使者往来经过时，郑国可以供应他们缺乏的物资，对您也没有什么害处。舍，同“捨”，放弃。东道主，东方道上的主人，郑在秦东，所以如此说，后世泛指主人。行李，即行吏，也作“行理”，犹今外交使节。共，通“供”，供给。乏困，不足、缺乏。㉑“且君尝为晋君赐矣”四句：况且您曾经对晋国国君有恩惠，夷吾（晋惠公）答应割让焦、瑕等城邑给秦，但早上渡过黄河，晚上便筑起防御工事。且，况且，转折词，用以增强语气。朝、夕，极言时间之短。济，渡河。版，筑墙的夹版，引申为版筑的土墙，此指设置防御工事。骊姬之乱时，晋公子重耳、夷吾先后流亡，夷吾先接受秦穆公的帮助回国成为晋惠公，答应割河外五城（包括焦、瑕）作为回报，但一回国便违背诺言，而筑城拒秦。㉒何厌之有：哪会满足呢？厌，今作“餍”，饱足，引申为满足。㉓既东封郑，又欲肆其西封：指晋国既要灭亡郑国作为它东边的疆界，又要扩充西边的疆界。前“封”字，动词，以……为封疆；后“封”字，名词，疆界。肆，扩张、延伸，此指扩充土地。㉔若不阙秦，将焉取之：如果不侵占秦国的土地，又要向哪里取得土地呢？阙，空缺，引申为割裂、占领。㉕唯君图之：希望您仔细考虑。唯，语气副词，用于句首，表示希望。图，谋划、考虑。㉖说：音 yuè，通“悦”。㉗杞（qǐ）子、逢（páng）孙、杨孙：三人皆为秦国大夫。㉘戍之：帮郑国防守。戍，戍守、驻守。

子犯[29]请击之。公[30]曰：“不可。微夫人之力不及此[31]。因人之力而敝之，不仁[32]；失其所与，不知[33]；以乱易整，不武[34]。吾其还也[35]。”亦去之。

㉙子犯：晋大夫狐偃，字子犯，为晋文公重要谋臣之一。㉚公：晋文公。㉛微夫人之力不及此：没有秦穆公的帮忙，我不可能返国为君。微，无。夫人，那人，指秦穆公。夫，音 fú，彼、那个。㉜因人之力而敝之，不仁：依靠这人的力量，却反过来损害他，这是不仁道的事。因，依靠、凭借。敝，败，破坏、损害。㉝失其所与，不知：失掉同盟国，是不智的行为。所与，交好的人，此指同盟国。与，亲近、交好。知，同“智”。㉞以乱易整不武：以混乱分裂代替团结和谐，不是用武之道。易，替换、取代。㉟吾其还也：我们还是回去吧！

问题与讨论

一、试与同学讨论烛之武能成功游说秦穆公的原因。

二、有人说“弱国”或“小国”无外交，你以为如何？

第五课

冯谖客孟尝君

学习重点

战国时代诸子学说纷陈，百家争鸣，为中国历史上思想、学术、文化各领域最开放活泼的时期。《战国策》一书记载了此一时期谋臣策士纵横捭阖（bǎi hé）于各国间的政治情势，也刻画了当时养士、用士风气的兴盛。本文不仅充分反映了当时此种形势，且叙事精彩，语言生动，诚为《战国策》中流传甚广之名篇。学习时，可就下列重点加以注意：

一、认识战国时代的社会背景及养士风气。

二、了解本文的叙事技巧与文章风格。

三、体会深谋远虑与苦心经营对成就大事的重要。

题解

本文选自《战国策·齐策》，篇名为后世所加。冯谖，战国时人，孟尝君门下食客。冯谖，《史记》作冯驩。孟尝君，姓田，名文，战国时齐国靖郭君田婴之子，袭父封地于薛（今山东滕州东南），号孟尝君。齐湣（mǐn）王时为相，好招纳贤士，门下有食客三千人，与魏信陵君、楚春申君、赵平原君，并称战国四公子。

春秋时，养士之风已兴，至战国时更盛，不仅国君养士，公卿大夫亦盛行养士，孟尝君即为著名之例。本文叙述冯谖为孟尝君收买民心，成就三窟，以巩固其政治地位的经过。全文藉着描写冯谖事迹，着力刻画其深谋远虑、智计百出，深切反映战国时策士左右政局的影响力。本文极富文采，在事件的铺陈叙述及人物的描摹上，尤其有精彩的表现。

作者

《战国策》，简称《国策》，记载战国时期史事，及当时谋臣策士游说各国之事。据其内容，应非一时一人之作，各篇作者在汉代已不可考。书名纷歧，有《国策》《国事》《短长》《事语》《修书》等，篇章亦脱误错乱，至西汉经刘向整理，始定名为《战国策》。刘向依照国别、时序，删除重复，定为十二国策，共三十三篇，东汉高诱曾为之作注。北宋时，书已亡佚不全，仅余十一篇，曾巩访求士大夫家藏本，重新补校刘向集录三十三篇，即今所流行之本。

就历史而言，《战国策》所载春秋以后，至楚、汉之起，共十二国二百四十五年间史事，提供丰富的先秦史料，司马迁《史记》多采其说。就文学而论，《战国策》之文长于叙事，刻画人物鲜明生动。又善用寓言和比喻，精彩动人，极具说服力，为先秦史传散文中的代表作，对后世散文发展，亦有深远影响。

课文

齐人有冯谖者，贫乏不能自存，使人属[1]孟尝君，愿寄食门下，孟尝君曰："客何好（hào）？"曰："客无好也。"曰："客何能？"曰："客无能也。"孟尝君笑而受之，曰："诺[2]！"左右以君贱之也，食以草具[3]。居有顷[4]，倚柱弹其剑，歌曰："长铗[5]归来乎[6]！食（shí）无鱼！"左右以告，孟尝君曰："食（sì）之，比门下之客[7]。"居有顷，复弹其铗，歌曰："长铗归来乎！出无车！"左右皆笑之，以告。孟尝君曰："为之驾[8]，比门下之车客。"于是乘其车，揭[9]其剑，过其友，曰："孟尝君客我[10]！"后有顷，复弹其剑铗，歌曰："长铗归来乎！无以为家[11]！"左右皆恶之，以为贪而不知足。孟尝君问："冯公有亲乎？"对曰："有老母。"孟尝君使人给（jǐ）其食用，无使乏。于是冯谖不复歌。

后孟尝君出记[12]，问门下诸客："谁习计会[13]，能为文收责[14]于薛者乎？"冯谖署[15]曰："能。"孟尝君怪之，曰："此谁也？"左右曰："乃歌夫'长铗归来'者也。"孟尝君笑曰："客果有能也。吾负之，未尝见也。"请而见之，谢[16]曰："文倦于事[17]，愦于忧[18]，而性懧愚[19]，沉于国家之事，开罪于先生。先生不羞[20]，乃有意欲为收责于薛乎？"冯谖曰："愿之。"于是约车治装[21]，载券契[22]而行。辞曰："责毕收，以何市而反[23]？"孟尝君曰："视吾家所寡有者。"

❶属：音 zhǔ，通"嘱"，请托。❷诺：古人表示应允、同意的答应声，如今言"好吧"、"好啦"。❸食以草具：即"以草具食之"，给他吃粗劣的饮食。食，音 sì，施食与人。草具，本指粗劣的餐具，借代为粗劣的食物。❹居有顷：过了不久。居，处、经过。有顷，短时间。❺长铗：长剑。铗，音 jiá，剑柄，此处指剑。❻归来乎：即言"回去吧"，意同"归乎"。来，语助词，无义。❼比门下之客：比照门下食鱼之客的待遇。孟尝君待客分三等，上客食肉乘车，中客食鱼，下客食菜。❽为之驾：为他准备车马，即按上客对待。驾，动词，即准备车驾。❾揭：举。❿客我：以尊客之礼待我。此语透露出冯谖的自得之意。⓫无以为家：无法养家。⓬出记：贴出或发出布告。记，文告。⓭习计会（kuài）：熟习会计。计会，即今所谓会计，计算财用出纳之事。⓮责：音 zhài，通"债"，即孟尝君所放出之债款。⓯署：音 shù，签署、签名。⓰谢：谢罪、道歉。⓱倦于事：为国事劳碌疲累。⓲愦于忧：因忧虑以致心中昏乱。愦，音 kuì，昏

乱。⑲性懧愚：生性懦弱愚昧，此为谦词。懧，音 nuò，同“懦”。⑳不羞：不以此为耻，即不介意、不见怪之意。㉑约车治装：准备车马，打理行装。约，约束，引申为整束、整治之意。㉒券契：契约合同。㉓以何市而反：即“以之市何而反”，以收回的债款，买什么东西回来？市，买。反，通“返”。

驱而之薛。使吏召诸民当偿者，悉来合券[24]。券徧合，起矫命[25]以责赐诸民，因烧其券，民称万岁。长驱[26]到齐，晨而求见。孟尝君怪其疾[27]也，衣冠而见之[28]，曰：“责毕收乎？来何疾也？”曰：“收毕矣。”“以何市而反？”冯谖曰：“君云‘视吾家所寡有者’。臣窃计[29]君宫中积珍宝，狗马实外厩，美人充下陈[30]，君家所寡有者以义耳！窃以为君市义。”孟尝君曰：“市义奈何[31]？”曰：“今君有区区之薛，不拊爱子其民[32]，因而贾利之[33]！臣窃矫君命，以责赐诸民，因烧其券，民称万岁，乃臣所以为君市义也。”孟尝君不说[34]，曰：“诺！先生休矣[35]！”

㉔悉来合券（quàn）：民众都来合验券契。悉，均、都。合券，古时券契，以刀将约定文字刻于木版上，再剖为两半，中有刻齿，借贷双方各执其一，收债时，双方取出两半，合验其齿痕，以确证券契无误。㉕起矫命：颁布假托的命令。矫，假托。㉖长驱：一路驱车前往，途中不加停留。㉗怪其疾：诧异他何以如此快速。疾，快、迅速。㉘衣冠而见之：穿好衣服、戴好帽子来接见他，表示恭敬之意。衣冠，音 yì guàn，均作动词用。㉙窃计：私下考虑。㉚“宫中积珍宝”三句：此三句皆为相同句式，以动词“积”、“实”、“充”表达孟尝君府库之充实富有。下陈，堂下，古代殿堂下侍妾站立之处。㉛奈何：如何、怎么样。㉜拊爱子其民：爱护百姓有如自己的孩子。拊，音 fǔ，通“抚”。子，视民如子，作动词用。㉝贾利之：用做生意的手段向人民榨取利益。贾，音 gǔ，买卖、做生意。㉞说：音 yuè，通“悦”。㉟休矣：不必再说了，此处意谓“算了吧”。休，停止。

后朞年[36]，齐王[37]谓孟尝君曰：“寡人不敢以先王之臣为臣[38]！”孟尝君就国于薛[39]，未至百里，民扶老携幼，迎君道中。孟尝君顾谓冯谖曰：“先生所为文市义者，乃今日见之！”冯谖曰：“狡兔有三窟[40]。仅得免其死耳！今君有一窟，未得高枕而卧也，请为君复凿二窟！”孟尝君予车五十乘，金五百斤，西游于梁[41]。谓惠王曰："齐放[42]其大臣孟尝君于诸侯，诸侯先迎之者，富而兵强。"于是梁王虚上位[43]，以故相为上将军[44]，遣使者黄金千斤、车百乘，往聘孟尝君。冯谖先驱[45]，诫孟尝君曰："千金，重币[46]也；百乘，显使[47]也。齐其闻之矣[48]！"梁使三反[49]，孟尝君固辞[50]不往也。齐王闻之，君臣恐惧，遣太傅[51]赍[52]黄金千斤、文车二驷[53]、服剑[54]一，封书[55]，谢孟尝君曰："寡人不祥[56]，被于宗庙之祟[57]，沉[58]于谄谀之臣，开罪于君。寡人不足为[59]也，愿君顾先王之宗庙，姑[60]反国统万人[61]乎？"冯谖诫孟尝君曰："愿请先王之祭器[62]，立宗庙于薛[63]。"庙成，还报孟尝君曰："三窟已就[64]，君姑高枕为乐矣！"

孟尝君为相数十年[65]，无纤介[66]之祸者，冯谖之计也。

[36]朞年：一周年。朞，音jī，同"期"。[37]齐王：指齐湣王。[38]寡人不敢以先王之臣为臣：我不敢把先王的大臣当作自己的臣子。此为齐王废孟尝君相位的借口说词。寡人，"寡德之人"的省称，为国君、诸侯自谦之词。[39]就国于薛：回到封地薛邑。就，归返。[40]狡兔有三窟：聪明机灵的兔子，往往有三处可供藏身的洞穴。喻藏身之处多，便于避祸。[41]梁：即魏国。魏，原都安邑（今山西夏县西北），惠王时，迁都大梁（今河南开封），故亦称梁。因此魏惠王也称梁惠王，亦即下文的惠王、梁王。[42]放：放逐。[43]虚上位：空出相国的高位。虚，空出来，作动词用。[44]以故相为上将军：以原来的相国为上将军，此指梁惠王将相位空出来以待孟尝君。[45]先驱：先驱车赶回薛地。[46]重币：贵重的聘礼。币，古代聘请人时所送的财物礼品。[47]显使：显贵的使臣。[48]齐其闻之矣：齐国大概已经听说这个消息了吧！其，大概、可能，表揣度之语气词。[49]三反：往返三次。[50]固辞：坚决推辞。[51]太傅：古时官名，三公之一，辅佐天子治理天下。[52]赍：音jī，赠与。[53]文车二驷：绘有文彩装饰的马车两辆。驷，音sì，一车四马，称为一驷。[54]服剑：佩剑。服，佩带。[55]封书：密封好书信。[56]不祥：不善。[57]被于宗庙之祟：遭到祖先神灵所降之灾祸。被，音bèi，遭受。宗庙，古时天子、诸侯祭祀祖先之所在，此处指祖宗。祟，音suì，鬼神为祸。[58]沉：沉溺，此处指陷溺、迷惑。[59]不足为（wèi）：不值得辅助。为，助也。[60]姑：姑且、暂且。下文"君姑高枕为乐矣"之"姑"义同。[61]反国统万人：回国为相，治理全国百姓。统万人，统理全国百姓，指复居相位。[62]祭器：宗庙祭祀神明祖先的礼器。[63]立宗庙于薛：立齐国先王宗庙于薛地。宗庙为国家重地，凡国家大事均须祭告于宗庙，在薛地立宗庙，则使薛成为一国中地位重要的荣宠之地。[64]三窟已就：三窟已成。此指使孟尝君获得薛地人民爱戴，为第一窟；使孟尝君挟外援以自重，再登相位，为第二窟；立宗庙于薛，使孟尝君地位稳固，确保永久，为第三窟。[65]孟尝君为相数十年：孟尝君为齐相，或曰数年，或曰十余年，此言"数十年"当为夸饰之词。[66]纤介：细微、丝毫。纤，细丝。介，通"芥"，小草。

问题与讨论

一、你对冯谖“弹铗三叹”有何看法？作者何以如此刻画主角？

二、冯谖的市义之举，是否为属下未先禀报即自作主张的大胆行为？试加以评论。

三、从本课哪些地方能看出孟尝君的养士、好客之风？

第六课

典论·论文

文——曹　丕

学习重点

魏晋南北朝是文学自觉的时代，文学脱离哲学、经学、史学而发展，开始具有独立的地位，人们也因而体认到文学的价值，出现不少论文作品。其中曹丕的《典论·论文》谈及文体、文气等等，具有代表性，为中国最早的文学批评论文。学习时，可就下列重点加以注意：

一、认识本文写作背景与动机。

二、了解本文文学批评的原则与态度。

三、思考文学对人类生命永恒不朽的意义。

题解

本文选自《昭明文选》。典论是曹丕撰写的一部论著，内容涉及评人论事、修己处世，约作于东汉献帝末年，曹丕为魏王太子时（约二一八）。全书五卷，现已散佚，仅存《自叙》《论文》两篇。

《论文》一篇先说明其写作动机，指出自古以来，文人所以相轻在于看不见自己的缺失，作者认为必须“审己以度人”才能避免自以为是。文中提出了文学批评的文体、文气的基本问题：就作品而言，必须注意不同文学体裁各有其特色或风格；就作者而言，曹丕以气论文，开启文气之说，认为个人先天才性、气质的差异，造成不同的文章风貌，这是无法靠后天或外力去改变的。最后强调文学的永恒不朽，大大提高了文学的地位。本文奠立中国文学批评的基础，对后世影响至为深远。

作者

曹丕　字子桓，沛国谯（qiáo）县（今安徽谯城）人。生于东汉灵帝中平四年（一八七），卒于魏文帝黄初七年（二二六），年四十。

曹丕为曹操次子，八岁能属文，及长，博通经传百家之学。自幼随父于军旅，因而善于骑射，精通剑术。建安二十二年（二一七）立为魏王太子，二十五年曹操死，嗣位为丞相、魏王，同年篡位，自立为帝，定都洛阳，建立魏朝，改元黄初。在位七年，卒谥文帝。

曹丕博闻强识，雅好文学，与其父曹操、弟曹植，合称“三曹”，为当时文坛领袖，常与王粲、徐幹、陈琳、刘桢等建安文士交游往来，带动文学创作风气。曹丕诗歌语言清丽，多写男女离愁别恨，尤善于表达缠绵婉约的情感，其中《燕歌行》是中国现存最早且完整的七言诗。所著《典论·论文》，则阐述其文学批评的观点。有辑本《魏文帝集》行世。

课文

文人相轻，自古而然。傅毅[1]之于班固[2]，伯仲之间[3]耳，而固小之[4]，与弟超[5]书曰：“武仲以能属文[6]，为兰台令史[7]，下笔不能自休[8]。”夫人善于自见[9]，而文非一体，鲜能备善，是以各以所长，相轻所短。里语[10]曰：“家有敝帚，享之千金[11]”，斯不自见[12]之患也。今之文人：鲁国孔融文举[13]、广陵陈琳孔璋[14]、山阳王粲仲宣[15]、北海徐幹伟长[16]、陈留阮瑀元瑜[17]、汝南应玚德琏[18]、东平刘桢公幹[19]，斯七子[20]者，于学无所遗，于辞无所假[21]，咸以自骋骥騄于千里[22]，仰齐足而并驰[23]，以此相服[24]，亦良难矣！盖君子审己以度人[25]，故能免于斯累[26]，而作《论文》。

[1]傅毅：字武仲，东汉扶风茂陵（今陕西兴平）人。章帝时为兰台令史，拜郎中，与班固等共同典校秘书。早卒。有《舞赋》等作品流传至今。[2]班固：字孟坚，东汉扶风安陵（今陕西咸阳）人。明帝时为郎，典校秘书，著汉书。后因坐窦宪党，下狱而死。班固是东汉著名的辞赋家，其《两都赋》最为闻名。[3]伯仲之间：谓才能相当，难分高下。伯仲，兄弟排行的次序，长为伯，次为仲。[4]小之：轻视他。之，指傅毅。[5]超：即班超，字仲升，班固之弟。以平西域有功，封定远侯。[6]属文：缀词成文，即写作文章之意。属，音 zhǔ，连缀。[7]兰台令史：负责典校图籍、办理章奏等文书的官员。兰台，汉代宫中藏书之处。[8]不能自休：指为文不知剪裁，过度冗长。休，止。[9]善于自见：很喜欢表现自己的长处，有自我欣赏之意。见，音 xiàn，同“现”，表现之意。[10]里语：即俚语，俗语、谚语。[11]家有敝帚，享之千金：将自己家中的破扫帚，视作千金宝物。比喻重视自己所有。敝，破旧。享，奉为、看作。[12]不自见（jiàn）：看不见自己的短处，即无自知之明之意。[13]鲁国孔融文举：孔融，字文举，东汉鲁国（今山东曲阜）人。孔子二十世孙，献帝时为北海相，后被曹操所杀。[14]广陵陈琳孔璋：陈琳，字孔璋，广陵射阳（今江苏宝应）人。曾依袁绍，为其草写檄文公开批判曹操。后归附曹操，掌文书。[15]山阳王粲仲宣：王粲，字仲宣，山阳高平（今山东邹城）人。初依刘表，后归附曹操。[16]北海徐幹伟长：徐幹，字伟长，北海剧（今山东寿光）人。著中论二十篇。[17]陈留阮瑀元瑜：阮瑀，字元瑜，陈留尉氏（今河南尉氏）人。曹操命为司空军谋祭酒。[18]汝南应玚德琏：应玚（yáng），字德琏，汝南南顿（今河南汝南）人。曹操命为丞相掾（掾，音 yuàn，属员）。[19]东平刘桢公幹：刘桢，字公幹，东平宁阳（今山东宁阳）人。曹操命为丞相掾。[20]七子：上举七

人，即后世所称的“建安七子”。㉑于学无所遗于辞无所假：就学问而言，无所遗漏；就文章而言，也不依循他人。遗，遗漏。辞，文辞、文章。假，凭借、依循。㉒自骋骥騄于千里：就自己才华，尽情发挥。骥騄，音 jì lù，皆古代良马名。此指七子的才华、学识。㉓仰齐足而并驰：昂首齐步，并驾齐驱。㉔相服：互相钦服。㉕审己以度人：察知自己的才学后，再衡量他人。审，省察、知道。度，音 duó，衡量。㉖累：弊病。指上文所说文人相轻而无自见之明的毛病。

王粲长于辞赋，徐幹时有齐气㉗，然粲之匹也。如粲之《初征》《登楼》《槐赋》《征思》㉘，幹之《玄猿》《漏卮》《圆扇》《橘赋》㉙，虽张、蔡㉚不过也。然于他文，未能称是㉛。琳、瑀之章表书记㉜，今之隽㉝也。应玚和而不壮㉞，刘桢壮而不密㉟。孔融体气㊱高妙，有过人者，然不能持论，理不胜辞㊲，以至乎杂以嘲戏㊳。及其所善，扬、班俦也㊴。

常人贵远贱近㊵，向声背实㊶，又患闇于自见㊷，谓己为贤。夫文本同而末异㊸，盖奏议宜雅㊹，书论宜理㊺，铭诔尚实㊻，诗赋欲丽㊼。此四科不同，故能之者偏也，唯通才能备其体。

㉗齐气：指徐幹为文具有齐人舒缓的气质。㉘《初征》《登楼》《槐赋》《征思》：四篇都是王粲的赋作。《登楼赋》见《昭明文选》。《初征》《槐赋》并见严可均辑《全后汉文》。《征思》今佚。㉙《玄猿》《漏卮》《圆扇》《橘赋》：四篇都是徐幹的赋作。《圆扇赋》见《全后汉文》，余并佚。㉚张蔡：张衡、蔡邕。张衡，字平子，东汉西鄂(今河南南阳）人。文学家及科学家，做浑天仪，又善辞赋，代表作为《二京赋》。蔡邕，字伯喈，东汉陈留（今河南陈留）人。博学工辞章，妙音律，擅书法。㉛未能称是：不能与辞赋相称。称，音 chèng，相称、相当。是，代词，指辞赋。㉜章表书记：章表，臣下上告君主的文书。书记，指一般往来的公文或书信。㉝隽：音 jùn，通“俊”，杰出之意。㉞和而不壮：文章风格平和而不够雄健。㉟壮而不密：文章风格雄健而不够细密。㊱体气：指作者先天的才气、性情。㊲理不胜辞：说理不能胜过文辞。指孔融的文章，长于辞采，短于说理。㊳杂以嘲戏：此指孔融的文章还夹杂着嘲弄戏谑的文字。㊴扬班俦也：可以与扬雄、班固相媲美。俦，音 chóu，匹敌、相比。㊵贵远贱近：崇尚古代而轻视当今。㊶向声背实：崇尚虚名而背离实情。向，崇尚。㊷闇于自见（jiàn）：看不见自己的短处。闇，音 àn，不明。㊸文本同而末异：指文章写作的基本道理相同，但因文体不同而做法各异。㊹奏议宜雅：奏议的行文要典雅庄重。奏议，古代臣下上奏君王的文体。㊺书论宜理：书论的行文要条理清晰。书，文书、文牍。论，论事说理的文体。㊻铭诔尚实：铭诔的行文注重符合事实。铭，刻于

器物、碑石，用以规戒、赞扬的文体。诔，音 lěi，用以叙列死者生前功业，加以赞扬的文体。
㊼诗赋欲丽：诗赋用于抒情，行文要求辞采华美。

文以气为主[48]，气之清浊有体[49]，不可力强（qiǎng）而致。譬诸音乐，曲度虽均[50]，节奏同检[51]，至于引气不齐[52]，巧拙有素[53]，虽在父兄，不能以移子弟。

盖文章经国[54]之大业，不朽之盛事。年寿有时而尽，荣乐止乎其身，二者必至之常期[55]，未若文章之无穷。是以古之作者，寄身于翰墨[56]，见意于篇籍[57]，不假良史之辞[58]，不托飞驰之势[59]，而声名自传于后。故西伯幽而演《易》[60]，周旦显而制礼[61]，不以隐约而弗务[62]，不以康乐而加思[63]。夫然[64]，则[65]古人贱尺璧[66]而重寸阴，惧乎时之过已。而人多不强力[67]，贫贱则慑[68]于饥寒，富贵则流[69]于逸乐，遂营目前之务，而遗千载之功。日月逝于上，体貌衰于下，忽然与万物迁化[70]，斯志士之大痛也！融等已逝，唯幹著《论》，成一家言。

㊽文以气为主：文章以表现作者的才气、性情为主。㊾气之清浊有体：个人先天的才气、性情或清或浊，各有其样貌。清，轻快俊爽。浊，凝重沉郁。㊿曲度虽均：曲调的高低虽然相同。曲度，指曲调。均，同。(51)节奏同检：音节的缓急、强弱、长短同一法度。节奏，乐音缓急、强弱、长短的配合。检，法度。(52)引气不齐：演唱吹奏时，运气吹送的轻重强弱程度有所不同。(53)巧拙有素：各人的本性不同，而有灵巧或笨拙的不同表现。素，本性。(54)经国：治国。(55)必至之常期：有一定的期限。(56)寄身于翰墨：从事文章写作。翰墨，笔墨，此指文章。(57)见（xiàn）意于篇籍：在作品里表现思想情感。篇籍，篇章书籍。(58)不假良史之辞：不需借重史家的记载、评论。(59)不托飞驰之势：不需依托达官贵人的权势。飞驰，飞黄腾达，指达官显要。(60)西伯幽而演《易》：文王被囚，因而推演易象而作卦辞。西伯，指周文王，在殷时为西伯。幽，囚禁，史载纣王曾囚文王于羑里（今河南汤阴）。(61)周旦显而制礼：周公旦当政显达，于是制定礼法。周旦，即周公，名旦，武王之弟，成王之叔，为周朝制定各种礼仪、制度。(62)不以隐约而弗务：不因自己困穷而不努力。隐约，穷困而不显达。隐，不为人知。约，困窘。务，努力。(63)不以康乐而加思：不因安乐而改变初衷。加思，改变想法。加，移，改变。(64)夫然：正因如此。夫，发语词。(65)则：意同“故”，所以。(66)尺璧：直径一尺的璧玉，此指极大而珍贵。(67)强力：努力自勉。强，音 qiǎng，勉也。(68)慑：音 shè，畏惧、害怕。(69)流：放纵。(70)迁化：迁移

变化，此指死亡。

问题与讨论

一、作者认为文学批评应该抱持何种态度？为什么？

二、文中指出一般人有“贵远贱近”、“向声背实”、“闇于自见”的缺失，请你反思并举例说明之。

三、本文强调文学不朽的价值，你同意文学对人类生命具有永恒的意义吗？请举例说明之。

第七课

兰亭集序

文—王羲之

学习重点

东晋王羲之的《兰亭集序》是一篇千古不朽的名作，文中由宴游之乐转为死生之悲，充分表现魏晋士人对生命的感怀。学习时，可就下列重点加以注意：

一、认识王羲之其人及其艺文成就。

二、掌握本文即事兴怀的写作笔法。

三、体会作者对人事盛衰、生命短暂的慨叹。

题解

本文选自《晋书·王羲之列传》。兰亭，在今浙江绍兴西南兰渚（zhǔ）山。

东晋穆帝永和九年（三五三）三月三日，王羲之与孙绰（chuò）、谢安、王蕴、支遁等文士名流共四十一人，会聚兰亭，举行春禊（xì），并饮酒赋诗，各抒怀抱，所作诗篇编定为《兰亭集》。本文即是王羲之为此诗集所作的序文，生动地记叙宴集的盛况，进而抒发盛事不常、人生聚散的感慨，表现作者对生命的观照与省思。魏晋时代玄学清谈风气兴盛，当时士人普遍尊重个性、向往自由，虽然看似超脱，对人世却又一往情深，本文即充分体现晋人的深情与风度。

作者以行书写此文，文长三百二十四字，笔力劲健，又飘逸流畅，有“天下第一行书”的美誉。《兰亭集序》真迹已佚失，今所传者为历代的摹本。

作者

王羲之 字逸少，琅琊（láng yé）临沂（yí）人。生于西晋惠帝太安二年（三〇三），卒于东晋穆帝升平五年（三六一），年五十九。

王羲之出身世家大族，为东晋宰相王导之侄，年少有美誉，其才器多为朝廷公卿赏识。曾任江州刺史、右将军、会（kuài）稽内史等职，勤政爱民，世称王右军。王羲之性情恬淡，自穆帝永和十一年（三五五）之后辞官归隐，从此广结名士，寄情山水以自适。

王羲之以书法名世，论者称其笔势，以为“飘若浮云，矫若惊龙”，尤善楷书、行书，后世尊为“书圣”。其文学作品多见于书信杂帖，谈论政事则忧国之情溢于言表，自叙志趣则潇洒超脱，与人话家常则简净有味，后人辑有《王右军集》行世。

课文

永和九年，岁在癸丑[1]，暮春之初，会于会稽山阴[2]之兰亭，修禊[3]事也。群贤毕[4]至，少长咸集。此地有崇山峻岭，茂林修竹[5]，又有清流激湍[6]，映带左右[7]，引以为流觞曲水[8]，列坐其次[9]。虽无丝竹管弦[10]之盛，一觞一咏[11]，亦足以畅叙幽情。

是日也，天朗气清，惠风[12]和畅。仰观宇宙之大，俯察品类[13]之盛，所以游目骋怀[14]，足以极视听之娱[15]，信[16]可乐也。

❶岁在癸（guǐ）丑：即癸丑年。古人以天干配地支纪年，永和九年的干支为癸丑年。❷会稽山阴：会稽，郡名，晋时郡治在山阴（今浙江绍兴）。❸修禊（xì）：在水边举行禊礼。修，举行。禊，音 xì，祛（qū）除不祥的祭祀。古人于每年阴历三月上旬巳日至水边洗濯，以消灾解厄。魏以后固定在三月三日，亦逐渐成为水边宴饮、郊游的活动。❹毕：皆、都。下文“咸”字义同。❺修竹：修长的竹子。❻清流激湍：清澈、湍急的水流。湍，音 tuān，急流。❼映带左右：周遭水光映照，水流环绕。映，反映。带，围绕。❽流觞曲水：本为古代岁时礼俗的一种仪式，后演变成饮酒的游戏。即与会者列坐在水流两旁，置酒杯于水面上，任其顺流而下，停于何处，坐其处者即取而饮之。觞，酒杯。❾列坐其次：排列坐在曲水边。次，泛指所在之处，此指曲水边。❿丝竹管弦：原为乐器的类称，此借指音乐。⓫一觞一咏：喝一杯酒，吟一首诗。咏，长声吟唱。⓬惠风：和风，此指春风。⓭品类：指万物。品，众多。类，类别。⓮游目骋怀：纵目观览，放开胸怀。游目，目光向四处观赏。骋，马疾驰，此指放开、放纵。⓯极视听之娱：尽情享受耳目感官之欢娱。极，穷尽。⓰信：诚、实在。

夫人之相与[17]，俯仰[18]一世，或取诸怀抱，晤言一室之内[19]；或因寄所托，放浪形骸之外[20]。虽趣舍万殊[21]，静躁[22]不同，当其欣于所遇，暂得于己，快然自足，不知老之将至[23]。及其所之既倦[24]，情随事迁[25]，感慨系之[26]矣。向之所欣[27]，俛仰之间，已为陈迹[28]，犹不能不以之兴怀[29]，况修短随化[30]，终期于尽[31]，古人云：“死生亦大矣[32]。”岂不痛哉！

每览昔人兴感之由，若合一契[33]，未尝不临文嗟悼[34]，不能喻之于怀[35]。

固知一死生为虚诞，齐彭殇为妄作[36]。后之视今，亦犹今之视昔，悲夫！故列叙时人[37]，录其所述。虽世殊事异[38]，所以兴怀，其致[39]一也。后之览者，亦将有感于斯文。

⑰相与：相处、交往。⑱俯仰：低头和抬头，此有周旋、应对之意。⑲取诸怀抱，晤言一室之内：抒发自己的胸怀抱负，在室内相聚畅谈。诸，之于。晤言，面对面交谈。⑳因寄所托，放浪形骸之外：藉外物寄托情怀，恣意放纵言行，不受拘束。因，凭借。放浪，放荡无检束。形骸，身躯。㉑趣舍万殊：指人们的取舍千差万别。趣，通“趋”，即“取”。舍，今作“捨”。殊，不同。㉒静躁不同：人们的性情有好静与好动的差别。静，指“取诸怀抱，晤言一室之内”。躁，指“因寄所托，放浪形骸之外”。㉓“当其欣于所遇”四句：当他对遇到的事物感到欢欣，会暂时得到满足而高兴，不知老年即将到来。㉔所之既倦：对所追求、向往的事物已经感到厌倦。之，往，此指追求、向往。㉕情随事迁：人们的情感会随着外在事物而改变。㉖系之：随之而来。系，接续、接连。㉗向之所欣：以往所喜爱的事物。㉘俛（fǔ）仰之间已为陈迹：顷刻之间已成为往事。俛仰，低头抬头之间，极言时间短暂。俛，同“俯”。陈迹，往事。㉙以之兴怀：因为它而兴发感慨。以，因。㉚修短随化：人的寿命长短，听凭造化的安排。修短，指寿命长短。化，造化。㉛终期于尽：最后必然有走到尽头的一天。期，必定、必然。㉜死生亦大矣：生死也是人生的大事。㉝若合一契：形容完全相合，像符契相合一样，此意谓如出一辙，完全相同。契，契约，符契。古人以木或竹刻字后剖为两半，双方各执一半，以作凭证。㉞嗟悼：音 jiē dào，感叹、哀伤。㉟喻之于怀：了然于心，在此有释怀之意。喻，晓喻，明白。㊱一死生为虚诞，齐彭殇为妄作：视死和生、寿和夭为等同，是虚妄荒诞的论调。一死生、齐彭殇，分别出自《庄子》的《大宗师》《齐物论》。一、齐，皆“等同”之意。彭，指彭祖。传说中长寿之人，存活八百岁。殇，未成年早死的人。㊲时人：指当时参加宴集的人。㊳世殊事异：时代不同，人事也随着变化。㊴致：情致。

问题与讨论

一、本文从“信可乐也”到“岂不痛哉”，作者情绪转变的原因为何？

二、人们性情有静躁之不同，文中提及有人“取诸怀抱，晤言一室之内”，有人“因寄所托，放浪形骸之外”，你比较倾向何者？请分享你的经验。

三、最后一段作者言及“后之视今，亦犹今之视昔”，意谓即使“世殊事异”，人们仍有相通的悲感。请与同学讨论或分享自己对生命的感悟。

第 八 课

宋诗选

一、泊[1]船瓜洲

文—王安石

学习重点

本诗为王安石名作，尤其诗中第三句向来脍炙人口，但本诗最动人处其实在文字背后诗人心情的起伏转折。学习时，可就下列重点加以注意：

一、了解本诗的写作背景。

二、掌握本诗炼字炼意的技巧。

三、体会作者诗中复杂的心情。

---

[1] 泊：音 bó。

题解

本诗选自《临川先生文集》。宋神宗熙宁八年（一〇七五）二月，作者二次拜相，奉诏进京，船泊瓜洲，感怀而作。全诗在造语自然平淡中，深蕴前程未卜，归期难定的曲折情思，为作者晚年七绝名作。

瓜洲，古渡口，又名瓜埠（bù）洲，在今江苏扬州，为大运河入长江处，乃南北水运交通要冲。

作者

王安石 字介甫，号半山，抚州临川（今江西临川）人。生于宋真宗天禧五年（一〇二一），卒于宋哲宗元祐元年（一〇八六），年六十六。

王安石聪明颖悟，学识渊博，仁宗庆历二年（一〇四二）擢进士第，自愿外任地方官，颇有治绩。嘉祐三年（一〇五八），上《万言书》，剖析时弊，条陈富国强兵之策，惜未被采纳。神宗即位，锐意图治，重用王安石，熙宁二年任参知政事，翌年，拜同中书门下平章事（宰相），大力推行新法。此后在变法与反变法的政争中一再罢相、起用。九年，以体力就衰，谗谤交集，辞去相位，退居金陵（今江苏南京），不问政事。神宗元丰元年（一〇七八），封舒国公。三年，改封荆国公，世称王荆公。卒谥文，故又称王文公。

王安石为北宋著名政治家、经学家、文学家。为文主张须有补于世，所作结构严谨，简洁精练，气势遒（qiú）健，风格峭拔，为唐宋八大家之一。其诗，早年轻修辞，重议论；中年倾心杜甫，讲究技巧；晚年雅丽精绝、含蓄深婉。有《临川先生文集》行世。

课文

京口❷瓜洲一水间，
钟山❸只隔数重山。
春风又绿江南岸，
明月何时照我还？

❷京口：在今江苏京口，与瓜洲隔江相望。❸钟山：山名，又名北山、蒋山、紫金山，在今江苏南京东。

问题与讨论

一、“春风又绿江南岸”一句中的“绿”字，乃作者几经修改而成，由“到”、“过”、“入”、“满”，最终改定为“绿”字。作者有必要如此大费周章，不断修改吗？如此修改是否果然更好？试予分析评论。

二、你对作者写作本诗时的心情有何体会？你会如何诠释？

二、寄黄几复

文—黄庭坚

学习重点

黄庭坚是北宋极重要的诗人，文学史家视为宋诗“江西诗派”的开宗人物。本诗就内容言，属怀友之作；就形式与风格言，颇能表现黄庭坚诗的特色。学习时，可就下列重点加以注意：

一、认识黄庭坚诗风的特色。

二、揣摩变旧为新、化易为奇的写作技法。

三、体会诗人对朋友深挚的情谊。

题解

本诗选自《山谷全集》，为作者七律名作。

黄几复，名介，北宋洪州西山（今江西新建）人。少年时即与黄庭坚友善，交往密切。神宗熙宁九年（一〇七六），二人在京师短暂欢聚后，即各奔东西，未曾再见。

本诗作于神宗元丰八年（一〇八五），当时黄庭坚在德州德平（今山东德平），黄几复在广州四会（今广东四会）。一别十年，分处南北，黄庭坚寄诗表达自己对好友浓厚的怀念之情。全诗格律谨严，善用典故，又能将熟见词语巧妙组合，赋予新的风味、新的意境，确实表现黄庭坚诗歌的特色。

作者

黄庭坚 字鲁直，号山谷道人，又号涪翁，洪州分宁（今江西修水）人。生于宋仁宗庆历五年（一〇四五），卒于宋徽宗崇宁四年（一一〇五），年六十一。

黄庭坚，英宗治平四年（一〇六七）登进士第。历任国子监教授、起居舍人等职。哲宗绍圣年间，遭新党弹劾修《神宗实录》失实，贬为涪州（今重庆市涪陵区）别驾。徽宗亲政，蔡京当权，又出为太平知州。旋被免职，辗转流寓于荆州、鄂州一带。后因宰相赵挺之诬陷，拘管于宜州（今广西壮族自治区宜州），病卒于该地。

黄庭坚才华洋溢，诗、词、散文无不兼擅，又精书法。其诗讲求诗法，务求新奇。能点铁成金，臻于以俗为雅、以故为新之妙境。尤好造拗（ào）句、押险韵、用僻典、作硬语，形成瘦硬奇崛、苍劲古朴的诗风，世尊为“江西诗派”宗祖。其词品类繁富，自成一格，疏宕、豪放处，不减东坡。其散文学西汉，法度严谨。其书法纵横奇崛，写意淋漓，与蔡襄、苏轼、米芾（fú）并称“宋四家”。有《山谷全集》行世。

课文

我居北海君南海❶，
寄雁传书谢不能❷。
桃李春风一杯酒，
江湖夜雨十年灯❸。

持家但有四立壁❹，
治病不蕲三折肱❺。
想得❻读书头已白，
隔溪猿哭瘴烟藤❼。

❶我居北海君南海：指二人相去遥远，不得会面。时黄庭坚在德州德平，黄几复在广州四会，二地一北一南，皆位处海滨。《左传·僖公四年》："君处北海，寡人处南海，唯是风马牛不相及也。"黄庭坚诗语殆出自此。❷寄雁传书谢不能：想托付鸿雁传递书信，鸿雁推辞做不到。此指南北相隔，通信不易。《汉书·苏武传》有雁足传书之说。世传鸿雁南飞，不过衡阳回雁峰。四会远在衡阳之南，故即使托鸿雁传书，也无法送达。谢，推辞、婉拒。❸"桃李春风一杯酒"二句：上句是说昔日二人在春风送暖中欣赏桃李盛开，放怀畅饮，何等欢愉！下句是写一别十年，彼此宦海浮沉，寄迹江湖，孤灯下夜雨淅沥，何等凄寂！黄庭坚、黄几复曾于熙宁九年在京城短暂欢聚，至此已一别十年。❹持家但有四立壁：家中只有四面空荡直立的墙壁，比喻黄几复家境贫困。但，只。四立壁，典出《史记·司马相如列传》："家居徒四壁立。"❺治病不蕲三折肱：谓黄几复富才能，善治理，不必经过挫折的磨炼才知道如何为政。语见《左传》定公十三年："三折肱，知为良医。"黄庭坚此处反用其意。蕲，音 qí，求。肱，音 gōng，手臂。❻想得：料想。❼隔溪猿哭瘴（zhàng）烟藤：隔溪传来在瘴气弥漫中攀藤猿猴的悲啼声。瘴烟，南方山林中湿热的雾气。

问题与讨论

一、作者在本诗中表达了什么样的情感？试予分析阐释。

二、与王安石《泊船瓜洲》一诗相比较，是否能体认到本诗的一些特质？试加说明。

三、书愤

文——陆 游

学习重点

陆游为中国诗史上著名的“爱国诗人”，本诗不仅为脍炙人口的名作，亦为其忠爱情怀做鲜明的见证。学习时，可就下列重点加以注意：

一、了解本诗的写作背景。

二、掌握本诗藉对比以深化诗旨的写法。

三、体会诗人愤懑的情怀。

题解

本诗选自《陆放翁全集》，是陆游代表作之一。

书愤，书壮志未酬身先老之愤，亦书山河未复、国难未靖之愤。南宋孝宗淳熙十三年（一一八六）春，时陆游六十二岁，罢官蛰（zhé）居山阴家中已六年，再以严州军（今浙江建德）州事重新起用，抚今追昔，怆然有感于报国之心犹在、复国之业难成，因作此诗。

诗题“书愤”，诗中虽未尝着一“愤”字，然伤老忧时之愤充溢字里行间，情极沉痛，千百年来传诵不衰！

作者

陆游 字务观，号放翁，越州山阴（今浙江绍兴）人。生于北宋徽宗宣和七年（一一二五），卒于南宋宁宗嘉定二年十二月（一二一〇年一月），年八十六。

陆游出生次年，金兵即攻占首都汴（biàn）京（今河南开封）。陆游自小逃难，目睹金兵肆虐、志士抗敌，由此激发其爱国思想，常怀“上马击狂胡，下马草军书”之壮志。南宋高宗绍兴二十四年(一一五四)，试礼部，名列前茅，以倡论恢复故土，为秦桧所恶而除名。直至秦桧死，绍兴二十八年始被起用为福州宁德（今福建宁德）主簿，时年已三十四。此后一生皆因力主北复中原而迭遭贬黜，晚年罢官居家达二十年之久。

陆游诗、词、文皆有盛誉，而以诗之成就最为杰出。早年由江西诗派入手，后转为雄浑奔放。平生作诗九千余首，多感时忧国之作，梁启超赞曰：“集中什九从军乐，亘古男儿一放翁。”有《陆放翁全集》行世。

课文

早岁[1]那知世事艰，
中原北望气如山[2]。
楼船夜雪瓜洲渡[3]，
铁马秋风大散关[4]。
塞上长城[5]空自许[6]，
镜中衰鬓已先斑[7]。
《出师》一表真名世，
千载谁堪伯仲间[8]？

❶早岁：早年，指年轻时。❷中原北望气如山：北望中原，心中的豪情壮志如山一般高。气，指献身沙场，恢复中原的壮伟情怀。❸楼船夜雪瓜洲渡：在下雪的冬夜，宋军曾用高大的战船在瓜洲渡口大破金兵。楼船，高大的战船。高宗绍兴三十一年（一一六一）冬，金主完颜亮大举南侵，一度占领瓜洲，逼近南京。宋将虞允文奋力抵抗，大破金兵，完颜亮遭其部属杀害。❹铁马秋风大散关：秋风吹拂下，英武的装甲骑兵巡弋在大散关前，计划北定中原。铁马，披带铁甲的战马。大散关，关名，在今陕西宝鸡西南大散岭上，为宋金分界要塞。孝宗乾道八年（一一七二）陆游任四川宣抚使王炎幕僚，曾督军大散关一带，筹划进军关中，后因王炎调回临安，计划未能实现。❺塞上长城：借指保疆卫土的英雄。南朝宋檀道济因能抗北朝侵略，自比为“万里长城”，见《南史・檀道济传》。❻空自许：徒然的自我期许，意谓自我期许落空。空，徒然。❼斑：灰白。❽“《出师》一表真名世”二句：一篇《出师表》真是举世闻名、流芳百世，千年来，有谁能和忠义双全、坚持北伐的诸葛亮相比呢？陆游在此有自比诸葛亮之意。名世，著称于世。堪，能够、可以。

问题与讨论

一、本诗前四句气势壮伟，后四句落寞萧瑟，二者相衬，对诗情诗旨的抒发，产生什么效果？

二、全诗以诸葛亮《出师表》作结，诗人有何深意？

第九课

虬髯客传

文——杜光庭

学习重点

唐人传奇为具有完整结构的文言短篇小说，《虬髯客传》为其中“豪侠”一类的代表，主要特质在于表现人物侠义精神，或勇于追求爱情等浪漫情怀，其表现的艺术手法圆熟流利，对后世侠义小说及戏曲具有深远影响。学习时，可就下列重点加以注意：

一、认识唐人传奇的特色。

二、掌握本篇小说刻画人物及文字语言运用的技巧。

三、体会故事的趣味性及篇中人物的浪漫精神。

题解

本文选自《太平广记》，文字略有校改。虬髯客，意指长着蜷曲胡须的人，为本篇故事的主角，虽属虚构人物，但作者刻意隐匿其名，更增添故事的传奇性。故事以隋末社会动乱，群雄逐鹿为背景，情节则以风尘三侠——李靖、红拂、虬髯客——为主线，透过生动的叙述、深入的描摹，刻画出红拂的慧眼、李靖的远见和虬髯的襟抱，尤其虬髯神秘雄奇的风采、能舍能让的胸襟与智慧，更凸显出浓厚的英雄传奇色彩。篇中人物红拂、虬髯客为了勇于实现自己的真情和理想，不惜舍弃一切，力抗现实，此种动人的浪漫精神，亦展现唐人传奇重要特色。

本篇故事虽属杜撰，但结合部分史实，虚中有实，实中有虚，更添戏剧性。全文主旨为“唐之一统天下，乃天命所归”，作者旨在传达唯有真命天子方能统一天下的观念，告诫人臣不可妄思作乱。此等天命说虽有其时代局限性，然本文描绘人物深刻，情节生动，语言精练，不愧为唐代传奇名篇。

作者

杜光庭 字圣宾，唐处州缙云（今浙江缙云）人。生于唐宣宗大中四年（八五〇），卒于后唐明宗长兴四年（九三三），年八十四。

本文作者，旧题为晚唐杜光庭作。

杜光庭喜读经史，好为词章，懿宗时应举不第，入浙江天台山为道士。僖宗因避黄巢之乱入蜀（八八一——八八五），召见杜光庭，出仕麟德殿文章应制。唐亡，王建据蜀称帝，赐号广成先生。前蜀后主王衍即位，以为传真天师，封蔡国公。王衍归降后唐，杜光庭隐居青城山（四川岷山第一峰）白云溪，自号东瀛子。杜光庭能诗善文，著有《谏书》《广成集》《神仙感遇传》等。

课文

隋炀帝[1]之幸[2]江都[3]也，命司空杨素[4]守西京[5]。素骄贵，又以时乱，天下之权重望崇者莫我若[6]也，奢贵自奉，礼异人臣[7]。每公卿入言，宾客上谒[8]，未尝不踞床[9]而见，令美人捧出[10]，侍婢（bì）罗列，颇僭于上[11]。末年益甚，无复知所负荷、有扶危持颠之心[12]。

一日，卫公李靖[13]以布衣上谒，献奇策，素亦踞见。靖前揖，曰："天下方乱，英雄竞起。公为帝室重臣，须以收罗豪杰为心，不宜踞见宾客。"素敛容[14]而起，与语，大悦，收其策而退。

当靖之骋辩[15]也，一妓有殊色，执红拂[16]，立于前，独目[17]靖。靖既去，而执拂者临轩指吏[18]，问曰："去者处士[19]第几[20]？住何处？"吏具以对。妓诵[21]而去。

❶隋炀帝：姓杨名广，隋文帝次子。即位后，好大喜功，东征西讨，晚年沉迷酒色，为宇文化及所弑。❷幸：皇帝亲临。❸江都：隋郡名，也称扬州，州治在今江苏江都。隋炀帝在江都置离宫四十余所，造龙舟船只数万艘，并曾数次行幸。根据记载，隋炀帝临幸江都时，杨素已死多年。此乃小说家言，不必求实。❹司空杨素：司空，官名，掌工程营造之事，与司马、司徒并称三公。杨素，字处道，华阴（今陕西华阴）人，曾助隋文帝杨坚夺得政权。隋文帝末年，拥立杨广，夺得帝位。曾任司徒，封楚国公。根据记载，杨素官位终于司徒，而非司空。❺西京：指长安，在今陕西西安。隋、唐以洛阳为东京，长安为西京。❻权重望崇者莫我若：那些拥有重权、崇高名望的人都比不上我。莫我若，即"莫若我"。若，如。❼礼异人臣：仪制与臣子的身份不合。❽上谒：拜见。谒，音 yè，晋见。❾踞床：箕踞坐于床上，是一种轻慢、不合礼仪的坐姿。踞，此指箕踞，伸开两腿而坐。床，舁（yú）床，可用手抬着走，高度及腰，又称"腰舆"，和一般的卧床不同。❿令美人捧出：坐于舁床上由美女抬出。捧，抬。⓫颇僭于上：杨素僭用皇帝见客的排场，所以说他"颇僭于上"。僭，音 jiàn，逾越分际。⓬无复知所负荷、有扶危持颠之心：原文应为"无复知所负荷，无复有扶危持颠之心"，次句承上句而省略"无复"二字，意谓不再关心自己所应担负的责任，也不再有挽救危亡局势的用心。扶危、持颠，互文同义。颠，倾覆。⓭卫公李靖：卫公，卫国公的简称。李靖，字药师，三原（今陕西三原）人。姿貌魁秀，擅长兵法。曾仕隋，归唐后，屡立战功，为唐代开国功臣之一，封卫国公。

⑭敛容：端正容色，肃敬的样子。⑮骋辩：滔滔不绝的议论。骋，奔放、恣纵。辩，本指善于谈辩，此指善于议论。⑯拂：拂尘，用来拂拭灰尘或驱赶蚊蝇的器具。⑰目：注视。⑱执拂者临轩指吏：谓红拂女站在窗口，手指李靖，询问掌管门户的小吏关于李靖的身份与住处。轩，窗。⑲处（chǔ）士：有学行而隐居不仕的人。⑳第几：问李靖于兄弟辈中排行第几。排行之风起于东汉，唐代最为盛行，初识必问排行，以便称呼。下文红拂、虬髯也以此种方式论交。㉑诵：记诵。

靖归逆旅㉒。其夜五更初，忽闻叩门而声低者，靖起问焉。乃紫衣戴帽人，杖揭㉓一囊。靖问："谁？"曰："妾，杨家之红拂妓也。"靖遽延入㉔。脱衣去帽，乃十八九佳丽人也，素面华衣㉕而拜，靖惊答拜。曰："妾侍杨司空久，阅天下之人多矣，无如公者。丝萝非独生，愿托乔木㉖，故来奔㉗耳。"靖曰："杨司空权重京师，如何？"曰："彼尸居余气㉘，不足畏也。诸妓知其无成，去者众矣，彼亦不甚逐㉙也。计之详矣㉚，幸㉛无疑焉！"问其姓，曰："张。"问其伯仲之次㉜，曰："最长。"观其肌肤、仪状、言词、气性，真天人㉝也。靖不自意㉞获之，愈喜愈惧，瞬息㉟万虑不安，而窥户者无停屦㊱。数日，亦闻追访之声，意亦非峻㊲，乃雄服㊳乘马，排闼㊴而去，将归太原㊵。

㉒逆旅：旅舍、旅馆。㉓杖揭：以杖挑物。揭，挑。㉔遽延入：急忙请红拂进门。遽，迅速、急忙。延，请、接待。㉕素面华衣：不施脂粉而衣着华丽。㉖丝萝非独生，愿托乔木：丝萝无法独自生存，希望能托附乔木，比喻女子嫁人，得所依托。丝萝，菟丝与女萝，都是蔓生植物，常附于松柏等树上。乔木，高大的树木。㉗奔：私奔，嫁娶不经媒妁（shuò）曰"奔"。㉘尸居余气：虽然活着但与死人无异，仅多一口气。犹言如行尸走肉，意谓杨素老朽昏庸，余日无多。㉙逐：追究。㉚计之详矣：计划得很详密了，即指已经深思熟虑之意。㉛幸：希望。㉜伯仲之次：兄弟姊妹间排行的次序。㉝天人：天仙，形容红拂才貌非凡。㉞不自意：没料到，出乎意料。㉟瞬息：犹云"瞬间"，形容极短时间。㊱窥户者无停屦：不停走动向门外窥探、查看，形容李靖怕人来追，心情紧张不安的样子。一本作"足无停屦"。屦，音 jù，鞋子，此指脚步。㊲峻：急切、严厉。㊳雄服：扮男装。㊴排闼：推门。闼，音 tà，门。㊵太原：隋郡名，在今山西太原。

行次[41]灵石[42]旅舍，既设床，炉中烹肉且熟，张氏以发长委地，立梳床前。靖方刷马，忽有一人，中形，赤髯而虬[43]，乘蹇驴[44]而来，投革囊于炉前，取枕欹卧[45]，看张梳头。靖怒甚，未决，犹刷马。张氏熟视[46]其面，一手握发，一手映身摇示靖[47]，令勿怒。急急梳头毕，敛衽[48]前问其姓。卧客答曰："姓张。"对曰："妾亦姓张，合是[49]妹。"遽拜之。问："第几？"曰："第三。"问："妹第几？"曰："最长。"遂喜曰："今日幸逢一妹。"张氏遥呼："李郎，且来见三兄！"靖骤拜之，遂环坐。曰："煮者何肉？"曰："羊肉，计已熟矣。"客曰："饥甚！"靖出市胡饼[50]。客抽腰间匕（bǐ）首，切肉共食。食竟，余肉乱切，送驴前食[51]之，甚速。客曰："观李郎之行，贫士也，何以致斯异人？"曰："靖虽贫，亦有心者焉。他人见问，固不言，兄之问，则无隐耳。"具言其由。曰："然则将何之？"曰："将避地太原。"客曰："然，吾故谓非君所能致也[52]。"曰："有酒乎？"靖曰："主人西[53]则酒肆也。"靖取酒一斗。酒既巡[54]，客曰："吾有少下酒物，李郎能同之乎？"靖曰："不敢。"于是开革囊，取一人头并心肝，却[55]头囊中，以匕首切心肝共食之。曰："此人天下负心者。衔[56]之十年，今始获之，吾憾释矣。"又曰："观李郎仪形器宇[57]，真丈夫也。亦知太原有异人乎？"曰："尝见一人，愚谓之真人[58]。其余，将帅而已。"曰："何姓？"曰："靖之同姓。"曰："年几？"曰："仅[59]二十。"曰："今何为？"曰："州将之子[60]。"曰："似矣，亦须道兄[61]见之。李郎能致吾一见乎？"曰："靖之友刘文静[62]者，与之狎[63]，因文静见之可也。然兄欲何为？"曰："望气者[64]言太原有奇气，使吾访之。李郎明发，何日到太原？"靖计之日，曰："某日当到。"曰："达之明日方曙，候我于汾阳桥[65]。"言讫（qì），乘驴而去，其行若飞，回顾已失。靖与张氏且惊且喜，久之，曰："烈士不欺人，固无畏！"促鞭而行。

[41]次：住宿。[42]灵石：隋县名，在今山西灵石。[43]赤髯而虬：红色的胡子蜷曲如虬龙。髯，音 rán，颊毛，即胡须。虬，音 qiú，通"虯"，有角的小龙，一说无角的小龙，这里用来形容胡须盘绕蜷曲的样子。[44]蹇驴：瘦弱而行动迟缓的驴子。蹇，音 jiǎn，跛脚，行动迟缓。[45]欹卧：斜卧、侧躺。欹，音 qī，斜。[46]熟视：仔细端详。[47]一手映身摇示靖：一手藏在身后摆动向李靖示意。映，隐蔽。[48]敛衽：女子行礼称敛衽，女子行拜礼时整肃衣襟以表恭敬。衽，衣

襟。㊾合是：应该是。㊿市胡饼：买烧饼。市，购买。胡饼，上撒胡麻的烧饼，来自胡地，故称“胡饼”。51食：音 sì，通“饲”。52吾故谓非君所能致也：我本来就知道是红拂自来，而不是你所能招致的。故，固，本来。53主人西：旅店西边。主人，指旅店主人，此借指旅店。54巡：遍，宴会中向同桌之人敬酒一遍为一巡。55却：退、放回。56衔：心中怀着，指怀恨在心。57仪形器宇：仪表气度。58真人：即“真命天子”。古代“天命论”认为当皇帝是命中注定的，因称皇帝为真命天子。59仅：将近。60州将之子：指李世民。李渊于隋炀帝大业十三年任太原留守。61道兄：对同道长者的尊称，即下文的道士。62刘文静：字肇仁，武功（今陕西武功）人。隋末任晋阳令，为李世民之知交与谋士。李渊称帝后，因功封鲁国公。63狎：亲近、亲密。64望气者：会望云气的人。相传古时占候之术，望云气即知未来征兆。65汾（fén）阳桥：在太原城东。

及期，入太原，果复相见，大喜，偕诣刘氏。诈谓文静曰：“有善相者思见郎君[66]，请迎之。”文静素奇其人，一旦闻有客善相，遽致使延之。使回而至[67]。不衫不屦[68]，裼裘[69]而来，神气扬扬，貌与常异。虬髯默居末坐，见之心死。饮数杯，招靖曰：“真天子也！”靖以告刘。刘益喜，自负。既出，而虬髯曰：“吾得十八九矣，然须道兄见之。李郎宜与一妹复入京，某日午时，访我于马行[70]东酒楼下。下有此驴及一瘦驴，即我与道兄俱在其上矣。到即登焉。”又别而去，靖与张氏复应之。

66郎君：唐代称新进士为郎君，此指李世民。67使回而至：派去的使者返回后，李世民也来了。68不衫不屦：未着士服皮屦，只穿便服便鞋，写李世民之不拘小节。69裼裘：仅穿着皮袍、中衣，并未穿正式服装。古代服饰之礼，裼衣之外，又有正服。裼，音 xí，裼衣，穿在皮袍之外，正服之内的中衣。裘，皮衣。70马行（háng）：长安街道名。

及期，访焉，宛[71]见二乘。揽衣登楼，虬髯与一道士方对饮，见靖惊喜，召坐。围饮十数巡，曰：“楼下柜中有钱十万[72]，择一深隐处驻[73]一妹。某日，复会我于汾阳桥。”如期至，即[74]道士与虬髯已先坐矣。俱谒文静，时方弈棋，起揖而语。少焉，文静飞书迎文皇[75]看棋。道士对弈，虬髯与靖旁侍焉。俄而，文皇来，精采惊人，长揖就坐，神清气朗，满坐风生[76]，顾盼炜如[77]也。

道士一见惨然，下棋子曰："此局[78]全输矣！于此失却局哉！救无路矣！复奚言！"罢弈请去。既出，谓虬髯曰："此世界非公世界，他方可也。勉之，勿以为念！"因共入京。虬髯曰："计李郎之程，某日方到。到之明日，可与一妹同诣某坊曲[79]小宅相访。李郎相从，一妹悬然如磬[80]，欲令新妇[81]祗谒[82]，兼议从容[83]，无前却[84]也。"言毕，吁嗟（xū jiē）而去。

[71]宛：清楚。[72]钱十万：古时铜钱，圆形方孔，将一千个铜钱穿成一串，称为一贯。十万，即一百贯。[73]驻：安顿。[74]即：则。[75]文皇：指唐太宗。太宗初谥为"文皇帝"，此文作于太宗死后，因称之为"文皇"。[76]满坐风生：指李世民言谈出色，满座为之吸引。风生，形容气氛活跃。[77]炜（wěi）如：本用以形容非常明亮的样子，这里指神采奕奕的样子。[78]局：棋局，在此也暗喻天下的局势，是双关语。[79]坊曲：街坊里巷。[80]悬然如磬（qìng）：如孤悬的石磬，比喻孤单。磬，乐器名，以玉石或金属制成，悬挂架上，敲击以发声。[81]新妇：虬髯客对人谦称自己妻子。[82]祗谒：恭敬地拜见。祗，音 zhī，敬，谦辞。[83]兼议从容：一并讨论以后的行动。从容，行止、举动。[84]无前却：先不要推辞。前，先。却，推辞。

靖策马而归。即[85]到京，遂与张氏同往，乃一小板门。叩之，有应者，拜曰："三郎[86]令候李郎、一娘子久矣。"延入重门，门益壮。婢四十人罗列庭前，奴二十人引靖入东厅。厅之陈设，穷极珍异，巾箱、妆奁[87]、冠、镜、首饰之盛，非人间之物。巾栉[88]妆饰毕，请更衣，衣又珍异。既毕，传云："三郎来！"乃虬髯纱帽[89]裼裘而来，亦有龙虎之姿[90]。欢然相见，催其妻出拜，盖亦天人也。遂延中堂，陈设盘筵之盛，虽王公家不侔[91]也。四人对馔讫，陈女乐[92]二十人，列奏于前。饮食妓乐，若从天降，非人间之曲度[93]。食毕，行酒[94]。家人自东堂舁（yú）出二十床[95]，各以锦绣帕覆之。既陈，尽去其帕，乃文簿[96]锁匙耳。虬髯曰："此尽宝货泉贝[97]之数，吾之所有，悉以充赠。何者？某本欲于此世界求事，当龙战[98]三二十载，建少功业。今既有主，住亦何为？太原李氏，真英主也。三五年内，即当太平。李郎以奇特之才，辅清平之主，竭心尽善，必极人臣；一妹以天人之姿，蕴不世[99]之艺，从夫而贵，荣极轩裳[100]。非一妹不能识李郎，非李郎不能荣一妹。圣贤起陆之渐，际会如期，虎啸风生，龙吟云萃[101]，固非偶然也。持余之赠，以佐真主，赞[102]功业，勉之哉！此后十余年，当东南数千里外有异事，是吾得事之秋也。一妹与李郎可沥酒[103]东南相贺。”因命家童列拜，曰：“李郎、一妹，是汝主也。”言讫，与其妻从一奴，戎装乘马而去。数步，遂不复见。靖据其宅，遂为豪家，得以助文皇缔构之资[104]，遂匡[105]天下。

贞观十年[106]，靖以左仆射同平章事[107]，适东南蛮入奏，曰：“有海船千艘，甲兵十万，入扶余国[108]，杀其主自立，国已定矣。”靖心知虬髯得事也，归告张氏，具礼拜贺，沥酒东南祝拜之。

乃知真人之兴也，非英雄所冀[109]，况非英雄者乎？人臣之谬思乱者，乃螳臂之拒走轮[110]耳。我皇家垂福万叶[111]，岂虚然哉！

或曰：“卫公之兵法[112]，半乃虬髯所传也。”

[85]即：既。[86]三郎：虬髯客排行第三，故在家称三郎。[87]妆奁（lián）：本指梳妆用的奁具，此指化妆用品。奁，装化妆品的匣柜。[88]巾栉：洗脸梳头。巾，面巾。栉，梳子。巾、栉，皆当动词用。[89]纱帽：古代君王、高官或显贵者所戴的帽子。[90]龙虎之姿：有龙行虎步的姿态，形容虬髯客有帝王之姿。[91]不侔：不能相比。侔，音 móu，相等。[92]女乐：本指歌妓，此指女子乐队。[93]曲度：曲调。[94]行酒：一一为客斟酒劝饮。[95]床：放置器物的架子。[96]文簿：指登录财物的簿册。[97]泉贝：钱币。古以贝壳为货币。称钱为泉，取其流通如泉之意。[98]龙战：比喻群雄并起，为争夺天下而战。[99]不世：不世出，不是每一时代都有，比喻非常少见。[100]轩裳：坐着华贵的车子，穿着华美的衣裳，表示显贵。古制，大夫以上乘轩服冕，后世因借轩冕以指官位爵禄。轩，车。裳，衣服。[101]“圣贤起陆之渐”四句：意谓帝王乘时兴起，自然会有佐命之臣相随。起陆，由地面飞向高空，一说鸿鸟起陆高飞，一说龙起陆高飞，皆指帝王兴起。际会如期，指君臣遇合仿佛事先约定般。际会，遇合。下两句义同，虎啸、龙吟均指帝王，风生、云萃是说风从虎生，云随龙至，比喻辅佐之臣自动聚集于君王身旁。萃，聚集。[102]赞：辅佐。[103]沥酒：洒酒于地，表示祝愿。[104]缔构之资：创建帝业的费用。缔，开创。构，建造。[105]匡：正，指平定天下。[106]贞观十年：公元六三六年。贞观，唐太宗年号。[107]左仆射（yè）同平（píng）章事：唐代设左、右仆射，是尚书省的长官。仆射加上“同平章事”的头衔，即是宰相。[108]扶余国：古国名，地在中国东北。小说云在东南数千里，盖出虚构。[109]冀：冀望，引申为觊觎。[110]螳臂之拒走轮：螳螂以臂抵挡疾驰的车子，比喻不自量力。拒，抵抗。走轮，奔驰的车轮。此以部分代全体，“走轮”即“奔车”。[111]万叶：万世。叶，世代。[112]卫公之兵法：世传有《李靖六军镜》三卷，后佚。今传之《李卫公兵法》三篇，乃清汪宗沂所辑录。

问题与讨论

一、本篇的人物刻画极为成功，试举例分析说明本文如何塑造虬髯客、红拂、李靖与李世民的形象。

二、本篇题名“虬髯客”，写作主角为虬髯客，但一开场却先写杨素，再写李靖、红拂，最后才安排虬髯客出场，请讨论如此写作安排有何用意？

三、作者于文末提出“真人之兴也，非英雄所冀，况非英雄者乎？”对此天命说，你有何看法？

附录简析

高中第二学年（上）

第一课 黄州快哉亭记

台阁名胜记的写作兴起于唐代，至宋代已蔚为风气，为中国古典散文中重要的体类，本文即是这类文章的名篇佳作。

全文以“快”字贯串，层次分明、组织精密。首先描写快哉亭周遭的自然景色，江水浩荡、水势奔腾、波涛汹涌、风云变幻，及昼夜相异景观带给人视听感官的震撼。其次，向西眺望武昌的丘陵小山，草木行列间点缀着渔父樵夫的屋舍，流露人间情味。再其次，沙洲岸边的故都遗迹更见证当年三国英雄的叱咤风云、角逐战斗，引发思古之幽情。文中从自然山水、人间情味至历史古迹，层层递进，道出快哉亭的游观之美，这也是使世人快意的原因。

行文至此，仍未深入文章主旨，作者乃引用宋玉《风赋》的典故，点明快哉亭命名之出处，并藉宋玉以“雄雌之风”暗讽大王不知庶人之疾苦，进而指出“人有遇不遇之变”。其实，“士不遇”正是中国古代士人时常面临的生命困境，遇与不遇乃天命也，无法为人所掌控。至此，作者终于揭示本文“使其中坦然，不以物伤性”之主旨，“快”与“不快”的关键在于内心之“得”与“不得”，若坦然自得，即使境遇再苦，也能无往而不快；反之，尽管美景当前，也只是徒增悲伤而已，暗示“境随心转”的人生哲理。作者藉此宽慰张梦得迁谪之情，并勉励士人面对“遇不遇之变”，应当处之泰然。

本文由描述快哉亭的地理景观至生命的省思，为台阁名胜记常见的写作手法，表现宋代文人面对逆境之际，豁达乐观的态度及超然自得的心境，值得世人效法、学习。

第二课 廉耻

本文分四段：第一段藉欧阳修《新五代史·冯道传》论的言论，说明廉耻的重要——“不廉则无所不取，不耻则无所不为”，人倘若如此，则一己的祸患、国家的败亡必然接踵而至。这里虽只是借古人的话，但发端即有义正辞严之调，使人为之肃然。第二段以孔、孟之言力陈“耻”尤为重要，文中明显强调士大夫必须知耻、有耻，一句“士大夫之无耻，是谓国耻”，铿锵（kēng qiāng）有金石声，足以发千古之聋聩（kuì）。第三段承此振聋发聩之言，勉励君子应该像严寒中不凋萎的松柏，像风雨中不停止啼鸣的公鸡，做一个众昏中独醒的人。末段再以颜之推为例，讽刺媚世求名位者，并寄托作者无尽的感慨。

值得一提的是，本文是作者的读书笔记。一般而言，读书笔记随读随记，并不讲求章法谋篇，本文几乎全用“引文”，似乎正好反映了这种“笔记”性质。这种文字通常欠缺结构、层次，但本文读来仍觉畅达无滞碍；加上虽大量引文，不仅未见冗赘，反而增强了论述的力道，旨意的阐释也更形严正淋漓，这就显示了作者的文字功力。

全文从慷慨立论到殷殷期勉，有说理、有感怀，系作者学术、人格的具体展现，不是一般为文造理、为文造情者所能比拟的。

第三课 现代诗选（二）

一、狱中题壁

诗人被拘押在土牢里，牢中“暗黑潮湿”，生命备受威胁，随时可能被敌人杀害。但诗人并不感到恐惧，即使他个人死于狱中，他仍相信，抗战会得到最后的胜利。胜利之后，朋友们就可以挖出他的尸骨，把它放在高峰上，让他享受自由，他的灵魂就可以“高高扬起”。在这里，“暗黑潮湿的土牢”、死亡的威胁，与诗人对胜利的信心、对自由的渴望，形成强烈的对比，诗人所表现出的高贵情操，让人钦服，也让人感动。

本诗分四节，每节四行，每行字数虽然不等，但相差不大；双数行押韵，每节各自押韵（第二、三节押同一个韵，这是偶然现象，一般是不同韵的）。整体而言，全诗有整齐化的趋势，但并不严格要求百分之百的整齐，仍然保持相当的自由。这是新月派格律诗经过改良以后所得到的成果。

一般而言，中国诗每行（每句）都要停顿，但本诗有三个地方（第一节第三、四行，第三节第一、二行和第三、四行），前一行与后一行之间不能停顿，必须一口气念完，意思才能连贯，这叫“跨行”。又，第三节的末行用的是逗号而不是句号，这表示第三、四节要连着读，不能停顿，这叫“跨节”。“跨行”和“跨节”都是从西洋诗学来的技巧。在这首诗里，我们可以看到现代诗人引进西洋诗以充实中国现代诗的努力。

二、无题

本诗计三个段落，而皆归结于对过往美好生命的追怀与不舍。首段呈现的是一种曾有的“静”的境界。这种境界，是诗人立于春风中，溶入面对的山水时所感受的纯粹的宁静。次段写满擀希望的年轻生命，披拂新绿，仿佛开启

“诗”的门户；听城楼上钟响，仿佛领受“诗”或宇宙的奥义。末段藉尚不能真正懂得“时间的距离；山河的年岁”续写年轻的天真与热情。无论沉浸于享受天地中的静；或欣欣然追求诗的美；或永不知人间的疏离与人生的短暂，这些都是“青春”“年少”生命的一种特质；也是“青春”“年少”生命始能拥有的感动或思维——而这一切已然成为诗人生命中永不磨灭的刻痕印记，时时浮显，时时唤醒诗人对那段岁月中人、事、物的追怀与体认，从而确定这是诗人生命中最可珍惜的“曾经”。

除了上述单纯就诗本身文字所作结构、旨意的解析外，亦有说者认为本诗所写与徐志摩有密切关系。盖“静”、“溶溶”、“春”、“钟声”皆徐作我所知道的康桥中重要的情境，以此重迭本诗与徐文的背景、内涵，全诗遂为追忆徐志摩以及当年康桥岁月的作品，其说亦可通。

至于本诗的形式，明显仿西洋十四行诗，亦略有起（第一段）、承（第二段）、转（第三段前半）、合（第三段后半）的安排意趣。而由于三段起笔提问相近以及“复沓”语不断出现，本诗亦因之富有跌宕起伏的节奏美。

整体而言，本诗并不艰涩，但读时又需细细揣摩、推敲；它是抒情诗，却又有超乎抒情的“理趣”在，称之为林徽因诗作中最耐读的佳作，或非过誉。

第四课 左忠毅公轶事

本文旨在描述左光斗“忠毅”的行谊。

作者描述左光斗的两件轶事，分别是第一段视学京畿及第二段下厂狱。左公视学京畿因而认识史可法，在严寒风雪中，从阅生之文、解貂覆生到为掩护、叩之寺僧，及至后来瞿然注视，面署第一，作者用一连串简洁的文字描述刻画，勾勒出左公蔼然长者，爱才、惜才、擢才的形象，写来栩栩然如在目前。

第二段左公下厂狱一段，为全文最高潮，描述左光斗被关进东厂监狱，受尽炮烙之酷刑仍不屈服，并训斥冒险探监的史可法轻身而昧大义。以指拨眦，目光如炬，怒责史可法，并欲投击，方苞以人物动作、语言，精细生动刻画出左公坚毅刚烈的性格。另一方面史可法朝夕窥狱门外，持金涕泣谋于禁卒，抱公膝而呜咽，亦点出学生对恩师的深厚顾念之情。左公怒斥史可法之言尤其写得大义凛然，短短“老夫已矣！汝复轻身而昧大义，天下事谁可支拄者”几句，生动传神地刻画出左公一心为国的大节，以及对史可法的深切期许。看似严厉无情的斥骂：“不速去，无俟奸人构陷，吾今即扑杀汝！”更是道尽严师背后深恐爱徒受累的用心。

三、四两段表面上是着重于史可法的描写，其实亦是侧写左公，是以描述史可法来烘托左公的写法。作者刻画史可法的公忠体国、勇于任事，藉着其自述因由“吾上恐负朝廷，下恐愧吾师”，说明了左公对史可法强烈的精神感召。第四段记述史可法公余善尽弟子之道，敬事先师之家人。此二段在在显示：无论于公于私，史可法都深受左公的身教、言教影响。读者在对史可法肃然起敬之余，愈发敬佩教导有方的严师。

最末一段交代本文故事之始末由来，说明左公狱中语的来源确实有据，并回应了篇首“先君子尝言”一句。如此写法，不但补足说明本篇何以属“轶事”体，也巧妙达到了为文的首尾呼应效果。

整体而言，本文刻画人物深刻成功，所记述左公秉持大节，忠于国事的“忠毅”事迹，以及左、史师徒间的情义深重，写来剧力万钧，读来亦感人至深。全篇结构谨严，所用语言精简雅洁，确实展现了桐城派古文的至高水平。

第五课 赤壁赋

本文结构井然，就文意言，可分四层：首述夜游赤壁之乐；次以“客”为主体，托出伤怀；三则作者现身，拈示达观之论；末写开悟之喜，落下美好句点。全文段落转折之间圆畅优美，境界变换亦起伏有致，加以音声辞采精彩动人，不愧为千古名作。

文中主要人物有二：洞箫客及东坡本人。此当出于东坡用心设计，一则遵循赋的传统形式，使用二人问答之体；一则可增加作品张力——盖“客”所扮演的角色为感伤、为质疑，作者本人则扮演达观、不疑的角色，两者相对演出，戏剧张力自然呈现。由是，本文首段宛如优美序曲，气氛是如此愉悦美好；中间则为主乐章，是两种人生哲学观点的相激荡、相冲突，充满高潮；末段犹如宁静祥和的尾曲，一切回归圆满，这种发展进行的层次已近似短篇小说及交响乐曲的结构，更佐证了本文的精彩。

全文理趣既平易又深刻。文中之“客”，由观览山川如旧，遥想赤壁英豪，进而兴发天地无穷、世事如空的感悟，此种“兴情感悟”极近人情，乃为人所易有，故曰“平易”。而苏子自水之滔滔与月之盈虚得其启示，体悟形象虽变而本体实如如不动，于是生发“自变而观之，则天地曾不能以一瞬；自不变而观之，则物与我皆无尽”之议论，直中宇宙人世“常”、“变”核心要旨，故曰“深刻”。正是此种既“平易”又“深刻”的情趣、理趣，使千百年来读者“深厉浅揭（qì）”各有所得，故广受喜爱，流诵不衰。

赋至宋代，虽然散文化，但赋原本讲究音声辞采之美的“诗”的质性依然存在。本文通篇有韵（如首段之望、章、江；天、然、仙），又大量使用对称句，加以东坡极擅形容、譬喻，遂使全文读来深具听觉美与视觉美，也见证了宋代散文赋的高度成就。

第六课 唐诗选

一、旅夜书怀

本诗前四句描写夜中的景物，后四句诉说自己对身世的感慨；而前四句的写景暗含了无限情怀，为后四句的感慨奠下基础，二者相互映衬交结，深化了本诗的意境。

“星垂平野阔，月涌大江流”，呈现的是极为开阔的夜景，前一句写星辰垂落在平广无边的原野上——这是“静”景；后一句写月亮浮涌在奔流不停的大江中——这是“动”景。静景予人的感觉虽是阔远的，却也是寂寥的；而动景就不免予人激荡不安之感——正是这一静一动的相衬相接，让诗境不仅具有更多重的美感，也让诗意产生更繁富的内蕴。然而，更重要的是，这两句和前两句的对照作用：前两句写的是江岸、岸上的小草、岸边的小舟，以及小舟上孤独的自我。这一“小景”，在“星垂”两句“大景”的衬托下，诗人的渺小与孤单就非常具体地呈现出来了。

旅夜中强烈的孤独感，迫使诗人不自觉地发出感慨。自己年轻时壮志凌云，但如今，年过半百，志业无成，回顾一生，虽然也写了不少诗篇，可以成为“诗人”，但这些诗作，是否真能流传后世，尚未可知。自己又老病缠身，只能休官，再也没有机会实现政治上的理想了。“名岂文章著？官应老病休”这两句含藏了非常复杂、无奈的情怀，生动地表现了杜甫心中无限的感慨。

在这样的感慨之后，诗人以“飘飘何所似？天地一沙鸥”的具体形象来形容自己处境，就很容易了解了。

最后要再强调的是：诗中景物是沉静的、也是涌动的；那沉静似乎呼应了诗人无奈落寞的情怀，那涌动又似乎反映了诗人郁积不甘的心绪；而天地一沙鸥的意象既有孤单的茫茫，又有贞定的如如；如此相反相成、相斥相生的书写，造成本诗深曲博厚的意境与情韵——这就是杜诗“沉郁”的格调。

二、夜雨寄北

一般而言，李商隐诗秾丽精工，晦涩朦胧，本诗写相思之情，则不用典故，直以情韵取胜。

全诗写夫妻间的思念：首句一问一答，妻子询问归期，温婉流泄出相思情意的殷切；而归期无定，则又表现出诗人羁旅的无奈；问答之间，婉转曲折，跌宕有致。次句即景见情：秋雨不停、秋池涨满，一方面固为瑟瑟萧索的秋之雨夜实景，一方面亦正暗寓诗人内心浓稠难遣的孤冷与愁苦。末二句跨越眼前分隔两地的感伤寂寞，转写对未来欢聚的憧憬——何时可以共剪西窗之烛，津津述说今夕雨夜的相思？在此，读者需特别仔细玩味末二句曲折的情思：今夕如此愁苦，但他日聚首，静坐西窗之下，共对灯烛，脉脉叙语，再话起此刻之景之情，又会是何等情怀？而感觉又将何等甜美而可珍惜？李商隐如此巧妙运用时空往复回环（现在—未来—现在；此地—彼地—此地）交错对照的技巧，造成平易又深邃的意境，令人感动之余，不禁叹为观止。

综观全诗，语言自然，设想亲切，情感真挚，意味绵长；平易的表象下，极富推敲、品味的深度，见证李商隐“唯美”之外的另一种精致，允为唐人七绝上乘之作。

三、走马川行奉送封大夫出师西征

边塞诗虽唐以前亦有，但直至唐代，尤其是盛唐，乃臻巅峰。盖唐代边争频繁，唐诗人从军边塞者亦多，边争所带来的生离死别以及边塞特殊的生活经验与自然景观，激荡了诗人的观察与体悟，也深化了诗人的情感与思想；加上七古及七言歌行体的发展成熟，遂使诗人写下了写实与抒情兼备、雄放与深婉并美的众多边塞诗，为唐诗开拓出一片崭新的境界，也为唐诗形塑出一种特殊阳刚悲壮的风格美。

岑参是唐代最重要的边塞诗人，本诗则堪称其边塞诗中的重要代表作。全诗意旨单纯，而写将军威猛、战士英勇、等待献捷等，也都是送军出征的常见写法，不算特殊。但组合莽莽之黄沙、斗大之碎石、如刀之风头以及严寒之夜晚，却织就一幅特别粗犷（guǎng）而原始的画面；配合人物的豪迈勇武，遂使全诗具有格外阳刚的气质与雄伟的魄力；再加上句句押韵（计十八句）、三句一转韵（故全诗分成六个组合），韵脚又平仄相间的独特形式（一、三、五组为平声韵，二、四、六组为仄声韵——“割”、“捷”为入声），更使人读来备觉声调抑扬顿挫，汹涌澎湃，的确是一篇奇伟的作品。

第七课 刘姥姥进大观园

本文情节单纯而细致，人物生动凸出，心理刻画深入，语言活泼传神，向为《红楼梦》读者所喜爱。

本文对人物心理的描写颇为细腻深刻：王熙凤看到刘姥姥可以逗贾母开心，于是将她打扮得满头花朵，让她闹出许多笑话；刘姥姥也洞悉凤姐用心，为了获得资助，她清楚自己该扮演插科打诨（hùn）的角色；至于写贾母，则既呈现其乐见儿孙欢乐和谐的场面，也反映其乐于助人的性格。

人物语言与动作刻画也是《红楼梦》的另一艺术成就：如王熙凤作弄刘姥姥，惹得贾府上下无不哈哈大笑一节：性格爽朗的史湘云是“撑不住，一口饭都喷了出来”，林黛玉是“笑岔了气，伏着桌子嗳哟”，贾宝玉笑得“早滚到贾母怀里”，贾母则“笑的搂着宝玉叫‘心肝’”，平时不苟言笑的王夫人“笑的用手指着凤姐儿，只说不出话来”，薛姨妈“也撑不住，口里茶喷了探春一裙子”，探春则“手里的饭碗都合在迎春身上”，年龄最小的惜春笑得“离了坐位，拉着他奶母，叫‘揉一揉肠子’”，至于丫鬟婢女只能“弯腰屈背，也有躲出去蹲着笑去的，也有忍着笑上来替她姐妹换衣裳的”。在场的人全写到了，然而千姿百态，却无一雷同，既呈显作者细致的观察力，更突出作者高明的刻画人物功力。

人物生动是《红楼梦》的另一大艺术成就。以本文主角刘姥姥为例：对刘姥姥来说，大观园是个完全新奇的世界，所以自己也闹了不少笑话，如刚说不怕走泥路，就被脚下的青苔滑了一跤；她虽是村野鄙人，但熟悉人情世故，因此所说的话，不仅贾母膝下的孙儿孙女喜欢听，就连见多识广的贾母都觉得新鲜可爱，甚至明知王熙凤拿她作为取乐的对象，也故意出些洋相，心甘情愿地充当一次女清客。作者由刘姥姥的处世态度出发，刻画出一位文学作品中的经典人物。

就人物、情节与主题之关系言：作者以刘姥姥这位与贾府中人完全不同生活背景的人物，作为贾府的一面镜子，让读者经由刘姥姥的眼睛，冷眼审视贾府的豪奢。从其中男女仆人的众多，使用器具的豪华、繁复，食品的精致、珍贵，可以看出贾府声势如日中天时的繁华面貌。贾府中的人在这种环境下过着饱暖无忧的生活，因少见村野之人，于是拿刘姥姥来寻开心；曹雪芹则藉由刘姥姥口中暗暗道出贫富悬殊的两个世界，对比日后刘姥姥再进贾府的衰败凄凉，深刻反映出《红楼梦》的主题。

第八课 《墨子》选——公输

本文可分为四大段：首段写墨子以道义折服公输盘；次段写墨子连设六个譬喻，说明楚攻宋是“不义”的；第三段写墨子以实力屈服对手，使楚王与公输盘无计可施，只好停止攻打宋国；最后用墨子过宋的遭遇，歌颂墨子不居功的伟大情操。兹略加分析。

首段先简要陈述背景：公输盘为楚造云梯，准备攻宋，接着写墨子“起于齐，裂裳裹足，行十日十夜而至于郢”，短短十六字，便鲜活地呈现了墨子“摩顶放踵，利天下为之”的精神。墨子与公输盘相见以下改用对话，充分凸显墨子无碍的辩才：墨子用“愿藉子杀侮臣”者，诱公输盘说出冠冕堂皇的“吾义固不杀人”，随即顺势指出公输盘的自相矛盾，证明其主张攻宋乃是“义不杀少而杀众”，指责其不智、不仁、不忠、不强、不知类，迫使公输盘不得不勉强屈服。段末又写公输盘只是口服，故推说已向楚王进策，需由楚王决定是否攻宋，顺势引入墨子见楚王的情节。

次段写墨子与楚王的对话：墨子故技重施，假设情境，让楚王陷入“三舍三窃”——舍文轩窃敝舉、舍锦绣窃短褐、舍粱肉窃糠糟——的陷阱而不自知。话锋一转，旋即以另“三事”比喻楚之攻宋实与窃疾者同类，得出楚王必将“伤义而不得”的结论，前后运用六个生活化的譬喻，酣畅淋漓的论证了楚攻宋的不智与不义。段末以口服却未心服的楚王坚持云梯已成，“必取宋”，引入下段墨子与公输盘的沙盘攻防。

第三段既写墨子的善守御，更刻画其从容的神采与成竹在胸的善谋。墨子与公输盘二人多次攻防，结果是“公输盘诎”，但公输盘虽已黔驴技穷，却出言恫吓“吾知所以距子矣”，暗示将杀墨子以绝后患。不料墨子棋高一着（zhuó），说他早已洞烛机先，预作万全安排，终使楚王不得不放弃攻宋，使文章一开头的僵局有了圆满的结局，可见作者情节安排的巧妙。

末段用小故事点明篇旨，具画龙点睛之效：墨子劝阻攻宋，与其平日所提倡的兼爱、非攻思想一致，都是用来体现理想的实际行动，其目的乃在为整个人类谋幸福，而不在为个人求私利，所以是“治于神”，而不是“争于明”，因此其功也不为人知，藉此反讽“争于明者”，余韵袅袅。

全文譬喻生动，情节紧凑，说理透辟，具体呈现墨家学派朴实而重视说理的文风，堪称《墨子》的名篇。

第九课 始得西山宴游记

本文是《永州八记》的第一篇，也是柳宗元游记最具代表性的作品。柳宗元参与政治改革之前仕途顺遂，三十三岁时遭逢贬谪的命运，使壮年的他顿时一蹶不振，郁郁寡欢。直到谪居永州的第五年，他终于发现西山的奇特，也寻获重生的新契机。

首先，柳宗元说出自己初贬永州时恐惧不安的心情，与同伴四处游览山水，看遍了永州山水的“异态”，却从未发现西山的与众不同，至此引发读者对西山的想象。其次，作者自言某天坐于法华寺西亭，遥望并看见西山之“异”，于是一路披荆斩棘，终于攀登山顶。当作者站在西山之巅，往下望见高低起伏的群山就如同小蚁穴，远处景物也尽收眼底，方知西山高出众山之上，“不与培塿为类”，其心胸、眼界也因而豁然开朗。

文中除以映衬手法表现西山之怪特，藉周遭山势凸显西山的与众不同外，并进一步描述西山的久远广阔，与天地自然同在并存。西山似乎投射自己的人格性情，使其从贬谪的消沉中解脱出来。尤其当他徜徉于山水怀抱之中，身心与自然融为一体，心灵获得了慰藉，人生也仿佛拨云见日。对柳宗元而言，西山的发现是具有特殊意义的，于是他特别记述个人“始得”西山之游。

之后，柳宗元又陆续游览永州周遭景点，写下数篇记游作品，合称《永州八记》。八篇风格不尽相同，或幽僻、或寂寥、或旷远，但皆极力描写山水怪特之美，凸出山水之个性，并寄托个人怀抱，开创了山水游记的新境界。

第十课 谏太宗十思疏

贞观十一年，正是著名“贞观之治”的隆盛时期，唐太宗于此年大修宫殿、庙寺，并四处巡游出猎，魏征因此连上四次奏疏，语重心长地一再提醒唐太宗当以史为鉴，居安思危。本篇是其中第二篇，也是魏征奏疏中最有名的一篇。古时规谏皇帝是“批逆鳞”的危险之举，须有相当技巧，魏征连上四疏，还能让唐太宗诚心悦纳，可见其谏言的技巧及说服力。

全文共分三段，首段即提出积德义为治国之本，劝勉唐太宗为人君者唯有聚积德义，方能求国之安治。作者运用明显的比喻，先作正面的论述“臣闻求木之长者，必固其根本；欲流之远者，必浚其泉源；思国之安者，必积其德义”，一连三句排比下来，使得文气充足有力；然后再由反面论证“源不深而望流之远，根不固而求木之长，德不厚而思国之理”之不可行，又是三句排比句法，正反论说加上排比句法，更显得说理透彻，气势充沛。在内容上，首段则归结出国君当以“居安思危”为首念，并且戒奢以俭，厚积德义。

第二段承续前段之意，进一步论述，引用历史兴衰之教训，提醒唐太宗守成克终之艰难，不可因得志而纵情傲物，必须竭诚待下，方得民心。文中并引用“怨不在大，可畏惟人”，及“载舟覆舟”之名言，加强说明民心向背之重要性。文章至第三段，魏征向唐太宗提出具体的建议——“十思”，以此十事建议唐太宗克己知足，慎思明辨，可谓事事针对唐太宗之时弊而规劝。文末则强调唐太宗于十思之外，若又能“简能而任之”与“择善而从之”，政治上必可达“鸣琴垂拱，不言而化”的理想境地。

本文于写作技巧上，具有以下四点特色：第一，使用骈文对偶句式，使得句式整齐华美，音韵铿锵有力。第二，多用排比句法，除上述所举第一段例句外，其他如“十思”亦皆以排比句法呈现，造成气沛理足的效果。第三，善用譬喻，意象鲜明，如“竭诚则胡越为一体，傲物则骨肉为行路”及“载舟覆舟”、“奔车朽索”等，皆为鲜明生动之譬喻语言。第四，善用正反对比的手法来凸显文章旨意，如首段先从正面论说明哲之君若能居安思危，将能“崇极天之峻，永保无疆之休”，再从反面论证不念居安思危，则是“伐根以求木茂，塞源而欲流长者”。

综合观之，本文不但说理详赡、譬喻生动，并且文气充沛，具有强大的说服力，无怪唐太宗读毕此疏，不仅赞叹魏征“诚极忠款，言穷切至”，并且心悦诚服地承认己过：“公之所陈，朕闻过矣！”同时允诺“置之几案”，时时为诫。本文不但见证了唐太宗与魏征君臣遇合之佳话，也无愧为千古奏议之名篇。

第十一课 一杆“称仔”

本文是赖和小说代表作，充分呈现作者对弱势者的关怀及对强权的批判。以下分由时代背景、人物、情节、叙事观点、意象等方面略加分析诠释。

小说的背景是日据时代的台湾，因此文中的民生困苦、政治高压、经济剥削，便自然地发生了。小说的主人翁秦得参出身佃农家庭，是个遗腹子，九岁时便做长工，十六岁时回家，一心想租田耕种，却因制糖会社的垄断，始终无法如愿，只得改作散工。十八岁时在母亲的主持下结婚，二十一岁长子出生，母亲旋即去世，生活再度陷入困境，又染患疟疾。拖到三十岁左右，才在百般无奈下，请妻子回娘家寻求帮忙，得以到市场卖菜，并向邻居借了一把“称仔”

应急。起初生意还不错，得参在心中规划未来的美好日子，不料受到巡警的压榨凌辱，既打断“称仔”，又将他送进衙门，还被法官判刑坐监三天，妻子以银钱赎罪始得获释。得参不堪受辱，终于在杀警之后自杀了。

小说以第三人称旁观者的观点进行叙事。镜头由远而近，先陈述镇南威丽村大都为贫困的农户，再介绍尤其困穷的秦得参，并带领读者目睹秦得参家、市集，再由市集到衙门、监狱，再回到秦家。故事最后结束于市井传言，即连最后得参的死亡，也以侧写的方式，冷峻地结束。文末只暗示得参家穷到只剩“银纸”可以办丧事，而“警吏”的被杀，也没有证实是何人所为。不过却在“后记”中充分表现了作者对强权的批判，与对弱者的同情。冷热对比强烈，令人掩卷沉思，低回不已。

小说中最明显的意象是“称仔”，“秤”代表标准、平等、公平，秦得参用秤与巡警交易，正代表平等对待，巡警却以“称仔不好”为由，将之“打断弃掷”，这暗喻日本巡警的目无法纪，既缺乏交易的公平性，更丧失执法的公正性。另外，文中的“父亲”、“母亲”、“继父”，似乎也有所隐喻：父亲早死，似乎暗喻清朝的割让台湾，夭折了台湾的后路；母亲暗喻勤俭的台湾人，母亲招赘夫婿，暗喻日本的鸠占鹊巢，母亲的死则代表台湾的不堪蹂躏；加上最后秦得参为了保持尊严，与巡警同归于尽，似乎都有政治上的隐喻。

全文文字虽略显生涩，叙事也有些朴拙，但市集的冲突以下，节奏紧凑，情节扣人心弦，不失为日据时期写实小说佳作。

高中第二学年（下）

第一课 《韩非子》选

本篇两则寓言皆以具体的事例、完整的情节、鲜明的人物与锐利的词锋，清楚明确地表达其寓意，极具《韩非子》说理寓言的特色。

第一则寓言里，韩非选择春秋五霸的齐桓公作为寓言的主角，以桓公偏好紫衣，造成全国趋之若狂的仿效，引发紫布价格狂飙的故事，鲜活地刻画出上行下效的负面效应。本则寓言乍看之下，似乎只是在讲服饰潮流的变化，实则揭示了一个十分深刻的道理，即：上行下效，想要正人，须先正己。喜欢什么颜色，穿什么衣服，本属个人喜好，无关是非对错；但一经世人竞相仿效，竟导致了“五素不得一紫”的现象。如果当政者喜欢的不是爱穿紫衣，而是声色犬马等其他负面行为，进而令天下人都群起效尤，其后果亦可以预见。

韩非藉由本则寓言提醒世人：领导人物的言行举止，乃至于兴趣、偏好，都会在无形中对世人产生不可忽视、不可预测的影响力；领导者必须随时随地注意自己作为表率的身份与可能产生的副作用，才能使社会安定，风俗淳美。

第二则寓言里，作者以楚王询问田鸠之语，引出墨子学说“其言多不辩”的论点，进一步加以说明阐发。韩非假借田鸠之口，以秦伯嫁女和买椟还珠两例为譬喻，指出世人多半只看重外表，为虚文所惑，反而忽略了内在实质的功用。先秦诸子学说里，一般皆以为墨家的文辞最为朴实，身为墨子弟子的田鸠，回答楚王对墨子的疑问时，清楚为老师辩明：墨子学说的目的是传先王之道，论圣人之言，为了避免人们耽溺于虚华的文辞而忽略实际效用，所以墨子之说“言多不辩”。衡诸今日，假托社会多元开放，多少大放厥词却空泛无依的言论横行于世，又有多少人为了追求一些外在美好假象而迷失沉沦，人们经常忘记真理常是最简单朴实的根本原则。

韩非慨叹世人舍本逐末，取舍失当，所举“买椟还珠”之譬喻，既鲜明又适切，极其生动地刻画出人们本末倒置的不当心态。而由“此可谓善嫁妾，而未可谓善嫁女也”及“此可谓善卖椟矣，未可谓善鬻珠也”几句充满揶揄的嘲讽，亦可见出韩非词锋之犀利尖锐。

写作寓言最重要的是要能譬喻恰当，以及传达清楚明确的寓意，本文两篇寓言皆能举譬精当，说理明白，而其所传达旨意更是真切深刻，历久弥新，尽管时移世异，如今读来依旧深具现实意义。

第二课 《台湾通史》序

本文共分为五段，第一段由台湾的开发说起，说明台湾虽历经荷兰、郑成功与清朝三代，三百余年的开辟、经营，却没有很好的史书记载这段可贵的历史，而清廷所编修的台湾史，弃荷兰、郑成功于不顾，后来虽有续修，也都局限一方，缺乏对台湾全面性的关照，进而更确切地表明若想依据旧有台湾史书了解台湾大势，实在不可能，顺势引出修撰台湾史的必要性与迫切性。

第二段先陈述台湾经由先人艰苦经营，及至海通以后，时势所趋，已逐渐由荒岛而与世界接轨，于是陆续有英、美、法等国的军事冲突。旧史当然来不及记载；甚至关于台湾草莽英雄对抗清廷的起义事件，旧史也阙而不录。进而指出清廷在逐渐认识台湾的重要地位后，于是有建省驻防，乃至划分行政区域、建立军事防卫、兴建农业等积极措施。文章至此，遂顺势指出，值此之际，台湾岂可无史？于是名正言顺地带出：这正是我辈无可推辞的历史责任，至此修撰台湾史的必要性便不言而喻了。

第三段笔锋一转，转而论述修撰台湾史的困难：当时台湾沦入日本之手，资料收集不易，取证困难。加上老成凋谢，难以请教熟悉掌故的耆老。最重要的是，正当战乱之际，公家档案、私人收藏，大都焚毁；但在这种情况下，如果不把握时机积极修史，恐怕一二十年之后更难修撰台湾史。

第四段紧承上段，顺势引出作者不揣浅陋，愿意担负此一重责大任，于是辛苦十年，终于完成了第一部《台湾通史》，保留了台湾的历史文献。末段则陈述修撰台湾史的精神与宗旨，并鼓励国人发挥民族性，承继前人成果，为台湾的前途共同努力。

全文叙述流畅、条理明晰、结构严谨，既充分表明修撰台湾历史的责任心与历史感，也对后人寄予深切的厚望，值得吾人深思、努力，以期不负先贤期望。

第三课　大同与小康

本文可分三段：首段记孔子参与鲁国蜡祭，感叹鲁国礼仪式微，喟然长叹，而引出言偃的发问；次段写孔子藉回答言偃之问，畅言大同世界的具体内涵；末段则论述小康之治。全文充分显示儒家对大同世界的向慕之情，也反映了退而求其次也不可得——连“小康之治”都无法维持——的无奈与叹息。

大同之治的主要精神与境界在“天下为公”，强调政治选贤举能，处世讲信修睦，使老者安享天年，壮者贡献才力，幼者获得教养，并抚恤、安养孤苦无依的人；这是一个男、女各尽职务，各有归宿，均富、均劳，且能主动服务群众的社会。至于小康之治，则是以“天下为家”，强调以礼义治国，建立伦常、田里等制度，昭示人民应遵守的常法，也有所崇抑奖惩，使政治修明，国家安康。

文中大同、小康之治，当为儒家后学藉孔子而立言：大同之治崇尚自发性的道德良知，人人各安其位、各得其所，是一个平等、互助的社会，乃儒家政治理想的最高境界。小康之治则注重外在规范，讲求礼义纲纪，使社会国家维持稳定而小康的格局，可见儒家追求政治最高理想的同时，也有不失平实的方针。

全文骈散兼行，论理透彻，层次分明，结构严谨，不愧是《礼记》名篇，其所呈现的社会伦理、政治制度尤其值得细加思索体会。

第四课　烛之武退秦师

本文计分四段，首段扼要交代秦、晋围郑的原因与围城的危急情势。次段记郑国内部的团结以图存：佚之狐认定唯有烛之武出马才能解决困境，郑文公也道歉请罪，并以“利”说服烛之武，烛之武终于答应。第三段写烛之武说服秦穆公的过程；第四段写晋文公放弃攻郑，且不趁机攻打秦军，呼应佚之狐的判断。通篇以“利”字贯串，被推为开“战国策士说辞之祖”的烛之武，临危不乱、机智勇决、能言善辩的神情跃然纸上，令人如闻其声。

就人物性格言：《左传》或只用三言两语，或透过简短的叙述，便让人物具有个性与神采：佚之狐料事如神，可见其识人之明；郑文公知事况危急，只能低声下气，恳请兼道歉。烛之武机智从容，成竹在胸，既知郑文公非他不可，遂故意讽刺其不知用人，面对强秦则全无惧色，好整以暇。晋文公则沉着而睿智，表现出既知感恩，又能顾全大局的霸主风度。

全文重点在第三段，写烛之武洞烛秦穆公图霸的雄心，设身处地，站在秦穆公的立场，由“利害关系”，层次分明地进行游说：先说秦、晋两大国围郑，郑国自知必亡无疑，这是置之死地而后生；接着提出本篇最有力的观点——国与国之间的“利害关系”。先卑下的说：如果郑亡有“利”于秦，哪须麻烦秦来攻打？先解除秦穆公的心防；接着提出“越国鄙远”的困难，指出即使秦国取得郑国，也不过是帮晋国开疆辟土而已，提醒晋国才是秦国的大患，瞬间瓦解秦、晋联盟的假相；又顺着秦穆公企图东出争霸的雄心，说如果让郑国成为秦东边的助力，对秦也是一种“利”啊！秦穆公至此应已被说服，但烛之武却又举出晋国对不起秦国的史实，挑起秦穆公的旧恨新仇，巧妙地将晋惠公的背信忘义转移至晋文公身上。晋惠公、文公兄弟都因秦穆公的帮助而得以回国登基，但惠公回国后，却未依约割让城邑，让秦国一直困处西方，这是秦穆公的心头大忌。在挑起秦穆公与晋国往日的仇隙后，便回到现实，提醒穆公如果灭亡郑国，下一步晋便要对秦下手，将“利害关系”拉到秦、晋之上，秦穆公于是完全被说服，并且为了自身的利益，还派兵帮郑防守。

全文篇幅虽短，而叙述完整，组织严密，层次明晰，转折自然，对话精警，说理透彻。其简炼处，惜墨如金，如省略烛之武何以得见秦穆公，以及晋文公是否知情等情事；挥洒处则描声绘影，如任由烛之武畅所欲言，尤其精彩的是，只用“夜缒而出”四字，既刻画出烛之武的胆气，也烘托出其刁斗森严，临危受命的惊险氛围，不愧是《左传》名篇。

第五课　冯谖客孟尝君

本文描写孟尝君门客冯谖，焚券市义，收服民心，并为之游说诸侯，成就三窟，终于巩固孟尝君地位，使其高枕无忧的故事。文章显现“士”的阶级于战国政局中所居的重要地位，同时也肯定了孟尝君礼贤下士的好客作风。

文章起始，先写冯谖既无所好，且无所能，却“弹铗三叹”，需索无度，予人贪得无厌的印象。相对于此，则是凸显孟尝君“笑而受之”，对冯谖一再“比门下之客”的容人雅量。而后情节层层进展：孟尝君征询收债人才，冯谖毛遂自荐，作者刻意营造其胆大妄为的惊人之举，虽受重托，却假托上命焚烧债券，终于导致向来能容的孟尝君不悦地说出“先生休矣”；接着笔锋一转，孟尝君遭贬退之后，见薛地民心爱戴，方知冯谖当年市义之效。至此原本看似无能无行的冯谖，方展现其未为人知的远见闳识与足智多谋。其后作者又更进一步刻画冯谖大展长才：妙计游说梁惠王，诱使齐王恢复孟尝君相位；力劝孟尝君请立宗庙于薛，使其高枕无忧，成就政治高峰，凡此，一一印证冯谖的高瞻远瞩。

综而言之，全文布局巧妙，情节曲折多变，作者运用欲扬先抑、欲露先隐的技巧，突出人物鲜明的性格；并以层层递进的方式推动情节的进行，使一位先前厚颜无赖的食客，最终成为巧营三窟，挽救孟尝君的大功臣。波澜迭起的写法，使全篇高潮环生，精练生动的语言，读来引人入胜，实不愧为《战国策》中脍炙人口的名篇！而战国时代谋臣策士的纵横捭阖，以及国君善用奇谋异士的社会风气，也都在文中真实自然地反映出来。

第六课

典论 · 论文

作者首先说明本文的写作动机，他认为自古以来，文人所以相轻的原因，在于“不自见”，即看不见自己的缺失，因而“各以所长，相轻所短”。若能“审己以度人”，则可避免自以为是的毛病。

其次，文中提出文学批评两个基本问题：文体与文气。就作品而言，必须注意不同文学体裁各有其特色或风格，并具体指出奏议、书论、铭诔、诗赋四科所该达到的文体要求，开启魏晋南北朝的文体批评，如陆机《文赋》、刘勰《文心雕龙》等等。在作者方面，将源自人体之“气”，用以论文，认为个人先天才性、气质的差异，造成不同的文章样貌，这是无法靠后天或外力去改变。曹丕以气论文，开创文气之说，影响后世极为深远。

本文最后一段将文章与治国大业、个人生命价值的实践连接在一起，不但体现儒家价值观，也大大提高文学的地位。曹丕并勉励士人必须随时努力，不可因客观环境的变化而有所懈怠，尤其时间流逝，生命不可避免地衰老与死亡，然“成一家之言”则可超越年寿、荣乐的限制，成就永恒不朽之生命。

阅读本文，除了看到曹丕对文学的重视外，也可了解曹丕在文章里所抱持客观而理性的态度。他强调每个人的个性、才学及文体差异，皆会形成相异的文章风格，正因为有如此正确的认识，才能成为中国第一个有自觉写出文学批评的人。

第七课

兰亭集序

本文作者生动描述东晋文人雅士的兰亭聚会，进而观照、省思生命，抒发个人感慨，亦表现魏晋士人的情思、风度。

全文可分四段，首先交代兰亭修禊的时间、地点，并描写当地山水风光，如此地有“崇山峻岭，茂林修竹，又有清流激湍，映带左右”，与会者沉醉于大自然美景中，饮酒赋诗，抒发怀抱。第二段承上文，叙述当日天气晴朗清明、和风舒畅，置身其间，体验宇宙万物的和谐，恣意享受耳目的欢娱。前两段，可以说极尽渲染盛会与美景交融之悦乐。

第三段逆转直下，由乐转悲，作者观察世人因性情差异，有人喜欢与朋友聚室长谈，有人则寄情于所喜好的事物，放纵不拘，无论何者都使自己感到愉悦而满足，也不知不觉忘记时间流逝、年华老去。然而当对喜爱事物开始厌倦，情感也随之改变，才猛然发觉这些美好事物皆已成为往事，又想到生命的短暂，人终将死去，不禁悲从中来。从“畅叙幽情”“游目骋怀”的悦乐到“情随事迁”“终期于尽”的悲痛，作者哀伤道出生命必然的衰老与死亡，也暗示人类共同的命运。

最后一段，作者藉由自己真切的阅读经验与感受，否定庄子将死生寿夭看作相同的说法，并扩大到古人、今人与后人，即使“世殊事异”，穿越时空的生命“悲感”却是相通的，这也是文学动人之处、所以不朽之原因。

魏晋南北朝是“人之觉醒”的时代，当时士人尊重个性，向往自由，热爱自然，欣赏山水，往往表现潇洒脱俗的风度。虽然如此，他们看似超脱，却不忘情，自觉到“情之所钟，正在我辈”，对人世其实是一往情深的。本文运用叙议结合、情景交融的手法，从自然山水、文人雅聚到生命观照、感慨，充分体现晋人的深情及风度。

第八课　宋诗选

一、泊船瓜洲

本篇为七言绝句，乃王安石再度出任宰相，离开钟山所作。

再度拜相入京的王安石，内心并没有欢喜欣跃之情，反而可能充满了复杂而难以言传的感怀。回想过去推行新法的阻力如此之大，反对者如此之多，政局的变化又如此诡谲，谁知此番复出，究能成就多少功绩呢？如果能遂己志，献身朝廷，则京口、瓜洲、钟山等江南山水美景，殆无缘再相亲近；如果又遭挫折，则落寞以归，又是何种难堪景象？一句“明月何时照我还”，宛转曲折地蕴寓了如此隐微的心情。“春风”可以是君王的象喻，“绿”也因之可以喻指君王的恩泽。由是，“春风又绿江南岸”便恐怕不仅是实景，更隐喻了自我再度被用，一展长才的期待。全诗因此句句承转：舟次瓜洲，回望钟山，虽仅隔数重山，但承君王之召，何时能再归返，孰能预料？则一别钟山，遂有咫尺天涯之感。前人常谓：宋诗于平淡中自有繁富变化，读此诗当可体会一二；而全诗语言平易，似无深意却自有深意，更值得同学用心探索玩味。

另外，值得一提的是：“春风又绿江南岸”一句中的“绿”字，乃经屡修屡改而来，作者着一“绿”字，江南春意乃尽生矣。此字原诗由“到”而“过”而“入”而“满”等，删改十余次，始定为“绿”字，足见作者一丝不苟的写作态度。但读者吟咏此诗，若仅好论此句之修辞，忽略其他，则不免转失诗旨，又算不得本诗真正的知音了。

二、寄黄几复

本诗八句，恰恰每二句组合为一情境，共同构成全诗极沉厚的意韵。

首二句实写二人分隔南北，相去万里，不仅无从见面，连书信往返亦极为不易。起笔便已流露浓厚无奈郁结的心绪。三、四两句，一方面怀想当年欢聚时光，一方面感伤当下彼此漂泊羁旅的孤寂境遇。“桃李春风”“江湖夜雨”二组意象，一明亮温暖、一晦暗凄冷的悬殊对比，造成了诗歌极大的张力，也带给读者极大的震撼。“一杯酒”，意味欢聚何其短暂；“十年灯”，意味孤寂何其漫长！五、六两句转写黄几复之才之德：其才直接可用，无须检验试炼；其德固无求于世俗之安逸享受。当然此二句亦隐然有悲愤之意——以黄几复之才，竟如此贫困！则孰为为之？孰令致之？末二句料想好友依然执着于读书问学，然竟已日渐衰老矣！此时耳边仿佛不断传来瘴烟中猿猴不止的悲啼声，加强了作者无尽的悲情愁绪。

综合而言，本诗怀人之情极为感伤，每二句一组，逐层递进，悲情一层深似一层，至结句而臻于无以复加，读者读来，沉重纠结之感亦挥之不去。这种挥之不去的沉重纠结感，其实正是黄庭坚诗质瘦硬古劲的一种作用、一种表现。一、二、五、六等句，都用典却不失自然；“桃李春风”、“江湖夜雨”虽用熟见之语，但一经组合，情境全然不同。综观上述种种，我们便不难对黄庭坚以故为新，化易为奇的作诗技法有所体会，对他的诗风也能有进一步的认识。

三、书愤

本诗八句，前四句一种情怀，后四句另一种情怀，二者相映相激，深化了本诗的意境。

年轻时每当北望中原，心中便不由得升起万丈豪情，随时准备跃马中原、收复故土，“世事艰难”何尝挂怀于年轻的心！绍兴三十一年（一一六一），完颜亮占领瓜洲，最终不是被虞允文大破吗？乾道八年（一一七二），自己不也追随四川宣抚使王炎，督军大散关，计划北定中原吗？力图恢复，谁说是不可能的！这四句的确富有豪壮的气势，见证了陆游年轻时宏伟的心志。但“夜雪瓜洲渡”也好，“秋风大散关”也好，千载难逢的良机都逝去了，终于明白世事多艰，应为可为之事竟如此难为！“世事艰”一语，道尽政局的复杂，也渐次流露出宏伟心志中强烈的失落感。后半急转：自己自比檀道济为“塞上长城”，原来都是徒然的！壮心虽仍不已，但烈士已趋暮年，时乎！时乎！终不我与矣！这两句充满了自嘲、无奈，而终皆化成莫名的悲愤。末两句情意更为复杂：一方面自我追比诸葛亮，将二人忠义之忱相提并论，宛然扬眉瞬目之雄姿；一方面诸葛亮北伐志业终究未成，“出师未捷身先死，长使英雄泪满襟”，前文中之悲愤乃再揉入无限郁结的况味，让诗题的“愤”益为深曲，咀嚼不尽。

全诗即因这种前段雄壮宏伟、后段悲愤郁闷的对比，深化了本诗核心的主题“书愤”；在这种对比下，读者才可能细细体会诗人难以言宣的“愤”——那“愤”，是无奈、是悲痛、是不甘、是无能作为！总之，是英雄面对前路茫茫的无边无尽悲哀！

第九课 虬髯客传

《虬髯客传》是唐人传奇中的名篇，尽管内容所传达的“天命真人”观，具有浓厚政治宣传意味，但全篇读来十分精彩动人。作者笔下所刻画，不论是描写红拂夜奔李靖的果决，或是虬髯客对李靖、红拂的有情有义，以及原本意欲逐鹿天下的虬髯客，最后却能毅然决然舍弃初衷，选择转战海外，皆深具唐人传奇的浪漫精神。

就小说结构而言，本篇无论在人物刻画、语言文字运用或情节布局的技巧上，都有成熟精湛的表现。以下分别讨论。

一、人物刻画深刻，“风尘三侠”个性突出，各具特色。作者采用“烘托渐进法”来刻画人物，以杨素烘托李靖，以李靖与红拂相互烘托，再以李靖、红拂烘托虬髯客，最后则以虬髯客烘托李世民，角色相继出场，一个比一个更精彩高明。本篇中最主要三个人物李靖、红拂、虬髯客的角色刻画尤其突出，例如描写“仪形器宇，真丈夫”的李靖识见卓越，及早就能识得真命天子；但当红拂来奔时，却也有“瞬息万虑不安，而窥户者无停屦”的疑惧不安。刻画独具慧眼的红拂“独目靖”，既有深夜来奔的果断，又有“一手映身摇示靖，令勿怒”的冷静聪慧。对豪迈不羁的虬髯客，先写其“取枕欹卧，看张梳头”的率性，再写其“以匕首切心肝共食之”的过人气魄，以及对待红拂、李靖以赠金、赠屋的慷慨资助。然而作者特意刻画如此一位真英雄，见到李世民后却能舍能让，具有“远走东南，另图大业”的胸襟器度。

二、文字精练，语言生动。本文写作文字极为精练，描写灵石旅舍三侠见面之场景尤其生动成功，当时发长委地的红拂，立梳床前，李靖正在刷马，而文中描写刚出场的虬髯客，“乘蹇驴而来，投革囊于炉前，取枕欹卧，看张梳头”，寥寥数句，就把其旁若无人、特立独行的行径刻画出来。对真命天子李世民的刻画也极为精彩，先写虬髯客初见太宗时，见其“不衫不履，裼裘而来，神气扬扬，貌与常异”，此时作者以“默居末坐，见之心死”短短八字，深刻表露了虬髯客绝望落寞的心情。唐太宗第二次与道士见面时，更是“精采惊人”，随意“长揖就坐”，就现出“神清气朗，满坐风生，顾盼炜如”的风采。而道士的反应是“一见惨然”，他所说的：“此局全输矣！于此失却局哉！救无路矣！”更是作者巧妙地运用双关语，说明天下大势已去。这些精练生动的文字语言，在在说明了本文的艺术性。

三、布局巧妙，主旨凸显。全篇小说一连串的情节布局，环环相扣，层层烘托，皆为了凸显“天命说”的主旨。文中大力渲染主角虬髯客的豪侠行径，与身怀壮志的英雄气魄，无非是说明：连这样一位具龙虎之姿的真英雄，都无法与天命相违，只能对真天子的唐太宗认命退让。是以，我们可见到作者于文末，忍不住跳出来明白揭露“乃知真人之兴也，非英雄所冀，况非英雄者乎？”而本文的主旨就在“人臣之谬思乱者，乃螳臂之拒走轮耳。”两句中完全凸显出来。

综言之，本篇情节曲折动人，描绘细致深入，人物塑造鲜活成功，充分展现了唐代传奇所具备的艺术结构完整的特色。

不一样的语文

（三）

（中国台湾）何寄澎/主编

台湾龙腾文化事业股份有限公司授权

人民东方出版传媒
東方出版社

编著者简介

何寄澎

“国立台湾大学”中文研究所博士

“国立台湾大学”中文系教授

李隆献

“国立台湾大学”中文研究所博士

“国立台湾大学”中文系教授兼中文系系主任

魏岫明

美国密西根州立大学语言学博士

“国立台湾大学”中文系副教授

陈义芝

“国立高雄师范大学”国文研究所博士

“国立台湾师范大学”国文学系副教授、名作家

简　媜

“国立台湾大学”中国文学系学士

名作家

盖琦纾

“国立台湾大学”中国文学系博士

高雄医学大学通识教育中心副教授

黄士蔚

“国立台湾师范大学”教育系硕士学程结业

丽山高中国文教师

郭志阳

“国立台湾师范大学”国文研究所硕士

景美女中国文教师

王怡芬

“国立成功大学”中国文学研究所硕士

丽山高中国文教师

杨惠桅

“国立成功大学”中国文学研究所硕士

台南二中国文教师

蔡薰谊

“国立台湾大学”中国文学系学士

高雄中学国文教师

编辑大意

一、本教科书系依据台湾2010年教育部门修正发布之“普通高级中学国文科课程纲要”编写。全套六册，分别供普通高级中学三学年六学期使用。

二、本教材编辑目标，旨在提高学生阅读、写作及语文运用之能力，并兼顾文化传承、情意陶冶、人格培养等功能，开阔学生胸襟器度，使学生具有高度之人文关怀与文化素养，做一个高质量的现代公民。

三、本教材范文，包含文学、思想、文化等层面，选文以文辞优美、平易可读、亲切动人，具经典性，并合乎时代潮流之代表作品为主。

四、本教材体例，依次为学习重点、题解、作者、课文与注释、问题与讨论，凡六项目。

五、“学习重点”说明选文动机与标准，并提示学生学习方向及要点。“题解”揭举文章出处、解释题意，并陈述范文相关之背景与知识。“作者”介绍作家生平事迹、文学风格、文学成就，及其在文学史上的地位与影响。“注释”以简明清晰之语体文解释字词意义，若遇典故，则尽量不直接引用原文，改以浅显文字说明。“问题与讨论”，针对范文提出深浅难易不同的问题，引导学生进一步思考、探索、切磋，加强其感受、分析、整合、贯通的能力。

六、书末附录各课“简析”，以深入浅出的文字，分析范文结构、语言技巧、旨意等层面的表现，期能提升学生理解与鉴赏的能力。本附录内容未经审定，仅提供教师教学参考使用。

七、本教材另编有“教师手册”，包含“选文说明”、“教学要旨”、“题解”、“作者”之相关资料、“补充注释”、“文章分析”、“问题与讨论”之参考答案、“语文天地”、“教学活动设计”与“综合参考资料”等，提供教师教学之参考。

八、本教材之编写，容有疏漏不周之处，敬祈教师、先进随时提供改进意见，俾再版时参考修正。

目 录

◆◆ 高中 第三学年（上） ◆◆

◆◆ 高中 第三学年（下） ◆◆

高中第三学年（上）

第　一　课

渔 父

文—屈　原

学习重点

屈原是中国文学史上首屈一指的伟大诗人，其卓绝不仅在作品艺术性的璀璨，更在其人格的高尚，而《渔父》一篇正鲜明刻画了其人格的特质。学习时，可就下列重点加以注意：

一、认识屈原的生平、人格，以及文学成就。

二、体会文中对话所蕴含的意义及所发挥的效果。

三、思考屈原与渔父两种生命态度的差异，进而掌握自己人生的方向。

题解

本文选自《楚辞》。《楚辞》与《诗经》并称，为中国诗歌的两大源头。《楚辞》所收大部分为战国末期楚国人作品，少部分为汉代人作品，楚人作品又多属屈原所作。《渔父》作者，一般认定为屈原，但亦有后代学者认为乃楚人悼念屈原之作。

全文用对比的手法，透过渔父与屈原之间的问答，一方面凸显屈原坚持自我、绝不妥协的贞定志节与高尚人格；一方面展现渔父与屈原两种迥然不同的处世态度——前者与世推移、明哲保身，后者追求理想、虽死不悔。

作者

屈原　名平，字原，战国楚国人。生卒年不详。主要活动于楚怀王在位期间（公元前三二八——二九九）及顷襄王二十三年（公元前二七六）以前。

屈原出身楚国贵族，有强烈的国家意识。当时楚国有亲秦、亲齐两派，屈原属亲齐派，主张联齐合纵以抗秦。怀王时曾任左徒，参与内政外交决策，颇受信任。因上官大夫靳尚争宠，进谗言，乃被疏远，转任三闾大夫。后再遭排挤，流放至汉北。怀王死，顷襄王继位，屈原又得罪令尹子兰，被放逐江南（今湖南湘、沅一带）。怀王、顷襄王两朝，亲秦派势盛，楚屡受秦欺，又屡败于秦，国势日衰。屈原既忧国事，又自伤被逐，终于在长期流放后，投汨罗江而死。

屈原创作《离骚》《九章》《九歌》《天问》《远游》等作品，均见于汉代学者王逸所注《楚辞章句》一书。屈原作品就笔调而言，文辞瑰丽，意象丰美，极富想象与浪漫气息，允为《楚辞》风貌的典型；就内涵而言，深刻表现他勤勤眷眷的忠忱、受谗被疏的感愤，以及至死不悔的心志，极为动人，后代公认屈原是中国第一位伟大的诗人。

课文

屈原既放[1]，游[2]于江潭[3]，行吟泽畔[4]，颜色[5]憔悴，形容枯槁[6]。渔父[7]见而问之曰："子非三闾大夫[8]与[9]？何故至于斯[10]？"屈原曰："举世皆浊我独清，众人皆醉我独醒，是以见放[11]。"渔父曰："圣人不凝滞[12]于物，而能与世推移[13]。世人皆浊，何不淈其泥而扬其波[14]？众人皆醉，何不餔其糟而歠其釃[15]？何故深思[16]高举[17]，自令放为[18]？"屈原曰："吾闻之，新沐[19]者必弹冠[20]，新浴者必振衣[21]。安能以身之察察[22]，受物之汶汶[23]者乎？宁赴湘流，葬于江鱼之腹中。安能以皓皓[24]之白，而蒙世俗之尘埃乎？"

渔父莞尔[25]而笑，鼓枻[26]而去，歌曰："沧浪之水清兮，可以濯吾缨；沧浪之水浊兮，可以濯吾足[27]。"遂去，不复与言。

❶ 既放：意谓放逐之后。既，已经。❷ 游：通"游"，此处有徘徊之意。❸ 江潭：泛指江、湖水域。潭，深水。❹ 行吟泽畔：在沼泽溼地旁一边行走，一边悲吟。❺ 颜色：脸色。❻ 形容枯槁（gǎo）：体貌枯瘦。形容，形体容貌。❼ 渔父：渔翁。父，音 fǔ，对老年男子的尊称。❽ 三闾大夫：楚国官职，掌管楚国王室屈、景、昭三族的事务。❾ 与：同"欤"，疑问词。❿ 至于斯：到这个地步。⓫ 是以见放：因此被放逐。见，被。⓬ 凝滞（zhì）：本意指水流不通畅，这里引申为拘泥、固执。⓭ 与世推移：随俗进退，灵活应变。⓮ 何不淈其泥而扬其波：何不搅动水底的污泥、扬起水波，把水弄得浑浊？有与众人同浊而不必独清之意。淈，音 gǔ，搅浑。⓯ 何不餔其糟而歠其釃：何不吃酒糟、喝薄酒？有与众人同醉之意。餔，音 bū，食。糟，酒渣。歠，音 chuò，饮，通"啜"。釃，音 lí，薄酒、淡酒。⓰ 深思：思虑深远，指忧国忧民。⓱ 高举：举止高洁。举，行为、作为。⓲ 自令放为：让自己被放逐呢？令，使得，让。为，句末疑问助词。⓳ 沐：洗头。⓴ 弹冠：弹去帽子上的灰尘。㉑ 振衣：抖掉衣服上的灰尘。振，抖动。㉒ 察察：洁净的样子。㉓ 汶汶：音 wèn wèn，昏暗、污浊的样子。㉔ 皓皓：洁白的样子。㉕ 莞（wǎn）尔：微笑的样子。㉖ 鼓枻：划动船桨。鼓，划动。枻，音 yì，桨。㉗ "沧浪之水清兮"四句：沧浪的水如果清，可以洗涤我的帽缨；沧浪的水如果浊，可以洗涤我的脚。意指世道如果清平，可出任官职，有所作为；世道如果污浊，则放下理想，自求适意。表现出渔父与世推移的处世态度。沧浪，同"苍浪"，青苍色的水。一说水名。濯，音 zhuó，洗涤。缨，音 yīng，帽缨，系帽的带子。

问题与讨论

一、本文全篇使用对话，产生什么效果？请加以阐述分析。

二、面对屈原、渔父二种处世态度，你有什么评论？

三、本文最后安排渔父鼓枻唱歌而去，有何意涵？又有何韵味？请就自己的体会加以说明。

第二课

劝学（节选）

文—荀况

学习重点

荀子是战国末期儒家的代表人物，在政治上主张礼、法并重，在人性论上主张性恶，提倡以礼治性，化性成善。本文为荀子教育思想名篇，强调学习的重要性，并论述学习的方法与态度，具体提出为学的进程与目标，乃古代论述教育之重要文献。学习时，可就下列重点加以注意：

一、认识荀子其人及其思想。

二、掌握本文善用譬喻以议论说理的技巧。

三、体会本文所论学习的原则与意义，并身体力行。

题解

本文节选自《荀子·劝学》。劝，劝勉、鼓励。学，指为学。《劝学》是《荀子》的首篇，也是讨论为学的专篇，藉由譬喻说明“学”的重要，强调应“慎其所立”，勉励士人努力向学、诵经读礼，成为一位学问渊博、品德高尚的君子。

荀子之所以重视“学”，与其主张“性恶论”有关。荀子认为教育可以改变人的恶性，化恶性为善性，因此强调后天的学习。文中开宗明义提出“学不可以已”的主张，通篇大量使用例证说明“积累”的重要性，强调后天环境与教育对人的影响。认为唯有自强不息、精诚专一，才能学有所成，进入崭新的生命境界。

作者

荀子 名况，又称孙卿。战国末期赵国人，生卒年不详（约公元前三一三——二三八）。荀子稍晚于孟子、庄子，约与诗人屈原同时而稍后，是著名的政治家、思想家、文学家。

荀子五十岁始游学于齐，讲学于稷下（今山东临淄）。荀子因年高德劭、学问渊博，曾三次担任祭酒。后赴楚国，春申君任为兰陵（今山东苍山）令。春申君死后，荀子被免职，讲学、著述不辍，卒于兰陵。时人推崇其学术成就，尊称为荀卿。

荀子与孟子并为战国时代儒家的代表人物，孟子主性善，荀子主性恶，各有精义。荀子除继承并发展孔子礼乐学说外，也汲取各家学说的精华，建立自己的思想体系。提倡礼治，认为礼是做人的根本，也是立国的根基，同时也重视法治，主张礼法并重、礼刑兼用。著名的法家韩非、李斯均为其弟子。

荀子学问渊博，著书数万言。《荀子》全书以说理见长，体系宏大，严谨致密，句法整练，音节流畅，论事说理富含哲理，是先秦由语录体、对话体发展至长篇专题论文的代表作。

课文

君子❶曰：学不可以已。青，取之于蓝，而青于蓝❷；冰，水为之，而寒于水。木直中绳❸，輮以为轮❹，其曲中规❺，虽有槁暴，不复挺者❻，輮使之然也。故木受绳则直，金就砺则利❼，君子博学而日参省乎己❽，则知明❾而行无过矣。故不登高山，不知天之高也；不临深谿❿，不知地之厚也；不闻先王之遗言，不知学问之大也。干、越、夷、貉⓫之子，生而同声⓬，长而异俗，教使之然也。

❶君子：此指有学问、知礼义的人。❷青取之于蓝而青于蓝：青色的染料提炼自蓝草，颜色却比蓝草还青。比喻人经过后天的学习，可以超越先天的本质。后常用以比喻弟子胜过老师，或后辈优于前辈。蓝，蓝草，草本植物，制作靛青的主要原料。❸中绳：符合直的标准。中，音 zhòng，符合。绳，绳墨，工匠用来取直的墨线，引申为标准。❹輮以为轮：輮直木使成圆轮。輮，音 róu，同“煣”，以水浸木，再用火烘烤，加力扭压，使之弯曲成形。❺其曲中（zhòng）规：指车轮的曲度合乎圆的标准。规，圆规，画圆的工具。❻虽有槁暴，不复挺者：即使再经曝晒，也不会重新挺直。有，音 yòu，通“又”，再次。槁暴，晒干。槁，音 gǎo，干枯。暴，音 pù，“曝”的古字，日晒。挺，伸直。❼木受绳则直，金就砺则利：木材依绳墨取直加工，就会笔直；刀剑在粗的磨刀石磨过，就会锋利。比喻人的才质，可经后天人为而改善。金，此指金属制成的刀剑。就，近、接触。砺，音 lì，粗的磨刀石。❽日参省乎己：每天以三件事省察自己。语见《论语·学而》：“曾子曰：吾日三省吾身。”参，同“三”。❾知明：思虑清明。一说知，同“智”，智慧。❿谿：溪涧、溪谷。⓫干、越、夷、貉：泛指古代四方边远的民族。干、越，犹云“吴、越”。干，音 hán，本作“邗”，春秋时南方小国，为吴所并，故吴亦称干。夷，泛指古代东方的部族。貉，音 mò，同“貊”，泛指古代东北方部族。⓬生而同声：指出生时婴孩的啼哭声相同。

吾尝终日而思矣，不如须臾之所学也；吾尝跂⓭而望矣，不如登高之博见也。登高而招，臂非加长也，而见者远；顺风而呼，声非加疾[14]也，而闻者彰[15]。假舆马者，非利足也，而致千里[16]；假舟檝者，非能水也，而绝江河[17]。君子生非异也，善假于物也[18]。

南方有鸟焉，名曰“蒙鸠[19]”，以羽为巢，而编之以发[20]，系之苇苕[21]。风至苕折，卵破子死。巢非不完[22]也，所系者然也。西方有木焉，名曰“射干[23]”，茎长四寸，生于高山之上，而临百仞之渊[24]。木茎非能长也，所立者然也。蓬生麻中[25]，不扶而直；白沙在涅[26]，与之俱黑。兰槐[27]之根是为芷，其渐之滫[28]，君子不近，庶人不服[29]。其质非不美也，所渐者然也。故君子居必择乡，游必就士[30]，所以防邪僻[31]而近中正也。

物类之起，必有所始；荣辱之来，必象其德[32]。肉腐出虫，鱼枯生蠹[33]。怠慢忘身，祸灾乃作。强自取柱，柔自取束[34]。邪秽在身，怨之所构[35]。施薪若一，火就燥也[36]；平地若一，水就湿也。草木畴生[37]，禽兽群焉，物各从其类也。是故质的张而弓矢至焉[38]，林木茂而斧斤至焉，树成荫而众鸟息焉，醯酸而蜹聚焉[39]。故言有召祸也，行有招辱也，君子慎其所立[40]乎！

[13]跂：音 qì，通“企”，提起脚跟站立。[14]加疾：指声音更加宏亮。加，更。疾，此指声音激昂、宏亮。[15]彰：明显、清晰。[16]“假舆马者”三句：乘驾车马的人，并非善于走路，而是能凭借车马到达千里之外。假，借助、利用。舆，车。利足，指善于走路。[17]“假舟檝者”三句：搭乘舟船的人，并非擅长游泳，而是能凭借舟船横渡江河。舟檝，指船只。檝，音 jí，同“楫”，船桨。能水，指善于游泳。水，作动词用，游泳。绝，横渡。[18]君子生非异也善假于物也：君子并非天生异于常人，只是善于利用外物，此指善于学习。生，同“性”，指天性。[19]蒙鸠：即鹪鹩（jiāo liáo），俗名巧妇鸟，似黄雀而小，善于筑巢。[20]编之以发：用茅草编筑鸟巢。发，此指茅草。[21]苇苕：此指芦苇。苕，音 tiáo，芦苇的花穗。[22]完：坚固完好。[23]射（shè）干：多年生草本，茎长，生于高地，根可入药。[24]百仞之渊：犹云“深渊”。仞，古代以七尺或八尺为仞。[25]蓬生麻中：蓬草生长在麻丛中。蓬，草名，叶形如柳，花外白内黄。麻，麻类植物的总名，茎高而直，纤维长而坚韧。[26]涅：音 niè，黑泥。[27]兰槐（huái）：香草名，开白花。[28]其渐之滫：如果浸泡在臭水中。其，若、假如。渐，浸渍。之，于。滫，音 xiǔ，泛指肮脏、恶臭的水。[29]服：佩戴。[30]游必就士：出外交游，必定要结交贤士。游，交游。就，接近，此指结交。[31]邪僻：邪恶不正。僻，偏邪不正。[32]“物类之起”四句：事物的发生，一定有其最初的原因；荣辱的到来，必然相应于人们的品德。物类，即万物。起，发生。始，始因。象，

摹拟、表现，在此引申为相称、相应之意。㉝蠹：音 dù，蛀虫。㉞强自取柱柔自取束：事物太刚硬，就会导致断折；太柔软，就容易受到约束。柱，折断。㉟构：积，集结。㊱施薪若一火就燥也：同样放置薪柴，火总是往干燥的地方燃烧。施，铺陈、放置。薪，柴。就，接近、趋向。㊲畴生：同类聚集生长。畴，通“俦”，同类。㊳质的张而弓矢至焉：箭靶摆放好，就会有箭向它射来。质，箭靶。的，音 dì，箭靶上的圆心，又称“正鹄”。张，设置、摆设。㊴醯酸而蜹聚焉：醋酸腐坏了，蚊蚋就会聚集。醯，音 xī，醋。蜹，音 ruì，亦作“蚋”，蚊类。㊵所立：指所学，或指立身行事。

积土成山，风雨兴焉；积水成渊，蛟龙生焉；积善成德，而神明自得，圣心备焉㊶。故不积跬步㊷，无以至千里；不积小流，无以成江海。骐骥一跃，不能十步；驽马十驾㊸，功在不舍。锲㊹而舍之，朽木不折；锲而不舍，金石可镂㊺。螾㊻无爪牙之利，筋骨之强，上食埃土，下饮黄泉㊼，用心一也。蟹六跪而二螯㊽，非虵蟺㊾之穴，无可寄托者，用心躁也。是故无冥冥之志者，无昭昭之明；无惛惛之事者，无赫赫之功㊿。行衢道者不至[51]，事两君者不容。目不能两视而明，耳不能两听而聪。螣蛇[52]无足而飞，梧鼠五技而穷[53]。《诗》曰：“尸鸠在桑，其子七兮。淑人君子，其仪一兮。其仪一兮，心如结兮[54]。”故君子结于一[55]也。

㊶“积善成德”三句：累积善行成就德行，自然就会获得澄澈明净的心智，达到圣人的修养境界。神明，指澄澈明净的心智。圣心，圣人的修养。㊷蹞步：半步，即今人所称之“一步”。蹞，音 kuǐ，同“跬”。古时称举足一次为蹞，举足两次为步。㊸驽马十驾：劣马十天所走的路程。驽马，劣马。驾，指马拉车奔行一日的路程。㊹锲：音 qiè，雕刻。㊺金石可镂：坚硬的金石，也可以雕出花纹。镂，雕饰。㊻螾：音 yǐn，同“蚓”，即蚯蚓。㊼黄泉：地下的泉水。㊽六跪而二螯：六足二螯。跪，足，此指蟹脚。螯，音 áo，节肢动物的第一对足，状如钳，用以取食兼防御。㊾蛇蟺：即蛇与鳝。虵，音 shé，“蛇”的俗字。蟺，音 shàn，同“鳝”，鱼类，其状似蛇，腹部色黄，俗称黄鳝。㊿“无冥冥之志者”四句：不专心致志，就没有明彻通达的智慧；不集中精神，就没有显著的功效。冥冥、惛（hūn）惛，本皆指昏暗的样子，此皆静默专一、专心致志之意。昭昭，明白显豁。赫赫，显赫、盛大。[51]行衢道者不至：在歧路徘徊的人，永远到达不了目的地。衢，音 qú，本义为四通八达的大道，此指“歧路”。[52]螣（téng）蛇：传说中一种会飞的蛇，能兴云雾而遨游其中。[53]梧鼠五技而穷：谓梧鼠技能虽多，但都不能专精，故不免陷入困境。据说梧鼠能飞，但飞不上屋顶；能攀爬，但爬不到树梢；能游泳，但不能

横渡山谷；能挖洞，但掩藏不了身躯；能快跑，但比不上人类。故称“五技而穷”。54“尸鸠在桑”六句：尸鸠在桑树上平等对待，始终如一地哺育雏鸟。君子的行为举止，也应如尸鸠始终如一，就像绳结一般坚固。语见《诗经·曹风·尸鸠》。尸鸠，布谷鸟。其子七兮，七只雏鸟。淑人，善人。仪，仪容举止，此指向善的态度。心如结兮，指用心坚定专一。55君子结于一：君子向善、为学的心志集中而专一。

昔者瓠巴鼓瑟，而流鱼出听；伯牙鼓琴，而六马仰秣[56]。故声无小而不闻，行无隐而不形[57]。玉在山而草木润，渊生珠而崖不枯。为善不积邪，安有不闻者乎[58]？

学恶[59]乎始？恶乎终[60]？曰：其数则始乎诵经[61]，终乎读礼[62]；其义[63]则始乎为士，终乎为圣人[64]。真积力久则入[65]，学至乎没[66]而后止也。故学数有终[67]，若其义则不可须臾舍也。为之，人也；舍之，禽兽也。故《书》者，政事之纪[68]也；《诗》者，中声之所止也[69]；《礼》者，法之大分，群类之纲纪也[70]。故学至乎礼而止矣，夫是之谓道德之极。《礼》之敬文[71]也，《乐》之中和也，《诗》《书》之博也，《春秋》之微[72]也，在天地之间者毕矣[73]。

56“瓠（hù）巴鼓瑟”四句：瓠巴鼓瑟时，水中的游鱼都浮出水面聆听；伯牙鼓琴时，正在吃草的马都仰起头来倾听。极言音乐之感物。瓠巴、伯牙，都是古代传说中善于弹奏琴瑟的人。鼓，弹奏。六马，本指古代天子驾车的马数，此泛指马群。秣，音 mò，饲马的草料，此作动词用，指吃草料。57“声无小而不闻”二句：声音不论多么微小，也会被听到；行为无论多么隐秘，也会被看到。此指积德、为善必为人知，必有所用。形，显现于外。58“为善不积邪”二句：为善只怕不能累积，否则哪有不被人知道的呢？邪，通“耶”，语尾助词。59恶：音 wù，何。60数：通“术”，指为学的方法、途径、层次、步骤。下文“学数”之“数”义同。61经：指《诗》《书》之类的经典。62礼：指典章制度之类的经典。63义：指为学的意义与目的。64终乎为圣人：以成为圣人为终极目标。荀子常以士、君子、圣人区别学者的等第。65真积力久则入：谓学者若能认真积累，力行日久，自然可以深造有得。积，积累。入，深入，深造有得。66没：通“殁”，死。67学数有终：为学的步骤有终点。68政事之纪：古代政事的纪录。纪，纪录、记载，此作名词用。69诗者中声之所止也：《诗》是中正平和之声聚合的所在，古代诗乐合一，故云。中声，中和醇正的音乐。止，归、聚。70礼者法之大分，群类之纲纪也：《礼》是法制的总原则与各种条例、规矩的准则。法，法令。分，音 fèn，本、原则。类，指条例。纲纪，准绳、准则。71礼之敬文：指《礼》书中所蕴含恭敬的精神与仪节。敬，此指周旋揖让的仪节。文，此指车服等级的标志。72 春秋之微：指《春秋》的微言大义。微，微言，隐微不显之言。相传孔子作《春秋》，在隐微的言辞中寄托褒贬劝惩之深意，后人称为“微言大义”。73 在天地之间者毕矣：谓天地间的学问全都包涵在上述几部经典之中了。

问题与讨论

一、试说明本文所论学习的目的与意义，以及所应抱持的态度？

二、本文善用譬喻说理论事，试举数例说明其所达到的效果。

三、荀子说“学不可以已”“学至乎没而后止也”。你认为这与今日强调的“终身学习”，有何相似之处？试与同学共同讨论。

第 三 课

《老子》选——小国寡民

文—老 子

学习重点

老子是先秦道家的代表人物，与庄子并称“老庄”。在修身方面，老子主张谦下不争、恬淡虚静、返璞归真；在政治方面，老子要求当政者“清静”、“无为”，让人民“自化”、“自正”。《小国寡民》一章简要清楚地勾勒出老子的理想世界，为《老子》名篇。学习时，可就下列重点加以注意：

一、认识老子，并大致了解其所代表的道家思想。

二、掌握老子的理想世界，并与现实世界作比较。

题解

本文选自《老子》第八十章。通行本《老子》共八十一章，五千余字，分为上、下篇，上篇称《道经》，下篇称《德经》，合称《道德经》。

老子有鉴于世人迷于名利，惑于躁进，当政者更为满足私欲而妄行攻伐争战，致使社会混乱、民不聊生，遂力倡“自然”“无为”之说，希望人民本性纯朴、社会安定丰足、当政者清静无为，共同建构一个不需外求的理想世界。本文就是这个社会的具体写照。

作者

老子 姓李，名耳，字聃（dān），春秋末年楚国苦县（今河南鹿邑）人。生卒年不详，与孔子同时而年稍长。

老子学行的宗旨在自我隐晦，不求世名。曾做过周朝的守藏室之史，掌管典籍，学问渊博。据传孔子至周，曾向老子问礼。《老子》以“道”为本，认为万物皆生于道；以“德”为用，认为万物都受自于道——其政治与人生哲学都由此而衍生。战国以降，法家结合《老子》之学，形成所谓“黄老治术”，影响中国政治至为深远。魏晋南北朝时，《老子》《庄子》更被奉为圭臬，形成所谓“玄学”，与《周易》并称“三玄”，对当时的社会思潮与士人生活有极为重大的影响。

《老子》可能不是一时一人之作，而是战国道家学派根据老子的思想加以发挥补充而成。全书文笔简炼，音调谐和，或骈或散，流畅优美。擅长藉由具体的物象来譬喻、说明抽象的道理，隽永有味，充满哲思。

课文

小国寡民❶，使有什伯之器❷而不用，使民重死而不远徙❸。虽有舟舆，无所乘之❹；虽有甲兵，无所陈之❺，使民复结绳而用之❻。甘其食，美其服，安其居，乐其俗❼。邻国相望，鸡犬之声相闻，民至老死不相往来。

❶小国寡民：国家小，人民少。❷什伯之器：十倍、百倍的器物，形容器物甚多。一说指兵器。伯，通“佰”。❸重死而不远徙：犹言“安土重迁”，重视生命，不随便迁移。重死，看重生命、爱惜生命。徙，迁移。❹虽有舟舆，无所乘之：虽然有船有车，却没有乘坐的必要。舆，车。❺虽有甲兵，无所陈之：虽然有铠（kǎi）甲兵器，却没有使用的机会。甲，古代军士所穿的护身衣。兵，兵器。陈，陈列，引申为使用。❻使民复结绳而用之：让人民回复到结绳记事的状况。本指不用文字，引申为不用知识、不用智巧。复，恢复、回到。❼“甘其食”四句：以他们的食物为甘美，以他们的衣物为美观，以他们的住居为安宁，以他们的风俗为安乐。意谓人民不慕荣利，恬淡自足。甘，动词。

问题与讨论

一、老子理想世界的特质是什么？

二、你认为老子的理想世界有无实现的可能？为什么？

三、试比较《老子》“小国寡民”与陶渊明《桃花源记》两个“理想世界”的异同？

第四课

谏逐客书

文—李 斯

学习重点

李斯为秦之名相，秦代许多重要制度、政令皆出其手。政治之外，亦长于文学，所作《谏逐客书》为其代表作。全文说理恳切明白，气势奔腾雄壮，为千古之名篇。学习时，可就下列重点加以注意：

一、认识李斯生平及写作本文的背景。

二、了解本文说理技巧的高明，从而培养以具体史实举例论证的写作能力。

三、思考国家进用外地人才的政策以及人才流通的问题。

题解

本文选自《史记·李斯列传》，为李斯上书秦王政的奏议，题目为后人所加。战国时期，各国相争，韩国派水工郑国至秦，游说秦王兴水利，建灌溉大渠，意图耗损秦之国力，使其无力东伐。此事被察觉后，秦国宗室大臣皆建议驱逐秦国之外来人才，至秦王政十年（公元前二三七），秦王下令逐客。李斯为楚人，时为秦国客卿，亦在被逐之列，遂上书劝谏秦王逐客之不当，终于说服秦王，废除逐客令。“书”，此指古代臣下对君王之奏疏，通称“上书”。

本篇论述驱逐客卿之失策，并举众多事例论证客卿对秦国的贡献，以说明用客之利，期使秦王能撤销逐客之令。全文旨在劝谏秦王，欲富国强兵、一统天下，必须有容乃大，广揽各地人才为己所用。全篇词藻瑰丽，善用排比、对偶，且立论精辟，理直气盛，实为议论文的典范。

作者

李斯 战国时楚上蔡（今河南上蔡）。生年不详，卒于秦二世二年（公元前二〇八）。

李斯年轻时曾任小吏，与韩非同为荀子门生，习“帝王之术”。学成后前往秦国，成为秦相吕不韦舍人，因而得见秦王政，先后任长史、客卿、廷尉等官。秦统一天下后，秦始皇重用李斯为丞相，用其计策废封建，置郡县，行书同文、车同轨等制，以巩固秦之政权。秦始皇驾崩，赵高与李斯相与为谋假造诏命赐死太子扶苏，另立胡亥为二世。后赵高诬其谋反，李斯最终被腰斩于咸阳，遭夷三族。

李斯精通文字，作《仓颉篇》，擅长书法，以小篆闻名天下。为文气势奔放，铺陈排比，后世推为秦文学第一人。著有《谏逐客书》《劾赵高书》等文，此外尚有《刻石》七篇，皆载于《史记》。

课文

臣闻吏议逐客[1]，窃以为过矣。昔缪公[2]求士，西取由余于戎[3]，东得百里奚于宛[4]，迎蹇叔于宋[5]，来丕豹、公孙支于晋[6]。此五子者，不产于秦，而缪公用之，并国二十[7]，遂霸西戎。孝公用商鞅之法[8]，移风易俗。民以殷盛，国以富彊，百姓乐用[9]，诸侯亲服[10]，获楚、魏之师[11]，举地[12]千里，至今治彊[13]。惠王用张仪之计[14]，拔三川之地[15]，西并巴、蜀[16]，北收上郡[17]，南取汉中[18]，包九夷[19]，制鄢、郢[20]，东据成皋[21]之险，割膏腴之壤[22]，遂散六国之从[23]，使之西面事秦，功施[24]到今。昭王得范雎[25]，废穰侯，逐华阳[26]，彊公室，杜私门[27]，蚕食诸侯[28]，使秦成帝业。此四君者，皆以客之功。由此观之，客何负于秦哉！向使[29]四君却客而不内[30]，疏士而不用，是使国无富利之实，而秦无彊大之名也。

[1] 吏议逐客：秦国的宗室大臣，建议驱逐外来的客卿。吏，官吏，此指秦的宗室大臣。[2] 缪公：即秦穆公，春秋时秦国国君，为春秋五霸之一。缪，音 mù，通“穆”。[3] 西取由余于戎：秦穆公以礼招致西戎的由余，后用其计谋伐戎，灭十二戎国，使秦国开地千里，称霸西戎。由余，晋国人，曾入戎任职。[4] 东得百里奚于宛（yuān）：秦穆公在东边从宛地赎回百里奚。百里奚，字井伯，楚国宛（今河南南阳）人。原为虞国大夫，晋灭虞后，沦为晋献公女儿陪嫁之奴仆。秦穆公闻其贤能，以五张羖（gǔ，黑羊）皮将其赎回，任之为相，世称“五羖大夫”。[5] 迎蹇叔于宋：从宋国迎来了蹇叔。蹇叔，岐州（今陕西岐山）人，曾游于宋，后经百里奚推荐给秦穆公，被聘为上大夫。[6] 来丕豹、公孙支于晋：招来晋国的丕豹、公孙支到秦国任事。来，招致。丕豹，晋国大夫丕郑之子。因其父被杀，逃至秦国，穆公任之为大将。公孙支，岐州人，曾游于晋国，后归秦国，穆公任为大夫。[7] 并国二十：兼并了许多西戎国家。二十，乃虚指其数，形容极多之意。[8] 孝公用商鞅之法：秦孝公以商鞅为相，实施其变法主张。商鞅，战国卫人，姓公孙，名鞅，任秦相约十年，帮助秦孝公变法，使秦富强，因功封于商（今陕西商县），故世称商君、商鞅。[9] 乐用：乐意为国效力。[10] 亲服：亲附听命。[11] 获楚魏之师：大败楚、魏两国之军队。获，俘获，此处有打败、战胜之意。[12] 举地：攻取土地。[13] 治彊：安定强大。彊，“强”之本字。[14] 惠王用张仪之计：指秦惠文王采用张仪的连横策略，瓦解六国的合纵策略，终于打败六国。惠王，即秦惠文王，孝公之子。张仪，战国魏人，秦惠文王时，任秦相，

献连横之计。⑮拔三川之地：攻取韩国境内黄河两岸一带地方。拔，攻取、占领。三川之地，本属韩国，在今河南西北地区黄河沿岸，因境内有黄河、洛水、伊水，故称三川。⑯巴蜀：两古国名，巴在今四川东北部，蜀在今四川西部，秦统一天下后，设有巴郡和蜀郡。⑰上郡：本属魏地，在今陕西西北部。⑱汉中：战国时楚地，在今陕西南部和湖北西北。⑲包九夷：兼并许多蛮夷部族。包，囊括、并吞。九夷，泛指当时在楚境内的少数民族。九，用为虚数，形容数目极多。⑳制鄢、郢：控制楚国。鄢，音 yān，春秋时楚都，在今湖北宜城。郢，音 yǐng，战国时楚都，在今湖北江陵。二地为楚国先后建都之地，故以鄢、郢代称楚国。㉑成皋（gāo）：战国时军事要地，又名虎牢，在今河南荥（xíng）阳。㉒膏腴之壤：肥沃的土地。膏，肉之肥者。腴，音 yú，腹下肥肉。㉓散六国之从：拆散六国合纵的联盟。从，通“纵”，指合纵之策。㉔施：音 yì，延续。㉕昭王得范雎（jū）：秦昭襄王得到魏国的范雎，任之为相。昭王，即秦昭襄王，秦惠文王之子，名则。范雎，魏国人，入秦后，秦昭襄王任其为相，采远交近攻之策略。㉖废穰（ráng）侯，逐华阳：秦昭襄王采范雎之言，罢废穰侯，驱逐华阳君。穰侯，即魏冉。华阳君，名芈戎。此二人皆为秦昭襄王母宣太后之弟，因二人擅权专政，范雎遂建议秦昭襄王将两位舅舅罢免并驱逐。㉗彊公室，杜私门：增强王室的权力，杜绝豪门贵族的私人势力。杜，杜绝。私门，私家，相对于“公室”，此指穰侯、华阳君等豪门贵族的私人势力。㉘蚕食诸侯：像蚕啃食桑叶般，逐步并吞诸侯。㉙向使：假使。㉚却客而不内（nà）：拒绝宾客，不予接纳。却，拒绝。内，通“纳”。

今陛下致昆山之玉㉛，有随、和之宝㉜，垂明月之珠，服太阿之剑㉝，乘纤离㉞之马，建翠凤之旗㉟，树灵鼍之鼓㊱。此数宝者，秦不生一焉，而陛下说之，何也？必秦国之所生然后可，则是夜光之璧，不饰朝廷；犀象之器㊲，不为玩好；郑、卫之女㊳，不充后宫；而骏良駃騠㊴，不实外厩，江南金锡不为用，西蜀丹青不为采㊵。所以饰后宫，充下陈㊶，娱心意，说耳目者，必出于秦然后可，则是宛珠之簪㊷，傅玑之珥㊸，阿缟之衣㊹，锦绣之饰，不进于前；而随俗雅化㊺，佳冶窈窕㊻，赵女不立于侧也。夫击瓮叩缶㊼，弹筝搏髀㊽，而歌呼呜呜快耳者，真秦之声也；《郑》《卫》《桑间》《韶》《虞》《武》《象》㊾者，异国之乐也。今弃击瓮叩缶而就《郑》《卫》，退弹筝而取《韶》《虞》，若是者何也？快意当前，适观㊿而已矣。今取人则不然，不问可否，不论曲直，非秦者去，为客者逐。然则是所重者在乎色乐珠玉，而所轻者在乎人民也。此非所以跨[51]海内、制诸侯之术也。

臣闻地广者粟多，国大者人众，兵彊者则士勇。是以太山[52]不让[53]土壤，故能成其大；河海不择细流，故能就其深；王者不却众庶，故能明其德。是以地无四方，民无异国，四时充美[54]，鬼神降福，此五帝三王[55]之所以无敌也。今乃弃黔首以资敌国[56]，却宾客以业[57]诸侯，使天下之士，退而不敢西向，裹足[58]不入秦，此所谓“藉寇兵而赍盗粮[59]”者也。

夫物不产于秦，可宝者多；士不产于秦，而愿忠者众。今逐客以资敌国，损民以益雠[60]，内自虚而外树怨于诸侯，求国无危，不可得也。

㉛致昆山之玉：获得昆仑山所产的美玉。㉜随和之宝：指随侯珠及和氏璧。随，春秋时的小国，相传随侯曾以药敷治一条受伤大蛇，后来大蛇衔珠相报，故世称此珠为随侯珠。和，即卞（biàn）和，春秋时楚人，曾于山中得一璞玉，两度献给楚王，皆不被采信，反先后遭斩去二足，直到第三次进献楚文王，才获证实为宝玉，世称“和氏璧”。㉝服太阿(ē) 之剑：佩带著名的太阿宝剑。太阿，宝剑名，相传春秋时名匠欧冶子及干将曾为楚王铸造三剑，太阿即为其中之一。㉞纤离：古时骏马名。㉟建翠凤之旗：竖立以翠鸟羽毛作成凤形图案的旗帜。㊱树灵鼍之鼓：架设以鼍皮制成的鼓。鼍，音 tuó，鳄鱼的一种，其皮坚硬，可制鼓，声音宏亮。㊲犀象之器：犀牛角、象牙制成的器物。㊳郑、卫之女：泛指来自异国的美女。郑、卫，均为东周时国名，当时认为郑、卫多美女。㊴駃騠：音 jué tí，骏马名。㊵西蜀丹青不为采：西蜀所产的红色、青色绘画颜料不能拿来作为彩饰。丹青，即丹砂和青雘（huò），两种贵重的矿物质颜料。采，同“彩”。㊶充下陈：充作侍妾。下陈，本义是堂下，宫中侍妾站立之处，此处借指地位低下的侍妾。㊷宛珠之簪：以宛地珠玉镶饰的簪子。㊸傅玑之珥：镶缀珠子的耳环。傅，通“附”，镶嵌。玑，不圆的珠子。珥，音ěr，耳饰、耳环。㊹阿缟（ē gǎo）之衣：齐国东阿所产的白色绢帛。阿，东阿，今山东东阿。㊺随俗雅化：随着时尚的变化而装扮高雅合时。㊻佳冶窈窕：容貌美艳，体态美好。窈窕，形容女子体态优雅美好的样子。㊼击瓮叩缶：敲击陶器、瓦器作乐。缶，音 fǒu，瓦器。㊽弹筝搏髀：弹着筝，拍打着腿。搏，拍打。髀，音 bì，大腿。㊾《郑》《卫》《桑间（jiān）》《韶》《虞》《武》《象》：《郑》《卫》《桑间》《韶》《虞》《武》《象》等秦声以外的异国音乐。《郑》《卫》即郑、卫两国的音乐。桑间，在卫国濮水之滨(今河南濮阳)，相传为卫国男女欢会歌唱之地，此指卫国桑间地方的音乐。《韶》《虞》，相传为舜乐名。《武》《象》，周代乐名。㊿适观：适合观赏。[51]跨：占据、据有。[52]太山：即泰山。[53]让：推辞、舍弃。[54]四时充美：一年四季都充实完美。[55]五帝三王：史记以黄帝、颛顼（zhuān xū）、帝喾 kù、唐尧、虞舜为五帝。三王，则指夏商周三代开国君主，即夏禹、商汤及周文王、武王。[56]弃黔首以资敌国：舍弃百姓来帮助敌国。黔首，百姓、人民。资，资助、供给。[57]业：成就其事业，此处

名词作动词用。58 裹足：缠裹其足，引申为止足不前。59 藉寇兵而赍盗粮：借给敌寇兵器，供给盗贼粮食。藉，通“借”。赍，音 jī，赠送、给予。60 益雠：使仇敌得益。雠，音 chóu，同“仇”。

问题与讨论

一、本文名句：“太山不让土壤，故能成其大；河海不择细流，故能就其深”，请问作者写作此句的用意何在？

二、本篇与《谏太宗十思疏》俱为臣下对君王的谏书，但两篇因事件背景、作者立场的不同而呈现出相异的内容及风格，试说明两篇谏书最明显的差异之处。

三、现代社会中，世界各国往往有“聘用外国人士会影响本国人就业机会”的保护政策，以李斯《谏逐客书》而论，其说对现今社会具有何种意义？有无需要修正之处？

第五课

鸿门宴

文——司马迁

学习重点

《史记》是中国第一部通史，也是纪传体之祖，在史学、文学上都有极高的地位。《项羽本纪》是《史记》重要而杰出的篇章，《鸿门宴》则是《项羽本纪》的关键情节。在此之前的项羽，雄姿英发，所向披靡；此后的项羽，则优柔寡断、拒听谏言，终致败亡。学习时，可就下列重点加以注意：

一、了解《史记》的内容与叙事特色。

二、体会本文刻画人物的技巧。

三、思索性格与成败的关系，进而从中获得启示。

题解

本文节选自《史记·项羽本纪》，篇题为编者所加。本文叙述项羽一生的经历及其成败的关键，既生动刻画项羽叱咤风云、悲壮轰烈的一生，也真切勾勒出秦楚之际错综复杂的政治实情。

秦二世元年（公元前二〇九），陈胜、吴广等发兵抗秦。同年，项羽、刘邦亦分别起兵。项羽屡破秦兵，声势浩大。项梁采纳范增“复立楚后”的建议，拥立流落民间的楚怀王孙为王，仍称楚怀王，以号召抗秦，并约定先入关中者为王。项羽转战各地，刘邦则乘虚在秦二世三年攻破函谷关，进入咸阳，秦王子婴投降，刘邦怕失掉关中，遂派兵拒守函谷关。项羽后至，见刘邦拒守函谷关，大为震怒，宣言要“击破沛公军”，项伯从中斡旋，刘邦、项羽遂会于鸿门。

本文所述，即鸿门宴前后事。司马迁透过人物的语言、动作，鲜活地刻画出项羽、刘邦、范增、张良、项伯、樊哙等人的个性，对楚汉之间的政治局势与政治人物关键时刻的抉择，也有深刻的呈现，情节紧凑，动人心弦，允称《项羽本纪》中最精彩的段落。

作者

司马迁 字子长，夏阳（今陕西韩城）人。生于汉景帝中元五年（公元前一四五），卒于约汉武帝末年（武帝卒于后元二年，公元前八十七）、汉昭帝初年，年约六十。

司马迁生于史学世家，父司马谈学问渊博，著有《论六家要旨》。司马迁十岁即能诵读古文，二十岁以后曾数次出游，足迹遍及大江南北，既考察民情风俗，并采集遗闻逸事，为写作《史记》奠定坚实的基础。武帝元封三年（公元前一〇八），继承父职为太史令，得以尽读皇室藏书。太初元年（公元前一〇四）开始撰写《史记》。天汉二年（公元前九九），李陵率步卒五千深入匈奴，因无后援，兵败投降。武帝震怒，司马迁为李陵申冤，武帝以为诋毁主帅李广利，下狱论罪。次年，遭腐刑。出狱后任职中书令，掌管宫中书记，乃忍辱含垢，发愤著书，终于在征和二年（公元前九一）完成《史记》。

《史记》，原称《太史公书》，全书包含“本纪”、“世家”、“表”、“书”、“列传”五种体例，共一百三十篇，五十二万余字，记黄帝至汉武帝太初年间，二千多年历史、政治、经济、社会、文化等方面的发展，为中国第一部通史。《史记》文字简洁、人物突出、对话鲜活，故事生动，在史学与文学上都有杰出的成就。

课文

楚军❶夜击，阬秦卒二十余万人新安城南❷。行❸略定❹秦地，至函谷关❺，有兵守关，不得入。又闻沛公❻已破咸阳❼，项羽大怒，使当阳君❽等击关，项羽遂入，至于戏❾西。沛公军霸上❿，未得与项羽相见。沛公左司马⓫曹无伤使人言于项羽，曰：“沛公欲王关中，使子婴⓬为相，珍宝尽有之。”项羽大怒，曰：“旦日⓭飨⓮士卒，为击破沛公军！”当是时，项羽兵四十万，在新丰鸿门⓯；沛公兵十万，在霸上。范增⓰说项羽曰：“沛公居山东⓱时，贪于财货，好美姬，今入关，财物无所取，妇女无所幸⓲，此其志不在小。吾令人望其气⓳，皆为龙虎，成五采，此天子气也，急击勿失！”

❶楚军：指项羽军队。❷阬秦卒二十余万人新安城南：此时项羽击败秦军，秦将章邯率众投降，诸侯吏卒常常折辱秦国军士，项羽恐生意外，遂坑杀秦军二十余万人于新安城南。阬，通“坑”，活埋。新安，故城在今河南新安县南。❸行：进军。❹略定：攻取平定。略，通“掠”，夺取。❺函谷关：在今河南灵宝，其地绝壁高峻，深险如函，故名，亦称崤（yáo）函，乃中原入关中要道。❻沛公：即刘邦。刘邦起兵于沛（今江苏沛县），自立为沛公。❼咸阳：秦国国都，在今陕西咸阳。❽当阳君：即英布，少时犯法受黥（qíng）刑。曾随项羽击破秦军，封九江王。后降汉，随刘邦破项羽于垓下，封淮南王。后反汉，兵败被杀。❾戏：水名，源出骊山，西流入渭，在今陕西临潼。❿军霸上：驻军在霸上。军，动词，驻扎。霸上，亦作“灞上”，在今陕西西安。⓫左司马：司马为主管军中法纪政务之官，有左右之分。⓬子婴：秦始皇太子扶苏之

子。秦二世三年，赵高杀二世，立子婴为秦王。刘邦入关，子婴遂降，后为项羽所杀。⑬旦日：明天一早。旦，天明。⑭飨：犒赏慰劳。⑮新丰鸿门：在今陕西临潼，后称项王营。⑯范增：居鄛（cháo，今安徽居鄛）人，年老有奇计，乃项羽主要谋士，极受项羽敬重，尊之为“亚父”。⑰山东：即“关东”，指崤山、函谷关以东，泛指当时六国之地。⑱妇女无所幸：意谓不近女色。幸，临幸，受帝王亲近、宠爱。⑲望其气：占望刘邦所在地的云气。秦、汉人相信观测云气可以预知人世的祸福。

楚左尹项伯[20]者，项羽季父也，素善留侯张良，张良是时从沛公。项伯乃夜驰之沛公军，私见张良，具告以事，欲呼张良与俱去，曰：“毋从俱死也！”张良曰：“臣为韩王送沛公[21]。沛公今事有急，亡去[22]不义，不可不语。”良乃入，具告沛公。沛公大惊曰：“为之奈何？”张良曰：“谁为大王为此计者？”曰：“鲰生[23]说我曰：‘距关，毋内诸侯[24]，秦地可尽王也。’故听之。”良曰：“料大王士卒，足以当[25]项王乎？”沛公默然，曰：“固不如也，且为之奈何？”张良曰：“请往谓项伯，言：‘沛公不敢背项王’也。”沛公曰：“君安与项伯有故[26]？”张良曰：“秦时与臣游，项伯杀人，臣活之。今事有急，故幸来告良。”沛公曰：“孰与君少长[27]？”良曰：“长于臣。”沛公曰：“君为我呼入，吾得兄事之。”张良出，要[28]项伯，项伯即入见沛公。沛公奉卮酒为寿[29]，约为婚姻，曰：“吾入关，秋豪[30]不敢有所近，籍吏民[31]，封府库[32]，而待将军。所以遣将守关者，备他盗之出入与非常[33]也。日夜望将军至，岂敢反乎？愿伯具言臣之不敢倍德[34]也。”项伯许诺，谓沛公曰：“旦日不可不蚤[35]自来谢[36]项王。”沛公曰：“诺！”于是项伯复夜去。至军中，具以沛公言报项王。因言曰：“沛公不先破关中，公岂敢入乎？今人有大功而击之，不义也，不如因善遇之[37]。”项王许诺。

⑳左尹项伯：左尹，楚官名，令尹（楚称丞相为令尹）的辅佐。项伯，项羽族叔，因屡助刘邦，项羽败后，刘邦封之为射阳侯，赐姓刘。㉑臣为韩王送沛公：我为韩王护送沛公入关。这是张良自述往事，说明与刘邦的关系。张良乃韩国贵族，项梁立韩成为韩王，使张良为司徒以辅佐之。刘邦率兵西下时，命韩王留守阳翟，与张良西入武关。㉒亡去：逃走。㉓鲰生：骂人语，犹言“小人”，浅薄无知的人。鲰，音 zōu，本义为小鱼，引申为浅陋、卑微。㉔距关，毋内诸侯：守着函谷关，不要让诸侯进关。距，通“拒”，拒守。内，通“纳”，接纳。㉕当：通“挡”，抵挡、对抗。㉖有故：有交情。故，故旧。㉗孰与君少长：项伯和你谁比较年长？此

乃“项伯与君孰少长”的省略与倒装。孰，谁。少，通“稍”。[28]要：通“邀”。[29]奉卮酒为寿：举杯敬酒，祝对方健康长寿。奉，“捧”的本字。卮，音 zhī，酒杯。为寿，犹言“上寿”，对尊者敬酒并致词祝颂。[30]秋豪：即秋毫。鸟兽之毛至秋天则更生，较细柔，称秋毫。比喻细微的事物。豪，通“毫”。[31]籍吏民：登记官吏与人民，犹言“调查户口”。籍，登记、登录。[32]封府库：封存保管府库中的物品。府库，官府储存财物、兵甲等的处所。[33]非常：意外的变故。[34]不敢倍德：犹言“不敢忘恩负义”。刘邦得项梁援助以成军，又因项羽击败秦军主力，始得乘虚袭入关中，是项氏有恩于刘邦。倍，通“背”，违背。[35]蚤：“早”的假借字。[36]谢：道歉。[37]不如因善遇之：不如藉机好好对待他。因，顺、藉机。

沛公旦日从[38]百余骑来见项王，至鸿门，谢曰：“臣与将军戮力[39]而攻秦，将军战河北，臣战河南，然不自意[40]能先入关破秦，得复见将军于此。今者有小人之言，令将军与臣有郤[41]。”项王曰：“此沛公左司马曹无伤言之，不然，籍何以至此？”项王即日因留沛公与饮。项王、项伯东向坐[42]，亚父[43]南向坐，——亚父者，范增也——沛公北向坐，张良西向侍。范增数目[44]项王，举所佩玉玦以示之者三[45]。项王默然不应。范增起，出召项庄[46]，谓曰：“君王为人不忍[47]。若[48]入前为寿，寿毕，请以剑舞，因击沛公于坐[49]，杀之。不者[50]，若属皆且为所虏！”庄则入为寿，寿毕，曰：“君王与沛公饮，军中无以为乐，请以剑舞。”项王曰：“诺！”项庄拔剑起舞，项伯亦拔剑起舞，常以身翼蔽[51]沛公，庄不得击。于是张良至军门[52]见樊哙[53]。樊哙曰：“今日之事何如？”良曰：“甚急！今者项庄拔剑舞，其意常在沛公也。”哙曰：“此迫矣！臣请入，与之同命[54]！”哙即带剑拥盾入军门，交戟之卫士[55]欲止不内，樊哙侧其盾以撞，卫士仆地。哙遂入，披帷[56]，西向立，瞋目[57]视项王，头发上指，目眦尽裂[58]。项王按剑而跽[59]，曰：“客何为者？”张良曰：“沛公之参乘[60]樊哙者也。”项王曰：“壮士！赐之卮酒。”则与斗卮酒[61]。哙拜谢，起，立而饮之。项王曰：“赐之彘肩[62]。”则与一生彘肩。樊哙覆其盾于地，加彘肩上，拔剑切而啗[63]之。项王曰：“壮士！能复饮乎？”樊哙曰：“臣死且不避，卮酒安足辞！夫秦王有虎狼之心，杀人如不能举，刑人如恐不胜[64]，天下皆叛之。怀王与诸将约曰：‘先破秦入咸阳者王之。’今沛公先破秦，入咸阳，豪毛不敢有所近，封闭宫室，还军霸上，以待大王来，故遣将守关者，备他盗出入与非常也。劳苦而功高如此，未有封侯之赏，而听细说[65]，欲诛有功之人，此亡秦之续耳！窃为大王不取也！”项王未有以应，曰：“坐！”樊哙从良坐。

坐须臾，沛公起如厕，因招樊哙出。沛公已出，项王使都尉陈平[66]召沛公。沛公曰：“今者出，未辞也，为之奈何？”樊哙曰：“大行不顾细谨，大礼不辞小让[67]。如今人方为刀俎，我为鱼肉[68]，何辞为！”于是遂去。乃令张良留谢。良问曰：“大王来，何操[69]？”曰：“我持白璧一双，欲献项王；玉斗[70]一双，欲与亚父。会[71]其怒，不敢献。公为我献之。”张良曰：“谨诺[72]。”当是时，项王军在鸿门下，沛公军在霸上，相去四十里。沛公则置车骑[73]，脱身独骑，与樊哙、夏侯婴[74]、靳彊[75]、纪信[76]等四人持剑盾，步走[77]，从郦山[78]下，道芷阳间行[79]。沛公谓张良曰：“从此道至吾军，不过二十里耳。度我至军中，公乃入。”沛公已去，间至军中。张良入谢，曰：“沛公不胜桮杓[80]，不能辞，谨使臣良奉白璧一双，再拜献大王足下；玉斗一双，再拜奉大将军足下。”项王曰：“沛公安在？”良曰：“闻大王有意督过[81]之，脱身独去，已至军矣。”项王则受璧，置之坐上；亚父受玉斗，置之地，拔剑撞而破之，曰：“唉！竖子[82]不足与谋！夺项王天下者，必沛公也，吾属今为之虏矣！”沛公至军，立诛杀曹无伤。

[38] 从：使……跟随，即带领。[39] 戮（lù）力：即合力。[40] 不自意：自己没料到。[41] 郤：音xì，通“隙”，嫌隙、隔阂。[42] 东向坐：面向东边而坐，即坐在西边。当时西边为尊者所坐之位。[43] 亚父：项羽对范增的敬称。亚，次于，谓尊敬的程度仅次于父亲。[44] 数目：屡次以目示意。数，音 shuò，屡次。目，动词，用眼色示意。[45] 举所佩玉玦以示之者三：谓范增三次举起他所佩带的玉玦对项羽示意。玦，音 jué，有缺口的玉环，谐音“决”，用以暗示应当机立断，下定决心。[46] 项庄：项羽堂弟。[47] 不忍：不够狠。[48] 若：汝、尔、你。下文“若属”犹言“尔等”，即你们。[49] 坐：通“座”。[50] 不者：不然、要不然。不，音、义皆同“否”。[51] 翼蔽：遮蔽掩护。[52] 军门：军营门口。[53] 樊哙（kuài）：沛人，原以屠狗为业，后随刘邦起兵，勇武善战，屡立战功，封舞阳侯。[54] 与之同命：指与刘邦共生死。[55] 交戟之卫士：持戟交叉守在军门的卫兵。戟，音 jǐ，古兵器的一种，合戈、矛为一，便于直刺与横击。[56] 披帷：掀开帐幕。[57] 瞋（chēn）目：犹言“怒目”，张大眼睛看人，形容生气的样子。[58] 目眦尽裂：眼眶都裂开了。因愤怒而睁大双眼，形容盛怒的样子。眦，音 zì，眼眶。[59] 按剑而跽：按剑长跪，是一种准备行动的警戒姿势。跽，音 jì，长跪。古人席地而坐，臀部贴在两脚跟上，挺腰直身则膝盖着地如跪姿，便于起立行动。樊哙突然闯入，项羽警觉，故按剑挺身，由坐而跽，以防不测。[60] 参乘（cān shèng）：

亦作“骖（cān）乘”、“陪乘”，或称“车右”。古时乘车，驾车者居中，尊者居左，陪乘居右以担任侍卫。61 斗卮酒：一大杯酒。十升为斗，故用“斗”以形容其大。62 彘肩：猪肘子，猪脚的上半部。彘，音 zhì，猪。63 啗：音 dàn，通“啖”，吃。64 杀人如不能举，刑人如恐不胜：杀人唯恐不能杀尽，用刑唯恐不够严苛。举、胜，都有“尽”的意思。65 细说：小人的谗言。66 都尉陈平：都尉，军中的参谋官。陈平，阳武（今河南原阳）人，好黄老之术，有奇计。此时跟随项羽，后离楚归汉，佐刘邦定天下，封曲逆侯，贵为丞相。67 大行不顾细谨，大礼不辞小让：谓做大事者不必太拘泥，事事谨慎，行大礼者不必太讲究，处处谦让。大行，大作为。细谨，细小的谨慎；小让，琐碎的礼让，二者都指“枝微末节”。68 人方为刀俎，我为鱼肉：人家就像刀和砧（zhēn），我们正如鱼和肉，谓任人宰割。刀俎，宰割的器具。俎，音 zǔ，砧板。69 操：持、携带。70 玉斗：白玉制成的酒器。71 会：恰巧遇上。72 谨诺：遵命。73 置车骑：谓将随身车马与随从弃留于鸿门。置，放，此为“弃置”之意。74 夏侯婴：沛人，刘邦未发迹时挚友，从刘邦攻秦军，后以击项羽有功，封汝阴侯。75 靳（jìn）彊：曲沃（今山西曲沃）人，从刘邦击项羽有功，封汾（fén）阳侯。76 纪信：曾于刘邦部下担任将军。项羽急围荥（xíng）阳，纪信伪装为刘邦，诓骗项羽助刘邦脱困，为项羽所烧杀。77 步走：徒步快跑。走，跑。78 郦山：即骊山，在临潼东南。79 道芷阳间（jiàn）行：经由芷阳，抄小路逃走。道，经过。芷阳，秦县名，汉改为霸陵，故城在今陕西西安。间行，走小路。80 不胜桮杓：犹言“不胜酒力”，谓酒喝得太多，承受不了。桮、杓，皆饮酒器具，此用以代称酒。桮，音 bēi，同“杯”。杓，音 sháo，舀酒的器具。81 督过：责备、怪罪。82 竖子：犹言“小子”，骂人的话。范增在此明指项庄，而暗责项羽缺乏决断，不值得为其谋划效力。

问题与讨论

一、试据文中对人物言行举止的刻画，简要描述刘邦或项羽的个性，并论述二人个性对其行事的影响。

二、试就个人体会，对张良、范增二谋士作一评价。

三、你认为文中最关键的情节何在？为什么？

第六课

劝和论

文——郑用锡

学习重点

台湾是个多元移民的社会，早期族群冲突不断，即使时至今日，族群隔阂依然是台湾进步的阻力之一。在一百多年前，郑用锡已对此一问题忧心不已，不仅撰写专文，更挺身奔走，劝导各族群和谐相处，在族群藩篱依然存在的今日，更有其时代意义。学习时，可就下列重点加以注意：

一、了解郑用锡写作《劝和论》的时代背景。

二、掌握劝说文的风格与特色，进而学习劝说的技巧。

三、体会作者的用心，进而培养族群融合的胸襟。

题解

本文选自《北郭园全集》，作于清文宗咸丰三年（一八五三）。咸丰二年起，淡水厅北侧（今新竹以北地区）的漳、泉二大族群械斗不止，新庄、艋舺（今万华）尤其激烈，蔓延至桃仔园（今桃园）、龙潭坡（今龙潭）、中坜、杨梅一带，官府无力控制，地方秩序大乱。

台湾自古为移民社会，先到的移民，为了保护或争夺利益，遂与同籍贯或同姓氏者结盟对抗后来的移民，又因语言、地域、风俗的差异，不同族群间常发生冲突，形成闽、粤之间与漳、泉之间的械斗。身为竹堑（qiàn，今新竹市）进士的郑用锡，担心族群械斗对台湾的负面影响，企图化解，于是挺身而出，撰写《劝和论》积极劝说，并亲赴各地村庄排解纷争。在其苦口婆心的劝解下，各地族群械斗稍为平息，后虽功亏一篑，但对促进族群和谐具有一定的作用与意义。

作者

郑用锡　字在中，号祉亭。台湾淡水厅后垄（今苗栗后龙）人，十六岁以后，迁居竹堑。生于清高宗乾隆五十三年（一七八八），卒于清文宗咸丰八年（一八五八），年七十一。

郑用锡聪明颖异，自幼随父读书，精通经史百家之学。嘉庆二十三年（一八一八）中举人，时年三十一。三十六岁进士及第，乃清朝首位台湾进士，故被誉为“开台进士”。道光十四年（一八三四）入京供职，十七年即弃官返台，读书为乐。平素热心公益，曾协助督建堑城、协办团练，担任明志书院讲习等职，倡导文教事业，平息族群械斗，世称“郑善人”。鸦片战争起，英船常侵扰台湾，二十二年（一八四二）郑用锡自募兵勇，赴援台中大安港（今台中大安），掳敌甚多，清廷特下诏奖赏。

郑用锡性好吟咏，常邀文人雅士谈古论今，举办联吟活动，奖掖后进不遗余力。其作品多写山水田园情趣，风格平淡隽永，具乡土风味。又深于经史，尤精《周易》《周礼》，著有《周易折中衍义》《周礼解疑》，有《北郭园全集》行世。

课文

甚矣！人心之变也，自分类❶始。而其祸倡❷于匪徒，后遂燎原莫遏❸，玉石俱焚❹，虽正人君子，亦受其牵制而或朋从❺之也。

夫人与禽各为一类，邪与正各为一类，此不可不分。乃同此血气，同此官骸❻，同为国家之良民，同为乡闾❼之善人，无分土❽，无分民❾，即子夏所言“四海皆兄弟❿”是也，况当共处一隅？揆⓫诸出入相友之义，即古圣贤所谓“同乡共井”者也。在字义，友从两手，朋从两肉，是朋友如一身左右手，即吾身之肉也。今试执涂人⓬而语之曰：“尔其自戕尔手！尔其自噬尔肉⓭！”鲜不拂然⓮而怒，何今分类至于此极耶？

❶分类：此指将人类区分为不同族群。❷倡：通“猖”，猖狂。❸燎原莫遏：火烧原野，无法阻止。比喻祸乱势强，难以阻遏。燎，音 liáo，火烧。遏，音 è，阻止。❹玉石俱焚：美玉与石头一同被烧毁。此指不论贤愚、善恶，同时受害，尽皆毁灭。❺朋从：原指友朋相从，此指结党相从。❻官骸：五官四肢。骸，形体。❼乡闾：乡里。闾，音 lǘ，里门。❽无分土：不分地域。❾无分民：不分种族。❿四海皆兄弟：指全天下的人都亲如兄弟。⓫揆：审度。⓬涂人：路人。涂，通“途”。⓭尔其自戕（qiāng）尔手！尔其自噬（shì）尔肉！：你就自己砍伤你自己的手！你就自己吃你自己的肉！其，表命令、劝告之副词，带有“一定要”、“就”之意。⓮拂然：不悦、愤怒的样子。

顾⓯分类之害，甚于台湾，台属尤甚于淡之新、艋⓰。台为五方杂处，自林逆⓱倡乱以来，有分为闽、粤焉，有分为漳、泉焉。闽、粤以其异省⓲也，漳、泉以其异府⓳也。然同自内地播迁⓴而来，则同为台人而已。今以异省、异府若分畛域㉑，王法㉒在所必诛。矧㉓更同为一府，而亦有秦、越之异㉔！是变本加厉，非奇而又奇者哉？夫人未有不亲其所亲，而能亲其所疏。同居一府，犹同室之兄弟至亲也，乃以同室而操戈㉕，更安能由亲及疏，而亲隔府之漳人、亲隔省之粤人乎？淡属素敦古处[26]，新、艋尤为菁华所聚之区。游斯土者，啧啧称羡。自分类兴而元气剥削殆尽，未有如去年之甚也。干戈之祸愈烈，村市半成邱墟[27]。问为漳、泉而至此乎？无有也。问为闽、粤而至此乎？无有也。盖孽由自作，衅起阋墙[28]，大抵在非漳、泉，非闽、粤间耳。

自来物穷必变，惨极知悔。天地有好生之德[29]，人心无不转之时。予生长是邦，自念士为四民[30]之首，不能与在事诸公竭诚化导，力挽而更张[31]之，滋愧实甚[32]。愿今以后，父诫其子、兄告其弟，各革面[33]、各洗心[34]，勿怀夙忿[35]、勿蹈前愆[36]，既亲其所亲，亦亲其所疏，一体同仁，斯内患不生、外祸不至，漳、泉、闽、粤之气习默消[37]于无形。譬如人身血脉，节节相通，自无他病，数年以后，仍成乐土，岂不休[38]哉！

⑮顾：回顾、省察。一说转折语，可是。⑯淡之新艋：指淡水厅的新庄、艋舺。⑰林逆：指林爽文。清高宗乾隆时林爽文起事于台湾以反清，旋为清军平定。⑱异省：不同省籍。⑲异府：不同府，一属漳州府，一属泉州府。⑳播迁：迁徙。㉑畛域：范围、界限。畛，音 zhěn，本义为田间道路，引申为范围、界限。㉒王法：即国法，朝廷所颁布的法令。㉓矧：音 shěn，何况、况且。㉔秦、越之异：指地域上南北差异遥远，有若春秋时代地处西北方的秦国与东南方的越国。㉕同室而操戈：原指同住一室的人，彼此持戈相杀。此指同一族群的人却互相内斗。㉖素敦古处：向来就是敦厚的古朴之地。素，平日、向来。㉗邱墟：废墟。㉘衅起阋墙：裂痕起自内部，此指因意见不合而结成仇恨。衅，音 xìn，裂痕、缝隙。阋墙，原指兄弟相争，此指同族群内部的争斗。阋，音 xì，相争、争斗。㉙天地有好生之德：指造物主有悲悯万物的善心。㉚四民：士、农、工、商。㉛更张：本指调整琴弦，重新张设，此指更改变革。㉜滋愧实甚：非常愧疚。滋，益、更加。㉝革面：改变外貌，形容改过迁善。㉞洗心：洗涤心胸，形容摒除恶念。㉟夙忿：昔日的怨恨。㊱前愆：以前的过失。愆，音 qiān，罪过、过失。㊲默消：暗暗地消失。㊳休：美、美好。

问题与讨论

一、郑用锡写作本文时，台湾最主要的族群问题何在？

二、您认为本文哪些文句或段落具有说服力？试加说明。

三、省思台湾当今的族群问题，并说明自己的感受与看法。

第七课

与陈伯之书

文——丘 迟

学习重点

六朝文风以骈俪为主，不仅讲究四六相对、声律协调，尤其重视词藻华美，典故切当。《与陈伯之书》便是六朝著名的骈体文，适足以呈现六朝美文的特色。

六朝文士，以南方人为多，丘迟正是梁武帝时的南方人。本文能让悍将陈伯之率八千兵归梁，可见其动人的力量。全文陈词剀（kǎi）切，用典恰当。学习时，可就下列重点加以注意：

一、了解本文的写作背景。

二、认识本文的文体特质，掌握书信写作的技巧。

三、体会劝说的艺术。

题解

本文选自《昭明文选》。陈伯之，梁济阴睢（suī）陵（今江苏睢宁）人，生卒年不详。初曾为盗，后仕于齐，任江州刺史，曾率领军队抗击梁武帝萧衍，后降梁，封丰城县公，仍任江州刺史。天监元年（五〇二），以复齐为名，举兵反梁，兵败，降附北魏，任平南将军。天监四年，梁临川王萧宏领兵北伐，陈伯之率军抗拒。萧宏命记室丘迟修书劝陈伯之投降，陈伯之得书，于天监五年，自寿阳（今安徽寿县）拥兵八千投降。

信中首先斥责陈伯之忘恩负义投降敌人，继而申明梁朝宽大为怀不究既往，鼓动其归降，进而指出敌对双方的形势，以及北魏处境的危险，由双方军事力量的对比劝陈伯之投降，又动之以江南美景与乡关之情，并举廉颇、吴起的历史典故劝说。全文义正辞严而又娓娓动人，既是篇优秀的骈体书信，也是篇成功的招降文章。

作者

丘迟 字希范，吴兴乌程（今浙江吴兴）人。生于南朝宋孝武帝大明八年（四六四），卒于南朝梁武帝天监七年（五〇八），年四十五。

丘迟，初仕齐，官至殿中郎，仕梁后，梁武帝爱其才，擢任中书郎。天监三年，任永嘉太守；四年，任临川王萧宏谘议参军。因劝降陈伯之立下大功，还京后，官至司徒从事中郎，卒于官。

丘迟八岁能属文，颇以文采见称当世，擅长骈文与山水诗，辞采丽逸。今有辑本《丘司空集》行世。

课文

迟顿首[1]，陈将军[2]足下[3]：无恙[4]，幸甚！幸甚！

将军勇冠三军，才为世出，弃燕雀之小志，慕鸿鹄以高翔[5]。昔因机变化，遭遇明主[6]，立功立事，开国称孤[7]，朱轮华毂，拥旄万里[8]，何其壮也！如何一旦为奔亡之虏[9]，闻鸣镝而股战[10]，对穹庐以屈膝[11]，又何劣邪？

❶顿首：以头叩地。古代书信敬词。用于信首时，意同“拜上”；用于信末时，意同“拜启”、“鞠躬”。❷陈将军：陈伯之当时领兵抵抗梁朝，故以将军称呼之。❸足下：敬词，意同“左右”。❹无恙：平安，古人惯用的问候语。恙，忧、病。❺弃燕雀之小志，慕鸿鹄以高翔：指陈伯之弃齐降梁事。燕雀，小鸟，比喻庸俗之人。鸿鹄，大鸟，比喻豪杰之士。鹄，音 hú，天鹅。❻昔因机变化，遭遇明主：指陈伯之叛齐降梁事。因机，顺应机缘。明主，英明的君主，指梁武帝萧衍。❼立功立事，开国称孤：称赞陈伯之降梁后，辅佐梁武帝，为开创梁朝的事业建立功勋，得以封爵称孤。孤，王侯谦称。❽朱轮华毂，拥旄万里：指陈伯之降梁后，任江州刺史，统治一方，出入车乘富丽，颇受优遇。朱轮华毂，形容车辆华丽。朱轮，漆成红色的车轮。华毂，文饰华丽的车毂。毂，音 gǔ，车轮中心辐条凑集的圆木。拥旄万里，拥有众多军队，势力庞大。旄，音 máo，指旄节，古代用牛尾装饰，用以指挥的旗子。❾一旦为奔亡之虏：突然变成逃亡的敌人，指陈伯之叛梁投奔北魏事。一旦，忽然。虏，对敌人的蔑称。❿闻鸣镝而股战：听到传发军令的响箭便战栗恐惧。鸣镝，军中发号施令的响箭。镝，音 dí，箭头，也指箭。股战，大腿战栗，形容恐惧的样子。⓫对穹庐以屈膝：面对北魏而屈服投降。穹庐，胡人居住的毡（zhān）帐，此代指北魏朝廷。

寻君去就之际，非有他故。直以不能内审诸己，外受流言，沉迷猖獗，以至于此[12]。圣朝赦罪责功，弃瑕录用，推赤心于天下，安反侧于万物[13]。此将军之所知，不假仆一二谈也[14]。朱鲔涉血于友于，张绣剸刃于爱子，汉主不以为疑，魏君待之若旧[15]。况将军无昔人之罪，而勋重于当世！夫迷涂知反，往哲是与；不远而复，先典攸高[16]。主上屈法申恩，吞舟是漏[17]。将军松柏不翦，亲戚安居[18]；高台未倾[19]，爱妾尚在。悠悠尔心，亦何可言[20]！

⑫“寻君去就之际”六句：推求你去梁改投北魏之时，并没有特别原因，只不过是缺乏主见，又听信流言，一时迷惑，才会投降敌人。寻，探求、探索。直，特、但，只是。审，察。外受流言，指陈伯之轻信谣言而反梁事。流言，谣言。沉迷猖獗，此指迷惑放肆。⑬“圣朝赦罪责功”四句：意谓梁朝宽赦罪人，而督求其建立功绩，不计较过失，而广为录用。赦罪责功，宽宥罪过，要求有罪者立功赎罪。责，要求。弃瑕，不追究既往过失。瑕，玉的斑点，比喻缺点、过失。赤心，诚心。安反侧于万物，使动摇不定的人都安心不疑。反侧，辗转不安。万物，万众、众人。⑭不假仆一二谈也：不必我一一详细叙述。不假，不必。仆，我，自称谦词。一二谈，一一细说。⑮“朱鲔（weǐ）涉（dié）血于友于”四句：朱鲔虽曾杀了东汉光武帝的哥哥，但光武帝并不忌恨，反而真心招降他。张绣曾杀了曹操的爱子，但在归降后，曹操待之如旧。朱鲔乃王莽末年的绿林将领。汉更始帝刘玄即位之初，刘縯威名日盛。朱鲔劝更始帝杀刘縯。后刘縯弟刘秀（即位后为光武帝）攻洛阳，朱鲔坚守，刘秀答应不计旧怨，保留其官爵，朱鲔乃降。汉献帝建安二年（一九七），张绣以宛城降曹操，后又反悔，败曹军，既流矢伤曹操，又杀操长子，后率众降操。涉血，通“喋血”，意为流血，指杀人。友于，兄弟。剚，音 zì，插。⑯“夫迷涂知反”四句：迷途而知复返，是前贤所称赞的；误入歧途不久就回复正道，也是古代典籍所嘉许的。涂，通“途”。反，通“返”。往哲，前贤。是，意同乃、所。与，赞同、称许。复，返。先典，古代典籍，此指《周易》。攸，所。高，肯定、嘉许。⑰屈法申恩，吞舟是漏：枉曲法律，伸展恩泽，形容用刑宽且多施惠政，指梁武帝对陈伯之的宽大。屈，枉曲，此指宽缓。申，同“伸”。吞舟是漏，比喻法网宽疏，连犯大罪的人都可以放过。吞舟，指吞舟之鱼，极度形容鱼的巨大，此指犯大罪的人。是，助词。⑱松柏不翦，亲戚安居：指陈伯之先人的祖坟并未遭到毁坏，亲戚也都安在。古代墓地多种松柏，故以松柏代称坟墓。翦，砍伐，引申为毁坏。⑲高台未倾：指陈伯之在梁的住宅完好无缺。高台，此指馆邸。倾，覆。⑳悠悠尔心，亦何可言：你好好想想吧，还有什么好说的呢！意谓梁朝待陈伯之不薄。悠悠，深思的样子。尔，你。

今功臣名将，雁行有序[21]。佩紫怀黄[22]，讚帷幄之谋[23]；乘轺建节，奉疆埸之任[24]。并刑马作誓，传之子孙[25]。将军独靦颜借命，驱驰毡裘之长，宁不哀哉[26]！

夫以慕容超之强，身送东市[27]；姚泓之盛，面缚西都[28]。故知霜露所均，不育异类[29]；姬汉旧邦，无取杂种[30]。北虏僭盗中原，多历年所[31]，恶积祸盈，理至燋烂[32]。况伪孽昏狡，自相夷戮[33]，部落携离，酋豪猜贰[34]。方当系颈蛮邸，悬首藁街[35]。而将军鱼游于沸鼎之中，燕巢于飞幕之上[36]，不亦惑乎？

㉑雁行有序：雁阵行列，井然有序，此用以形容朝廷百官尊卑有序。㉒佩紫怀黄：佩紫绶，怀金印，指在朝为官。紫，此指紫绶，系官印的紫色丝带。黄，黄金色的官印。㉓讚帷幄之谋：协助军事谋略。讚，通“赞”，佐助。帷幄，军中帐幕。㉔乘轺建节，奉疆埸之任：武将乘轻车，持符节，承担戍守边境的重任。轺，音 yáo，两匹马拉的轻便小车，此指使者乘坐的车。建节，将旄插在车上。节，符节，使者持以示信。疆埸，边疆。埸，音 yì，边界。㉕刑马作誓，传之子孙：梁朝的制度，功臣名将的爵位允许传给子孙。刑马作誓，杀马宣誓。古代盟誓之礼，杀马饮血，以示郑重。刑，杀。㉖“将军独靦颜借命”三句：将军却厚颜偷生，为北魏帝奔走效力，岂不可悲！靦，音 tiǎn，羞惭的样子。借命，谓苟且偷生。驱驰，为人奔走效力。毡裘，羊毛兽皮制成的衣服，乃胡人所服，此借指胡人。长，酋长，此指北魏昭帝。宁，岂、难道。㉗慕容超之强，身送东市：慕容超，鲜卑人，南燕国君。晋末宋初，曾横行淮北。刘裕率兵北伐，生擒后解赴建康（今南京）斩首。东市，汉代在长安东市处决人犯，此借指刑场。㉘姚泓之盛，面缚西都：姚泓，南安羌族，后秦国君。宋武帝刘裕破慕容超后，又伐后秦，攻克长安，姚泓降，解送建康斩首。面缚，双手反绑于背后。西都，原指长安，此借指首都。㉙霜露所均，不育异类：指中原地域不长养外族。霜露所均，霜露所霑溉之地，原指天地之间，此指中原大地。均，周遍，此指普遍霑溉。育，长养。异类，非我族类，此指异族。㉚姬汉旧邦，无取杂种：周、汉等历史悠久的朝代，不容纳异族。姬，周天子之姓，故以姬代称周。取，收。杂种，对异族的蔑称。㉛北虏僭盗中原，多历年所：北魏道武帝拓跋珪于东晋孝武帝太元十一年（三八六）僭越立国，至天监四年丘迟写此信时，已过一百二十年。北虏，指北魏。僭，僭越，踰越本分。年所，年数。㉜恶积祸盈，理至燋烂：罪恶已满，该是灭亡的时候了。燋烂，比喻崩溃灭亡。燋，音 jiāo，同“焦”。㉝伪孽昏狡，自相夷戮：伪孽，指北魏宣武帝，名恪（kè），孝文帝次子。孝文帝杀太子恂而立恪，因恪为庶子（孽子），故称恪为伪孽。昏狡，愚暗奸猾。景明二年（五〇一），宣武帝叔父咸阳王元禧谋反，赐死，五年，北海王元祥也意图叛乱，囚禁而死，故云“自相夷戮”。夷戮，屠杀。㉞部落携离，酋豪猜贰：部落四分五裂，首领彼此猜忌。携离，离心，犹言“四分五裂”。酋豪，酋长。猜贰，猜忌他人有二心异志。㉟方当系颈蛮邸，悬首藁街：指正要俘虏蛮邸内的外族使者，把罪魁的头颅挂在藁街示众，意味宣战。系颈，以绳系颈，指俘掳。蛮邸，外族使者居住的官舍。藁街，汉长安街名，蛮邸位于该街内。藁，音 gǎo，同“稾”，禾秆。㊱“鱼游于沸鼎之中”二句：比喻处境极度危险。沸鼎，盛满沸水的鼎。巢，筑巢。飞幕，随风飘摇的帷幕。

暮春三月，江南草长，杂花[37]生树，群莺乱飞[38]。见故国之旗鼓，感生平于畴日，抚弦登陴，岂不怆悢[39]？所以廉公之思赵将[40]，吴子之泣西河[41]，人之情也，将军独无情哉？想早励良规[42]，自求多福。

当今皇帝盛明，天下安乐。白环西献，楛矢东来[43]；夜郎、滇池，解辫请职[44]；朝鲜、昌海，蹶角受化[45]。唯北狄野心，倔强沙塞之间，欲延岁月之命耳[46]。中军临川殿[47]下，明德茂亲[48]，总兹戎重[49]，吊民洛汭[50]，伐罪秦中[51]。若遂不改，方思仆言。聊布往怀，君其详之[52]！丘迟顿首。

[37]杂花：百花。[38]乱飞：纷飞。[39]“见故国之旗鼓”四句：谓陈伯之与梁朝的军队相抗，持弓登城，看到故国军队的旗鼓，回忆昔日在故国的生活情景，能不悲怆？畴日，昔日、往日。弦，弓弦。陴，音 pí，城上矮墙。怆悢，悲伤、悲恨。悢，悔恨。[40]廉公之思赵将：廉颇仍想着当赵国的将领。廉公，廉颇。廉颇原为赵国大将，悼襄王即位，以乐乘代廉颇，廉颇怒而奔魏，未为魏信任重用。时赵国常受秦威胁，赵王欲召廉颇还，因使者谮（zèn）言廉颇已年老而未成行。[41]吴子之泣西河：吴起望西河而哭泣。吴子，吴起，战国赵人，善用兵。吴起为魏国镇守西河（今陕西黄河西岸韩城至华阴一带），受了谗言遭到解职。吴起知道自己离开后，西河将被秦国占领，故临行时望西河而哭。吴起奔楚后，西河果然被秦国占领。[42]想早励良规：希望您早日图谋良策。想，瞩望、期盼。良规，好的打算，指投降梁国。规，规划。[43]白环西献，楛矢东来：意谓四方归顺。白环西献，西方的外族献上白玉环。楛矢东来，周武王克商，肃慎氏（古国名，在今吉林境内）贡献楛矢石砮。楛矢，楛木作的箭。楛，音 hù，木名，似荆而赤，茎可制箭杆。[44]夜郎、滇池，解辫请职：西南方的外族解发归降，请求纳贡称臣。夜郎，古国名，在今贵州遵义；滇池，古国名，在今云南昆明南。二国皆古西南方夷族部落，其俗椎髻辫发。解辫，效法中国发式，表示归顺。请职，请求称臣。[45]朝鲜、昌海，蹶角受化：东北的朝鲜以及西域等国，都叩头接受教化。昌海，即蒲昌海，今名罗布泊，在新疆。蹶角，以额头叩地，表示归顺。角，额角。[46]“唯北狄野心”三句：只剩北魏尚怀野心，还在沙漠和长城之间顽强抵抗，企图苟延残喘。北狄，指北魏。倔强（jiàng），顽强不驯。沙，指沙漠。塞，边塞，指长城。[47]中军临川殿下：指萧宏。萧宏字宣达，梁太祖第六子，于梁武帝天监元年封临川王，三年为中军将军，四年奉命北伐。[48]明德茂亲：既有美德又是天子的至亲。萧宏为梁武帝萧衍之弟，故称“茂亲”。茂亲，犹云“懿亲”、“至亲”。[49]总兹戎重：负责这次北伐的军事重任。总，统领、主持。戎重，兵权重任。[50]吊民洛汭：在洛水边慰问受难的民众。吊，慰问遭遇不幸者。洛汭，洛水入黄河处，在今河南巩县。汭，音 rùi，水流弯曲处。[51]伐罪秦中：在秦中讨伐罪人。伐罪，讨伐有罪的人。秦中，当时北魏领土，今陕西中部西安一带。[52]“若遂不改”四句：如果你依然执迷不悟，可要认真思考我的这番话。姑且藉此信表达我的情怀，希望你能详察。遂，终究、依旧。方，当、应。聊，姑且。其，希望，祈使语气词。详，仔细考虑。

问题与讨论

一、试着找出本课具有骈文特质的文句，并思考其所达到的效果。

二、本文第二段既肯定陈伯之昔日之功，却又直斥他叛国降敌，其作用何在？

三、如果你是陈伯之，文中哪些段落对你造成的冲击最大？为什么？

第八课

宋词选

一、念奴娇赤壁怀古

文—苏轼

学习重点

词为合乐可唱的歌词，称“曲子词”。又因句子长短参差，也称“长短句”。它有特定的调名，通称“词牌”。词人有时在词牌下加上表示词旨的文字，此即所谓“词题”。词奠基于中唐，成熟于晚唐、五代，大盛于两宋。苏轼为宋词大家，所作秀逸放旷兼而有之，开宋词新貌，本篇为传诵千古的名作。学习时，可就下列重点加以注意：

一、认识苏轼词作独特的风格。

二、掌握本篇史事、想象二者虚实互用的做法。

三、体会作者怀古寄慨的情怀。

题解

本词选自《东坡全集》，作于宋神宗元丰五年（一〇八二）七月。苏轼时年四十七岁，因“乌台诗案”谪居黄州（今湖北黄冈）。

《念奴娇》，词牌名。《赤壁怀古》，词题。赤壁，山名，湖北境内有多处名赤壁之山，在嘉鱼（今湖北嘉鱼）者为赤壁之战所在地。苏轼所游为今黄冈之赤鼻几，与赤壁之战无涉，乃作者借历史故实寄寓怀古之情与年华老去之慨，世人公认为苏轼词的代表作。

作者

苏轼　字子瞻，自号东坡居士，眉州眉山（今四川眉山）人。生于宋仁宗景祐三年（一〇三六），卒于宋徽宗建中靖国元年（一一〇一），年六十六。

苏轼自幼聪慧，博通经史，二十二岁中进士，主考官欧阳修叹赏其才华，曾说：“吾当避此人出一头地。”神宗熙宁四年（一〇七一），因与王安石政见不合，自请外放为杭州通判。神宗元丰二年，以“乌台诗案”被诬下狱，后贬为黄州团练副使。其最脍炙人口的佳作，如前、后《赤壁赋》《念奴娇赤壁怀古》《定风波》等均作于此期间。后虽受召回京，官翰林学士，仍然不见容于当时在朝之旧党，遂二度外放。晚年，新党再度得势，苏轼迭（dié）遭贬谪，最远被贬至海南昌化军（今海南海口）。徽宗即位，遇赦北还，途中病卒于常州（今江苏常州）。南宋孝宗时追谥文忠。

苏轼性情豪迈旷达，天才杰出，于文学有多方面之成就。其诗气象宏阔，意趣超妙，为宋诗开辟新境界；其文驰骋（chěng）多变，汪洋恣肆，为宋文展现新风貌；其词于婉约清丽之外，别开高旷豪迈一格，三者影响俱极深远。有《东坡全集》行世。

课文

大江[1]东去，浪淘[2]尽、千古风流人物[3]。故垒[4]西边，人道是、三国周郎[5]赤壁。乱石崩云，惊涛裂岸[6]，卷起千堆雪[7]。江山如画，一时多少豪杰。

遥想公瑾当年，小乔初嫁了[8]，雄姿英发[9]。羽扇纶巾[10]，谈笑间[11]、强虏灰飞烟灭[12]。故国神游[13]，多情应笑我[14]，早生华发[15]。人生如梦，一尊[16]还酹[17]江月。

❶大江：此指长江。❷淘：音 táo，冲洗。❸风流人物：潇洒豪迈、卓越不凡的英雄人物。❹故垒：旧时的营垒。❺周郎：即周瑜，字公瑾，三国吴舒（今安徽庐江）人，佐孙策平江东，时人称之为周郎。赤壁之战，周瑜以火攻，败曹操于赤壁。官拜偏将军，领南郡太守，卒年三十六。郎，少年男子。❻乱石崩云，惊涛裂岸：累叠突起的山石割裂云层，汹汹激涌的波涛拍裂江岸。二句在此形容赤壁之处天地山川的奇景。❼雪：指浪花。❽小乔初嫁了：东吴皖人乔玄有二女，皆国色之姿，时人称为二乔。大乔嫁孙策，小乔嫁周瑜。小乔嫁周瑜时，周瑜年二十四、五，赤壁之战时，周瑜三十四岁，二事相差十年，作者将之缀连合书，主要在凸显周瑜的少年得志。❾雄姿英发：雄壮威武的仪态，英气焕发，神采飞扬。❿羽扇纶（guān）巾：手持鸟羽做成的扇子，头戴青丝便巾。手挥长羽扇，头戴青丝巾，为三国两晋时名士、儒将的装束。此谓周瑜在激战时，仍身穿便服，借以凸显周瑜雍容闲雅、风度翩翩之姿。纶巾，以青丝带做成的头巾。⓫谈笑间：此处形容轻而易举，不费气力。⓬强虏灰飞烟灭：谓周瑜以火攻破曹军，火战中曹军全部丧生。强虏，强敌，指曹军。一本作“樯橹”，船上的桅杆和桨，借指战舰。⓭故国神游：即神游故国。故国，此指三国赤壁古战场。⓮多情应笑我：即应笑我多情。意指神游古战场，引起种种感怀，不禁要笑自己多情多感。⓯华发：白发。⓰尊：今作“樽”，酒杯、酒器。⓱酹：音 lèi，把酒浇在地上祭奠。

问题与讨论

一、作者所游实非三国赤壁，则本词内容应视为张冠李戴的谬误呢？还是一种文学的想象与笔法？

二、在本词中，作者是否有意与周瑜作对照？其中有什么感慨寄托吗？

二、一剪梅

文—李清照

学习重点

词虽有婉约、豪放二路，然实以婉约为正宗，李清照为宋代婉约词的代表性人物。本篇写相思之情，阴柔幽美，细腻动人。学习时，可就下列重点加以注意：

一、认识李清照词的风格。

二、掌握本篇精丽、白描兼具的炼辞技巧。

三、体会绵绵无尽的相思之情。

题解

本词选自《漱玉词》。《一剪梅》，词牌名。剪，量词，用于计算花枝。一剪梅，即一枝梅花。

李清照之词多与其生活实境密切相关。从词中叙写可知，因丈夫远行，空闺落寞，乃填此词以写相思之苦。全篇辞美情深，极婉约之能事，为作者词风的典型作品。

作者

李清照 号易安居士，山东济南（今山东济南）人。生于宋神宗元丰七年（一〇八四），卒年不详。

李清照出身书香世家，父李格非，有文名；母王氏，亦善属文。十八岁时与太学生赵明诚结婚，夫妻皆能文词，又志趣相投，致力于金石书画的搜集与整理，生活幸福而美满。钦宗靖康二年（一一二七），金人俘虏徽、钦二帝，宋室南渡，清照夫妇避兵转徙，流寓南方，所藏尽失于颠沛之中。未几，赵明诚病逝，此时李清照年近五十，无子女，孑然一身，漂泊于浙东浙西间，郁郁以终。

李清照诗文兼擅，尤工于词。其词以南渡为界，分前后两期：前期婚姻美满，多写闺情闲趣，精工柔丽；后期生活孤苦，时抒伤逝之怀，苍凉凄婉。整体而言，善以白描手法、新奇意象、谐和音律，表达婉转曲折的情感，世推为婉约大家。作品多亡佚，后人辑有《漱玉词》行世。

课文

红藕香残玉簟秋❶，轻解罗裳❷，独上兰舟❸。云中谁寄锦书❹来？雁字❺回时，月满西楼。花自❻飘零水自流，一种❼相思，两处闲愁❽。此情无计可消除，才下眉头，却上心头。

❶红藕香残玉簟秋：粉红色的莲花谢了，竹席子也已经有秋天的凉意。藕，音 ǒu，莲花的根茎，此处借指莲花。玉簟，竹席的美称。簟，音 diàn，竹席。❷轻解罗裳：脱下夏季的薄衫，意谓换上秋装。轻，有漫不经心之意，用以表示心绪之慵懒、无聊。罗，轻软的丝织品。裳，音 cháng，裙子，此处指衣服。❸兰舟：木兰做的船。木兰材质坚而有香气，可用以造船，故文士常以木兰舟、兰舟作为船的美称。❹锦书：书信的美称。❺雁字：指飞行的雁群。雁群飞行时，行列有序，形状如“一”或“人”字，故称。❻自：独自、兀自。下“自”同。❼一种：

同样。❽ 两处闲愁：指分处两地所引起的两人相思之愁。❾ 才下眉头，却上心头：皱着的眉头才刚舒缓，心头的愁却又涌起。却，又。

问题与讨论

一、本词前后两片的语言风格有何不同？请具体说明。

二、“月满西楼”此一“景语”有何情意上的蕴含？而“花自飘零水自流”又有何种情意上的指涉？请并作阐述。

三、南乡子登京口北固亭有怀

文——辛弃疾

学习重点

辛弃疾为南宋大词人，亦为宋词豪放派的代表人物，本词深刻反映了他对国事的感怀，充满悲壮的气息。学习时，可就下列重点加以注意：

一、认识辛弃疾词的特色与风格。

二、掌握本篇运用典故以抒怀抱的写作手法。

三、体会作者面对国事百感交集的复杂心境。

题解

本词选自《稼轩长短句》。《南乡子》，词牌名，《登京口北固亭有怀》即词题。京口，今江苏镇江。北固，山名，在京口西，山上有驿亭，亭中有楼，故题称“亭”，而词中称“楼”，其实并无差别。

南宋宁宗嘉泰四年（一二〇四），辛弃疾守镇江，年六十五，本词当作于此时。辛弃疾于任内积极筹备北伐之事，但鉴于宋廷上下因循颓靡之风，往往令有志之士动辄得咎，故内心其实充满忧愤与悲慨。此词前半流露神州未复的感伤，后半则期待宋廷能有如孙权那样奋然自振的英雄人物，重取中原、复仇雪耻，无论就忧国勤国之忠忱，或语言风格之豪壮言，都正是辛弃疾其人其词的本色。

作者

辛弃疾 字幼安，自号稼轩居士。山东历城（今山东济南）人。生于宋高宗绍兴十年（一一四〇），卒于宋宁宗开禧三年（一二〇七），年六十八。

辛弃疾出生时，山东已沦陷于金。其祖辛赞虽仕于金，但始终以恢复故土为志。高宗绍兴三十二年，辛弃疾年二十三，率领义军数千人渡江归宋。孝宗淳熙二年（一一七五）后，历任江西提点刑狱，湖北、湖南转运副使、安抚使等职。宁宗嘉泰三年，以六十四高龄起任绍兴府兼浙东安抚使，翌年任镇江知府。开禧三年，病卒于铅山之瓢泉（今江西上饶）。恭帝德祐中，赠少师，谥忠敏。

辛弃疾才兼文武，慷慨有大略，平生“以气节自负，功业自许”，但以身为北人而喜谈兴革利害，行事又近于急切，不合当时风气，颇为当权者所不喜，故屡起屡黜，未尽其才，可谓一悲剧性的英雄人物。

辛弃疾之词，好用典故，并常以散文句法为之，多表现其忠愤不平的情怀，而以豪迈、沉雄、慷慨为主调，与苏轼并称“苏辛”。有《稼轩长短句》行世。

课文

何处望神州❶？满眼风光北固楼。千古兴亡多少事？悠悠❷，不尽长江滚滚流。　　年少万兜鍪❸，坐断东南战未休❹。天下英雄谁敌手？曹刘❺。生子当如孙仲谋❻。

❶神州：战国时驺（zōu）衍称中国曰赤县神州，后世因称中国为神州，此指沦陷的北方。❷悠悠：绵绵不绝的样子。❸年少万兜鍪：意谓孙权继承父兄基业为吴主统领万军时，仅十九岁。兜鍪，音 dōu móu，头盔，代指兵士。❹坐断东南战未休：意谓孙权独据东南，始终能与北方曹魏争雄。坐断，占据、割据。❺天下英雄谁敌手？曹刘：意谓天下英雄谁是孙权的对手？就属曹操与刘备了。此处翻用《三国志·蜀书·先主传》的典故，曹操对刘备说：“今天下英雄唯使君（即刘备）与操尔。”❻生子当如孙仲谋：语见《三国志·吴书·孙权传》注引《吴历》：“公（曹操）见（孙权）舟船、器仗、军伍整肃，喟然叹曰：‘生子当如孙仲谋。’”仲谋，孙权字。

问题与讨论

一、“千古兴亡多少事？悠悠，不尽长江滚滚流”，是否透露了作者对国家前途的感慨？试作申述。

二、本词后半全用典故，作者有何用心？而对“用典”这样的写作手法，你认为有什么利弊得失？

第九课

原君

文——黄宗羲

学习重点

黄宗羲是明末清初重要的思想家及史学家，所著《明夷待访录》，为其政治思想的代表作。本篇《原君》为《明夷待访录》首篇，于全书不仅具有纲领性作用，其中对君主专制的批判，亦深具启迪意义。学习时，可就下列重点加以注意：

一、认识黄宗羲其人及其思想。

二、掌握本文溯源、举例、辩证的论说方式。

三、体会本文的民本观念及其时代意义。

题解

本文选自《明夷待访录》。“明夷”(䷣) 为《周易》卦名，卦象为“日入地中”。夷，伤，意谓太阳光明受损。书名“明夷待访”用以比喻贤人遇昏君、遭困境，则隐晦才智，静待明主访求。

“原”，探求事物的本源，“原君”即推究人君的起源及设立君主的原本意义。作者从人君的职分，君、民的关系，以及人民对君主的看法各方面深入探讨，阐明君主之职分乃为天下兴利除害，并切实比较古今人君之不同，肯定古代明君所为皆大公无私，强力抨击后世君主，一心为己私利而屠毒百姓。文中所强调“天下为主，君为客”的民本观念，以黄宗羲所处的君主专制时代而论，实属难能可贵。

作者

黄宗羲 字太冲，号梨洲，又号南雷，浙江余姚（今浙江余姚）人。生于明神宗万历三十八年（一六一〇），卒于清圣祖康熙三十四年（一六九五），年八十六。

黄宗羲父亲黄尊素，为明末著名东林党人，因支持杨涟、左光斗改革，为魏忠贤所害，下狱而死。黄宗羲十九岁时，崇祯即位，宦官失势，黄宗羲进京为父讼冤，终得洗刷冤屈，因而扬名天下。明朝亡后，黄宗羲于浙东组义军抗清，转战沿海十年余。其后以事不可为，乃归故里，隐居讲学著述。康熙年间，清廷数次以博学鸿儒及纂修《明史》征召，黄宗羲皆辞而不受，以遗民终老一生。死后门人私谥文孝，学者称南雷先生、梨洲先生，与顾炎武、王夫之并称为清初三大儒。

黄宗羲学问渊博，尤长于经学、理学、史学，此外如文学、天文历算，亦多所涉猎。因处明末清初乱世，为学主张经世致用，欲藉所学以利天下。对传统思想、法制多所批判，其民本观念对清末民初的民主革命思想，有极大影响。著述丰富，最著者有《明夷待访录》《宋元学案》《明儒学案》等，今有《黄宗羲全集》行世。

课文

有生之初❶，人各自私也，人各自利也。天下有公利而莫或❷兴之，有公害而莫或除之。有人者出❸，不以一己之利为利，而使天下受其利；不以一己之害为害，而使天下释❹其害。此其人之勤劳，必千万于天下之人。夫以千万倍之勤劳，而己又不享其利，必非天下之人情所欲居❺也。故古之人君，量而不欲入者❻，许由、务光❼是也；入而又去之者❽，尧、舜是也；初不欲入而不得去者，禹是也。岂古之人有所异哉？好逸恶劳，亦犹夫人之情也。

后之为人君者不然。以为天下利害之权皆出于我，我以天下之利尽归于己，以天下之害尽归于人，亦无不可。使天下之人不敢自私，不敢自利，以我之大私为天下之大公，始而惭焉，久而安焉，视天下为莫大之产业，传之子孙，受享无穷。汉高帝所谓“某业所就，孰与仲多❾”者，其逐利之情，不觉溢之于辞矣。

❶有生之初：刚开始有人类的时候。生，生民，指人类。❷莫或：没有人。或，有、有人。❸有人者出：有一个人出来，此指人类社会最初的君王。❹释：解除、免除。❺居：处，居处其位。❻量而不欲入者：衡量之后不愿为君主的人。量，考虑、估量。❼许由、务光：二人皆古书中记载之上古隐士。许由，唐尧时人，尧欲让天下给许由，许由拒而不受，隐居于箕山之下。务光，夏朝人，商汤流放夏桀之后，欲让位给务光，务光坚辞，且耻与为伍，遂负石自沉庐水。❽入而又去之者：接受君主之位，后来却又让位离去者。❾某业所就，孰与仲多：意谓我所成就的产业，比起二哥来，谁比较多？此为汉高祖刘邦之言。根据《史记·高祖本纪》记载，刘邦少时不务正业，其父以为不如二哥能治家产。后来刘邦平定天下，于未央宫前殿大宴群臣，为其父举杯敬酒，刘邦踌躇满志而发此语。某，自称之词。孰与，古文用于比较之词，意谓“……与……相比，谁比较……？”仲，兄弟排行第二，指刘邦的二哥。

此无他，古者以天下为主，君为客，凡君之所毕世[10]而经营者，为天下也；今也以君为主，天下为客，凡天下之无地而得安宁者，为君也。是以其未得之也，屠毒天下之肝脑[11]，离散天下之子女，以博[12]我一人之产业，曾不惨然[13]，曰："我固为子孙创业也。"其既得之也，敲剥天下之骨髓（suǐ），离散天下之子女，以奉我一人之淫乐，视为当然，曰："此我产业之花息[14]也。"然则为天下之大害者，君而已矣！向使无君，人各得自私也，人各得自利也。呜呼！岂设君之道固如是乎？

[10]毕世：终其一生。毕，终止、完结。[11]屠毒天下之肝脑：残害天下百姓之性命，此与下文"敲剥天下之骨髓"义同，皆有残害万民，将其搜刮殆尽之意。屠毒，屠杀、戕（qiāng）害。肝脑，借指生命。[12]博：博得、换取。[13]曾不惨然：竟然不觉得悲惨。曾，音 zēng，竟然。[14]花息：利息。花，花红，即今言红利。

古者天下之人爱戴其君，比之如父，拟之如天，诚不为过也；今也天下之人怨恶其君，视之如寇雠[15]，名之为独夫[16]，固其所也[17]。而小儒[18]规规焉[19]以君臣之义无所逃于天地之间[20]，至桀、纣之暴，犹谓汤、武不当诛之，而妄传伯夷、叔齐[21]无稽[22]之事，视兆人万姓[23]崩溃之血肉，曾（zēng）不异夫腐鼠[24]。岂天地之大，于兆人万姓之中，独私其一人一姓乎？是故武王，圣人也；孟子之言[25]，圣人之言也。后世之君，欲以如父如天之空名，禁人之窥伺者，皆不便于其言[26]，至废孟子而不立[27]，非导源于小儒乎？

[15]寇雠：仇敌。雠，音 chóu，通"仇"。语见《孟子·离娄下》："君之视臣如土芥，则臣视君如寇雠。"[16]独夫：指暴君。《尚书·泰誓》中记载武王伐纣，称纣为独夫。亦见于《孟子·梁惠王》下："闻诛一夫纣矣，未闻弑君也。"[17]固其所也：本来就是合适的。所，适当的位置。[18]小儒：见识浅陋的读书人。[19]规规焉：见识短浅、拘泥固执的样子。[20]以君臣之义无所逃于天地之间：认为君臣间的关系是无法变更、不可逃避的，即"臣事君以忠"为唯一必须遵循的法则。以，认为。[21]伯夷、叔齐：殷人，据《史记·伯夷列传》记载，两人皆为孤竹君之子，父亲死后，兄弟彼此互让君位而不受，逃而去国。武王伐纣时，伯夷、叔齐叩马劝谏武王不可以臣弑君。武王平殷后，二人因耻食周粟，采薇而食，遂饿死于首阳山。[22]无稽：无可考，指无根据之事。稽，考核、查考。[23]兆人万姓：指全天下的人民。兆人，即兆民。兆，数词，古

代或以百万为兆，或以十亿为兆，极言众多之意。万姓，即众民。㉔腐鼠：腐烂的死鼠，比喻轻贱不受重视之物。㉕孟子之言：此指上述孟子有关革命及民贵君轻等言论。㉖不便于其言：指后世君主以为孟子的言论对他们的统治不利。便，利。㉗废孟子而不立：此句是指《明史》所载明太祖朱元璋阅读《孟子》民贵君轻等语，大怒而下令撤除孔庙中孟子之牌位，后虽经恢复，但又在洪武二十三年及二十七年，下诏修订《孟子》，凡书中含有民本思想之章节，均予删除。

虽然，使后之为君者，果能保此产业，传之无穷，亦无怪乎其私之也。既以产业视之，人之欲得产业，谁不如我？摄缄縢，固扃鐍㉘，一人之智力，不能胜天下欲得之者之众。远者数世，近者及身，其血肉之崩溃，在其子孙矣。昔人愿世世无生帝王家㉙，而毅宗㉚之语公主，亦曰："若何为生我家㉛？"痛哉斯言！回思创业时，其欲得天下之心，有不废然摧沮㉜者乎？

是故明乎为君之职分，则唐、虞之世，人人能让，许由、务光，非绝尘㉝也；不明乎为君之职分，则市井㉞之间，人人可欲，许由、务光，所以旷后世而不闻㉟也。然君之职分难明，以俄顷淫乐，不易无穷之悲㊱，虽愚者亦明之矣！

㉘摄缄縢，固扃鐍：用绳索缚紧，以锁钮锁牢。二句表面意谓为防盗窃，而预先做严密防备，实则用以比喻国君为巩固君权，下设不少防护措施。摄，捆紧。缄縢，音 jiān téng，绳子。扃，音 jiōng，从外关闭门户之栓钮。鐍，音 jué，锁钥。语见《庄子·胠箧》。㉙愿世世无生帝王家：但愿生生世世再也不要生于帝王之家。此句为南朝宋顺帝刘准之语。升明三年（四七九），顺帝为萧道成所迫而让位，由王敬则率兵解送出宫。在出宫前，刘准哭泣而道："愿后身世世勿复生天王家。"㉚毅宗：即崇祯帝朱由检，南明弘光帝初谥为思宗，后又改谥为毅宗。㉛若何为生我家：你何以要出生在我们帝王之家？若，你。崇祯十七年（一六四四），李自成攻陷京师，崇祯帝入寿宁宫，长平公主年十六，牵父衣而泣，崇祯叹曰："汝何故生我家？"挥剑砍之，断其左臂，后帝自缢于煤山。㉜废然摧沮（jǔ）：颓丧而失望灰心的样子。废然，颓丧的样子。摧沮，受挫而失望沮丧。㉝绝尘：超尘绝俗，此指许由、务光之超绝而不可及。尘，尘世。㉞市井：本指集市，古代城镇集中买卖货物的场所，此处泛指一般平民百姓居住的地方。㉟旷后世而不闻：即"后世旷而不闻"，意谓后世再也没有听说有像许由、务光一般的人。旷，空、缺。㊱"以俄顷淫乐"二句：实在不值得以短暂片刻的荒淫享乐，换取长远无穷的悲痛。易，交换。

问题与讨论

一、本文认为君主职位设立的本源为何？你是否同意作者的看法？

二、黄宗羲既然肯定尧舜禹汤及周武王为明君、圣王，又何以说："然则为天下之大害者，君而已矣"？

三、文中何处显示出作者的民本观念？其民本观念与今日的民主思想有何同异？

高 中 第 三 学 年（下）

第　一　课

蒹葭

学习重点

《诗经》是古人必读的经书，也是优美的文学作品，现存诗篇都是周代的诗歌，《国风》尤多抒情之作，《蒹葭》即其中著名的佳篇。学习时，可就下列重点加以注意：

一、认识《诗经》重章叠咏、一唱三叹的结构形式。

二、掌握本诗藉时空推移以抒情的写作技巧。

三、体会诗中幽邈的意境以及诗人思慕的情怀。

题解

本诗选自《诗经·秦风》，是春秋时代秦国（今陕西、甘肃一带）的歌谣。《诗经》各篇，初无标题，后人截取各诗首句数字作为篇名，本诗篇名《蒹葭》，即取首句二字而成。历来对《蒹葭》的评价都非常高，如王国维《人间词话》便说《蒹葭》“最得风人（诗人）深致”。

《蒹葭》的内容，历来说法不一：有人以为是爱情诗，抒发渴望会见所爱之人却无法接近的思慕之情；有人则诠解为访贤之诗，叙写对隐居贤士可望而不可即的憧憬与怀思。由于中国古诗中的“伊人”“佳人”“美人”，既可指异性的情人、同性的朋友，亦可指贤人、明君，故二说皆可通。全诗遣词清雅婉约、节奏舒缓流转，神韵悠忽缥缈、情味绵长隽永，确为《诗经》抒情诗的代表作。

作者

《诗经》是中国最早的诗歌总集，也是北方文学的代表，与时代稍晚的南方文学代表《楚辞》并为先秦文学双璧。《诗经》汇集了春秋中叶（约二千五百年前）以前五、六百年间的诗作，共三百十一篇，其中六篇有目无辞，今存三百零五篇，古人取其成数，称为“三百篇”。《诗经》的作者，大都已无法考知。

孔子以前，诗已流传各地，且常被用为外交辞令，具有相当重要的政治意义。后经孔子整理为教本，于是产生了“诗教”的传统——以温柔敦厚的劝谏方式，达到移风易俗的教化目的。后世汉、唐学者，大都笃守诗教之说，宋人则在诗教观外加上文学观点解说《诗经》。自此之后《诗经》之研究、诠释，遂呈现经学与文学并陈互映的多重样貌。

《诗》有“六义”，即风、雅、颂、赋、比、兴。风、雅、颂指《诗经》的体裁、性质。风包括十五国风，多为民间歌谣；雅分为《小雅》《大雅》，除少数属民间歌谣性质外，多为宴享、朝会的乐曲；颂包括《周颂》《鲁颂》《商颂》，多为祭祀时颂赞的乐歌。赋、比、兴指《诗经》的做法、技巧。赋是铺陈直叙；比是比类，以彼物譬此物；兴是借物起兴，近乎联想，通常用于诗的发端。《诗经》除了反映西周初年到春秋中叶的政治、历史、社会、宗教等情况外，更是中国诗歌的鼻祖，对后世文学影响甚为深远。

课文

蒹葭❶苍苍❷，白露为霜❸。
所谓❹伊人❺，在水一方❻。
溯洄❼从❽之，道阻且长❾；
溯游❿从之，宛⓫在水中央。

蒹葭凄凄，白露未晞⓬。
所谓伊人，在水之湄⓭。
溯洄从之，道阻且跻⓮；
溯游从之，宛在水中坻⓯。

蒹葭采采，白露未已⓰。
所谓伊人，在水之涘⓱。
溯洄从之，道阻且右⓲；
溯游从之，宛在水中沚⓳。

❶蒹葭：音 jiān jiā，芦荻，生长在水边的植物。❷苍苍：茂盛的样子。下文“凄凄”、“采采”义同。❸为霜：凝结成霜。❹所谓：所说的，常说起的。此有思念之意。❺伊人：那个人，此指诗人思慕的人。❻在水一方：在水的另一边，此处有相隔两地之意。❼溯（sù）洄：逆流

而上。溯，向。洄，逆水而上。❽从：跟从，此指追寻。❾道阻且长：道路险阻又漫长。❿溯游：顺流而下。游，流，顺水而下。⓫宛：仿佛、好像。⓬晞：音 xī，晒干。⓭湄(méi)：岸边，水、草交接处。⓮跻：音 jī，上升、升高，此指道路陡峭。⓯坻：音 chí，水中高地。⓰未已：未停止，此指露水未干。⓱涘：音 sì，水边。⓲右：迂回。⓳沚：音 zhǐ，水中小洲。

问题与讨论

一、《诗经》重章叠咏、一唱三叹的表述方式可以达成什么效果？试就本诗加以说明。

二、为何历来对本诗有二种不同的解读？它们各自反映了什么样的解诗观点？

三、你心中一定有向往的事物，你会如何追寻？如果追寻不得，你会如何自处？

第二课

《庄子》选——庖丁解牛

文——庄周

学习重点

庄子为先秦诸子中道家的代表人物，与老子并称“老庄”。《庖丁解牛》为《庄子》书中极著名之寓言，深富哲理，落实于现实人生，亦极具启发性。学习时，可就下列重点加以注意：

一、认识庄子其人及其生平。

二、欣赏庄子高妙的语言艺术及写作特色。

三、体会本篇寓言中庄子所欲表达顺应自然的观念。

题解

本文节选自《庄子·养生主》，题目乃后人所加。今本《庄子》分《内篇》《外篇》及《杂篇》，共计三十三篇，一般以为《内篇》为庄子自着，《外篇》《杂篇》则杂有庄子弟子及其后学之作。

养生主，即保养生命之主，生命之主即人的精神心念。庖丁即名丁的厨师，为此寓言中虚拟的人物。解牛，即宰牛。解，分解、宰割之意。庄子藉着庖丁解牛由“技”而悟“道”的过程，说明养生之道在于“依乎天理，因其固然”，亦即强调为人处世当顺应自然、保养心神。

作者

庄子 名周，字子休，战国时宋国蒙（今河南商丘）人。生卒年不详，与梁惠王、齐宣王、孟子、惠施等人同时，活动时期约在东周烈王七年（公元前三六九）至周赧王二十九年（公元前二八六）之间。

庄子处于动荡不安的战国时期，曾任蒙邑之漆园吏，虽一生贫困，然不慕名利，婉拒楚威王许以为相的重金礼聘。庄子为继老子之后道家的代表人物，崇尚自然，主张一切顺应天地自然之理，反对后天的人为造作，强调“逍遥”“忘我”，追求个人绝对的精神自由。庄子天才独出，想象力奇绝，善以巧妙的构思、生动活泼的譬喻，透过寓言表达其高妙思想。著有《庄子》一书，为先秦诸子中最富哲学美与文学美的典籍，影响后世深远。

课文

庖丁为文惠君[1]解牛。手之所触，肩之所倚[2]，足之所履[3]，膝之所踦[4]，砉然[5]响然，奏刀騞然[6]，莫不中音[7]，合于《桑林》之舞[8]，乃中《经首》之会[9]。文惠君曰："嘻，善哉！技盖[10]至此乎？"

[1] 文惠君：旧说即梁惠王，战国时魏国国君。一说文惠君亦为寓言中虚拟之人名。[2] 倚：顶着。[3] 履：踩、踏。[4] 踦：音 yǐ，抵住。[5] 砉（huò）然：形容用刀分解时，骨肉相离的声音。[6] 奏刀騞（huò）然：运刀解牛时，发出响亮的声音。奏，进。騞然，形容刀割物时所发出的响亮声音。[7] 中（zhòng）音：合于音乐的节奏。[8] 桑林之舞：《桑林》舞曲的节奏旋律。《桑林》，商汤时乐曲名。[9]《经首》之会：《经首》乐曲的节奏。《经首》，唐尧时乐曲咸池之一章。会，节奏。[10] 盖：音 hé，通"盍"，为何、怎么之意。

庖丁释[11]刀对曰："臣之所好者，道也，进乎技矣[12]。始臣之解牛之时，所见无非牛者，三年之后，未尝见全牛也[13]。方今之时，臣以神遇而不以目视[14]，官知止而神欲行[15]，依乎天理[16]，批大郤[17]，导大窾[18]，因其固然[19]，技经肯綮之未尝[20]，而况大軱[21]乎？良庖岁更刀，割也；族庖[22]月更刀，折[23]也。今臣之刀十九年矣，所解数千牛矣，而刀刃若新发于硎[24]。彼节者有间[25]，而刀刃者无厚[26]，以无厚入有间，恢恢乎[27]其于游刃[28]必有余地矣！是以十九年而刀刃若新发于硎。虽然[29]，每至于族[30]，吾见其难为，怵然为戒[31]，视为止[32]，行为迟[33]，动刀甚微，謋然[34]已解，如土委地[35]。提刀而立，为之四顾，为之踌躇满志[36]，善刀[37]而藏之。"

文惠君曰："善哉！吾闻庖丁之言，得养生焉[38]。"

[11] 释：放下。[12] 进乎技矣：超过解牛技术的层次。进，超越。[13]"始臣之解牛之时"以下四句：当自己刚开始解牛之时，眼中所见的皆是一头完整的牛，经过三年之后，眼中却不曾看见完整的牛，而是看到了牛体内各部分的组织结构。[14] 以神遇而不以目视：意指庖丁能以精神、思维去感觉到牛的结构，而非仅以肉眼观看而已。神，精神。遇，合。[15] 官知止而神欲行：感

官知觉停止运作，只凭着直觉、心神来行事。官知，感觉器官的知觉，如视觉、听觉、味觉之类。神欲，指心灵直觉等心神活动。⑯依乎天理：依照牛体天然的经络及肌理等组织。⑰批大郤：顺着筋骨间的空隙，以刀劈开。批，击，此指用刀剖开。郤，音 xì，通“隙”，指筋骨间连接的空隙。⑱导大窾：顺着骨骼间的空隙。导，顺着。窾，音 kuǎn，空，此指骨骼间的空隙。⑲因其固然：依照牛体本来的结构。因，依顺。固然，本来的形式结构。⑳技经肯綮之未尝：连枝脉、经络、黏在骨头上的肉和筋肉聚结处都未曾碰触。技，当为“枝”字之误，即枝脉。经，经脉。肯，附着在骨头上的肉。綮，音 qìng，筋肉聚结处。尝，试，此指接触。㉑大軱：大骨头。㉒族庖：一般普通的厨师。族，众，一般的。㉓折：用刀砍骨头。㉔新发于硎：刚从磨刀石上磨好。发，出。硎，音 xíng，磨刀石。㉕彼节者有间：那些骨节之间有间隙。节，骨节。间，音 jiàn，间隙。㉖无厚：形容刀刃极锋利，薄到几乎无厚度。㉗恢恢乎：宽阔的样子。㉘游刃：游动、运转刀刃。㉙虽然：即使如此。然，这样、如此。㉚每至于族：每次遇到筋骨交错聚结之处。族，丛聚，此指筋骨交错聚结处。㉛怵（chù）然为戒：小心谨慎地因此加以警戒。怵然，因恐惧而小心翼翼的样子。为，音 wèi，因为，此处有因此之意，下文“视为止”、“行为迟”的“为”同此。㉜视为止：视线、目光因此而集中。止，定，集中。㉝行为迟：动作因此而缓慢。㉞謋（huò）然：形容将聚结处解开时，骨肉相离的声音。㉟如土委地：像土块崩解散落到地上的样子。委，弃置，引申为散落之意。㊱踌躇满志：形容从容自得而心满意足的样子。踌躇，音 chóu chú，从容自得的样子。㊲善刀：拭刀。善，修治，引申为擦拭。㊳得养生焉：领悟了养生之道。

问题与讨论

一、庖丁解牛由生疏到熟练，所经历的三个阶段为何？

二、庄子在本篇寓言中如何展现其高妙的语言艺术及写作技巧？请略举数点加以讨论。

三、庖丁解牛神乎其技，“所好者，道也，进乎技矣”，在做运动、玩游戏或表演技艺时，不论是你自己或是观察别人的情形，是否也有这种相同的体验？请与同学讨论并分享经验。

第三课

台湾古典诗选

一、感忆

文—沈光文

学习重点

沈光文比郑成功早九年抵台，在荷兰人统治下，设馆讲授中文，将古典诗传入台湾。《感忆》一诗刻画来台经历与境遇，以此作为认识明朝末年台湾文学的发展，意义重大。学习时，可就下列重点加以注意：

一、认识沈光文的际遇及其诗风。

二、体会作者的思乡之情。

题解

本诗选自《重修台湾府志·艺文卷》。

沈光文为明代遗臣，参与南明抗清活动，其节操深受各方敬重。当局势危殆时奔走于闽、粤一带，参与军务。战事失利，曾滞居金门、厦门。后欲航海至泉州卜居，遇台风，漂流到台湾。本诗有感而发，忆述不期遭遇的风波、长年不止的颠沛，抒发对故乡与家人的思念，意蕴极为深沉。

作者

沈光文 字文开，号斯庵。浙江鄞（yǐn）县（今浙江宁波）人。生于明神宗万历四十年（一六一二），卒于清圣祖康熙二十七年（一六八八），年七十七。

沈光文，十四岁补博士弟子员，二十五岁因通晓经术入太学。清兵渡江时，先侍从明鲁王，授太常博士，后追随桂王永历帝，授太仆寺少卿。永历五年（一六五一）从广东潮州渡海到福建金门，次年自金门搭船欲往泉州，途中遇台风，漂流至台湾，辗转定居于台南。清顺治十八年（一六六一）郑成功克复台湾，以客礼相待。郑经嗣立，沈光文撰文罹祸，几（jī）遭不测，乃隐居山中，以赋诗自娱，并教导原住民识字。明郑亡，欲返乡而未果，与清廷在台官员及明末遗老共组“东吟社”，为台湾第一个诗社。卒葬台南善化。

沈光文居住台湾三十六年，历荷兰、郑氏以迄清朝统治，诗作多反映漂流困顿的生活与傲岸不俗的心志，公认为“海东文献初祖”。居台之前的诗，惜因战乱而亡佚，现存诗文完整收录于《沈光文全集及其研究资料增编》。

课文

暂❶将一苇❷向东溟❸，来往随波总未宁。
忽见游云归别坞❹，又看飞雁落前汀❺。
梦中尚有娇儿女，灯下惟余瘦影形。
苦趣❻不堪重（chóng）记忆，临晨❼独眺远山青。

❶暂：极短的时间，仓促之意。❷一苇：借喻为小舟。苇，芦苇。❸溟（míng）：海。❹坞：音 wù，此指四边高而中央低的谷地。❺汀：音 tīng，水中沙洲。❻苦趣：苦味。趣，意味。❼临晨：正当早晨时。临，当。

问题与讨论

一、本诗描写游云、飞雁及远山，各有何象征的意涵？

二、沈光文为何有如此深沉的感忆？请就诗的情境加以分析。

二、离台诗六首之一

文—丘逢甲

学习重点

台湾古典诗创作始自明朝末年，以沈光文为代表，至清光绪年间，则以丘逢甲最著称。离台诗抒写乙未割台的忧愤，表明个人心志，成为映现时代社会的珍贵文献。学习时，可就下列重点加以注意：

一、了解本诗的写作背景。

二、体会作者的家国感慨与情怀。

题解

本诗选自《岭云海日楼诗钞》重编本。《离台诗》作于乙未年（一八九五）“台湾民主国”抗日失败、作者内渡前夕，题写于一本古籍空白处。民国十四年，其子丘念台游台时，录得此作，传诵各方。本诗为六首中的第一首，颇能显示丘逢甲苍凉慷慨的英雄志向及作为台湾孤臣的黯然心情。

作者

丘逢甲 又名仓海，字仙根，号蛰仙，祖籍广东镇平（今广东蕉岭），生于台湾苗栗。生于清穆宗同治三年（一八六四），卒于一九一二年，年四十九。

丘逢甲自幼聪颖，四岁受教于父亲开设的私塾，六岁能写诗、七岁能作文。为秀才时，尚气好侠，毅然以天下为己任。二十五岁中举人，二十六岁中进士，往来讲学于台湾各地书院。中日甲午（一八九四）战事发生，以"守土拒倭"号召乡里，督办团练。翌年，清廷决定割台予日本，当无可挽回之际，倡议台湾民主，起草宪法，协助成立亚洲第一个共和国"台湾民主国"。日军侵台时，率兵于新竹与日军血战二十余日，因弹尽饷绝而溃败，黯然离台。

内渡后，继续讲学于书院，创办学堂，传播新思想，并以其政治地位暗中保护革命志士。中华民国军政府成立，出任教育部长。南京临时中央政府成立，被推举为参议院参议员。丘逢甲早年诗作已于战乱中散失，一八九五年内渡后，诗篇始有存稿，多感愤家国之作，公认为台湾杰出的古典诗人。著有《岭云海日楼诗钞》。

课文

宰相❶有权能割地，
孤臣❷无力可回天❸。
扁舟❹去作鸱夷子❺，
回首河山意黯然❻。

❶ 宰相：此指李鸿章。清朝未设宰相一职，李鸿章时任直隶总督兼北洋大臣，权重一时，如一国之宰相。光绪二十年（一八九四），清军与日军交战于朝鲜及辽东半岛，次年，战败议和，由李鸿章与日本伊藤博文订定《马关条约》，其中一主要条款为割让台湾、澎湖予日本。

❷孤臣：丘逢甲自称，亦指在台孤军抗日人士。❸回天：喻移转不易挽回的时势。❹扁（piān）舟：小舟。❺鸱夷子：春秋时越国大夫范蠡（lǐ）自号。鸱夷，原指以牛皮做的皮囊，因形似鸱鸟而名。吴王夫差杀忠臣伍子胥（xū），即以鸱夷盛其尸投于江中。范蠡辅佐越王句践灭吴后，知句践难以同安乐，惧遭兔死狗烹的命运，乃乘扁舟远去，改名鸱夷子皮。鸱，音 chī，即鹞（yào）鹰，亦指夜间活动的猛禽。❻黯然：感伤沮丧。

问题与讨论

一、试讨论丘逢甲写作本诗的背景与心情。

二、本诗化用范蠡的典故，有何寓意？

第四课

林冲夜奔

文—施耐庵

学习重点

《水浒传》是中国古典长篇小说的代表作，一向以文字生动传神、人物个性鲜明、情节高潮迭起、主题深刻明确著称。《林冲夜奔》为其中极为脍炙人口的一回，其故事情节具有高度的代表意义，具体展现《水浒》全书“官逼民反，逼上梁山”的大主题。学习时，可就下列重点加以注意：

一、认识《水浒》故事形成的背景因素。

二、领略本篇小说情节布局与塑造人物的技巧。

三、透过本篇“官逼民反”的主题，思考政府与人民之间的合理关系。

题解

本文选自《水浒传》，原题为“林教头风雪山神庙，陆虞候火烧草料场”。

林冲原为东京八十万禁军教头，但不料其妻先遭太尉高俅之子调戏，自己续遭高太尉父子迫害，发配沧州。本文内容描述林冲接受发配充军的安排，然高俅父子终究想置林冲于死地，甚至安排陆谦火烧草料场。幸而林冲因避雪外出，逃过一劫，并得以在山神庙中得知奸人伎俩。在此生死存亡之际，原先保守犹豫的林冲终于不再迟疑，血刃陆谦等人。末路英雄退无可退，只得在雪夜里亡奔他处，从此踏上“逼上梁山，落草为寇”的路途。

本文主要刻画主角一再隐忍却使自己步步陷入绝境，作者藉此呈现林冲被迫走上“官逼民反”的遭遇。文中对林冲性格的刻画，情节布局的安排，以及对话语言的生动运用，都有极成功的表现。

作者

施耐庵　本名耳，后改名子安，字耐庵。姑苏（今江苏？苏州）人。约生于元成宗元贞二年（一二九六），约卒于明太祖洪武三年（一三七〇），年约七十四。

施耐庵，元朝时曾中进士，并在钱塘为官，因与当权者不合，弃官还乡，闭门著述。

《水浒传》相传为施耐庵所作。但从全书的体例、内容各方面看来，应是经过长期演进，多次整合扩充的集体创作，而非一人一时之作。《宋史》中已有宋江等人啸聚为盗的记载。南宋以后，《水浒》故事开始在民间广为流传。现存最早的《水浒》故事话本《大宋宣和遗事》，其中关于宋江等三十六人的故事已粗具雏形。宋、元之际，有关的话本与戏曲更多，人物也由三十六人逐渐发展到一百零八人。到了元末明初，有文人搜集史实记载、民间口头传说以及话本、杂剧，加以整理，编写成长篇的章回小说。作者是否为施耐庵虽无法确定，但一般以为将《水浒》故事剪裁镕铸成一部完整小说的最大功臣应是施耐庵。

现存《水浒传》的版本主要有三种：明郭勋的一百回本、杨定见的一百二十回本、清金圣叹根据郭本删节评点的七十回本。三种版本中以七十回本流传最广，影响最大。

课文

话说当日林冲正闲走间，忽然背后人叫，回头看时，却认得是酒生儿[1]李小二。当初在东京[2]时，多得林冲看顾。后来不合[3]偷了店主人家钱财，被捉住了，要送官司[4]问罪，又得林冲主张[5]陪话[6]，救了他，免送官司，又与[7]他陪[8]了些钱财，方得脱免，京中安不得身，又亏林冲赍发[9]他盘缠[10]，于路投奔人。不想今日却在这里撞见。林冲道："小二哥，你如何地在这里？"李小二便拜道："自从得恩人救济，赍发小人，一地里[11]投奔人不着，迤逦[12]不想来到沧州[13]，投托一个酒店里，姓王，留小人在店中做过卖[14]。因见小人勤谨，安排的好菜蔬，调和的好汁水，来吃的人都喝采，以此买卖顺当。主人家有个女儿，就招了小人做女婿。如今丈人、丈母都死了，只剩得小人夫妻两个，权[15]在营前开了个茶酒店。因讨钱[16]过来，遇见恩人。恩人不知为何事在这里？"林冲指着脸上，道："我因恶[17]了高太尉[18]，生事陷害，受了一场官司，刺配[19]到这里。如今叫我管天王堂[20]，未知久后如何。不想今日在此见你。"李小二就请林冲到家里坐定，叫妻子出来拜了恩人。两口儿欢喜道："我夫妻二人正没个亲眷，今日得恩人到来，便是从天降下。"林冲道："我是罪囚，恐怕玷(diàn)辱你夫妻两个。"李小二道："谁不知恩人大名？休恁地[21]说。但有衣服，便拿来家里浆洗缝补。"当时管待[22]林冲酒食，至夜送回天王堂，次日又来相请。因此林冲得李小二家来往，不时间送汤送水来营里与林冲吃。林冲因见他两口儿恭敬孝顺[23]，常把[24]些银两与他做本钱。

❶酒生儿：酒店的伙计。❷东京：即汴京，北宋首都，今河南开封。❸不合：不该。❹官司：官府。❺主张：做主、出面主持。❻陪话：赔不是、道歉。陪，通“赔”。❼与：给、替，介词。❽陪：赔偿。❾赍发：资助。赍，音jī，赠与。❿盘缠：本指日常费用，这里专指旅费。⓫一地里：到处。⓬迤逦：音yí lǐ，本为曲折连绵的样子，这里指一路曲折蜿蜒走去的样子。⓭沧州：州名，治所在今河北沧县。⓮过卖：酒店饭馆中照料座位、招呼买卖的伙计。⓯权：姑且、暂且。⓰讨钱：收账。⓱恶：音wù，惹恼、得罪。⓲高太尉：名俅，因擅长踢球，深得宋徽宗宠幸，官至太尉。⓳刺配：在罪犯脸上刺字，并发配到边远地区充军服役。刺，在脸上刺字，即古代的黥刑。配，流放、充军。⓴天王堂：供奉托塔天王的庙。托塔天王即多闻天王，为佛家四大天王之一，为护法天神。㉑恁（rèn）地：如此、这样。下文“恁的”同。㉒管待：款待。㉓孝顺：此处指以财物敬献尊长。㉔把：拿，当动词用。

且把闲话休题，只说正话。光阴迅速，却早冬来。林冲的绵衣裙袄，都是李小二浑家㉕整治缝补。忽一日，李小二正在门前安排菜蔬下饭，只见一个人闪将㉖进来，酒店里坐下，随后又一人闪入来。看时，前面那个人是军官打扮，后面这个走卒模样，跟着也来坐下。李小二入来问道：“可要吃酒？”只见那个人将㉗出一两银子与小二，道：“且收放柜上，取三四瓶好酒来，客到时，果品、酒馔只顾将来，不必要问。”李小二道：“官人㉘请甚客？”那人道：“烦你与我去营里请管营㉙、差拨㉚两个来说话。问时，你只说：‘有个官人请说话，商议些事务，专等㉛，专等！’”李小二应承了，来到牢城里，先请了差拨，同到管营家中，请了管营，都到酒店里。只见那个官人和管营、差拨两个讲了礼㉜。管营道：“素不相识，动问㉝官人高姓大名？”那人道：“有书在此，少刻便知，且取酒来。”李小二连忙开了酒，一面铺下菜蔬、果品、酒馔。那人叫讨副劝盘㉞来，把了盏㉟，相让坐了。小二独自一个撺梭㊱也似伏侍不暇。那跟来的人讨了汤桶㊲，自行烫酒，约计吃过十数杯，再讨了按酒㊳，铺放桌上。只见那人说道：“我自有伴当㊴烫酒，不叫，你休来，我等自要说话。”

㉕浑家：妻子。㉖将：此处用为动词后的助词，意为“了”。下文“钻将出来”、“掇将过来”、“脱将下来”皆同。㉗将：此处用为出现在方向词“出”、“来”、“去”之前的动词，意为“拿”、“取”，“将出”即拿出。下文“将来”亦同。又，有时出现在名词前，也做动词用，如后文“将汤来”、“将按酒入去”、“将怀中牛肉下酒”等，皆为拿、取之意。㉘官人：唐时称做官的人为

官人，后世用作对具有相当社会地位男子的敬称，这里兼有二义。㉙管营：管理牢狱的主管。㉚差（chāi）拨：管理牢狱的差役。㉛专等：特地等待。㉜讲了礼：施了礼。㉝动问：敢问、请问。㉞劝盘：盛放劝杯的盘子。劝，劝杯，敬酒用的杯子。㉟盏：小而浅的杯子。㊱撺（cuān）梭：通“穿梭”，形容来回不停。㊲汤桶：热水桶，用以烫酒。㊳按酒：下酒的菜肴，或作“案酒”。㊴伴当（dāng）：仆从、手下。

李小二应了，自来门首叫老婆道：“大姐，这两个人来得不尴尬㊵！”老婆道：“怎么的不尴尬？”小二道：“这两个人语言声音是东京人，初时又不认得管营，向后㊶我将按酒入去，只听得差拨口里呐㊷出一句‘高太尉’三个字来。这人莫不与林教头㊸身上有些干碍㊹？我自在门前理会㊺，你且去阁子背后听说甚么。”老婆道：“你去营中寻林教头来认他一认。”李小二道：“你不省得㊻。林教头是个性急的人，摸不着㊼便要杀人放火。倘或叫得他来看了，正是前日说的甚么陆虞候㊽，他肯便罢？做出事来，须㊾连累了我和你。你只去听一听再理会。”老婆道：“说得是。”便入去听了一个时辰，出来说道：“他那三四个交头接耳说话，正不听得说甚么。只见那一个军官模样的人，去伴当怀里取出一帕子㊿物事(51)，递与管营和差拨。帕子里面的莫不是金银？只见差拨口里说道：‘都在我身上，好歹要结果他性命！’”正说之时，阁子里叫：“将汤来！”李小二急去里面换汤时，看见管营手里拿着一封书。小二换了汤，添些下饭，又吃了半个时辰，算还了酒钱，管营、差拨先去了。次后，那两个低着头也去了。

㊵不尴尬（gān gà）：犹言尴尬。指行为鬼祟，神色态度不自然。不，助词，无义。㊶向后：后来。㊷呐：音 nà，本指言语迟钝，说话不流畅，这里用为动词，犹云“挤”、“吞吞吐吐地说”，也作“讷”。㊸教头：宋代军队中教练武艺的人员。㊹干碍：关系、妨碍。㊺理会：处理、料理。㊻省得：晓得。省，音 xǐng，了解。㊼摸不着：说不定。㊽陆虞侯：即陆谦，林冲的朋友，为了谄媚高衙内，不顾友情，接连设计陷害林冲。虞候，宋禁军官名，负责侦察不法。㊾须：却、可，表语气转折。㊿一帕子：一包。(51)物事：物件、东西。

转背(52)没多时，只见林冲走将入店里来，说道：“小二哥，连日好买卖！”李小二慌忙道：“恩人请坐，小二却待(53)正要寻恩人，有些要紧话说！”林冲问道："甚么要紧的事？"李小二请林冲到里面坐下，说道："却才[54]有个东京来的尴尬人，在我这里请管营、差拨吃了半日酒。差拨口里呐出'高太尉'三个字来，小人心下疑惑，又着浑家[55]听了一个时辰，他却交头接耳说话，都不听得。临了，只见差拨口里应道：'都在我两个身上，好歹要结果了他！'那两个把一包金银递与管营、差拨，又吃一回酒，各自散了。不知甚么样人，小人心疑，只怕在恩人身上有些妨碍。"林冲道："那人生得什么模样？"李小二道："五短身材[56]，白净面皮，没甚髭须，约有三十余岁，那跟的也不长大[57]，紫棠色[58]面皮。"林冲听了，大惊道："这三十岁的正是陆虞候！那泼[59]贱贼，敢来这里害我！休要撞着我，只教他骨肉为泥！"李小二道："只要提防他便了，岂不闻古人言'吃饭防噎（yē），走路防跌'？"林冲大怒，离了李小二家，先去街上买把解腕尖刀[60]，带在身上，前街后巷，一地里去寻。李小二夫妻两个捏着两把汗。当晚无事。次日天明起来，洗漱罢，带了刀，又去沧州城里城外，小街夹巷，团团[61]寻了一日。牢城营里，都没动静。林冲又来对李小二道："今日又无事。"小二道："恩人，只愿如此，只是自放仔细[62]便了。"林冲自回天王堂，过了一夜。街上寻了三五日，不见消耗[63]，林冲也自心下慢[64]了。

[52]转背：离开。[53]却待：恰要、正要。[54]却才：恰才、刚才。[55]着浑家：命令、叫我的妻子。着，音 zhuó，使、令之意。[56]五短身材：个子不高。五短，四肢和身躯都短。一说四肢与脖子都短。[57]长大：音 cháng dà，身材高大。[58]紫棠色：紫红而偏黑的颜色。[59]泼：蛮横，用以表示鄙视、厌恶。[60]解腕（wàn）尖刀：带在手边的小佩刀。[61]团团：到处。[62]自放仔细：自己多加小心。[63]消耗：消息、音讯。[64]慢：松懈。

到第六日，只见管营叫唤林冲到点视厅[65]上，说道："你来这里许多时，柴大官人[66]面皮[67]，不曾抬举得你。此间东门外十五里有座大军草料场，每月但是纳草纳料的，有些常例钱[68]取觅。原是一个老军看管，如今我抬举你去替那老军来守天王堂，你在那里寻几贯[69]盘缠。你可和差拨便去那里交割[70]。"林冲应道："小人便去。"当时离了营中，径到李小二家，对他夫妻两个说道："今日管营拨我去大军草料场管事，却如何？"李小二道："这个差使又好似天王堂[71]，那里收草料时，有些常例钱钞。往常不使钱时，不能彀这差使[72]。"

林冲道："却不害我，倒与我好差使，正不知何意？"李小二道："恩人休要疑心，只要没事便好了，只是小人家离得远了，过几时那工夫[73]来望恩人。"就在家里安排几杯酒，请林冲吃了。

[65]点视厅：牢狱中点验犯人的公堂。[66]柴大官人：即柴进，后周柴世宗子孙，家道富裕，喜结交英雄好汉，外号"小旋风"。[67]面皮：面子、情面。[68]常例钱：按惯例送的钱。旧时官员、吏役向人勒索的名目之一。[69]贯：古代铜钱，圆形方孔，将大约一千个铜钱用绳索穿成一串，称一贯。[70]交割：交接、移交。[71]好似天王堂：比天王堂好。好似，好过。[72]往常不使钱时，不能彀这差使：以前若不送钱贿赂，是不能够得到这个差事的。使，用。彀，音 gòu，通"够"。[73]那工夫：抽空。那，音 nuó，通"挪"，挪出。工夫，时间。

话不絮烦。两个相别了，林冲自到天王堂取了包裹，带了尖刀，拿了条花枪[74]，与差拨一同辞了管营，两个取路投[75]草料场来。正是严冬天气，彤云[76]密布，朔风[77]渐起，却早纷纷扬扬，卷下一天大雪来。林冲和差拨两个在路上，又没买酒吃处，早来到草料场外。看时，一周遭有些黄土墙，两扇大门。推开看里面时，七八间草屋做着仓廒[78]，四下里都是马草堆，中间两座草厅。到那厅里，只见那老军在里面向火[79]。差拨说道："管营差这个林冲来替你回天王堂看守，你可即便交割。"老军拿了钥匙，引着林冲分付[80]道："仓廒内自有官司封记[81]，这几堆草，一堆堆都有数目。"老军都点见了堆数，又引林冲到草厅上。老军收拾行李，临了说道："火盆、锅子、碗、碟都借与你。"林冲道："天王堂内，我也有在那里。你要，便拿了去。"老军指壁上挂一个大葫芦，说道："你若买酒吃时，只出草场，投东大路去三二里，便有市井。"老军自和差拨回营里来。

[74]花枪：亦作"花鎗"，似矛而较短，便于舞弄的武器。[75]投：向。[76]彤云：红云，常在下雪前出现。彤，音 tóng，朱红色。[77]朔风：北风、寒风。[78]仓廒（áo）：仓库。仓、廒，同义复词。[79]向火：对着火取暖。[80]分付：同"吩咐"。[81]封记：封印记号。

只说林冲就床上放了包裹被卧[82]，就坐下生些焰火起来。屋后有一堆柴炭，拿几块来生在地炉里。仰面看那草屋时，四下里崩坏了，又被朔风吹撼，摇振得动。林冲道："这屋如何过得一冬？待雪晴了，去城中唤个泥水匠来修理。"向了一回火，觉得身上寒冷，寻思："却才老军所说二里路外有那市井，何不去沽些酒来吃？"便去包裹里取些碎银子，把花枪挑了酒葫芦，将火炭盖了，取毡笠子戴上，拿了钥匙，出来把草厅门拽上[83]。出到大门首，把两扇草场门反拽上锁了，带了钥匙，信步[84]投东。雪地里踏着碎琼乱玉[85]，迤逦背着北风而行，那雪正下得紧。

行不上半里多路，看见一所古庙，林冲顶礼[86]道："神明庇祐，改日来烧纸钱。"又行了一回，望见一簇[87]人家，林冲住脚看时，见篱笆中挑着一个草帚儿[88]在露天里。林冲径到店里，主人道："客人那里来？"林冲道："你认得这个葫芦么？"主人看了道："这葫芦是草料场老军的。"林冲道："原来如此。"店主道："既是草料场看守大哥，且请少坐。天气寒冷，且酌三杯，权当接风[89]。"店家切一盘熟牛肉，烫一壶热酒，请林冲吃。又自买了些牛肉，又吃了数杯。就又买了一葫芦酒，包了那两块牛肉，留下些碎银子。把花枪挑着酒葫芦，怀内揣[90]了牛肉，叫声"相扰"，便出篱笆门，仍旧迎着朔风回来。看那雪，到晚越下得紧了。

[82]被卧：指被褥等寝具。[83]拽上：拉上。拽，音 zhuài，牵、拉。[84]信步：毫无目标的任意行走。[85]碎琼乱玉：指称碎乱的冰雪。琼、玉，此处指冰雪。[86]顶礼：佛家用语，拜时五体投地，是礼拜佛、菩萨的最高礼仪，这里泛指一般的致敬礼。[87]簇：量词，计算群集的人或物的单位。[88]草帚儿：扫帚，古时小酒店用来作为酒招的标志。[89]接风：设宴款待远来或远归的人。[90]揣：音 chuāi，塞进。

再说林冲踏着那瑞雪[91]，迎着北风，飞也似奔到草场门口，开了锁，入内看时，只叫得苦——原来天理昭然，佑护善人义士，因这场大雪，救了林冲的性命——那两间草厅，已被雪压倒了。林冲寻思："怎地好？"放下花枪、葫芦在雪里，恐怕火盆内有火炭延烧起来，搬开破壁子[92]，探半身入去摸时，火盆内火种都被雪水浸灭了。林冲把手床上摸时，只拽得一条絮被。林冲钻将出来，见天色黑了，寻思："又没打火[93]处，怎生[94]安排？"想起："离了这半里路上，有个古庙，可以安身。我且去那里宿一夜，等到天明，却作理会[95]。”把被卷了，花枪挑着酒葫芦，依旧把门拽上，锁了，望[96]那庙里来。入得庙门，再把门掩上。傍边止有一块大石头，掇[97]将过来，靠了门。入得里面看时，殿上塑着一尊金甲山神，两边一个判官[98]，一个小鬼，侧边堆着一堆纸。团团看来，又没邻舍，又无庙主。林冲把枪和酒葫芦放在纸堆上，将那条絮被放开，先取下毡笠子，把身上雪都抖了，把上盖[99]白布衫脱将下来，早有五分湿了，和毡笠放在供桌上，把被扯来，盖了半截下身，却把葫芦冷酒提来慢慢地吃，就将怀中牛肉下酒。

[91]瑞雪：冬末春初的雪，古人认为是丰年的预兆，故称瑞雪。[92]破壁子：指已经倒塌的草厅墙壁。[93]打火：生火。[94]怎生：怎么、怎样。[95]却作理会：再做处理。[96]望：向，朝着。[97]掇：音 duō，搬取。[98]判官：传说中在冥府里为阎王掌管簿册、判断冥府之事的官吏。[99]上盖：上身的外衣。

正吃时，只听得外面必必剥剥地爆响，林冲跳起身来，就壁缝里看时，只见草料场里火起，刮刮杂杂[100]的烧着。当时林冲便拿了花枪，却待开门来救火，只听得外面有人说将话来。林冲就伏门边听时，是三个人脚步响，直奔庙里来，用手推门，却被石头靠住了，再也推不开。三人在庙檐下立地[101]看火，数内[102]一个道：“这条计好么？”一个应道：“端的[103]亏管营、差拨两位用心！回到京师，禀过太尉，都保你二位做大官。这番张教头[104]没得推故[105]了。”一个道：“林冲今番直吃[106]我们对付了！高衙内[107]这病必然好了！”又一个道：“张教头那厮[108]，三回五次托人情去说：‘你的女婿没了。’张教头越不肯应承，因此衙内病患看看[109]重了。太尉特使俺两个央浼[110]二位干这件事，不想而今完备了！”又一个道：“小人直爬入墙里去，四下草堆上点了十来个火把，待[111]走那里去！”那一个道：“这早晚烧个八分过了。”又听得一个道：“便[112]逃得性命时，烧了大军草料场，也得个死罪！”又一个道：“我们回城里去罢。”一个道：“再看一看，拾得他一两块骨头回京，府里见太尉和衙内时，也道我们也能会干事。”

⑩⓪ 刮刮杂杂：状声词，火烧竹木等物所发出的声响，一说形容四处火起的样子。⑩① 立地：站着。⑩② 数内：其中、众人中，即“数人内”。⑩③ 端的：真的、的确。⑩④ 张教头：林冲岳父。⑩⑤ 推故：推托。⑩⑥ 直喫：相当于“的确被、真的让”。喫，被、让，句法上表示被动意义的语词。下文“且喫我一刀”用法同，意为“受”、“挨”。⑩⑦ 高衙内：高俅养子。衙内，本来是禁卫军的官称，宋、元以后用为官僚子弟的俗称。⑩⑧ 厮：音 sī，对男子轻侮的称呼，相当于说“奴才”、“小子”、“家伙”、“东西”。⑩⑨ 看看（kān kān）：渐渐。⑪⓪ 央浼：请求、拜托。浼，音 měi，请托、央求。⑪① 待：想要、将要。⑪② 便：即便，就算是。

林冲听得三个人时，一个是差拨，一个是陆虞候，一个是富安[113]。自思道：“天可怜见林冲[114]！若不是倒了草厅，我准定被这厮们烧死了！”轻轻把石头掇开，挺着花枪，左手拽开庙门，大喝一声：“泼贼那里去！”三个人都急要走时，惊得呆了，正走不动。林冲举手，肐察[115]的一枪，先搠[116]倒差拨。陆虞候叫声：“饶命！”吓的慌了手脚，走不动。那富安走不到十来步，被林冲赶上，后心只一枪，又搠倒了。翻身回来，陆虞候却才行得三四步，林冲喝声道：“奸贼，你待那里去！”劈胸[117]只一提，丢翻在雪地上，把枪搠在地里，用脚踏住胸脯，身边取出那口刀来，便去陆谦脸上搁着，喝道：“泼贼！我自来又和你无甚么冤仇，你如何这等害我？正是杀人可恕，情理难容！”陆虞候告道：“不干小人事，太尉差遣，不敢不来。”林冲骂道：“奸贼！我与你自幼相交，今日倒来害我，怎不干你事？且吃我一刀！”把陆谦上身衣服扯开，把尖刀向心窝里只一剜[118]，七窍迸出血来，将心肝提在手里，回头看时，差拨正爬将起来要走。林冲按住喝道：“你这厮原来也恁的歹！且喫我一刀！”又早[119]把头割下来，挑在枪上。回来，把富安、陆谦头都割下来，把尖刀插了，将三个人头发结做一处，提入庙里来，都摆在山神面前供桌上。再穿了白布衫，系了搭膊[120]，把毡笠子带上，将葫芦里冷酒都吃尽了，被子与葫芦都丢了不要，提了枪，便出庙门投东去。走不到三五里，早见近村人家都拿着水桶、钩子来救火。林冲道：“你们快去救应！我去报官了来！”提着枪只顾走。那雪越下得猛，林冲投东去了。

⑪③ 富安：高衙内手下。⑪④ 天可怜见林冲：老天可怜着林冲。见，助词，表示动作持续，意

近“着”。⑮肐察：音 gē chá，状声词，形容枪刺人或物时所发出的声音。⑯搠：音 shuò，刺。⑰劈胸：对着胸膛。⑱剜：音 wān，用刀挖取。⑲早：早已。⑳搭膊（bó）：装财物的布袋，中间开口，两头有袋，大的可搭在肩上，故名搭膊。

问题与讨论

一、指出本文在文字用语上何处带有话本小说中的说书形式？

二、说明本回在情节布局上，何处使用了“悬宕”的技巧？

三、本文描写林冲终于忍无可忍，愤而复仇。说说你对林冲的行事、为人的看法。

第五课

容忍与自由（节选）

文——胡　适

学习重点

胡适是中国近代史上深具影响力的重要人物，毕生鼓吹民主与自由，并提倡“大胆的假设，小心的求证”的实验主义。本文为其鼓吹自由信念的名篇，文中“容忍比自由更重要”也是作者的名言。学习时，可就下列重点加以注意：

一、认识胡适及其思想言论对近代中国的影响。

二、掌握夹叙夹议式议论文的写作技巧。

三、了解作者写作本文的用意，思考容忍与自由的关系。

题解

本文节选自《胡适作品集》中《容忍与自由》一文，原发表于《自由中国》半月刊，主要阐述“容忍为一切自由的根本：没有容忍，就没有自由”的观点。

本文发表后，曾引起不少反应与回响。作者另有一篇演讲稿，题名与本文完全相同，是作者在《自由中国》创刊十周年纪念会上的演讲词。在这篇演讲稿里，胡适将发表本文的动机、目的，做了更进一步的说明，同时也回应了各界的反应、评论，具体表达其对于“容忍比自由更重要”此一理念的坚定信仰。

作者

胡适 本名嗣糜，后改名适，字适之，安徽绩溪人。生于清德宗光绪十七年（一八九一），卒于一九六二年，年七十二。

胡适四岁丧父，由母亲教养成人。少年时已具新思想，十五岁就读上海中国公学，即曾发表《无鬼丛话》等破除迷信的文章。清宣统二年（一九一〇），考取官费留美，入美国康乃尔大学农学院，旋因兴趣不合，转读文理学院。一九一五年改入纽约哥伦比亚大学哲学部，随杜威习哲学，深受其实验主义影响。一九一七年，自哥大毕业，应北京大学之聘，返国任哲学教授。十年后，再赴美获哲学博士学位。历任北京大学教授、驻美大使、北京大学校长等。一九四九年赴美，一九五八年返台就任中央研究院院长。一九六二年于中央研究院院士会议上，因心脏病发逝世。

胡适为中国近代史上极具影响力的人士。在思想上，引进西方新思想，介绍杜威实验主义，提倡运用科学方法，对中国现代思想、文化与教育的发展，都有莫大的贡献；在文学上，提倡白话文，促成五四新文学革命，影响中国现代文学的发展至深且巨。胡适著作等身，其新诗有先导之功。其白话散文以议论说理见长，影响深远。著有新诗《尝试集》及《白话文学史》《胡适文存》等。

课文

十七八年前，我最后一次会见我的母校康耐儿大学[1]的史学大师布尔[2]先生（George Lincoln Burr）。我们谈到英国史学大师阿克顿[3]（Lord Acton）一生准备要著作一部“自由之史”，没有写成他就死了。布尔先生那天谈话很多，有一句话我至今没有忘记。他说：“我年纪越大，越感觉到容忍（tolerance）比自由更重要。”

布尔先生死了十多年了，他这句话我越想越感觉得是一句不可磨灭的格言。我自己也有“年纪越大，越觉得容忍比自由还更重要”的感想。有时我竟觉得容忍是一切自由的根本：没有容忍，就没有自由。

我十七岁的时候（一九〇八）曾在《竞业旬报》[4]上发表几条“无鬼丛话[5]”，其中有一条是痛骂小说《西游记》[6]和《封神榜》[7]的，我说：

> 《王制》[8]有之：“假于鬼神时日卜筮以疑众，杀[9]。”吾独怪夫数千年来之掌治权者，之以[10]济世明道自期者，乃懵然[11]不之注意[12]，惑世诬民之学说得以大行，遂举我神州民族投诸极黑暗之世界！……

[1] 康耐儿大学：康耐儿大学（Cornell University），今通译为康乃尔大学，美国著名学府，位于纽约州绮色佳镇（Ithaca）。[2] 布尔：布尔（George Lincoln Burr, 1857—1938），美国康乃尔大学史学教授，胡适的老师。[3] 阿克顿：阿克顿（John Emerich Edward Dalberg Acton, 1834—1902），英国历史学家，生于意大利那不勒斯。一八九五年，任剑桥大学近代史讲座教授，讲授法国大革命与近代史。[4] 《竞业旬报》：中国公学学生社团竞业学会创办的刊物。自清德宗光绪三十二年创刊，至宣统元年停刊，共出版四十一期，其中自第二十四至第三十八期，均由胡适主编。[5] “无鬼丛话”：胡适以“适之”的笔名发表在《竞业旬报》第二十五期、第二十八期、第三十二期等的短文。此处所引文字出自第三十二期。[6] 《西游记》：明章回小说，吴承恩著，共二十卷，一百回。写唐玄奘与徒弟孙悟空、猪八戒、沙悟净等前往西天取经的神魔传奇故事。[7] 《封神榜》：明章回小说，原名《封神演义》，作者不详。全书共一百回，叙述周武王伐纣事，主要沿袭宋元话本《武王伐纣平话》，并博采民间故事。杂糅仙道神魔斗法之事成书。

❽《王制》:《礼记》篇名，内容记载先王治国的制度。❾假于鬼神时日卜筮以疑众，杀：假托鬼神、时辰日子的吉凶、占卜等事，疑惑、动摇民众之心的人，就加以诛杀。❿之以：即“以”。⓫懵（méng）然：昏昧不明的样子。⓬不之注意：即不注意之。

这是一个小孩子很不容忍的“卫道”态度。我在那时候已是一个无鬼论者、无神论者，所以发出那种摧除迷信的狂论，要实行《王制》（《礼记》的一篇）的“假于鬼神时日卜筮以疑众，杀”的一条经典！

我在那时候当然没有梦想到说这话的小孩子在十五年后（一九二三）会很热心地给《西游记》作两万字的考证！我在那时候当然更没有想到那个小孩子在二三十年后还时时留心搜求可以考证《封神榜》的作者的材料！我在那时候也完全没有想想《王制》那句话的历史意义。……

我到今天还是一个无神论者，我不信有一个有意志的神，我也不信灵魂不朽的说法。……

我自己总觉得，这个国家、这个社会、这个世界，绝大多数人是信神的，居然能有这雅量，能容忍我的无神论，能容忍我这个不信神也不信灵魂不灭的人，能容忍我在国内和国外自由发表我的无神论的思想，从没有人因此用石头掷我，把我关在监狱里，或把我捆在柴堆上用火烧死。我在这个世界里居然享受了四十多年的容忍与自由。我觉得这个国家、这个社会、这个世界对我的容忍度量是可爱的，是可以感激的。

所以我自己总觉得我应该用容忍的态度来报答社会对我的容忍。所以我自己不信神，但我能诚心的谅解一切信神的人，也能诚心的容忍并且敬重一切信仰有神的宗教。

我要用容忍的态度来报答社会对我的容忍，因为我年纪越大，我越觉得容忍的重要意义。若社会没有这点容忍的气度，我决不能享受四十多年大胆怀疑的自由，公开主张无神论的自由了。

在宗教自由史上，在思想自由史上，在政治自由史上，我们都可以看见容忍的态度是最难得，最稀有的态度。人类的习惯总是喜同而恶异的，总不喜欢和自己不同的信仰、思想、行为。这就是不容忍的根源。不容忍只是不能容忍和我自己不同的新思想和新信仰。一个宗教团体总相信自己的宗教信仰绝对是对的，是不会错的，所以它总相信那些和自己不同的宗教信仰必定是错的，必定是异端，邪教。一个政治团体总相信自己的政治主张是对的，是不会错的，所以它总相信那些和自己不同的政治见解必定是错的，必定是敌人。

一切对异端的迫害，一切对“异己”的摧残，一切宗教自由的禁止，一切思想言论的被压迫，都由于这一点深信自己是不会错的心理。因为深信自己是不会错的，所以不能容忍任何和自己不同的思想信仰了。

试看欧洲的宗教革新运动的历史。马丁·路德[13]（Martin Luther）和约翰·高尔文[14]（John Calvin）等人起来革新宗教，本来是因为他们不满意于罗马旧教[15]的种种不容忍，种种不自由。但是新教[16]在中欧北欧胜利之后，新教的领袖们又都渐渐走上了不容忍的路上去，也不容许别人起来批评他们的新教条了。高尔文在日内瓦掌握了宗教大权，居然会把一个敢独立思想，敢批评高尔文的教条的学者塞维图斯[17]（Servetus）定了“异端邪说”的罪名，把他用铁鍊锁在木桩上，堆起柴来，慢慢的活烧死。这是一五五三年十月二十三日的事。

[13] 马丁·路德：马丁·路德（Martin Luther, 1483—1546），欧洲宗教改革家，新教路德派创始人。出生德国天主教家庭，神学院毕业后担任天主教神父。后因反对天主教发售赎罪券，被开除教籍。[14] 约翰·高尔文：约翰·高尔文（John Calvin, 1509—1564），今通译为喀尔文，欧洲神学家、宗教改革家。生于法国，在巴黎读书时受到宗教改革影响，一五三一年起参加巴黎新教徒活动，因受法国政府迫害，逃往瑞士，积极提倡宗教改革。[15] 罗马旧教：即罗马公教，中文通称天主教。因天主教以罗马为中心，故称罗马公教。[16] 新教：新教（Protestantism），中文一般称为基督教，即十六世纪欧洲宗教改革中脱离天主教而产生的新教派。此次宗教改革包括马丁·路德、喀尔文、英王亨利八世等人，乃意图摆脱教皇管辖而推动的宗教改革运动。[17] 塞维图斯：塞维图斯（Michael Servetus, 1511—1553），西班牙医学、神学家，热烈支持宗教改革，被喀尔文向天主教及日内瓦当局告密，一五五三年以“异端”罪名被处以火刑，活活烧死。

这个殉道[18]者塞维图斯的惨史，最值得人们的追念和反省。宗教革新运动原来的目标是要争取“基督教的人的自由”和“良心的自由”。何以高尔文和他的信徒们居然会把一位独立思想的新教徒用慢慢的火烧死呢？何以高尔文的门徒（后来继任高尔文为日内瓦的宗教独裁者）柏时[19]（de Beze）竟会宣言“良心的自由是魔鬼的教条”呢？

基本的原因还是那一点深信我自己是“不会错的”的心理。像高尔文那样虔诚的宗教改革家，他自己深信他的良心确是代表上帝的命令，他的口和他的笔确是代表上帝的意志，那末[20]他的意见还会错吗？他还有错误的可能吗？在塞维图斯被烧死之后，高尔文曾受到不少人的批评。一五五四年，高尔文发表一篇文字为他自己辩护，他毫不迟疑的说：“严厉惩治邪说者的权威是无可疑的，因为这就是上帝自己说话。……这工作是为上帝的光荣战斗。”

上帝自己说话，还会错吗？为上帝的光荣作战，还会错吗？这一点“我不会错”的心理，就是一切不容忍的根苗。深信我自己的信念没有错误的可能(infallible)，我的意见就是“正义”，反对我的人当然都是“邪说”了。我的意见代表上帝的意旨，反对我的人的意见当然都是“魔鬼的教条”了。

这是宗教自由史给我们的教训：容忍是一切自由的根本；没有容忍“异己”的雅量，就不会承认“异己”的宗教信仰可以享自由。但因为不容忍的态度是基于“我的信念不会错”的心理习惯，所以容忍“异己”是最难得，最不容易养成的雅量。

在政治思想上，在社会问题的讨论上，我们同样的感觉到不容忍是常见的，而容忍总是很稀有的。我试举一个死了的老朋友的故事作例子。四十多年前，我们在《新青年》[21]杂志上开始提倡白话文学的运动，我曾从美国寄信给陈独秀[22]，我说：

> 此事之是非，非一朝一夕所能定，亦非一二人所能定。甚愿国中人士能平心静气与吾辈同力研究此问题。讨论既热，是非自明。吾辈已张革命之旗，虽不容退缩，然亦决不敢以吾辈所主张为必是而不容他人之匡正也。

独秀在新青年上答我道：

> 鄙意容纳异议，自由讨论，固为学术发达之原则，独于改良中国文学当以白话为正宗之说，其是非甚明，必不容反对者有讨论之余地；必以吾辈所主张者为绝对之是，而不容他人之匡正也。……

我当时看了就觉得这是很武断的态度。现在四十多年之后，我还忘不了独秀这一句话，我还觉得这种“必以吾辈所主张者为绝对之是”的态度是很不容忍的态度，是最容易引起别人的恶感，是最容易引起反对的。

我曾说过，我应该用容忍的态度来报答社会对我的容忍。我现在常常想我们还得戒律自己：我们若想别人容忍谅解我们的见解，我们必须先养成能够容忍谅解别人的见解的度量。至少我们应该戒约自己决不可“以吾辈所主张者为绝对之是”。我们受过实验主义㉓的训练的人，本来就不承认有“绝对之是”，更不可以“以吾辈所主张者为绝对之是”。

四八、三、十二晨

⑱殉道：此指“殉教”，为某种宗教信仰而献身。⑲柏时：柏时（Theodore Beza, 1519—1605），欧洲神学家，喀尔文教派的继承人。生于法国，一五五九年创办日内瓦学院，传播喀尔文思想。⑳那末：那么。㉑《新青年》：民国四年创刊于上海，初名《青年杂志》，第二卷起改名《新青年》。主编为陈独秀，编辑有钱玄同、胡适、李大钊（zhāo）、鲁迅等人。新青年是倡导新文化运动的重要刊物。㉒陈独秀：安徽怀宁人，生于清德宗光绪五年，卒于民国三十一年。幼年随祖父读四书、五经，光绪二十二年，中秀才。二十六年，赴日留学，入东京高等师范学校速成科。民国四年起主编《新青年》，提倡民主与科学，乃新文化运动的重要人物。㉓实验主义：实验主义（Experimentalism），美国哲学家杜威（John Dewey, 1859—1952）力倡的学说，主张真理是相对的，常随时代环境而变动。事物、观念或思想的最重要意义，在于它作为行动工具的价值，及其所能产生的效用。

问题与讨论

一、本文举了哪些不能容忍异己的例子？读了之后，你有何感想？

二、胡适认为“没有容忍就没有自由”，你是否认同？试举今日的社会事件加以说明阐释。

三、胡适告诉我们没有“绝对之是”，更不可“以吾辈所主张者为绝对之是”。请思索其深意，并与同学讨论。

第六课

散曲选

一、大德歌秋

文——关汉卿

学习重点

曲是盛行于元代的一种新兴文体，有散曲、剧曲之分。散曲只有曲文（歌词），没有科（动作）、白（独白、对话），原本是可唱的诗歌，又分小令与套数，小令为单曲，套数则为合同一宫调数曲而成的套曲。散曲在形式上与词相似，都是长短句，但可以加衬字。至于剧曲，则兼有曲文、科、白，是可以扮演的舞台剧，俗称元杂剧。有关元杂剧的体制，请见第七课所述。无论就散曲或杂剧而言，关汉卿、白朴、马致远都是元曲代表性的作家。本课择取三家小令各一，以呈现元代散曲的风貌。本篇《大德歌》，以秋思为主题，表现了关汉卿散曲多写离愁别绪与男女情感的特色。学习时，可就下列重点加以注意：

一、认识关汉卿散曲平易浅近的风格。

二、掌握本篇藉秋声写哀愁的技巧。

三、体会曲中人物浓厚的相思之情。

题解

本篇选自《全元散曲》。《大德歌》，曲牌名，属双调。《秋》，曲题名。关汉卿以《大德歌》曲牌，分别抒写女子在春、夏、秋、冬四季对远方情人的相思，四首小令合为一组，此为其中之一。

在本篇中，作者藉秋风秋雨不歇之声、人物啜泣不止之声，以及蝉噪蛩（qióng）叫、雨洒芭蕉之声，具体衬写女子秋夜相思愁苦之情，取材平易、用语浅近，特具亲切可感的动人力量。

作者

关汉卿 号已斋叟（一作己斋叟），元大都（今北京）人。约生于金朝末年，约卒于元成宗大德年间（一二九七——一三〇七），年约八十。

关汉卿博学能文，滑稽多智，因无仕进之路，乃流落梨园，一生致力于杂剧之创作，与白朴、马致远、郑光祖号称“元曲四大家”。关汉卿精通音律，能粉墨登场，其著名作品有《窦娥冤》《拜月亭》《救风尘》等，颇具鲜明的社会写实色彩与朴实的庶民风格。散曲作品则以抒写男女之情与离愁别绪为主，或深情缱绻（qiǎn quǎn）、细腻动人；或自然痛快、明畅如话，兼有温润与豪放之风。后人编有《关汉卿集》《关汉卿全集校注》等行世。

课文

风飘飘，雨潇潇，便做[1]陈抟[2]也睡不着，懊恼伤怀抱[3]，扑簌簌[4]泪点抛。秋蝉儿噪罢寒蛩[5]儿叫，淅零零[6]细雨洒芭蕉[7]。

❶便做：就算是。此二字为衬字。文中凡衬字皆以小字标示。❷陈抟（tuán）：字图南，自号扶摇子，宋亳（bó）州真源（今河南鹿邑）人。先后隐于武当山、华山修道，常寝卧百余日不起，俗以为睡仙。宋太宗赐号希夷先生。❸怀抱：指“心”。❹扑簌（sù）簌：形容眼泪不停落下的样子。❺寒蛩：深秋的蟋蟀。蛩，音 qióng，蟋蟀。❻淅零零：状声词，形容雨声。❼芭蕉：植物名。高约三公尺，叶大，长椭圆形。

问题与讨论

一、元曲可以添“衬字”，请就个人吟咏体会，说说“衬字”所发挥的效果。

二、篇中人物因何引发相思之情？作者此相思之情的描写又有何特殊之处？

二、庆东原

文—白　朴

学习重点

白朴散曲作品不多，但以金遗民之身份，所作颇有感慨之音，苍凉悲壮是其主要情调，本篇为其代表作之一。学习时，可就下列重点加以注意：

一、认识白朴的身世及其作品风格。

二、了解篇中历史人物的故事，并掌握借古劝喻的写作手法。

三、体会作者内心的愤慨与沉痛。

题解

本篇选自《天籁集摭（zhí）遗》。《庆东原》，曲牌名，属双调。

篇中列举三个历史上有名的人物，强调功名事业转眼成空，唯有弃绝仕宦，才能安然过自己“忘忧”、“含笑”的人生。在状似旷达的襟怀中，其实流露作者因亡国而无由消散的悲哀之情，耐人沉吟咀嚼。

作者

白朴 原名恒，字仁甫，后改名朴，字太素，号兰谷，祖籍隩州（今山西河田）。生于金哀宗正大三年（一二二六），约卒于元成宗大德年间（一二九七——一三〇七），年约七十。

白朴父华，为金朝著名文士，官至枢密院判官，金亡不仕，白朴随父隐居真定（今河北正定）。及长，博学能文，但以身经丧乱，亡国失母，故常怀郁郁，绝意仕进。元世祖一统天下后，移居金陵（今南京），寄情山水，优游诗酒而终。

白朴散曲不多，大抵为叹逝、咏景、闺情之作，前者苍凉沉痛、次者清雅恬淡、后者含蓄温婉。其杂剧甚多，今存《梧桐雨》《墙头马上》两种，从中可见其着重人物情感抒发与意境渲染的特色。有词集《天籁集》、散曲集《天籁集摭遗》行世。

课文

忘忧草❶，含笑花❷，劝君闻早❸冠宜挂❹。那里也能言陆贾❺？那里也良谋子牙❻？那里也豪气张华❼？千古是非心，一夕渔樵话。

❶忘忧草：即萱草，俗称金针，相传可忘忧，故名。❷含笑花：其花如兰，有香气，微开时如含笑模样，故名。❸闻早：及早。❹冠宜挂："宜挂冠"之倒装，将帽子挂起。后世用以指辞官归隐。语见《后汉书·逸民传》。❺陆贾：汉高祖时人，从高祖定天下，以辩才闻名。❻子牙：即姜子牙。辅佐周武王克殷。❼张华：晋人，武帝时拜中书令，博学能文，乐于提携后进。

问题与讨论

一、篇中并举三位历史人物所用的语气与句法，产生了什么效果？请加以分析说明。

二、对作者所表达的人生观点与处世态度，你有什么看法？而作者为什么会如此呢？

三、落梅风远浦归帆

文—马致远

学习重点

马致远散曲不拘一格，虽风貌多样，但颇能洗尽散曲常见的谐谑、轻浮，而以典雅精致著称。本篇写江村日暮时分的生活情状与闲静氛围，笔致简淡隽永。学习时，可就下列重点加以注意：

一、认识马致远散曲风格中清新淡远的一面。

二、掌握本篇取景造境的技巧。

三、体会曲中流露的生活意趣。

题解

本篇选自《东篱乐府》。《落梅风》，曲牌名，属双调。《远浦（pǔ）归帆》，曲题名。作者依“潇湘八景”——平沙落雁、远浦归帆、山市晴岚、江天暮雪、洞庭秋月、潇湘夜雨、烟寺晚钟、渔村夕照，分别写了八首小令，合为一组，此为其中之一。

本篇聚焦江村水岸之景，信手点缀夕阳、酒旆（pèi）、茅舍、断桥、卖鱼人等事物，织就一幅闲散静好的人间画面，清新淡远，极耐品味。

作者

马致远 号东篱，元大都（今北京）人。约生于元世祖中统年间（一二六〇——一二六三），约卒于元晋宗泰定年间（一三二一——一三二四），年六十余。

马致远出身富家，青年时满怀豪情壮志，有佐国之心，唯抱负一直未能施展。晚年辞官不仕，寄情诗酒，闲散隐居度日。

马致远一生创作不辍，早年所作杂剧《汉宫秋》《岳阳楼》等，于元世祖至元年间即已广为流传，人称“曲状元”。其杂剧注重曲文，较具文人雅化的风格。其散曲或直陈铺叙，感慨寄意；或善于写景，意境深远；或以口语写生活情趣，清淡闲雅。有《东篱乐府》行世。

课文

夕阳下，酒旆❶闲❷，两三航❸未曾著❹岸。落花水香茅舍晚，断桥头卖鱼人散。

❶酒旆（pèi）：酒旗。❷闲：此处形容酒旗悠闲飘动的样子。❸航：此指船。❹著：音 zhuó。

问题与讨论

一、本篇与《大德歌》写作手法不同，所呈现的意境亦不同，试对二者加以比较，并作说明。

二、阅读本篇，你得到什么样的享受？对生活的本质与内涵，你又有什么体会？

第 七 课

杂剧选——窦娥冤（节选）

文—关汉卿

学习重点

关汉卿是元杂剧首屈一指的代表性作家，《窦娥冤》是关汉卿杂剧最著名的代表作品，自十九世纪以来，已有法、日、英文等译本，足见此剧脍炙人口的情况。本课选录该剧三、四两折，分别搬演窦娥对自己枉死的愤恨，以及沉冤终得昭雪、恶人终于正法的结局。学习时，可就下列重点加以注意：

一、认识元杂剧的体制及角色类型。

二、了解作者设计情节的用心。

三、体会本剧的旨趣，思索它在今日所具有的启示意义。

题解

本文选自明臧懋循所编《元曲选》，剧名《感天动地窦娥冤》，简称《窦娥冤》。

《窦娥冤》全剧写窦娥先为抵偿父债，嫁作蔡婆婆儿媳，后为张驴儿诬告毒死张父，屈打成招，被处极刑。临刑时，既悲痛难抑，复怨深愤激，乃预言三事：一、刀过头落，热血都飞上白练；二、身死之后，天降瑞雪三尺，掩其尸首；三、死后楚州干旱三年。前二事用以证不白之冤，后一事用以刺昏官之恶。窦娥之冤，最后赖职司刑政的父亲予以昭雪，而所谓“感天动地”，实就上述非人力所能为之三事而言。

元杂剧之体制，一般以四折为一本，合演一个完整的故事。所谓“折”，相当于现代戏剧的“幕”，故四折即四幕。每一折演唱一个宫调里的一套曲子，四折分别用四个宫调，所以“折”也算乐曲区分的单元。又有“楔（xiē）子”用以交代剧情，性质类于“序幕”。剧末有“题目”、“正名”，为四句或二句的对句，用以概括剧情。以本剧言，“题目”为《秉鉴持衡廉访法》，“正名”为《感天动地窦娥冤》。宋元戏曲在演出时，把题目正名写在书榜上，类似今日演出之海报。

作者

关汉卿 号已斋叟（一作己斋叟），元大都（今北京）人。约生于金朝末年，约卒于元成宗大德年间（一二九七——一三〇七），年约八十。

关汉卿博学能文，滑稽多智，因无仕进之路，乃流落梨园，一生致力于杂剧之创作，与白朴、马致远、郑光祖号称“元曲四大家”。关汉卿精通音律，能粉墨登场。其著名作品有《窦娥冤》《拜月亭》《救风尘》等，颇具鲜明的社会写实色彩与朴实的庶民风格。散曲作品则以抒写男女之情与离愁别绪为主，或深情缱绻（qiǎn quǎn）、细腻动人；或自然痛快、明畅如话，兼有温润与豪放之风。后人编有《关汉卿集》《关汉卿全集校注》等行世。

课文

第三折

（外❶扮监斩官上，云）下官监斩官是也。今日处决犯人，着（zhuó）做公的❷把住❸巷口，休放往来人闲走。（净❹扮公人，鼓三通、锣三下科❺）（刽子磨旗❻、提刀，押正旦❼带枷上）（刽子云）行动些❽，行动些，监斩官去法场上多时了。（正旦唱）

【正宫❾端正好❿】没来由犯王法，不隄防⓫遭刑宪，叫声屈动地惊天！顷刻间游魂先赴森罗殿⓬，怎不将⓭天地也生⓮埋怨？

【滚绣球】有日月朝暮悬，有鬼神掌着生死权，天地也，只合把清浊分辨，可怎生糊突⓯了盗跖、颜渊⓰？为善的受贫穷更命短，造恶的享富贵又寿延。天地也，做得个怕硬欺软，却元⓱来也这般顺水推船。地也，你不分好歹何为地？天也，你错勘⓲贤愚枉做天！哎，只落得两泪涟涟。

（刽子云）快行动些，悮⓳了时辰也。（正旦唱）

【倘秀才】则被这枷纽的我左侧右偏，人拥的我前合后偃⓴，我窦娥向哥哥行㉑有句言。（刽子云）你有甚么话说？（正旦唱）前街里去心怀恨，后街里去死无冤，休推辞路远。

❶外："外末"的省称，正末（男主角）以外的次要男角。❷做公的：衙门里的差役，又称"公人"。❸把住：管制住。❹净：角色名，一般为反面人物，相当于京剧中的大花脸或二花脸。❺科：元杂剧剧本中表示动作、表情的舞台提示。就实际搬演言，就是演员所表现出来的动作、表情。❻磨旗：挥旗。❼正旦：即女主角。旦，元杂剧中的女性角色。❽行动些：快点走之意。❾正宫：戏曲宫调名。宫调为中国古代乐曲的调名，每一宫调之下各有其统属的曲牌。❿端正好：正宫里的曲牌名，以下"滚绣球"等皆为曲牌名。⓫隄防：通"提防"，小心防备。此处有未料到、未防备之意。⓬森罗殿：阎罗王殿。阎罗王，佛教中主宰地狱的神。⓭将：教、令、把。⓮生：深、甚。⓯糊突：通"糊涂"，此为错看、弄错之意。⓰盗跖颜渊：盗跖是春秋时代

的大盗，颜渊是孔子的贤弟子。颜渊短命而盗跖长寿，故说天地糊涂。⑰元：同“原”。⑱勘：察。⑲悮：同“误”。⑳前合后偃：前贴后倒，形容人群拥挤、推挤，自身无法站稳的状况。合，贴合。偃，倒、靠。㉑哥哥行：哥哥那里。行，音 háng，指示方位词，一般用于人称或自称的后面。

（刽子云）你如今到法场上面，有甚么亲眷要见的，可教他过来，见你一面也好。（正旦唱）

【叨叨令】可怜我孤身只影无亲眷，则落的吞声忍气空嗟怨。（刽子云）难道你爷娘家也没的？（正旦云）止有个爹爹，十三年前上朝取应去了，至今杳无音信。（唱）蚤[22]已是十年多不睹爹爹面。（刽子云）你适才要我往后街里去，是甚么主意？（正旦唱）怕则怕前街里被我婆婆见。（刽子云）你的性命也顾不得，怕他见怎的？（正旦云）俺婆婆若见我披枷带锁赴法场飡刀[23]去呵，（唱）枉将他气杀也么哥，枉将他气杀也么哥[24]。告哥哥，临危好与人行方便。

（卜儿[25]哭上科，云）天那，兀的[26]不是我媳妇儿！（刽子云）婆子靠后。（正旦云）既是俺婆婆来了，叫他来，待我嘱付他几句话咱[27]。（刽子云）那婆子，近前来，你媳妇要嘱付你话哩。（卜儿云）孩儿，痛杀我也！（正旦云）婆婆，那张驴儿把毒药放在羊[28]腊儿汤里，实指望药死了你，要霸占我为妻。不想婆婆让与他老子吃，倒把他老子药死了。我怕连累婆婆，屈招了药死公公，今日赴法场典刑。婆婆，此后遇着冬时年节，月一十五，有瀽[29]不了的浆水饭，瀽半碗儿与我吃；烧不了的纸钱，与窦娥烧一陌儿[30]。则是看你死的孩儿面上！（唱）

㉒蚤：通“早”。㉓飡刀：吃一刀，即被砍头的意思。飡，同“餐”。㉔“枉将他气杀也么哥（yě me guō）”二句：这两句照例要重复，并在句尾加“也么哥”，这是曲子的定格。也么哥，或作“也波哥”，表示感叹的语气词，无义。㉕卜儿：元杂剧中老妇的俗称。㉖兀的：指示词，意为这里、这个，常带有郑重或惊异的语气。㉗咱：或作“者”，表示期望、应当、命令的意思，语尾助词。下文“咱”皆同义。㉘羊腊：即羊肚。腊，为“肚”之异体字。㉙瀽：音 jiǎn，倾、倒。此指拜祭时浇奠酒浆。㉚一陌儿：古时称一百钱为陌，此指一百纸钱。

【快活三】念窦娥葫芦提[31]当罪愆[32]，念窦娥身首不完全，念窦娥从前已往干家缘[33]，婆婆也，你只看窦娥少爷无娘面。

【鲍老儿】念窦娥伏侍婆婆这几年，遇时节将碗凉浆奠，你去那受刑法尸骸上烈[34]些纸钱，只当把你亡化的孩儿荐[35]。（卜儿哭科，云）孩儿放心，这个老身都记得。天那，兀的不痛杀我也！（正旦唱）婆婆也，再也不要啼啼哭哭，烦烦恼恼，怨气冲天。这都是我做窦娥的没时没运，不明不闇，负屈衔冤。

（刽子做喝科，云）兀那婆子靠后，时辰到了也。（正旦跪科）（刽子开枷科）（正旦云）窦娥告监斩大人，有一事肯依窦娥，便死而无怨。（监斩官云）你有甚么事？你说。（正旦云）要一领净席，等我窦娥站立，又要丈二白练[36]，挂在旗枪[37]上。若是我窦娥委实冤枉，刀过处头落，一腔热血休半点儿沾在地下，都飞在白练上者。（监斩官云）这个就依你，打甚么不紧[38]。（刽子做取席站科，又取白练挂旗上科）（正旦唱）

[31]葫芦提：宋元时口语，糊里糊涂的意思。[32]罪愆（qiān）：罪恶。[33]干家缘：操持家务。[34]烈：烧。[35]荐：祭祀。[36]白练：白绢。[37]旗枪：杆子上装有枪头的旗子。[38]打甚么不紧：有什么要紧。元代称要紧为打紧，“不”字为加强语气词。

【耍孩儿】不是我窦娥罚下这等无头愿[39]，委实的冤情不浅，若没些儿灵圣与世人传，也不见得湛湛[40]青天。我不要半星热血红尘洒，都只在八尺旗鎗素练悬。等他四下里皆瞧见，这就是咱苌弘化碧[41]，望帝啼鹃[42]。

（刽子云）你还有甚的说话，此时不对监斩大人说，几时说那？（正旦再跪科，云）大人，如今是三伏天道[43]，若窦娥委实冤枉，身死之后，天降三尺瑞雪，遮掩了窦娥尸首。（监斩官云）这等三伏天道，你便有冲天的怨气，也召不得一片雪来，可不胡说！（正旦唱）

[39]无头愿：不甘枉死所发的誓愿。窦娥被处斩首，故如此说。[40]湛湛（zhàn）：清澄的样子。[41]苌弘化碧：苌弘之血化为碧玉。苌弘，东周敬王时大夫。《庄子·外物》：“苌弘死于蜀，藏其血，三年而化为碧。”碧，青绿色的玉石。[42]望帝啼鹃：传说古代蜀王杜宇，号望帝，让位给自己的臣子，自己隐居在深山中。死后魂化为鸟，此鸟日夜啼鸣，蜀人怀之，呼其鸟为杜鹃或杜宇、子规。事见《华阳国志·蜀志》《太平御览·蜀王本纪》。[43]三伏天道：炎热的天气。三伏，初伏、中伏、末伏的合称。从夏至后第三个庚日起，每十日为一伏，分别为初伏、中伏、末伏，

是一年中最热的时候。

【二煞】你道是暑气暄[44]，不是那下雪天。岂不闻飞霜六月因邹衍[45]？若果有一腔怨气喷如火，定要感的六出冰花[46]滚似绵，免着我尸骸现。要甚么素车白马[47]，断送[48]出古陌荒阡！

（正旦再跪科，云）大人，我窦娥死的委实冤枉，从今以后，着这楚州亢旱三年！（监斩官云）打嘴！那有这等说话！（正旦唱）

【一煞】你道是天公不可期，人心不可怜，不知皇天也肯从人愿。做甚么三年不见甘霖降？也只为东海曾经孝妇冤[49]。如今轮到你山阳县。这都是官吏每无心正法，使百姓有口难言。

（刽子做磨旗科，云）怎么这一会儿天色阴了也？（内做风科，刽子云）好冷风也！（正旦唱）

【煞尾】浮云为我阴，悲风为我旋，三桩儿誓愿明题遍。（做哭科，云）婆婆也，直等待雪飞六月，亢旱三年呵，（唱）那其间才把你个屈死的冤魂这窦娥显。

（刽子做开刀，正旦倒科）（监斩官惊云）呀，真个下雪了，有这等异事！（刽子云）我也道平日杀人，满地都是鲜血，这个窦娥的血都飞在那丈二白练上，并无半点落地，委实奇怪。（监斩官云）这死罪必有冤枉。早两桩儿应验了，不知亢旱三年的说话，准也不准？且看后来如何。左右，也不必等待雪晴，便与我抬他尸首，还了那蔡婆婆去罢。（众应科，抬尸下）

[44]暄：温暖。[45]飞霜六月因邹衍：《太平御览》卷十四引《淮南子》，记邹衍尽忠事燕惠王，但为人所谗，遭下狱，邹衍仰天哭，时夏五月，天为之降霜。[46]六出冰花：指雪花，雪花多呈六角形，故如此称。[47]素车白马：东汉张劭死后，友人范式自远地乘素车白马前往吊丧，见《后汉书·范式传》。后即以素车白马代表送葬。[48]断送：发送。[49]东海曾经孝妇冤：曾经有过东海（今山东郯城，郯，音 tán，孝妇遭诬枉死，三年不降甘霖的冤情。事见《汉书·于定国传》。

第四折

（窦天章冠带[50]引丑[51]张千、祗从[52]上，诗云）独立空堂思黯然，高峰月出满林烟。非关有事人难睡，自是惊魂夜不眠。老夫窦天章是也。自离了我那端云孩儿，可蚤十六年光景。老夫自到京师，一举及第，官拜参知政事[53]。只因老夫廉能清正，节操坚刚，谢圣恩可怜[54]，加老夫两淮提刑肃政廉访使[55]之职，随处审囚刷卷[56]，体察滥官污吏，容老夫先斩后奏。老夫一喜一悲：喜呵，老夫身居台省[57]，职掌刑名[58]，势剑[59]金牌[60]，威权万里；悲呵，有端云孩儿，七岁上[61]与了蔡婆婆为儿媳妇，老夫自得官之后，使人往楚州问蔡婆婆家，他邻里街坊道，自当年蔡婆婆不知搬在那里去了，至今音信皆无，老夫为端云孩儿，啼哭的眼目昏花，忧愁的须发斑白。今日来到这淮南地面，不知这楚州为何三年不雨？老夫今在这州厅安歇。张千，说与那州中大小属官，今日免参[62]，明日蚤见。（张千向古门云）一应大小属官，今日免参，明日蚤见。（窦天章云）张千，说与那六房[63]吏典[64]，但有合[65]刷照[66]文卷，都将来，待老夫灯下看几宗波[67]。（张千送文卷科）（窦天章云）张千，你与我掌上灯。你每都辛苦了，自去歇息罢。我唤你便来，不唤你休来。（张千点灯，同祗从下，窦天章云）我将这文卷看几宗咱。“一起犯人窦娥，将毒药致死公公。……”我才看头一宗文卷，就与老夫同姓。这药死公公的罪名，犯在十恶[68]不赦，俺同姓之人也有不畏法度的。这是问结[69]了的文书，不看他罢，我将这文卷压在底下，别看一宗咱。（做打呵欠科，云）不觉的一阵昏沉上来，皆因老夫年纪高大，鞍马劳困之故。待我搭伏定[70]书案，歇息些儿咱。（做睡科。魂旦[71]上，唱）

[50] 冠带：戴帽子、束腰带，此指穿戴正式官服。[51] 丑：角色名，一般是扮演滑稽诙谐或行止不端的人物。[52] 祗（zhī）从：侍从。[53] 参知政事：官名，元代中书省设有参知政事辅助宰相，相当于副宰相。[54] 可怜：此处为看重之意。怜，爱。[55] 提刑肃政廉访使：官名，元代各道都设有提刑按察使，后改为肃政廉访使，负责纠察该道官吏善恶、政治得失以及刑狱等事。[56] 刷卷：审阅文卷。[57] 台省：台指御史台，廉访使属御史台；省指中书省，参知政事属中书省。[58] 职掌刑名：掌握刑事案件审判和裁决之权。[59] 势剑：皇帝所赐，赋予官员先斩后奏权力的宝剑。[60] 金牌：元代武官万户佩金虎符，千户佩金符，百户佩银符，以示地位和职权的差别。[61] 七岁上：七岁左右。[62] 参：下级官吏依一定礼制谒见上级官员叫做“参”。[63] 六房：元代各级

地方政府组织，一般按照吏、户、礼、兵、刑、工六部性质，设置六间办公室，分掌政务，谓之“六房”。64吏典：衙门中管事之属官。65合：应当。66刷照：呈阅审核之意。67波：语气词，无义。68十恶：封建时代刑律所定的“十恶”罪是：谋反、谋大逆、谋叛、恶逆、不道、大不敬、不孝、不睦、不义、内乱。69问结：已审完定案。70搭伏定：意指趴在。搭伏，身体向前倚靠俯伏。71魂旦：扮演女鬼的角色。

【双调新水令】我每日哭啼啼守住望乡台[72]，急煎煎把仇人等待，慢腾腾昏地里走，足律律[73]旋风中来，则被这雾锁云埋，撺掇[74]的鬼魂快。

（魂旦望科，云）门神户尉不放我进去。我是廉访使窦天章女孩儿，因我屈死，父亲不知，特来托一梦与他咱。（唱）

【沉醉东风】我是那提刑的女孩，须不比现世的妖怪，怎不容我到灯影前，却拦截在门桯[75]外？（做叫科，云）我那爷爷呵！（唱）枉自有势剑金牌，把俺这屈死三年的腐骨骸，怎脱离无边苦海？

（做入见哭科，窦天章亦哭科，云）端云孩儿，你在那里来？（魂旦虚下[76]）（窦天章做醒科，云）好是奇怪也！老夫才合眼去，梦见端云孩儿，恰便似来我跟前一般，如今在那里？我且再看这文卷咱。（魂旦上做弄灯科）（窦天章云）奇怪，我正要看文卷，怎生这灯忽明忽灭的？张千也睡着了，我自己剔灯[77]咱。（做剔灯，魂旦翻文卷科。窦天章云）我剔的这灯明了也，再看几宗文卷。“一起犯人窦娥，药死公公。……”（做疑怪科，云）这一宗文卷，我为头[78]看过，压在文卷底下，怎生又在这上头？这几时问结了的，还压在底下，我别看一宗文卷波。（魂旦再弄灯科。窦天章云）怎么这灯又是半明半开的？我再剔这灯咱。（做剔灯。魂旦再翻文卷科）（窦天章云）我剔的这灯明了，我另拿一宗文卷看咱。“一起犯人窦娥，药死公公。……”呸！好是奇怪！我才将这文书分明压在底下，刚剔了这灯，怎生又翻在面上？莫不是楚州后厅里有鬼么？便无鬼呵，这桩事必有冤枉。将这文卷再压在底下，待我另看一宗如何？（魂旦又弄灯科。窦天章云）怎生这灯又不明了？敢有鬼弄这灯？我再剔一剔去。（做剔灯科。魂旦上，做撞见科。窦天章举剑击桌科，云）呸！我说有鬼！兀那鬼魂，老夫是朝廷钦差带牌走马[79]肃政廉访使，你向前来，一剑挥之两段。张千，亏你也睡的着，快起来，有鬼有鬼。兀的不吓杀老夫也！（魂旦唱）

㉒望乡台：民间传说，人死后到阴间去之前先登望乡台，可望见阳间的家人。㉓足律律：拟声词，表示风声或物体在风中的飘拂声。㉔撺掇（cuān duó）：此处为催促之意。㉕门桯（tīng）：门框下石础中间的门槛。此指门户。㉖虚下：元杂剧术语，指演员在台上背身作下场状。㉗剔灯：挑灯。挑起灯芯、剔除余烬，使灯更亮。㉘为头：先前。㉙带牌走马：佩带金牌，使用驿马。

【乔牌儿】则见他疑心儿胡乱猜，听了我这哭声儿转惊骇。哎，你个窦天章直恁（rèn）的威风大，且受我窦娥这一拜。

（窦天章云）兀那鬼魂，你道窦天章是你父亲，“受你孩儿窦娥拜”，你敢错认了也？我的女儿叫做端云，七岁上与了蔡婆婆为儿媳妇。你是窦娥，名字差了，怎生是我女孩儿？（魂旦云）父亲，你将我与了蔡婆婆家，改名做窦娥了也。（窦天章云）你便是端云孩儿？我不问你别的，这药死公公是你不是？（魂旦云）是你孩儿来。（窦天章云）噤声[80]！你这小妮子，老夫为你啼哭的眼也花了，忧愁的头也白了，你剗地[81]犯下十恶大罪，受了典刑！我今日官居台省，职掌刑名，来此两淮审囚刷卷，体察滥官污吏。你是我亲生之女，老夫将你治不的，怎治他人？我当初将你嫁与他家呵，要你三从四德。三从者，在家从父，出嫁从夫，夫死从子；四德者，事公姑，敬夫主，和妯娌，睦街坊。今三从四德全无，剗地犯了十恶大罪。我窦家三辈无犯法之男，五世无再婚之女，到今日被你辱没祖宗世德，又连累我的清名。你快与我细吐真情，不要虚言支对[82]。若说的有半厘差错，牒发[83]你城隍祠[84]内，着你永世不得人身，罚在阴山[85]永为饿鬼。（魂旦云）父亲停嗔息怒，暂罢狼虎之威，听你孩儿慢慢的说一遍咱。我三岁上亡了母亲，七岁上离了父亲，你将我送与蔡婆婆做儿媳妇。至十七岁与夫配合，才得两年，不幸儿夫亡化，和俺婆婆守寡。这山阳县南门外有个赛卢医，他少俺婆婆二十两银子。俺婆婆去取讨，被他赚[86]到郊外，要将婆婆勒死，不想撞见张驴儿父子两个，救了俺婆婆性命。那张驴儿知道我家有个守寡的媳妇，便道：“你婆儿媳妇既无丈夫，不若招我父子两个。”俺婆婆初也不肯，那张驴儿道：“你若不肯，我依旧勒死你。”俺婆婆惧怕，不得已含糊许了。只得将他父子两个领到家中，养他过世。有张驴儿数次调戏你女孩儿，我坚执不从。那一日俺婆婆身子不快，想羊肚儿汤吃，你孩儿安排了汤。适值张驴儿父子两个问病，道：“将汤来我尝一尝。”说：“汤便好，只少些盐醋。”赚的我去取盐醋，他就暗地里下了毒药。实指望药杀俺婆婆，要强逼我成亲。不想俺婆婆偶然发呕，不要汤吃，却让与老张吃，随即七窍流血药死了。张驴儿便道："窦娥药死了俺老子，你要官休？要私休？"我便道："怎生是官休？怎生是私休？"他道："要官休，告到官司，你与俺老子偿命；若私休，你便与我做老婆。"你孩儿便道："好马不备[87]双鞍，烈女不更二夫。我至死不与你做媳妇，我情愿和你见官去。"他将你孩儿拖到官中，受尽三推六问，吊拷绷扒[88]，便打死孩儿，也不肯认。怎当州官见你孩儿不认，便要拷打俺婆婆。我怕婆婆年老，受刑不起，只得屈认了。因此押赴法场，将我典刑。你孩儿对天发下三桩誓愿：第一桩，要丈二白练挂在旗枪上，若系冤枉，刀过头落，一腔热血休滴在地下，都飞在白练上；第二桩，现今三伏天道，下三尺瑞雪，遮掩你孩儿尸首；第三桩，着他楚州大旱三年。果然血飞上白练，六月下雪，三年不雨，都是为你孩儿来。（诗云）不告官司只告天，心中怨气口难言。防他老母遭刑宪，情愿无辞认罪愆。三尺琼花[89]骸骨掩，一腔鲜血练旗悬；岂独霜飞邹衍屈，今朝方表窦娥冤。（唱）

[80]噤声：住口。[81]刬（chān）地：怎的，怎么。表反诘、嗔怪语气。[82]支对：对付、应付。[83]牒发：用公文解送。[84]城隍祠：城隍庙。民间信仰，城隍爷为阴间管理、守护城池的神。[85]阴山：民间信仰，阴间有阴山，有罪而不得超生的鬼魂都在那里挨饿受冻。[86]赚：音 zuàn，哄骗。[87]备：音 beì，把鞍辔等套在马上。[88]吊拷绷扒：綑绑后吊起来拷打，旧时衙门里的一种刑罚。[89]琼花：指雪花。

【鴈儿落】你看这文卷曾道来不道来[90]，则我这冤枉要忍耐如何耐？我不肯顺他人，倒着我赴法场；我不肯辱祖上，倒把我残生坏。

【得胜令】呀，今日个搭伏定摄魂台[91]，一灵儿怨哀哀。父亲也，你现掌着刑名事，亲蒙圣主差，端详这文册，那厮乱纲常当合败[92]，便万剐[93]了乔才[94]，还道报冤雠不畅怀。

[90]曾道来不道来：说过还是没说过。指文卷上有没有把事实说清楚。[91]摄魂台：民间传说，拘留鬼魂的地方。[92]当合败：理当到坏事该败露的时候了。[93]剐：音 guǎ，把肉一刀一刀剐下来。[94]乔才：坏家伙，古代戏曲小说常用词。

（窦天章做泣科，云）哎！我那屈死的儿，则被你痛杀我也！我且问你：这楚州三年不雨，可真个是为你来？（魂旦云）是为你孩儿来。（窦天章云）有这等事！到来朝我与你做主。（诗云）白头亲苦痛哀哉，屈杀了你个青春女孩。只恐怕天明了，你且回去，到来日我将文卷改正明白。（魂旦暂下）（窦天章云）呀，天色明了也。张千，我昨日看几宗文卷，中间有一鬼魂来诉冤枉。我唤你好几次，你再也不应，直恁的好睡那。（张千云）我小人两个鼻子孔一夜不曾闭，并不听见女鬼诉甚么冤状，也不曾听见相公呼唤。（窦天章做叱科，云）嗯[95]！今蚤升厅坐衙，张千，喝撺厢者[96]。（张千做幺喝科，云）在衙人马平安[97]，抬书案！（禀云）州官见。（外扮州官入参科）（张千云）该房[98]吏典见。（丑扮吏入参见科）（窦天章问云）你这楚州一郡，三年不雨，是为着何来？（州官云）这个是天道亢旱，楚州百姓之灾[99]，小官等不知其罪。（窦天章做怒云）你等不知罪么！那山阳县有用毒药谋死公公犯妇窦娥，他问斩之时曾发愿道："若是果有冤枉，着你楚州三年不雨，寸草不生。"可有这件事来？（州官云）这罪是前升任桃州守问成的，现有文卷。（窦天章云）这等糊突的官也着他升去！你是继他任的，三年之中可曾祭这冤妇么？（州官云）此犯系十恶大罪，元不曾有祠，所以不曾祭得。（窦天章云）昔日汉朝有一孝妇守寡，其姑自缢身死，其姑女告孝妇杀姑，东海太守将孝妇斩了。只为一妇含冤，致令三年不雨。后于公治狱，彷佛见孝妇抱卷哭于厅前，于公将文卷改正，亲祭孝妇之墓，天乃大雨。今日你楚州大旱，岂不正与此事相类？张千，分付该房佥牌[100]下山阳县，着拘张驴儿、赛卢医、蔡婆婆一起人犯，火速解审，毋得违悮片刻者。（张千云）理会得。（下）（丑扮解子[101]押张驴儿、蔡婆婆同张千上，禀云）山阳县解到审犯听点[102]。（窦天章云）张驴儿。（张驴儿云）有。（窦天章云）蔡婆婆。（蔡婆婆云）有。（窦天章云）怎么赛卢医是紧要人犯不到？（解子云）赛卢医三年前在逃，一面着广捕批缉拿去了，待获日解审。（窦天章云）张驴儿，那蔡婆婆是你的后母么？（张驴儿云）母亲好冒认的？委实是。（窦天章云）这药死你父亲的毒药，卷上不见有合药[103]的人，是那个的毒药？（张驴儿云）是窦娥自合就的毒药。（窦天章云）这毒药必有一个卖药的医铺。想窦娥是个少年寡妇，那里讨这药来。张驴儿，敢是你合的毒药幺？（张驴儿云）若是小人合的毒药，不药别人，倒药死自家老子？（窦天章云）我那屈死的儿唷[104]，这一节是紧要公案，你不自来折辩，怎得一个明白？你如今冤魂却在那里？（魂旦上，云）张驴儿，这药不是你合的，是那个合的？（张驴儿做怕科，云）有鬼有鬼，撮盐入水，太上老君急急如律令敕[105]。（魂旦云）张驴儿，你当日下毒药在羊脏儿汤里，本意药死俺婆婆，要逼勒我做浑家。不想俺婆婆不吃，让与你父亲吃，被药死了。你今日还敢赖哩！（唱）

⑨⑤啀：音tuì，斥责词。⑨⑥喝撺厢者：古代官员开庭审案时，差役分列两厢，大声吆喝壮威。厢，或做“箱”。者，语尾助词。⑨⑦在衙人马平安：官员升堂办案时差役照仪式吆喝的惯语，以示吉利。⑨⑧该房：此指六房中的刑房。⑨⑨灾：同“災”。⑩⓪佥牌：即签发公文。佥，音qiān，签署。牌，此指官方公文。⑩①解子：负责押解犯人的差吏。⑩②听点：听候查点。⑩③合药：调配药方。⑩④唷：音yù，语气词，无义。⑩⑤太上老君急急如律令敕：太上老君，传说中道教的祖师爷。如律令，原是汉代公文末尾的例行用语，意为按律令办事。后来道教加以模仿，在符咒末尾用“太上老君急急如律令敕”的套语，祈请太上老君迅速照符咒的要求帮人解围救难。

【川拨棹】猛见了你这吃敲材[106]，我只问你这毒药从何处来？你本意待闇里栽排[107]，要逼勒我和谐[108]，倒把你亲爷毒害，怎教咱替你躭[109]罪责！

（魂旦做打张驴儿科）（张驴儿做避科，云）太上老君急急如律令敕。大人说这毒药必有个卖药的医铺，若寻得这卖药的人来和小人折对[110]，死也无词。（丑扮解子解赛卢医上，云）山阳县续解到犯人一名赛卢医。（张千喝云）当面[111]。（窦天章云）你三年前要勒死蔡婆婆，赖他银子，这事怎么说？（赛卢医叩头科，云）小的要赖蔡婆婆银子的情是有的，当被两个汉子救了，那婆婆并不曾死。（窦天章云）这两个汉子你认的他叫做甚么名姓？（赛卢医云）小的认便认得，慌忙之际可不曾问的他名姓。（窦天章云）现有一个在阶下，你去认来。（赛卢医做下认科，云）这个是蔡婆婆。（指张驴儿云）想必这毒药事发了。（上云）是这一个。容小的诉禀：当日要勒死蔡婆婆时，正遇见他爷儿两个救了那婆婆去。过得几日，他到小的铺中讨服毒药。小的是念佛吃斋人，不敢做昧心的事，说道：“铺中只有官料药[112]，并无甚么毒药。”他就睁着眼道：“你昨日在郊外要勒死蔡婆婆，我拖你见官去。”小的一生最怕的是见官，只得将一服毒药与了他去。小的见他生相是个恶的，一定拿这药去药死了人，久后败露，必然连累，小的一向逃在涿州地方，卖些老鼠药。刚刚是老鼠被药杀了好几个，药死人的药，其实再也不曾合。（魂旦唱）

⑩⑥吃敲材：指该死的家伙。敲，杖打。⑩⑦闇里栽排：暗中安排。⑩⑧和谐：随顺，此指成亲。⑩⑨躭：通“担”，承担。⑪⓪折对：对质。⑪①当面：意谓宋元时把犯人拉上堂见官受审。⑪②官料药：合法经营销售的药物。

【七弟兄】你只为赖财，放乖，要当灾[113]。（带云[114]）这毒药呵，（唱）原来是你赛卢医出卖，张驴儿买，没来由填做我犯由牌[115]，到今日官去衙门在。

（窦天章云）带那蔡婆婆上来。我看你也六十外人了，家中又是有钱钞的，如何又嫁了老张，做出这等事来？（蔡婆婆云）老妇人因为他爷儿两个救了我的性命，收留他在家养膳过世。那张驴儿常说要将他老子接脚进来，老妇人并不曾许他。（窦天章云）这等说，你那媳妇就不该认做药死公公了。（魂旦云）当日问官要打俺婆婆，我怕他年老受刑不起，因此咱认做药死公公，委实是屈招个！（唱）

【梅花酒】你道是咱不该这招状供写的明白，本一点孝顺的心怀，倒做了惹祸的胚胎[116]。我只道官吏每[117]还覆勘[118]，怎将咱屈斩首在长街！第一要素旗鎗鲜血洒，第二要三尺雪将死尸埋，第三要三年旱示天灾：咱誓愿委实大。

【收江南】呀，这的是衙门从古向南开，就中[119]无箇不冤哉！痛杀我娇姿弱体闭泉台[120]，蚤三年以外，则落的悠悠流恨似长淮。

[113]赖财，放乖，要当灾：这是七字三韵句，财、乖、灾三字都押韵。放乖，放刁、使坏。乖，此处有恶劣之意。要当灾，合当蒙受灾难。[114]带云：杂剧术语，指唱曲行腔中间的夹白。[115]犯由牌：揭示犯人罪状的牌子。[116]胚胎：此处为根苗、起因之意。[117]官吏每：官吏们。每，们，宋元时口语。[118]覆勘：再审。[119]就中：这其中。[120]泉台：坟墓。

（窦天章云）端云儿也，你这冤枉我已尽知，你且回去。待我将这一起人犯并原问官吏另行定罪，改日做个水陆道场[121]。超度你生天[122]便了。（魂旦拜科，唱）

【鸳鸯煞尾】从今后把金牌势剑从头摆，将滥官污吏都杀坏，与天子分忧，万民除害。（云）我可忘了一件，爹爹，俺婆婆年纪高大，无人侍养，你可收恤家中，替你孩儿尽养生送死之礼，我便九泉之下，可也瞑目。（窦天章云）好孝顺的儿也！（魂旦唱）嘱付你爹爹，收养我妳妳[123]。可怜他无妇无儿，谁管顾年衰迈！再将那文卷舒开，（带云）爹爹也，把我窦娥名下，（唱）屈死的于伏[124]罪名儿改。（下）

（窦天章云）唤那蔡婆婆上来，你可认的我么？（蔡婆婆云）老妇人眼花了，不认的。（窦天章云）我便是窦天章。适才的鬼魂，便是我屈死的女孩儿端云。你这一行人听我下断：张驴儿毒杀亲爷，奸占寡妇，合拟凌迟[125]，押付市曹中钉上木驴[126]，剐一百二十刀处死。升任州守桃杌并该房吏典，刑名违错，各杖一百，永不叙用。赛卢医不合赖钱，勒死平民；又不合修合毒药，致伤人命，发烟障地面[127]，永远充军。蔡婆婆我家收养。窦娥罪改正明白。（词云）莫道我念亡女与他灭罪消愆，也只可怜见楚州郡大旱三年。昔于公曾表白东海孝妇，果然是感召得灵雨如泉。岂可便推诿道天灾代有，竟不想人之意感应通天。今日个将文卷重行改正，方显的王家法不使民冤。

⑫ 水陆道场：民间习俗为死者举行的超度仪式。⑫ 生天：即升天。⑫ 妳妳：此处即指婆婆。妳，读作 nǎi，为“嬭”的俗体字。楚人呼母曰“嬭”。⑫ 于伏：招伏、认罪。⑫ 凌迟：古代一种酷刑，把犯人身上肌肉一片一片割下，最后才割断气管让他死去。⑫ 木驴：固定犯人手足的木架，古代执行剐刑时所用。⑫ 发烟障地面：发配蛮荒瘴疠地区。烟障，亦作“烟瘴”，指深山丛林中水气蒸腾，毒雾弥漫。

问题与讨论

一、窦娥临刑前为何要立下“三愿”？她有什么用意？请加以阐释。

二、根据剧中描写，窦娥具有何种人格特质？作者如此描写，对读者（观众）的感受又可能产生什么效果？

三、作者为什么安排窦娥昭雪沉冤的人是已为达官显贵的父亲窦天章？其中有何深层意涵？请加以讨论。

第八课

过秦论

文——贾谊

学习重点

贾谊堪称西汉初期最重要的政论家，他曾详细论述秦朝灭亡的原因，也曾对汉朝的治国政策与典章制度提出完整的建议。贾谊的政论文章，后世公认为议论文的典范。学习时，可就下列重点加以注意：

一、认识贾谊生平及其成就。

二、掌握本文使用对比手法与排偶句式的文学技巧。

三、体会作者将“秦朝之强大”与“秦朝迅速灭亡”加以对比的用心。

题解

本文选自《史记·秦始皇本纪》，原分为上中下三篇，本文为其上篇。“过秦”，批评秦朝的过失，“过”，当动词用。地处西陲的秦国，自孝公任用商鞅，推行变法，积极厚植国力，经过一百多年的争战，终于消灭六国，建立前所未有的大一统帝国，却在短暂的十五年内迅速亡国。对这异乎寻常的历史现象，汉朝初年许多学者都提出省思检讨，希望作为帝王施政的参考，其中以贾谊的《过秦论》最为著名，也最受后世传诵。

文中分析秦朝历史的演变大势，并将秦灭六国、统一天下的强大与后来的迅速灭亡加以对比，从而点出“仁政”的重要，托出主旨，并藉此讽谏汉文帝以秦为鉴，实施仁政，才能长治久安。

作者

贾谊　河南洛阳（今河南洛阳）人。生于汉汉高祖七年（公元前二〇〇），卒于汉文帝十二年（公元前一六八），年三十三。

贾谊少通诗书百家之言，学识渊博。文帝即位，召为博士。少而博学，议论、见解均异于流俗，深得文帝喜爱，擢升太中大夫。文帝欲任之为公卿，因受当时重臣周勃、灌婴等人谗毁，遂被贬为长沙王太傅，后改任梁怀王太傅。怀王不幸坠马而死，贾谊颇为自责，抑郁成疾而卒。世称贾长沙，又称贾太傅。

贾谊为汉初著名政论家、辞赋家。其政论文辞晓畅，气势雄浑，议论透辟，见解卓越，后世推为典范。除《过秦论》外，又上《陈政事疏》，于汉朝政策、制度多所建言。文帝虽一时未能全部采行，但其后施政多受其言论影响。贬谪南方时，感伤未受重用，作《吊屈原赋》与《鵩鸟赋》，上承《楚辞》，下开汉赋之先河，在汉赋发展史上具有重要地位。有《新书》行世。

课文

秦孝公[1]据殽、函[2]之固，拥雍州[3]之地，君臣固守，以窥周室[4]，有席卷天下，包举宇内，囊括四海之意，并吞八荒[5]之心。当是时也，商君[6]佐之，内立法度，务耕织，修守战之具，外连衡而斗诸侯[7]。于是秦人拱手[8]而取西河[9]之外。

[1] 秦孝公：战国时秦国国君，任用商鞅，实施变法，奠定秦国富强的基础。[2] 殽（yáo）、函：指殽山、函谷关，二者皆为秦国拒守中原诸国进入的要塞。[3] 雍州：古九州之一，此指秦国的核心地区，约在今陕西中北部与甘肃、青海之部分地区。[4] 以窥周室：意图夺取东周政权。窥，窥伺。[5] 八荒：此指天下。荒，边远之地。[6] 商君：即商鞅，本名公孙鞅，战国卫人，亦称卫鞅。好刑名之学，入秦事孝公，因变法有功，封商、于十五城，故称商君或商鞅。[7] 外连衡而斗诸侯：对外运用连衡的策略，使诸侯自相争斗。连衡，又作“连横”，指秦国分别与六国订立盟约，使六国相互猜忌，避免六国联合抗秦的策略。[8] 拱手：两手相合。形容轻而易举。[9] 西河：今陕西韩城至华阴一带，在黄河西边，故称“西河”。周显王二十九年（公元前三四〇），商鞅败魏兵，魏割西河之地与秦。

孝公既没，惠文、武、昭襄[10]，蒙[11]故业，因遗策[12]，南取汉中[13]，西举巴、蜀[14]，东割膏腴之地，北收要害之郡[15]。诸侯恐惧，会盟而谋弱秦[16]。不爱[17]珍器、重宝、肥饶之地，以致天下之士，合从[18]缔交，相与为一。当此之时，齐有孟尝[19]，赵有平原[20]，楚有春申[21]，魏有信陵[22]，此四君者，皆明智而忠信，宽厚而爱人，尊贤而重士，约从离横[23]，兼韩、魏、燕、赵、齐、楚、宋、卫、中山之众。于是六国之士，有宁越[24]、徐尚[25]、苏秦[26]、杜赫[27]之属[28]为之谋；齐明[29]、周最[30]、陈轸[31]、召滑[32]、楼缓[33]、翟景[34]、苏厉[35]、乐毅[36]之徒通其意[37]；吴起[38]、孙膑[39]、带佗[40]、兒良、王廖[41]、田忌[42]、廉颇[43]、赵奢[44]之伦制其兵[45]。尝以十倍之地，百万之众，叩关[46]而攻秦。秦人开关延敌[47]，九国[48]之师，逡巡[49]遁逃而不敢进。秦无亡矢遗镞[50]之费，而天下诸侯已困矣。于是从散约解[51]，争割地而赂秦。秦有余力而制其敝[52]，追亡逐北[53]，伏尸百万，流血漂橹[54]，因利乘便[55]，宰割天下，分裂河山，强国请服，弱国入朝。施[56]及孝文王[57]、庄襄王[58]，享国日浅[59]，国家无事。

[10]惠、文、武昭襄：惠文王，秦孝公之子，即位后，秦始称王。武王，秦惠文王之子。昭襄王，秦武王异母弟。[11]蒙：受、继承。[12]因遗策：承袭先王遗留下来的政策。因，承袭。[13]南取汉中：指秦惠文王十三年（公元前三二六），攻楚汉中，取地六百里，置汉中郡。[14]西举巴、蜀：指秦惠文王九年，巴、蜀两国互相攻击，俱求救于秦，惠文王出兵灭两国，置巴、蜀二郡。举，攻取。[15]要害之郡：指地势险要的城邑。[16]谋弱秦：计划削弱秦国。弱，削弱，动词。[17]爱：吝惜。[18]合从（zòng）：又作“合纵（zòng）”，指六国联合抗秦的政策。[19]孟尝：即孟尝君田文，为齐相。[20]平原：即平原君赵胜，为赵相。[21]春申：即春申君黄歇，为楚相。[22]信陵：即信陵君魏无忌，礼贤下士，曾任魏上将军。信陵、孟尝、平原、春申合称战国四公子。[23]约从离横：订约结成合纵关系，离散破坏秦国的连横策略。[24]宁（nìng）越：赵人。[25]徐尚：宋人。[26]苏秦：洛阳人，师事鬼谷子。周显王时，以合纵游说六国并力抗秦，佩六国相印，为合纵之长。[27]杜赫：周人，以安天下游说周昭文君。[28]属：类。下文“徒”、“伦”同义。[29]齐明：周人。[30]周最：周人，仕于齐。[31]陈轸（zhěn）：夏人，仕秦，复仕楚。[32]召（shào）滑：楚人。[33]楼缓：赵人，先为魏相，后为秦相。[34]翟（zhái）景：魏人。[35]苏厉：苏秦弟，仕于齐。[36]乐毅：魏人，仕燕昭王，为上将军，伐齐，下七十余城。后奔赵，封望诸君。[37]通其意：指来往于六国之间，替各国沟通意见。[38]吴起：春秋末期兵法家。初仕鲁，后为魏文侯将。魏武侯时，受谗奔楚，楚悼王用为相；悼王卒，为楚贵族所忌，被害。[39]孙膑（bìn）：齐人，孙武之后，与庞涓同师鬼谷子。庞涓忌妒孙膑之才，召至魏，刖（yuè）足黥（qíng）面。后孙膑为齐军师，败魏兵于马陵，射杀庞涓。[40]带佗（tuó）：楚将。[41]兒（ní）良、王廖：皆当时军事家。兒良谋兵重在后发制人，王廖谋兵重在先发制人。[42]田忌：齐将，伐魏三战三胜。[43]廉颇：赵国良将，伐齐大胜，拜为上卿。[44]赵奢：赵将，击秦有功，封马服君。[45]制其兵：统领军队。[46]叩关：指攻打函谷关。叩，敲击，引申为攻打。[47]延敌：迎击敌军。延，引、迎。[48]九国：即前文所言韩、魏、燕、赵、齐、楚、宋、卫、中山。[49]逡巡：迟疑徘徊的样子。逡，音（qūn），退却。[50]亡矢遗镞：指耗费武器。亡，失。矢，箭。镞，音zú，箭头，此借指箭。[51]从散约解：六国合纵的盟约瓦解。[52]敝：衰败。[53]追亡逐北：追击败逃的敌军。亡、北，皆败逃之意，此作名词用，指败逃者。[54]流血漂橹：血流成河，可以漂浮盾牌，形容杀人极多。橹，音lǔ，亦作“卤”，大盾。[55]因利乘便：凭借有利的形势与时机。因、乘，凭借。利、便，有利、适宜。[56]施：音yì，延续。[57]孝文王：秦昭襄王之子，即位三天，旋即死亡。[58]庄襄王：秦孝文王之子，在位四年而卒。[59]享国日浅：指孝文王、庄襄王在位不久。享国，指国君在位的年数。

及至始皇，奋六世之余烈[60]，振长策而御宇内[61]，吞二周[62]而亡诸侯，履至尊而制六合[63]，执捶拊以鞭笞天下[64]，威振四海。南取百越[65]之地，以为桂林[66]、象郡[67]，百越之君，俛首系颈[68]，委命下吏[69]。乃使蒙恬[70]北筑长城而守藩篱[71]，却[72]匈奴七百余里，胡人不敢南下而牧马，士不敢弯弓而报怨。于是废先王之道，燔[73]百家之言，以愚黔首[74]，隳[75]名城，杀豪杰，收天下之兵[76]，聚之咸阳，销锋鍉[77]，铸以为金人[78]十二，以弱天下之民。然后践华为城[79]，因河为池[80]，据亿丈之城[81]，临不测之溪以为固。良将劲弩[82]，守要害之处；信臣精卒，陈利兵而谁何[83]？天下已定，始皇之心，自以为关中之固，金城[84]千里，子孙帝王万世之业也。

[60]奋六世之余烈：发扬六代积留下来的功业。奋，发扬。六世，指秦孝公、惠文王、武王、昭襄王、孝文王、庄襄王。烈，功业。[61]振长策而御宇内：挥动长鞭以征服天下，比喻秦始皇用武力征服诸侯。策，马鞭。御，驾车，引申为征服。宇内，天下。[62]吞二周：并吞东西二周是秦始皇即位之前的事，秦昭襄王五十一年（公元前二五六）灭西周；秦庄襄王元年（西元前二四九）灭东周。[63]履至尊而制六合：登上帝位，统治天下。履，踩踏，此指登上。至尊，最尊贵的地位，指天子之位。六合，天地四方，即“天下”。[64]执捶拊以鞭笞天下：比喻用严刑峻法治理天下。捶拊，鞭打用的刑具。捶，音 chuí，通“箠”，鞭子。拊，音 fǔ，柄，此指鞭柄。鞭笞，鞭打，引申为治理。[65]百越：古代越族分布甚广，种族不一，故称百越。亦作“百粤”。[66]桂林：秦郡名，约在今广西北部一带。[67]象郡：秦郡名，约在今广东西南部、广西南部及越南北部一带。[68]俛（fǔ）首系颈：屈服投降之意。俛首，低头。俛，同“俯”。係颈，颈上系绳，指被俘。[69]委命下吏：把生命交给秦的狱吏。委，交付。下吏，下层官吏，此指狱吏。[70]蒙恬（tián）：秦将。秦始皇三十二年（公元前二一五），率兵三十万，北抗匈奴。三十三年修筑长城。[71]藩（fán）篱：此指边境。[72]却：击退。[73]燔：音（fán），焚烧。[74]愚黔首：使百姓愚昧无知。黔首，指平民百姓。黔，音（qián），黑色。[75]隳：音 huī，毁坏。[76]兵：兵器。[77]销锋鍉：镕化武器。销，销镕。锋鍉，指兵器。锋，刀锋。鍉，音 dí，同“镝”，箭头。[78]金人：铜人。金，指铜金属，汉代以前兵器主要以青铜铸造。[79]践华为城：以华山为城郭。践，登，引申为据守。华，音 huà，西岳华山，在今陕西华阴南。[80]因河为池：以黄河为护城河。[81]亿丈之城：指华山。[82]劲弩：强劲的弓弩，此指精良的武器。弩，音 nǔ，用机械力量发射的硬弓。[83]陈利兵而谁何：展示强大的兵力，谁又能把我怎样。兵，武器。谁何，“谁奈我何”的省略，意谓谁能把我怎样。[84]金城：犹云“固若金汤的城”，形容城墙坚固。

始皇既没，余威震于殊俗[85]。然而陈涉[86]，瓮牖绳枢[87]之子，甿隶[88]之人，而迁徙之徒[89]也。才能不及中人，非有仲尼、墨翟之贤，陶朱[90]、猗顿[91]之富，蹑足行伍之间[92]，倔起[93]阡陌之中，率罢散[94]之卒，将（jiàng）数百之众，转而攻秦，斩木为兵，揭竿为旗。天下云集而响应[95]，赢粮而景从[96]，山东[97]豪俊，遂并起而亡秦族矣。

[85]殊俗：此指风俗与华夏不同的偏远地区。[86]陈涉：名胜，秦阳城（今河南登封）人。秦二世元年（公元前二〇九）与吴广共同起兵抗秦。[87]瓮牖绳枢：用破瓮为窗，以草绳缚门轴，形容贫寒之家。牖，音 yǒu，窗户。枢，门轴。[88]甿隶：农夫、仆役，指地位低下的人。甿，音 méng，通“氓（méng）”，农人。隶，仆役。[89]迁徙之徒：被谪罚戍守边地的人，此指陈涉被征发戍守渔阳。[90]陶朱：即春秋末年越国的范蠡。范蠡辅佐越王句践灭吴后，辞官隐退，改名易姓，至陶（今山东定陶）经商致富，自称陶朱公。[91]猗（yī）顿：春秋末年鲁国贫士，向陶朱公学致富之术，在猗（今山西临猗南）畜牛羊，十年之间成为巨富。[92]蹑足行伍之间：投身军旅。蹑足，踏入、参与。蹑，音 niè，踏。行伍，此指军队。古代军制，五人为伍，五伍为行。[93]倔起：突然兴起。倔，通“崛”，突出。[94]罢散：疲惫散漫。罢，音 pí，同“疲”。[95]云集而响应：如云般聚集，如回声般应和。形容群起附和。[96]赢粮而景从：带着粮食如影随形地跟从。赢，担负。景，音 yǐng，同“影”。[97]山东：指崤山或华山以东地区，即战国时秦以外的六国故地。

且夫天下非小弱[98]也，雍州之地，殽、函之固，自若[99]也。陈涉之位，非尊于齐、楚、燕、赵、韩、魏、宋、卫、中山之君也；锄櫌棘矜[100]，非铦[101]于钩戟[102]长铩[103]也；谪戍之众，非抗[104]于九国之师也；深谋远虑，行军用兵之道，非及曩时[105]之士也，然而成败异变，功业相反也。试使山东之国，与陈涉度长絜大[106]，比权量力，则不可同年而语[107]矣。然秦以区区之地，致万乘之权，招八州[108]而朝同列[109]，百有余年矣。然后以六合为家，殽、函为宫，一夫作难而七庙隳[110]，身死人手[111]，为天下笑者，何也？仁义不施，而攻守之势异[112]也。

[98]天下非小弱：指秦朝并没有比以前弱小。[99]自若：自如，一如本来，并无改变。[100]锄櫌棘矜：农具与棍棒，指极为简陋的武器。櫌，音 yōu，碎土用的农具，似耙而无齿。棘矜，用棘木作成的木杖。矜，杖柄。[101]銛：音 xiān，锋利。[102]钩戟（gōu jǐ）：有钩的长柄兵器，合戈、

矛为一体，兼有戈之横击、矛之直刺两种作用。⑩³长铩（shā）：长矛。⑩⁴抗：匹敌。⑩⁵曩（nǎng）时：从前。⑩⁶度长絜大：量长短，比大小，意同“比较”。度，音 duò，量。絜，音 xié，比较。⑩⁷同年而语：相提并论。同年，此指同时。⑩⁸招八州：取得八州之地。招，音 qiáo，举，引申为取得。八州，古时分天下为九州，秦据雍州，六国共据其他八州。⑩⁹朝同列：使原来与秦地位相等的六国入朝称臣。朝，使……朝拜、臣服。⑪⁰一夫作难而七庙隳：一人起兵发难，秦朝就灭亡了。一夫，此指陈涉。作难，指起兵抗秦。七庙，古时天子须奉祀七代祖先，立七庙，此指国家的政权。⑪¹身死人手：指秦王子婴被项羽所杀。⑪²攻守之势异：指取天下与守天下的情势不同。

问题与讨论

一、试比较本文前半部描述六国的谋臣、猛将与军队与后半部描述陈涉起兵的情况，说明作者的用意。

二、本文大量使用排偶句式，试举出数例，并说明其所达到的效果。

三、贾谊认为秦朝的迅速灭亡，主要在于“仁义不施，而攻守之势异”。你认同这种说法吗？为什么？

附录简析

高中第三学年（上）

第一课 渔父

本文以渔父和屈原的对话来呈现两种处世态度，从而更凸显出屈原的人格。

渔父劝屈原，举世混浊，何不与之同浊？众人皆醉，何不跟着喝醉？可以看出渔父愤世嫉俗，他也对现实不满，然而，他采取道家“与世推移”的生活哲学——这是渔父的处世之道。

然而，屈原不肯，连消极的屈从都不肯。举世混浊，他非清白不可；众人皆醉，他非清醒不可。他要正面抵抗，他不肯随波逐流，甚至连“渔父式”的愤世都不肯，他要坚决地抵抗下去。如果他失败了，宁可葬身鱼腹，也不肯苟活。

在坚持理想方面，屈原宁为玉碎，不肯瓦全，这种择善固执的崇高人格一般人难以企及，所以屈原成为中国人心目中伟大的理想人格之一。本文藉着渔父作为对照，把屈原这种性格鲜明地凸显出来，这是本文成功的第一个因素。

作者对两人对话的描述，使用的语言都具有“形象性”。举例而言，屈原说：“举世皆浊我独清，众人皆醉我独醒。”相对而言，渔父则回答说：“世人皆浊，何不淈其泥而扬其波？众人皆醉，何不餔其糟而歠其釃？”两人都围绕着“清、浊”、“醒、醉”来表明自己的态度，针锋相对，鲜明生动。同时，又都以排偶句的方式来表达，语言既简炼，又便于朗读、记忆，更增加文章的感染力。这是本文成功的另一因素。

文章最后，以渔父的沧浪之歌作结，一方面深刻地传达了二种截然不同的态度、哲学，终究“道不同，不相为谋”，难以继续对话，只能分道扬镳；一方面歌声余音袅袅，回荡在天水间，留给读者无限思索的空间、无限难言的感怀！而千百年来，这声音也一直回荡在后世知识分子的心中，仿佛召唤他们继续叩问，面对现实的横逆阻折，应如何安顿自我的生命。

第二课 劝学（节选）

《劝学》乃《荀子》首篇，由篇中所论，具体可见荀子对“学”的重视。本篇虽属抽象说理，但阐述道理、证明论点时，多采用譬喻的方式逐次开展论题，深入浅出，充分显示荀子以说理方式劝勉世人努力学习的殷切用心。全文计分七段，又可区分为三部分：前四段说明为学的重要性及修身免祸的方法。五、六两段说明为学要“积累”，为学的态度应持恒、专一。末段说明为学的步骤、意义及为学的途径。

文章开篇，即提出“学不可已”的中心论点，以“青出于蓝”“木直中绳，輮以为轮”等譬喻，强调先天本质可经由后天的学习而改变。至于博学、反省、闻先王遗言等，均是用来丰富、充实后天的学习，故末又以“干、越、夷、貉之子，生而同声，长而异俗”设喻，强调学习足以改变人的本性，增长人的智慧。次段以“终日思”、“须臾学”两相对比，凸显学习的重要，并连用“跂而望”“登高而招”“顺风而呼”“假舆马”“假舟楫”等事例设譬，加强论证“善假于物”的学习方式，强调君子并非生而与人不同，乃因善于利用外物，故能事半而功倍。第三段以蒙鸠、射干、蓬、白沙、兰芷等自然之物，正反比喻说明学习环境及交游的重要。第四段先以推论方式立论，续以肉腐出虫、鱼枯生蠹、醯酸蚋聚等众多日常事例，层递举证，论述掌握正确学习方向的重要性，凸显“君子慎其所立”的议题。第五段以积土、积水、积跬步、积小流、骐骥、驽马等事例设喻，强调“积累”的重要性；继以蚯蚓、螃蟹、螣蛇、梧鼠等为例，并引《诗经》为证，正反论述精诚专一的重要性。第六段举瓠巴、伯牙的音乐造诣，以及珠玉温润等例，比喻学问品德专一、积累的成效。第七段阐述为学的方法、步骤与意义：先以设问方式揭示终身学习的意旨，再提出“始乎诵经，终乎读礼”的学习方法、“始乎为士，终乎为圣人”的学习进程与目标，及“真积力久则入”、“学至乎没而后止”的学习态度。

全文内容宏富，立论鲜明，围绕“劝学”主题，从不同角度逐层展开论证，条理明晰，层次绵密，结构完整，句法整练；又能巧妙运用对偶排比，以议论说理，既充分展现作者情文并茂、酣畅淋漓的雄辩色彩，也具体呈现循循善诱的儒者之风，确为《荀子》代表作。

第三课 《老子》选——小国寡民

《小国寡民》乃《老子》理想世界的具体陈述。

老子政治思想的基点为“无为”，主张当政者应创造良好的社会条件，让人民生活安定和乐；而不是以君主的好恶，规范固定的方向，要求人民配合，限制人民发展。因而在老子的理想国度里，既没有兵灾、经济剥削、政治压迫，也没有人为的干涉、文明的虚伪，有的只是纯朴的风俗。在经济上，他们可以自给自足，因此用不着靠彼此的往来而互通有无；在政治上，因为没有苛政，所以人民安土重迁，恬淡自足，安闲和适，可以鼓腹而遨游。这是多么令人向往的世外桃源！

值得注意的是：老子并不是无政府主义者，在这个“小国寡民”的国家里，具有最基本的政府组织与军事设备；这个小小国度里有十倍、百倍的美好器物，有舟车等生活工具、甲兵等防御器物。老子的理想是希望世人在这个安祥平静的社会里，享受恬淡而安宁的生活，既不必钩心斗角，也无须争名求胜。

这是老子基于对人民的爱心而产生的“乌托邦”，值得不断追逐“进步”的现代人细加体会、省思。

第四课 谏逐客书

本文结构可分为四段。首句“臣闻吏议逐客，窃以为过矣”，即明白点出全篇意旨，劝谏秦王不当下逐客令。以下皆紧扣此一主要论点，加以反复论证。第一段中，作者列举秦国历史上著名的四位贤君：缪公、孝公、惠王、昭王，皆因重用客卿而使秦国富足强大，由此充分说明重用客卿对秦国有利。文中使用大量排比句，极力铺陈客卿功绩，再三强调“此四君者，皆以客之功”。

第二段则以现实作比喻，先指出秦王所爱的珍宝、音乐、美色等物，皆出于他国而不产于秦，然秦王莫不乐于享用；然后笔锋一转，对比秦王“今取人则不然”，用人则不论好坏是非，非秦之客卿一律驱逐，李斯与此对照出秦王的重色乐珠玉而轻人才。接着更进一步提出警告，如此“重物轻人”的后果，绝不可能“跨海内、制诸侯”，完成统一天下之大业。文章能针对秦王并吞天下的野心谏言，可谓一举击中要害，而作者思虑之缜密亦可想见。

第三段再论证纳客与逐客的利弊，文中强调帝王有容乃大，能用客才能四时充美、鬼神降福，使秦国无敌于天下。反言之，若一味逐客，则是背其道而行，将使天下之士裹足不前，反为他国所用，则更将不利于秦国。末段则为总结全文，“物不产于秦，可宝者多”回应第二段之论；“士不产于秦，而愿忠者众”收结第一段内容；“今逐客以资敌国，损民以益雠”之句，则收结第三段内容。全文至此，再度归结出逐客之举，将使秦国“内自虚而外树怨于诸侯，求国无危，不可得也”之结论，与首段题旨，首尾呼应。

综观全篇，在内容、主题上，作者议论逐客之非，纯由秦之利害立论，而绝不道及个人委屈怨怼，更无一句乞怜求容之语，因此文章显得理据充足，文气畅达，极具说服力。在文字技巧上，大量排比、对偶的运用，骈散相间的句式，以及确实精当的比喻举证，致使全篇文采华美，气势奔放。因此，本文就风格而言，有战国纵横家文章纵横捭阖之余风；就其结构及语言而论，又具有汉赋铺叙藻饰的特色，一般皆公认为秦文学最重要的代表作。

第五课 鸿门宴

全文计分四段：第一段写项羽得知沛公先入关中，大怒，声言要“击破沛公军”，范增以刘邦居心叵测，力劝项羽“急击勿失”；第二段写项伯夜见张良，张良与刘邦商议解决之道，刘邦拉拢项伯，并请项伯代为缓颊；第三段写刘邦巧言辩解，项羽设宴款待，范增与项庄定计刺杀刘邦，因项伯阻挡，加上樊哙入卫沛公，项庄不得如愿；第四段写刘邦乘机脱逃与项羽、范增对刘邦逃遁的不同反应。

本文人物众多，且具有对比作用：如项羽、刘邦既是主帅，也是主角；范增、张良是谋士；项伯、曹无伤是内奸；项庄、樊哙是勇将。司马迁透过人物间的错综复杂关系，精确、细微、生动地呈现项羽由胜转败的关键。

全文以“人物”带动“情节”。在“人物刻画”上，司马迁既运用“对话”，也描写人物的动作来凸显人物的个性，又运用对比技巧显示人物个性所产生的结果：文章起始即以两个“大怒”与“旦日飨士卒，为击破沛公军”，简洁地描绘出项羽易怒的个性与面对战事的果决，既与下文轻易许诺刘邦，不加深究及面对樊哙的指责时“未有以应”，形成强烈的对比，也显示了项羽重情不忍与不擅言词的另一种性格。刘邦的个性则更为复杂多变：在面临危险时，常会不知所措，如文中接连说了三次“为之奈何”；在惶急窘迫之际，虽然倔强负气，但终能强咽硬忍，承认自己的不足，这可由第一段沛公与张良的对话明显看出；面对项羽时，则呈现卑抑柔弱的个性，以臣下的口吻、卑下的言辞，轻易地化解了项羽的怒气；面对生命危险时更不顾羞耻，抱头鼠窜而去。但司马迁并没有完全丑化刘邦，文中的刘邦仍显现其机警细密的个性：如以一句“君安与项伯有故”质疑张良，即深切地刻画出刘邦警觉疑忌的个性；又如得知项羽已不加追究，便安坐席上，将各种事情交由张良、樊哙等应付；在紧要关头，又能听从樊哙的劝谏，不顾面子，抄小路逃走；并在第一时间，决绝地诛杀了内奸曹无伤。这些都是刘邦得以成就大业的条件。

至于写张良，则重在凸显其从容闲雅与机智百出：如写张良好整以暇地面对刘邦的询问，在一问一答之间，让刘邦面对问题，再告以解决的方法，显示其成竹在胸；又如面对鸿门宴上的紧急状况，找到可以化解危机的樊哙，教以说词，让项羽被抢白得哑口无言，一场随时可能血溅五步的惊险场面，便在张良巧妙的安排下安然度过了；再如受沛公托赠礼物的外交辞令，以酒醉为由，直接、巧妙，兼而有之，让范增怒气勃发而无可奈何。相对的，范增虽洞悉刘邦志在天下，力劝项羽把握机会，在鸿门宴上定计杀沛公，凡此皆可见其智谋果决；但当项羽错失良机，刘邦免脱，范增褊急的个性，使他再也沉不住气，不但撞破玉斗，并说出“竖子不足与谋”的话，破坏了与项羽的关系，则又明确显示其性情的急躁。写樊哙则以动作、形态、对话，乃至吃相，鲜活地刻画其视死如归、豪勇猛烈、气雄万夫的神采与气概，声形俱足的将樊哙粗中有细，通权达变的形象鲜活地呈现。相对的，项伯的个性则难以捉摸，如对张良的重情，却私下接受沛公之托，已失立场；在项庄舞剑时，又极力护卫沛公，令人难以理解。

在“情节布局”上，本文以对比的方式，呈现刘、项双方斗智斗力的过程：鸿门宴前，侧重在写刘邦以退为进的巧辩，化解项羽的怒气与斗志，项羽个性率直，刘邦软语示弱，项羽果然中计，轻易说出内奸为曹无伤；宴会中，则着重描写范增、项庄与张良、樊哙两队人马的较劲，一方面写刘邦能屈能伸，藉机遁走，一方面写项羽与范增龃龉的公开化，为日后项羽的失败埋下伏笔；最后以刘邦诛杀曹无伤总结鸿门宴，承接篇首“曹无伤使人言于项羽”、项羽说出“此沛公左司马曹无伤言之也”二事，首尾照应，条理紧密。

作为历史家，司马迁忠实、深刻地呈现了当年的历史舞台；作为文学家，司马迁以其多姿之笔，描声绘色，生动鲜活地形塑人物，使读者如见其形，如闻其声。《鸿门宴》不愧是篇融合史学、史才、史识的不朽名作。

第六课 劝和论

根据史料记载，满清时期台湾具相当规模的械斗即达二十余次，其余较小型的械斗当亦不少。道光年间越趋炽盛，至咸丰初年尤其激烈，全台治安受到严重影响。本文即在这样的背景下完成，其目的在劝阻台民不论族群，均应视对方如兄弟，以消弭（mǐ）杀伐之气。

全文计分四段，首段感叹人心之变异起自分类观念，竟导致玉石俱焚的悲惨现象，即使正人君子亦不知检讨，竟或结党相从。

第二段先指出台湾岛上的居民都是同一国家、同处乡里的“同乡共井”之人，有如兄弟一般；次则提出“四海之内皆兄弟”的观念，期许世人各尽友朋之道，不应彼此残害，否则等于自断手足，自食己肉，为下文的族群械斗埋下伏笔。

第三段切入主题，省视台湾械斗的历史，对漳泉之争或闽粤之斗，表达不可理解之情，并进一步说明彼此因为都是自“内地播迁而来”，定居台湾的同胞，怎会因异省或异府便自划界限，同室操戈？进而说若是同室操戈，怎能由亲及疏？继而又提出当时械斗最为激烈的新庄、艋舺，认为二地本属淡水厅的菁华地带，民风敦厚古朴，令人称羡，却因械斗而元气消逝殆尽、村市半成废墟，以具体事实说明械斗之害，增强说服力。

末段表达其对同胞的期望，自认作为四民之首的士人，无法与主事者尽力劝导，化解械斗劣习，愧憾实深，但愿从今以后，父诫子、兄告弟，各自洗心革面，尽弃前嫌，不再心怀往昔怨忿、不要重蹈前人覆辙；并以人身血脉相通，病痛自然去除为喻，有力地收束全文。

本文叙述条理，层层推进，用典平易、举证切要，论理畅达有力。由于郑用锡具有“开台进士”的声望，又亲赴各庄散发此文，并刻石于后垄（今苗栗后龙）示人，一时民众信服，而械斗得以稍息，对台湾的正向发展具有一定程度的影响与地位。

第七课 与陈伯之书

全文计分七段：首段简要问候后，次段即由陈伯之过去的明智与显赫的地位，对比今日的卑怯懦弱，斥责其忘恩负义，逃亡降敌。第三段指出陈伯之投降北魏并没有什么重大的原因，只不过是一时迷惑，听任谣言而已；接着叙述梁朝的宽大为怀，并以朱鲔、张绣之事来宽慰陈伯之，再归结于梁朝对陈家的礼遇，藉此感化陈伯之。第四段夸言梁朝封赏群臣，对比陈伯之为北魏效力之不智。第五段直言北魏破灭在即，希望陈伯之明察时局，及早归顺。第六段进而以江南美景、故国之思，劝诱陈伯之归顺。第七段语气一转，宣示梁朝的恩威，归结到此次北伐的胜利在望，劝陈伯之识时务，早日归降梁朝。层层递进，条理分明，结构严谨。

本文有三点可以讨论：首先，“劝降书”必有其“攻心”策略，丘迟掌握的是“华夷之别”。华夏民族一向严于华夷之辨，《论语·宪问》记孔子之言：“微管仲，吾其被发左衽矣。”即是肯定齐桓公与管仲的攘夷之功。陈伯之投附北魏（属鲜卑族），因此文中一再使用“穹庐”“毡裘”“异族”“杂种”“北虏”“北狄”等词，即意在激发陈伯之的华夏民族自尊，劝其“弃暗投明”。

其次，“劝降书”的另一策略是设身处地，故在强调华夷之辨外，丘迟于文中又处处为陈伯之设想：既晓之以梁朝赦罪之恩，复诱之以功名之利，威之以刑杀之戮，忧之以鼎幕之危，又动之以故国之思，并勉之以自求多福。娓娓述来，像老朋友般，以“不能内审诸己，外受流言”解释其反复无常的降敌行为。然后透过“悠悠我心，亦何可言”“宁不哀哉”“不亦惑乎”“独无情哉”等一连串的反问，不断为对方设想，充分展露关怀之情，终使对方撤除心防，欣然受降。

最后，六朝之文，几无不用典者，本文亦不例外。用典可以用最少的篇幅表达最多的意涵，如“朱鲔涉血于友于”四句，即包含了汉光武帝与曹操两位君主的故事，简洁切当。除此之外，用典也可以展现才学，且使文章显得典雅庄重，如“不远而复，先典攸高”，用的是《周易·复卦·初九·爻辞》“不远复，无祇悔，元吉”（出外不远就返回，没有大过失，大吉）的意涵。不过用典至少要注意以下原则：首先，必须是对方熟悉且看得懂的，如慕容超、姚泓的事，时代不远，陈伯之不会不知道；其次，必须用得恰当，如廉颇、吴起都是名将，也都因不能被圣明的君主重用而悔恨，用来劝陈伯之，切当而有效。

全文文辞优美，用典贴切，说理透辟，不愧为招降书名作，也是千载传诵的优美骈体文。

第八课 宋词选

一、念奴娇赤壁怀古

宋神宗元丰二年（一〇七九），苏轼因“乌台诗案”贬谪黄州，本篇为黄州期间，游赏黄冈城外赤壁矶时所写的怀古之作，应作于元丰五年。

起笔三句先指出历史上的英雄人物已成过去，一如沙砾为江水所淘尽那样；但继笔三句，却又暗示，历史上的英雄豪杰，其实并没有从人们的记忆里消失。换言之，形体虽然消逝了，形象、精神、事迹却可以永存。读者从这开端的几句，已不难体会作者写作此词的旨趣；而作者企图结合“江山”与“人物”二者，并以“人物”为主线索的写作方式，也因之不难察觉。

果然，接下来先写“如画”的“江山”：山是嶙峋峭拔的山，水是汹涌澎湃的水，江景山色，万古常新，这其中有多少豪杰可歌可泣的事迹！随后跨入词的下半阕，遂展开对周瑜形象的着力描绘：写他的美满姻缘，写他的少年英俊，写他即使在千钧一发的艰险战役中，风度也如此闲雅从容——“羽扇纶巾”的服饰显示他仪容的潇洒；“谈笑”的举止显示他胸中高明的韬略；“强虏灰飞烟灭”突出了战事的顺利与战果的辉煌。作者对举奇崛动荡的山水之景与翩然淡定的英雄人物，一方面造成读者感官反差的立体效果，一方面更凸显人物事功的不朽，流利顺畅的笔触中自有万钧之力。

最后转写自身的思感：只不过是一次游览罢了，竟自引发如此升沉起伏的感怀，真要笑自己太多情了，也难怪会早生满头的白发。其实人生如梦，不如举樽祭奠江月，同享美酒以解愁闷。

平心而论，本词的内容与情怀都是矛盾复杂的：既感江山如画，淘尽风流人物；又认定英雄豪杰终究不朽而衷心倾慕；而犹有深觉人生如梦，不妨长醉的深沉感喟。但也正因这样的复杂，无限丰富了本词的情韵，并使之兼具豪迈放旷、柔婉含藏的风格，学子实应用心研赏品味。

二、一剪梅

相思之情，乃词常见之内涵，或许缘于作者为女性之故，本词写来特具纤丽柔美之致。

起笔自时序更迭，由夏转秋入手，托出良人远行、音书未达，内心无限孤独的情绪。红藕、玉簟、罗裳、兰舟等意象，营造出作品雍容的华丽感，而“轻”字、“独”字相接为用，又隐然透露人物百无聊赖的孤寂之情。最后，“月满西楼”一句，藉由传统中月为相思意象，暗写相思无尽之意，一气写来，流转自然中，自富精微细致的美感。行至后半，笔触转变：“花自飘零水自流”，宛然指出流光易逝、青春易老；“一种相思，两处闲愁”，更无异强调，既为同样的相思，又何苦两地共愁？自应早日归来。最后三句，音调拔高，仿佛大声诉说相思绵绵不绝，难以扼抑的“心”苦，各句一路承转，不避口语、纯用白描，特有直白的意趣。

主题不变（相思）、情怀不变（相思），短短前后两片，竟能融精工华奇与平易通俗两种不同的修辞、格调而宛然无迹，诚令人叹为观止。这一方面固然可见李清照不凡的功力，一方面也恰好显示了李清照既精美又晓畅的风格特质。

三、南乡子登京口北固亭有怀

本词为辛弃疾晚年名作之一，颇能表现他对“国事”的心情。

宋室南渡之初，辛弃疾即曾寓居京口，四十年后，竟得出守此地，登临北望，会是何种心情？辛弃疾一生期盼北复中原，但神州已然陆沉殆五十年。俯瞰大江，极目四眺，思接千载之余，但感悠悠千古兴亡之事，正如滚滚不尽的长江水，个人的力量如此渺小，魂牵梦萦的神州依然在烟云苍茫之外。我们读此，当不难感受辛弃疾登临此刻凄然怅然的情怀。

词的后半笔调一转，全以孙权为核心：赞叹孙权的“英雄出少年”，赞叹孙权始终与强大的曹魏争锋，赞叹孙权在对手心目中无比崇高的分量——而这当然都是有寓意的。辛弃疾欲藉此表达他内心最强烈的希望：希望宋廷君臣能如坐断东南的英雄孙权那样，奋然自振；希望君臣上下不只是恃江为险，偏安江南，更能锐意恢复，重取中原，然而不堪的是，他内心隐然自觉，这希望怕终归是落空的。读者至此，亦不难感受辛弃疾内心那激励与焦急不断起伏澎湃的情绪。

这种凄然、怅然，激励、焦急交杂的情怀，鲜明深刻地呈现了辛弃疾面对国事，期能有为又难有所为的“烈士暮年”的内心世界。

最后值得一提的是，词内颇多用典——这是辛词的特色，但作者用来如此自然、平易、浑成，可见功力不凡。

第九课 原君

本文探讨君主制度的起源、为君之道、君臣之伦理，以及君主、百姓之间的利害关系，是中国古代少有的一篇抨击君主专制的文章。作者亲身经历明朝灭亡的惨痛，遂有此对中国君主制度的深切反省。

全文共分六段：首段即推求古时人君之所以设立，目的是为天下百姓兴利除害，而非为一己之私利。作者一开始便将国君存在之意义，定义于“为天下之大公”，而以下全文之探讨皆导向此一立论。

二、三段则承接首段，严厉批评后世君主“以我之大私为天下之大公”，痛斥君王“私天下”是屠毒天下，作者甚至得出后代君王“为天下之大害”的结论。文章至此，藉着提出“岂设君之道固如是乎”的反诘（jié），又再度印证了第一段的立论。

第四段重点在讨论君臣之间的伦理关系。作者虽身处君主专制时期，却能超越时代，大胆地挑战“君臣之义无所逃于天地之间”的忠君伦理，明白推崇孟子的民贵君轻的观念，并嘲讽那些器识狭窄的“规规小儒”，何以天地之大，于广大万民之中，却偏偏只尽忠于君王一人一姓？

在第五段里，作者假想国君心理，再度说明后世君主将天下视为一家之私产，因而天下人莫不竞相效尤，为己私欲而觊觎（jì yú）君位。君位争夺不休的后果，则往往报应在君王子孙的悲惨下场。作者于末段强调，若明白为君真正之职分，在于求百姓万民之利，而非私利，则人人皆能禅让；否则人人皆贪图于君位之争，就会导致后世无穷无休的扰攘纷乱。

综观本文，作者博引古今加以比较对照，又能从君、民之不同立场多方探讨，说理明白清楚，论证充分有力。文中深刻辨析君主专制之种种弊病，肯定民贵君轻的民本思想。就其时代而言，本文可谓一篇见解卓越、深富启迪意义的政论文章。

高中第三学年（下）

第一课 蒹葭

《秦风》为《诗经》十五国风之一，其诗大抵质朴粗犷（guǎng），多载车马打猎之事，因之，境邈情深的《蒹葭》在《秦风》中显得别具韵味。全诗由秋景起兴，寓情于景，写芦花翻白，清露为霜的深秋清晨，诗人想起了伊人，于是独行水边，反复追寻，其情怀幽而深、其词气婉而远。

各章起首二句，皆以眼前所见景物起兴，点明季节、地点，以萧瑟寥落的深秋，烘托诗人凄寂惆怅的感情；其次二句，点出怀想之人及其所在之处。五至八句，写寻访伊人的过程：诗人既逆着水道向上寻觅，又顺着水流向下寻访，道路既崎岖漫长，又迂回险阻，伊人则始终可望而不可即。诗人并未对伊人的外貌作具体的描绘，只以无怨无悔的追寻凸显倾慕之深与思念之切。

诗分三章，采用《诗经》常见的一唱三叹形式：以“蒹葭苍苍，白露为霜”、“蒹葭凄凄，白露未晞”、“蒹葭采采，白露未已”，写时间的推移。伊人则由“在水一方”而“在水之湄”、“在水之涘”；诗人“溯洄从之”时，由“道阻且长”而“道阻且跻”、“道阻且右”；“溯游从之”时，由“宛在水中央”而“宛在水中坻”、“宛在水中沚”——写空间的转换。层次分明，而意境与情怀却一层深似一层，读者仿佛亲见诗人徘徊往复、惆怅未已的形象，以及伊人宛在、觅之无路的景况，令人沉吟再三，不能自已。

第二课 《庄子》选——庖丁解牛

庄子善用寓言传达其道，本篇即是藉庖丁解牛之寓言，说明养生之道。在庄子看来，人生处世应当顺应自然，正如庖丁解牛时遵循“依乎天理”、“因其固然”的道理一般。这样一个需要深思熟虑的哲学问题，庄子却避开枯燥的理论思辨，用一个活泼贴切的寓言，化抽象为具体，生动可感地描绘出庖丁悟道的过程。

庖丁的经验，非仅是解牛的技术而已，“臣之所好者，道也，进乎技矣”，更是一种悟道的经验。庄子藉着庖丁解牛过程中，由“所见无非牛者”到“目无全牛者”最后再到“以神遇而不以目视”三个阶段，说明世上看来繁复的万事万物，都有其内在的自然规律，只要经过反覆实践，就能由熟生巧，认识事物的客观规律，进而掌握其自然的“天理”。更深一层说，庄子是以刀喻人，以筋骨盘结的牛体比喻复杂的人世，而人生处世就如以刀解牛一般，要避免像“族庖月更刀”般的时时折损自己，就必须依乎天理，才能“以无厚入有闲”，达到“恢恢乎其于游刃必有余地矣”的最高养生境界。

文章中，庄子将哲学思想与文学想象巧妙地加以结合，既阐明顺应自然之哲理，又在文学艺术上有极高之表现。例如文中对庖丁解牛过程之描绘，形、声俱全；不但写手触、肩倚、足履、膝踦等种种动作，更配合“砉然响然，奏刀騞然”的声响描绘，将原本血腥的宰牛过程写成“莫不中音，合于《桑林》之舞，乃中《经首》之会”，使之成为一幅结合音乐节奏与舞蹈动作的优美画面。文中描述庖丁的语言亦极生动自然，例如刻画其解牛时遇到难为之处，则“视为止，行为迟，动刀甚微”，此种“怵然为戒”小心戒慎的样子，与事成后那种“提刀而立，为之四顾，为之踌躇满志”洋洋自得的神情，成为极鲜明生动的对比。如此高明优美的语言及生动恰当的譬喻，千百年后的我们读来，仍然为之目眩神移，心向往之。

综观全篇，庄子透过庖丁解牛此一寓言，摆脱一般“道不可言”的困境，以具体生动的解牛经验呈现，令读者轻易地转化为对寻常人生真实的体悟，进而明白文中所描述的神乎其技，绝非仅是解牛之技，现实生活中的任何能力、技巧，都可以因纯熟、专精的操练，使我们逐渐掌握其奥妙神髓，而达到某种自然而然、顺畅无碍的境界。这种出神入化的境界，超越了“技”的层次，而对“道”的存在的体验，正是庄子在本篇寓言中所要告诉我们的。

第三课 台湾古典诗选

一、感忆

与沈光文同时代的清康熙进士、诸罗（今嘉义）县令季麒光曾说：“从来台湾无人也，斯庵（沈光文的号）来而始有人矣；台湾无文也，斯庵来而始有文矣。”说明沈光文诗文的历史意义，具有“开山”的影响地位。作为台湾文学鼻祖的沈光文，其《感忆》诗特别教人沉吟处，在于由个人际遇而带出家国变迁的怅憾，是一首可令人读出“史”的沧桑感的抒情诗。

本诗为七言律诗，前六句所叙，全属回忆中情景：想当年乘船遇台风，事情发生得意外，原以为东来寄只是暂时，没想到长久的颠沛流离，至今未得安憩。天上的浮云还有山谷可栖息，而自己却是远离了家乡不得归；看到飞雁降落在前面的沙洲，原以为有什么音讯，但飞雁没带来任何消息。梦中仍有娇宠可爱的儿女，现实中却只剩孤单一人瘦弱的形影。

前两句刻画一苇茫茫的无依及随波动荡的漂泊；三四句颔联以“忽见”、“又看”入笔，似是偶然，实则表示无时无刻不心萦魂牵。游云、飞雁是触景伤情的意象，也用来衬映己身的奔波，从而凸显了无尽的乡思。五六句颈联，以缥缈的梦对比惨然的灯，以儿女承欢之乐对比一人兀坐之苦，形成情感起伏的强烈对照。最后两句归结到眼前，昔日悲苦的况味不堪回首、记忆，每一天的开始都只能独自眺望着苍翠的远山。无意中忆起的苦趣，不堪重加记忆；独眺的远山又怎能使人平静？毕竟“青山一发是中原”，反而更添乡愁啊。

沈光文承继中国古典诗的神髓，开创台湾古典诗的传统。本诗情深韵永，确为代表作。

二、离台诗六首之一

丘逢甲原有意做一番英雄事业，并不以诗词文人自限。从他掌教全台各书院，传扬民族文化、民主新知，可知其志向。中日甲午战事发生，台湾为日人觊觎（jì yú），他即向当时的巡抚唐景崧请命，愿率士民戮力守护乡土。《马关条约》签订后，更倡立台湾民主国，亲率义军抵抗日军。

本诗是一首七言绝句，于离台前夕感于国事艰险、拒日无成，匆促间所写。诗前有序：“将行矣，草此数章聊写积愤，妹倩张君请珍藏之，十年之后，有心人重若拱璧矣。海东遗民草。”说明他即将离台，匆忙间在妹夫家写下几首积愤的诗，请妹夫帮他收藏，自署“海东遗民”。海东指台湾，丘逢甲自认是台湾遗民。所谓积愤，从诗的前两句可见，既痛斥清廷（以议和权臣李鸿章为对象）弃台卖国，又感慨在台孤军抗日人士无法挽救台湾被割让的命运。这两句对仗工整，情境一张一弛，充满激荡不平之气。第三句，自哀其志，借用春秋时范蠡助句践破吴后隐姓埋名、泛舟五湖的典故。范蠡因句践难以同安乐，无法再效力于国事，丘逢甲则因清廷已割台而无法留在台湾。按伍子胥忠心谏夫差，却遭夫差赐死，将其尸体装在鸱夷形的皮囊，投入江中。范蠡自号鸱夷子，意谓能伸能屈，像鸱夷这皮囊，既有容量，可盛装很多东西，不用时也可收卷起来。除这一层含意外，未尝没有以伍子胥之死为鉴的意思，暗示不必似伍子胥苦谏，能留得性命，才能再图国事。

丘逢甲作此诗时，虽已决意内渡，如范蠡扁舟浮海，但一想到从此家园将掩于烟云之中，怎不无限依依！其怅憾、悲痛之情亦显然可见。

第四课 林冲夜奔

《林冲夜奔》是《水浒传》中最典型的“官逼民反”故事，也是这类题材中最具说服力的篇章。在这一回里，作者透过人物与情节的安排，先以平缓温暖，后以冷冽明快的笔调，交代了林冲不得不起而反抗的过程。

故事一开始，林冲不期而遇曾周济过的熟人李小二，使林冲的凄苦遭遇有了些许暖意；也侧面写出林冲平素为人宽仁重义的一面，使读者为如此仁人义士，竟一再遭到陷害而心生同情。文中对李小二虽着墨不多，却颇为成功，如对李小二注意陆虞候等人进店的描写，既符合李小二生怕恩人再遇不幸的心理，也写出他为人善良、知恩图报的品格；和见利忘友的陆谦形成强烈的对比，使冷冽的外在环境，有了几许温暖。接着本文运用了制造情节悬宕的笔法，刻画林冲听说仇家陆谦寻来，却苦苦遍寻不着仇人，而后又在情况不明下，被派遣了新差事，调到完全不熟悉的大军草料场去。文中刻画林冲的满心疑惑："却不害我，倒与我好差使，正不知何意？"而李小二还一旁安慰他休要疑心，说明这是有钱可收的好差事。此种情节的悬疑安排，成功地引起了读者的好奇心和注意力。一直要到文章结尾，大家才发现原本以为是有福的好差使，竟是一场居心叵测的大祸难！

文章的后半段，作者放缓节奏，描写了外在的景物与环境：写漫天大雪，写残败的草料厅，写山神庙。这几段描写，乍看似乎与情节无关，实则件件扣合情节的发展：若无这场大雪，林冲便不会踏雪寻酒，草料厅也不会崩塌，林冲也不会夜宿山神庙。作者将恶劣的环境与人物多舛的命运相照应；而林冲安分守己、谨慎小心的个性，也透过他的有心修屋、检查火种等细节凸显出来。至于山神庙，一则隐隐流露"天理昭然，佑护善人义士"的"天道"，并交代陆谦等三人在庙外和盘托出整个阴谋，遭到杀身的报应；而林冲将三人的头颅"摆在山神面前供桌上"，更是告诸鬼神，问心无愧的举动。

末了山神庙一节，从庙外三人庆幸妙计神鬼不觉的对话，到林冲隔墙耳闻，拽开庙门，接连三四回合将三个恶人全数杀死，割下头颅，从容而去，情节步步紧逼，令人喘不过气来。从林冲骂道："杀人可恕，情理难容"，英雄往日吞忍的怒气，终于得到抒发，使读者不禁为之击掌称快。只是漫天风雪，踏雪而东的英雄，是否又将面对着不可知的未来呢？

文中透过细腻生动的描写，交代林冲的心情和一举一动。例如写到林冲借宿山神庙一段，从他入得庙门，把门掩上、搬石头、放下枪和葫芦、拿出被子、取下毡笠、抖雪、脱掉湿布衫、扯被盖身子，最后才写到他"把葫芦冷酒提来慢慢地吃，就将怀中牛肉下酒。"经过如此详细的动作描绘，让观众如历其境，彷佛真实亲见屈身于破庙中的林冲。这些刻画入微的细节、动作描写正显示一种话本特色——透过细节描绘人物的行动、对话，用以表现情节发展和人物个性，而从文中"话说"、"且把闲话休题，只说正话"、"话不絮烦"、"只说"、"再说"等说书格式用语，我们都不难看出《水浒传》确实具有浓厚的话本色彩。

第五课　容忍与自由（节选）

本文为论说文，主要阐述“容忍比自由更重要”的观点。文中的容忍，指对别人所拥有不同于自己的思想、言论、宗教或政治的自由，我们必须加以容忍。本文的前提在：现今民主社会，莫不肯定自由为人民生存的基本权利。作者却屡屡强调自由固然重要，但若要真正维护自由的发展，则容忍比自由还重要。

文章起始，作者即以其老师的言论与自己的体验，明白地揭示主题：容忍比自由更重要。作者现身说法，叙述自己态度的转变，由青少年时期在《竞业旬报》上鼓吹《王制》要破除的迷信思想，到年纪渐长越发体会容忍的重要。接着说明在宗教自由史、思想自由史及政治自由史等方面，最足以显现人们对异己极端不容忍的事例。宗教方面，举新教为例：主张宗教革命的喀尔文，竟然以异端邪说的罪名，将意见不同的批评者塞维图斯活活烧死，而且还振振有词的辩护自己是为上帝说话。思想与政治方面，举当年提倡白话文运动时，陈独秀“必以吾辈所主张者为绝对之是”的坚决立场，说明不容他人匡正，正是不容忍的态度。喀尔文与陈独秀都是当时的革新者，都主张革旧布新，然而历史的讽刺告诉我们，就连当年的革新者，一旦得到自由后，往往难免陷入武断而不容忍的迷障，反过来摧残自由。作者透过这些实例，精辟地说明容忍异己实在是最难得、最不易养成的雅量。

胡适于一九五九年发表本文时，台湾仍处于戒严时期，有关当局对言论开放的《自由中国》颇有微词，部分人士更是刻意打压。作者后来演讲时解释自己写作本文的动机，说明在那个时候提出这个问题来，“一方面实在是为了对我们自己说话，一方面也是为了对政府、对社会上有力量的人说话，总希望大家懂得容忍是双方面的事。一方面我们运用思想自由、言论自由的权利时，应该有一种容忍的态度；同时政府或社会上有势力的人，也应该有一种容忍的态度。”可见作者呼吁容忍，不仅是对压迫言论自由的人说，也是对主张言论自由的人说的，此种“厚责己而薄责人”的自我戒律精神，值得今日身处开放社会，却滥用言论自由，一味打压他人的人士深思反省。

全文见解独到，举证贴切，说理透辟，将一个看似简单却经常被忽略的重要道理说得十分透彻明白，值得细加体会。

第六课 散曲选

一、大德歌秋

本曲写女子秋夜的相思。作者首先透过“飘飘”、“潇潇”二组叠字，点染出秋风秋雨的萧瑟氛围，续用夸饰的手法，借陈抟高卧不起的典故，状写即使能睡如陈抟，面对此情此景必也无法入睡，从而映衬出女子秋夜辗转难眠的情景，表现其不尽的愁怀与无限的思忆。接下来，愁苦的相思终于禁不住化为滴滴的泪水，“簌簌”的叠声连绵，将女子的“伤怀”形象鲜明地呈现在读者面前。最后，相较于“飘飘”、“潇潇”、“扑簌簌”，更为高分贝的蝉噪蛩叫、雨洒芭蕉之声，正宛如女子内心愈来愈强的思念与愈来愈深的悲伤。诗末二句，一方面仍延续声音的表现，以声寓情；再方面，既无“陈抟”一句的夸饰，也无“泪点抛”一句的形象，却反而更有力地凸显女子的心境；三方面，仅留下无穷无已的声音，余韵回旋，尤使读者有无限咀嚼的空间，足见作者绾结收束的功力，的确不同凡响。

全篇虽尺幅短小、浅白平易，但作者之匠心独运，处处清晰可见，遂使古典抒情传统中一个常见的题材、一种常写的情感，展现出特别鲜明、生动的风貌。

二、庆东原

本篇意旨鲜明、叙写直率。开篇藉“忘忧草”、“含笑花”起兴，暗喻人生所当追求者在此，则早早弃绝功名、远离仕宦，方为正途。其下连举历史著名人物，冠以“那里也？那里也？那里也？”连三诘问，强力衬托出：再天纵英明、叱咤风云的人物，也终将在时间巨流的淘洗中化为尘土。结语“千古”对比“一夕”、“是非心”对比“渔樵话”，更充满反讽的意味——千古以来多少人一心执着、在意的价值、成就、对错、得失，到头来终究只是寻常小人物闲谈的话题而已。

这样鲜明的旨意、这样直率的笔触，看似放旷，其实背后正藏有无限的愤慨、无限的沉痛——那是对现实极度失望、对生命极度感伤的心灵无言的悲哀。

三、落梅风远浦归帆

本篇为作者《潇湘八景》组曲之一，写黄昏时分江村的景象与生活况味。

起首二句勾勒夕阳映照下，酒旗悠然飘展的形态，凸显江村闲散宁静的生活情状；继而，笔锋移转荡远，着墨于尚未归返的两、三片帆；而后再收束回岸，缀写落花、流水、茅舍；末则定格于断桥头收摊离去的卖鱼人。全篇就在这种远（夕阳）→近（酒旆）→远（两、三航）→近（花、水、茅舍、桥头卖鱼人）的反覆推移中，层层渲染出祥和、静谧、悠闲的江村生活图象，写实中有无限脱尘出俗的美感，令人百读不厌。

第七课 杂剧选——窦娥冤（节选）

元杂剧的出现，代表中国古典戏剧的成熟，不论是外在的体制规范或内在的思想内涵，都极为可观。《窦娥冤》一剧便同时兼具上述两种特色，足可作为元杂剧的代表作品之一。

首先，就外在的体制规律而言，元杂剧要求一本四折、每折用同一宫调的曲牌连缀、一种角色独唱到底，本剧之创作全然符合这种谨严的规范，正显示此种文学体式已然发展完成并广为当代作者接受而熟练。再者，本剧主题在描述一个弱小的寡妇如何为悲惨的命运、贪婪的人性以及不公的司法所步步吞噬，黑暗险恶的社会环境，正是窦娥之“冤”的构成推手，充分反映元代异族统治下紊乱残酷的现实景况，窦娥的呼喊犹如当代小民百姓的齐呼。《窦娥冤》剧作的成功，并不仅止于故事情节的高潮迭起、词章语言的生动刻画，更在于能透过一个故事，忠实传达当代的氛围环境，以及人心的普遍要求，从而引发广大的共鸣——此为其作品内涵丰富之展现。

《窦娥冤》杂剧的故事主轴，是窦娥的蒙冤与雪冤。本课所选第三折、第四折，就情节的起承转合而言，正为全剧剧情的高潮与收束，而作者情节设计的精巧以及因之所产生的万钧剧力，由以下的分析可以清晰看出。做为全剧最高潮的第三折，极写窦娥之“冤”之“愤”，起笔便是杀伐刑场，而窦娥一出场更别无言语，直以“没来由”、“不隄防”呼喊她平白无故地蒙冤，质问天地为何不分善恶、错看愚贤，其喷涌而出的情绪极为强烈。但紧接着却又一转，写她和蔡婆婆的生死离别，而临刑之际的呜咽凄恻、殷殷叮嘱，竟无半点埋怨，便衬出她的良善孝顺，如此美德，令人为她的遭遇忿忿不平。最后，窦娥的临刑三愿，可谓本折最动人心弦之处：本来窦娥“完成”其蒙冤，只在刽子手挥刀一就，但作者却在此处，花费大量笔墨，将窦娥的满腹冤屈愤慨，化作三桩誓愿，直冲上天——这不仅仅是质天问地，更要天地为她无处可诉的冤屈作证——当人间的司法不能予她公道，只能转而祈求超越的力量来执行，盼望有朝一日，“把你个屈死的冤魂这窦娥显”。

第四折是窦娥的“雪冤”。当她死前三愿一一实现，正是她所寄望的超越力量揭示了她的清白。然而，仅仅揭示是不够的，就事论事，终究该当人间的司法为她澄清，因此才有窦天章为女断案雪冤的安排。为何安排亲父窦天章来结案？乃因为是他将女儿送予蔡婆婆，才启动了这场悲剧，由他来为这场悲剧画下句点，理所当然，同时也是补偿窦娥自幼失去的亲情。本折较引争议的是鬼魂诉冤此一情节，其中甚至出现窦娥鬼魂当堂与张驴儿对质的场面——理性而言，不免有些荒唐。但若回到人物本身的塑造来看，“鬼魂复仇”正是窦娥临刑发愿意志力的延续，是她始终如一坚持自身清白的执著；何况，中国古典戏剧是庶民文学的产物，代表的是底层小民百姓的信仰和情感，反映的是俗世人心的普遍要求。因此，“鬼魂复仇”的酣畅淋漓，不宜以怪力乱神看待，反应视作是对普遍人心的慰藉；是对真理正义的正面肯定；是传统社会中善恶有报观念的回响。

同理，《窦娥冤》一剧中的人物虽然众多，但除窦娥有较鲜明的心理刻画，成就为一“立体型”的人物外，其余角色，率不免失于“扁平”。这种角色入于“脸谱化”的现象，正是古典戏剧人物刻画通见的一种特质。若以西方戏剧理论的标准衡量，它将被视为角色刻画的缺陷而被批判，但如果了解中国古典戏剧中的“庶民性格”，以及它所担负的“社会动能”，便知其乃理所当然，势所必然。例如太守桃杌一出场便承认自己是“贪官”（见原剧第二折），这除了强烈讽刺元代吏治的黑暗外，也充满戏谑嘲弄的趣味——这种谑趣的效果正更能满足“市井观众”的品味，而亦唯有情节简单、善恶分明，才能让这些市井观众一目了然、感受真切。本剧中除主角窦娥外，所有人物描摹的“简化”，都可援此视之。

整体而言，《窦娥冤》全剧情节推动顺畅，角色各应其分而轻重有别，本课所选两折，尤接榫（sǔn）有力，戏剧效果凸出，动人性与感染力均强，作为元杂剧的代表作，当之无愧。

第八课 过秦论

本文以秦朝的兴亡为论述对象，可分为五段，前三段依时间顺序叙述秦的历史发展大势，四、五两段则论断始皇亡后秦国的灭亡及其原因。透过丰赡的铺陈力写秦的兴起，而以简劲紧凑的文字彰显秦灭亡的迅速，全文脉络明晰，层次井然。

首段说明秦孝公和商鞅奠定了秦国强大的基础；第二段述说秦惠文、武、昭襄三王的领土扩展与六国的合纵抗秦，以及合纵政策的失败，秦国的宰割天下；第三段则述及秦始皇的灭六国、取百越、伐匈奴、“燔百家之言”、“收天下之兵”。在清楚的铺述中，读者具体可见秦国的强大至始皇而达到顶点，并以“始皇之心，自以为关中之固，金城千里，子孙帝王万世之业”作结，似乎秦朝将永远屹立人间。第四段笔锋一转，述说始皇死后，陈涉以一介平民，揭竿而起，竟能一呼百应，以极其微小的力量，使昔日六国无法对抗的强秦顷刻间土崩瓦解。第五段则分析比较秦之兴亡得失，并以“仁义不施，而攻守之势异也”的结论，点出“过秦”的主旨，画龙点睛，达到发人深省的效果。

文中大量使用对比，如以秦之兴、亡对比，以秦之攻、守天下对比，将秦的从容退敌与六国的仓皇惨败对比，又将六国雄才大略的君主与出身卑微的陈涉对比，使得失、强弱皆能鲜明呈现。又使用许多排偶句，如首段的“席卷天下，包举宇内，囊括四海之意，并吞八荒之心”；次段的“蒙故业，因遗策，南取汉中，西举巴、蜀，东割膏腴之地，北收要害之郡”；第三段的“奋六世之余烈，振长策而御宇内，吞二周而亡诸侯，履至尊而制六合，执捶拊以鞭笞天下”。并以散行句贯串排偶句，于是散行、排偶相互错杂，流畅而极具气势，不愧为西汉政论代表作。